ATENÇÃO

Prezados(as) Alunos(as): todas as **atividades** serão inseridas diretamente no **Por**tifólio referente à disciplina. O objetivo é aumentar a interação do(a) aluno(a) com a plataforma, além de atualizar as **atividades**. Entrem com sua senha e acompanhe as **atividades** no sistema. Se preferir, imprimam as **atividades** e anexem no seu material impresso. Guias de estudo que contenham as **atividades** são guias de estudo antigos, onde as **atividades** já foram **modificadas**. Por favor, observem.

Atenciosamente,

Direção da UNIGRANET

Graduação a Distância **4º SEMESTRE**

Ciências Biológicas

METODOLOGIA
CIENTÍFICA

UNIGRAN

UNIGRAN - *Centro Universitário da Grande Dourados*

Rua Balbina de Matos, 2121 - CEP 79.824 - 9000
Jardim Universitário
Dourados - MS
Fone: (67) 3411-4141 / Fax: (67) 3411-4167

Os direitos de publicação desta obra são reservados ao Centro Universitário da Grande Dourados (UNIGRAN), sendo proibida a reprodução total ou parcial de acordo com a Lei 9.160/98.

Os artigos de sites e revistas indicados para a leitura foram registrados como nos originais.

CEAD

Apresentação da Docente

Bem-vindo!

Formada em Serviço Social e Pedagogia pelo Centro Universitário da Grande Dourados – UNIGRAN, pós-graduada em Gestão Pública (Faculdade de Jacarepaguá - FIJ) e Educação Infantil com Ênfase em Educação Especial e Gestão (Centro Universitário da Grande Dourados – UNIGRAN). Atua como Coordenadora do Curso de Serviço Social desta instituição desde o ano de 2010, onde leciona as disciplinas de Fundamentos Históricos Teóricos e Metodológicos do Serviço Social I e II, Política da Criança e do Adolescente e Política Setorial da Saúde e Idoso e como discente nos cursos de Engenharia de Produção e Filosofia, onde ministra a disciplina de Metodologia Científica. Como Assistente Social atuou na Reserva Indígena de Dourados – MS, Casa da Acolhida e Lar Renascer pela Prefeitura Municipal de Dourados.

CARDOSO, Cibeli Gonçalves. Metodologia Científica. Dourados: UNIGRAN, 2021.

58 p.: 23 cm.

1. Pesquisa. 2. Científica.

Sumário

Conversa inicial 4

Aula 01
Ciência e conhecimento científico 5

Aula 02
Métodos científicos 11

Aula 03
Teorias, leis e métodos (qualitativos e quantitativos) 17

Aula 04
Pesquisa científica 23

Aula 05
Técnicas da pesquisa 31

Aula 06
Elementos da pesquisa 37

Aula 07
Trabalho científico 45

Aula 08
Normas para elaboração de trabalhos acadêmicos 51

Referências 56

Conversa Inicial

Prezados (as) estudantes

Bem-vindos (as) à disciplina de Metodologia Científica que vai tratar de assuntos relacionados à construção da pesquisa e elaboração da monografia. É de suma importância está disciplina, pois irá prepará-los a tornassem futuros pesquisadores.

Para que seu estudo se torne proveitoso e prazeroso, esta disciplina foi organizada em 08 aulas, com temas e sub-temas que, por sua vez, são subdivididos em seções (tópicos), atendendo aos objetivos do processo de ensino-aprendizagem.

Minha intenção é fazer com que desperte o desejo pela pesquisa e que a disciplina não passe despercebido, que seja proveitosa e que as informações sejam aplicadas durante a elaboração das atividades e realização da monografia.

Aproveitem o período em que estaremos juntos e sinta-se a vontade para esclarecer dúvidas, dar sugestões e debater assuntos relevantes à disciplina, enquanto professora estarei ao seu dispor para atendê-los.

Esperamos que, até o final da disciplina vocês possam: - Ampliar a compreensão sobre a importância da metodologia científica – Conhecer os tipos de pesquisas científicas, Identificar os aspectos que norteiam as regras da ABNT - Compreender a importância de ser ético durante a elaboração da pesquisa.

Para tanto, teremos vídeos explicativos, utilizaremos o quadro de avisos e fórum para debater as dúvidas, realização de chat e materiais de apoio serão postados no arquivo.

Porém, antes de iniciar a leitura, gostaríamos que vocês parassem um instante para refletir sobre algumas questões dentre elas: qual importância da metodologia científica para o filósofo? Essas informações serão necessárias apenas durante a vida acadêmica? É possível tornar-se um pesquisador? Quais são os caminhos a serem percorridos para que minha pesquisa tenha sucesso?

Não se preocupe. Não queremos que vocês respondam, de imediato, todas essas questões. Mas esperamos que, até o final, vocês tenham respostas e também formulem outras perguntas.

Vamos, então, à leitura das aulas?

Boa leitura!

Aula 1º

Ciência e conhecimento científico

Fonte: https://br.depositphotos.com/57094631/stock-illustration-owl-reading-a-book.html. Acesso em: 28 jun 2018

Olá alunos(as), sejam bem vindos(as) a nossa primeira aula. Nesta aula estudaremos o conceito de ciência e as teorias do conhecimento científico! Faz-se necessário estudar as questões teóricas que envolvem a metodologia científica para compreendermos todo o processo que envolve a construção de uma pesquisa.

"A ciência não corresponde a um mundo a descrever. Ela corresponde a um mundo a construir" (Bachelard).

Mas de que forma ocorre essa construção? Através do senso comum? De teorias científicas? Calma, essas e outras perguntas serão respondidas no decorrer das nossas aulas!

Bons estudos!

Objetivos de aprendizagem

Ao término desta aula, vocês serão capazes de:

- compreender a importância da ciência;
- identificar o conceito de ciência;
- definir os tipos de conhecimentos científicos.

Seções de estudo

1. Conceito de Ciência
2. Tipos de Conhecimentos

1 - Conceito de Ciência

Para Koche (2009, p. 42-43) "O leigo, influenciado principalmente pelos meios de comunicação de massa, concebe a ciência como a fonte miraculosa que resolve todos os problemas que a humanidade enfrenta, quer sejam teóricos ou práticos, sem mesmo distinguir o produto científico do produto técnico". O mesmo autor complementa ao dizer que:

> De fato, uma das preocupações permanentes que motivam a pesquisa científica é de caráter prático: conhecer as coisas, os fatos, os acontecimentos e fenômenos, para tentar estabelecer uma previsão do rumo dos acontecimentos que cercam o homem e controlá-los. Com esse controle pode ele melhorar sua posição em face ao mundo e criar, através do uso da tecnologia, condições melhores para a vida humana.

Poper (1972, p. 27 apud SEABRA 2009, p.19) afirma que "um cientista, teórico ou experimental, formula enunciados e verifica-os um a um. No campo das ciências empíricas, para particularizar, ele formula hipóteses ou sistemas de teorias, e submete-os a teste, confrontando-os com a experiência, através de recursos de observação e experimentação".

Desta forma, entender o que é ciência é fundamental. Vários são os conceitos atribuídos, sendo que os mais comuns (e mais incompletos) segundo Lakatos e Marconi (2011, p. 21) são:

- Acumulação de conhecimentos sistemáticos.
- Atividade que se propõe a demonstrar a verdade dos fatos experimentais e suas aplicações práticas.
- Caracteriza-se pelo conhecimento racional, sistemáticos, exato, verificável e, por conseguinte, falível.
- Conhecimento certo do real pelas suas causas.
- Conhecimento sistemático dos fenômenos da natureza e das leis que o regem, obtido pela investigação, pelo raciocínio e pela experimentação intensiva.
- Conjunto de enunciados lógica e dedutivamente justificados por outros enunciados.
- Conjunto orgânico de conclusões certas e gerais, metodicamente demonstradas e relacionadas com objeto determinado.
- Corpo de conhecimentos consistindo em percepções, experiências, fatos certos e seguros.
- Estudo de problemas solúveis, mediante método científico.
- Forma sistematicamente organizada de pensamento objetivo.

Os mesmos autores informam que o conceito mais abrangente é de Ander-Egg, porém o mais preciso é de Trujillo (1974 apud LAKATOS E MARCONI 2011, p. 22, p.8):

> Entendemos por ciência uma sistematização de conhecimentos, um conjunto de preposições logicamente correlacionadas sobre o comportamento de certos fenômenos que se deseja estudar. A ciência é todo um conjunto de atitudes e atividades racionais, dirigidas ao sistemático conhecimento com objeto limitado, capaz de ser submetido à verificação.

Percebemos que uma teoria não pode ser considerada ciência se não for submetida à verificação, é necessário obter comprovação científica, caso contrário não terá validade.

Baruffi (2002, p. 21) afirma que:

> Historicamente, as concepções de ciência ou de ideias de cientificidade que mais têm se destacado são as seguintes: a) a racionalista, cujo modelo de objetividade vem da matemática; b) a empirista, cujo modelo de objetividade vem da medicina grega e da história natural do século XVII; c) a construtivista, cujo modelo de objetividade advém da ideia de razão como conhecimento aproximado.

Lakatos e Marconi (2010, p. 62) informam que as ciências possuem:

A) Objetivo ou finalidade: preocupação em distinguir a característica comum ou as leis gerais que regem determinados eventos.

B) Função: aperfeiçoamento, através do crescente acervo de conhecimentos, da relação do homem com o seu mundo.

C) Objeto. Subdividido em:
- Material, aquilo que se pretende estudar, analisar, interpretar ou verificar, de modo geral:
- Formal, o enfoque especial, em face das diversas ciências que possuem o mesmo objeto material.

Vejamos que as ciências possuem: objetivo ou finalidade; função e objeto. Enquanto pesquisadores, devemos ter em mente estes conceitos, pois uma pesquisa será bem sucedida se houver clareza dos seus objetivos.

Lakatos e Marconi (2010, p.63) apresentam em seu livro "Fundamentos da Metodologia Científica" a classificação e divisão da ciência e destacam que:

> A complexidade do universo e a diversidade de fenômenos que nele se manifestam, aliadas à necessidade do homem de estudá-los para poder entendê-los e explicá-los, levaram ao surgimento de diversos ramos de estudo e ciências específicas. Estas necessitam de uma classificação, quer de acordo com sua ordem de complexidade, quer de acordo com seu conteúdo: objeto ou temas, diferença de enunciados e metodologia empregada.

Sendo possível representá-la através da imagem a seguir:

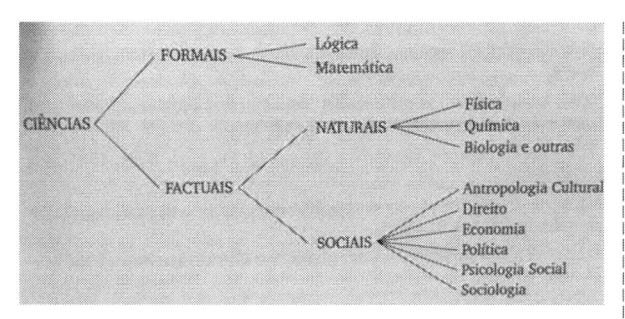

Fonte: Lakatos e Marconi (2010, p.63).

Ainda relacionado ao conceito de ciência vejamos o que o autor Baruffi (2002, p. 20) tem a contribuir, para o autor, "a ciência é entendida como uma busca constante de explicações, de soluções, de revisões. O método científico, enquanto instrumento de garantia e veracidade do conhecimento, é uma forma de obtenção destes conhecimentos".

Ainda segundo Baruffi (2002, p. 20) "quanto ao método e o objeto, as ciências podem ser classificadas em ciências naturais e ciências humanas". Para compreendermos o significado dessas duas ciências veremos sua definição dando sequência às palavras do mesmo autor citado:

- O método de abordagem nas ciências naturais, ao estudar os fenômenos da natureza, marca-se pela possibilidade de explicá-los, isto é, pela possibilidade de constatar a existência de ligações constantes entre fatos e pela de deduzir que os fenômenos estudados derivam destes fatos. Já, ao estudar os fenômenos humanos, o método de abordagem leva em conta a explicação, o ato de compreender, isto é, o cientista tem por objetivo reproduzir, intuitivamente, o sentido dos fenômenos, valorando-os.
- Logo, a ciência humana é explicativa e compreensiva à medida que reconhece na conduta humana não apenas o sentido que lhe é dado, mas também o sentido que ela própria se dá. Requer um método preciso em que se faz repousar sua validade na validade das valorações que revelam o sentido do conhecimento.

Percebemos que ambas as ciências buscam por constatações verdadeiras para seu objeto de estudo, mesmo havendo diferenças em como chegar ao resultado à finalidade é a mesma, levando sempre em conta a coerência do pensamento, objetivos e diversas operações.

Para Baruffi e Cimadon (1997, p.11)

> A ciência é uma ordem de constatações verdadeiras, logicamente relacionadas entre sim, apresentando a coerência interna do pensamento consigo mesmo, com seu objeto e com as diversas operações implicadas na tarefa cognoscitiva. O conhecimento científico pretende ser um saber coerente. O fato de que cada noção que o integra possa encontrar seu lugar no sistema e se adequar logicamente às demais é a prova de que seus enunciados são verdadeiros. Se houver incompatibilidade lógica entre as ideias de um mesmo sistema científico, duvidosas se tornam as referidas ideias, os fundamentos do sistema e até

mesmo o próprio sistema. Da sistematização decorre a justificação do saber científico.

Demo (1980 apud GRESSLER, 2007, p. 44) cita critérios interno e externos da produção científica:

a) **Coerência**: apresenta argumentação estruturada e ausência de contradições.
b) **Consistência**: possui a capacidade de resistir à argumentação contrária.
c) **Originalidade**: busca o novo e não a repetitividade.
d) **Objetivação**: tenta reproduzir, ler e compreender a realidade assim como ela é e não conforme os princípios do pesquisador.

Chauí (1995, p.14) afirma que a ciência pode ser considerada "como síntese dialética do objeto e do fim, porque é o fim do conhecimento o que faz do objeto um objeto do conhecimento e o determina sob certo prisma; e a finalidade é o fim de conhecer esse objeto".

IMPORTANTE: ciência é um saber metodologicamente produzido tendo como centro um objeto!

Por fim, para que exista a ciência é necessária à utilização de métodos científicos, Santos, Rossi e Jardilino (2000, p. 23) define o método científico com sendo "um caminho para se chegar a certos objetivos pretendidos ou não. Obviamente, no que concerne ao método científico, há de haver um procedimento regular, explícito e passível de ser repetido para conseguir-se alguma coisa, seja material ou conceitual". Para uma melhor compreensão vejamos o quadro a baixo:

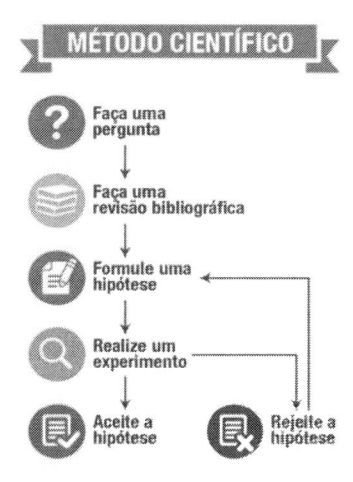

Fonte: http://posgraduando.com/metodo-cientifico/. Acesso em: 28 jun. 2018

Parece confuso? Não se preocupem, na próxima aula vamos tratar apenas desse assunto.

2 - Tipos de Conhecimentos

Nesta seção propomos apresentar os tipos de conhecimentos científicos, mas você aluno(a) sabe qual é o significado de conhecimento? Para Baruffi e Cimadon (1997, p. 05):

> O conhecimento representa uma relação que se estabelece entre um sujeito que conhece e um objeto que é conhecido. Aí reside a

verdadeira essência do conhecimento. Relação entre um sujeito que está atento aos objetos e um objeto que se manifesta e se deixa conhecer. Nessa relação, encontra-se frente a frente, de um lado, a consciência cognoscente – o sujeito – e, de outro, o objeto conhecido. Além do sujeito e do objeto, no conhecimento, há o ato de conhecer, que é o processo de interação que o sujeito efetua com o objeto, de tal forma que, por recursos variados, vai tentando apreender do objeto sua forma de ser e o resultado desse conhecimento, que é o conceito produzido, a explicação. Nesse contexto o conhecimento é compreendido como a explicação produzida pelo sujeito por meio de um esforço metodológico de análise dos elementos da realidade que se manifesta ao sujeito, desvendando sua lógica, tornando-a inteligível.

Koche (2009, p. 29) afirma que o "conhecimento científico é um produto resultante da investigação científica. Surge não apenas da necessidade de encontrar soluções para problemas de ordem prática da vida diária, mas do desejo de fornecer explicações sistemáticas que possam ser testadas e criticadas através de provas empíricas e da discussão intersubjetiva". Compreendemos que existe uma necessidade em se alcançar um conhecimento dito como seguro.

Ainda sobre conhecimento Seabra (2009, p.13) relata que:

> O conhecimento é o meio pelo qual descobrimos a natureza dos fenômenos emanada através das aparências, captadas mediante o emprego de instrumentos e sentidos do homem, segundo a maior ou menor capacidade para perceber o real. Entretanto, nem todos os fatos verídicos são inteligíveis, e a pesquisa científica permite compreender apenas fragmentos da realidade, portanto distantes de sua essência, e muitas vezes de maneira equivocada.

O conhecimento científico é obtido por meio dos métodos científicos, e perpassa por verificação no decorrer da pesquisa, esta verificação está associada a manifestações causais e globais, por fim, dizemos que este conhecimento é objetivo e está sujeito à comprovação e demonstração. Logo, não podemos afirmar que todo conhecimento científico é imutável, ele poderá sofrer reaplicações, confirmações ou rejeições.

E o que vem ser **investigação científica**? Koche (2009, p. 30) informa que "é a construção e a busca de um saber que acontece no momento em que se reconhece a ineficácia dos conhecimentos existentes, incapazes de responder de forma consistente e justificável às perguntas e dúvidas levantadas".

Pode-se afirmar que nem todos os conhecimentos são científicos e existem outros tipos de conhecimentos. Para Marconi e Lakatos (2011, p.1):

> **Desde a Antiguidade**, até os nossos dias, um camponês, mesmo iletrado e/ou desprovido de outros conhecimentos, sabe o momento certo da semeadura, a época da colheita, a necessidade da utilização de adubos, as providências a serem tomadas para a defesa das plantações contra ervas daninhas e pragas e o tipo de solo adequado para as diferentes culturas. Tem também o conhecimento de que o cultivo do mesmo tipo, todos os anos, no mesmo local, exaure o solo. **Já no período feudal**, o sistema de cultivo era em faixa: duas cultivadas e uma terceira "em repouso", alternando-as de ano para ano, nunca cultivando a mesma planta, dois anos seguidos, numa única faixa. O início da **Revolução Agrícola** não se prende ao aparecimento, no século XVIII, de melhores arados, enxadas e outros tipos de maquinaria, mas à introdução, na segunda metade do século XVII, da cultura do nabo e do trevo, pois seu plantio evitava o desperdício de se deixar a terra em repouso: seu cultivo "revitalizava" o solo, permitindo o uso constante. **Hoje**, a agricultura utiliza-se de sementes selecionadas, de adubos químicos, de defensivos consta as pragas e tenta-se, até, o controle biológico dos insetos daninhos.

Percebe-se que após a leitura é possível identificar dois tipos de conhecimentos: sendo o primeiro popular e o segundo o conhecimento científico. O popular é um conhecimento informal, passado de geração para geração, chamado de empírico. Já o segundo, o científico é aquele obtivo através de procedimentos científicos, onde houve constatação.

Baruffi (2002, p. 18) confirma a citação acima ao dizer que:

> O conhecimento do senso comum contrapõe-se ao conhecimento do senso crítico, ou científico, porém é a base para este. Entre ambos há uma separação de ordem qualitativa: enquanto o senso comum é superficial e fragmentário, o conhecimento científico pretende conhecer a essência e buscar compreensões coerentes e universais. O conhecimento científico procura ultrapassar qualitativamente o senso comum, buscando conhecer, além da manifestação do fenômeno, suas causas e relações. Busca o conhecimento objetivo, isto é, fundado sobre as características do objeto e, lógico, através do uso de métodos desenvolvidos para manter a coerência interna de suas afirmações.

Vejamos que o conhecimento científico não é algo pronto, é questionável e obtido intencionalmente para que possamos obter um resultado comprovado, fruto de pesquisas sistemáticas. Baruffi (2002, p. 18) complementa "está sempre inquieto com o desconhecido. Intencionalmente, procura compreender esse desconhecido buscando sua essência, o seu verdadeiro significado. Mas não basta que um conhecimento seja verdadeiro; há necessidade de se poder alcançar a certeza de que é verdadeiro o que é dado pela teoria do conhecimento".

De acordo com Baruffi e Cimadon (1997, p. 07) "o senso comum é a primeira compreensão do mundo a qual estamos inseridos. É o conhecimento acumulado pelas sociedades humanas sem um esforço de busca de coerência e organicidade das partes. É obtido casualmente, sem um método e uma sistematização, após inúmeras tentativas".

Além do senso comum, Seabra (2009, p.15) destaca o senso crítico e nos informa que:

> O senso comum ou bom senso é a compreensão do mundo real e imaginário por meio de um conjunto de opiniões, hábitos e formas de pensamento, sistematicamente desestruturado, utilizado diariamente pelos indivíduos como meio de orientação para suas vidas. O chamado bom senso é resultado do conjunto de entendimentos e ações realizados pelo ser humano baseados nas experiências adquiridas através dos tempos.

Marconi e Lakatos (2010, p. 59) em seu livro "Fundamentos da Metodologia Científica" cita Ander-Egg (1978, p.13-14) que apresenta as características do conhecimento popular:

- Superficial, isto é, conforma-se com a aparência, com aquilo que se pode comprovar simplesmente estando junto das coisas: se expressa por frases como "porque o vi", "porque o senti", "porque o disseram", "porque todo mundo diz".
- Sensitivo, ou seja, referente às vivências, estados de ânimo e emoções da vida diária.
- Subjetivo, pois é o próprio sujeito que organiza suas experiências e conhecimentos, tanto os que adquirem por vivência própria quanto os "por ouvi dizer".
- Assistemático, pois esta "organização" das experiências não visa a uma sistematização das ideias, nem na forma de adquiri-las, nem na tentativa de validá-las.
- Acrítico, pois, verdadeiros ou não, a pretensão de que esses conhecimentos o sejam não se manifesta sempre de uma forma crítica.

Além do conhecimento popular, temos outros três tipos de conhecimento: **Científico** (real (factual), contingente, sistemático, verificável, falível e aproximadamente exato); **Filosófico** (valorativo, racional, sistemático, não verificável, infalível e exato) e **Religioso** (valorativo, inspiracional, sistemático, não verificável, infalível e exato), para discorrer sobre o assunto foram utilizadas como referência citações de Marconi e Lakatos (2010, p. 60-62).

- *Conhecimento filosófico* é valorativo, pois seu ponto de partida consiste em hipóteses, que não poderão ser submetidas à observação: "as hipóteses filosóficas baseiam-se na experiência, portanto este conhecimento emerge da experiência e não da experimentação" (TRUJILLO, 1974 p. 12); por este motivo, o conhecimento filosófico é não verificável, já que os enunciados das hipóteses filosóficas, ao contrário do que ocorre no campo da ciência, não podem ser confirmados nem refutados. É racional, em virtude de consistir num conjunto de enunciados logicamente correlacionados. Tem a característica de sistemático, pois suas hipóteses e enunciados visam a uma representação coerente da realidade estudada, numa tentativa de aprendê-la em sua totalidade. Por último, é infalível e exato, já que, quer na busca da realidade capaz de abranger todas as outras, quer na definição do instrumento capaz de aprender a realidade, seus postulados, assim como suas hipóteses, não são submetidos ao decisivo teste da observação (experimentação). Portanto, o conhecimento filosófico é caracterizado pelo esforço da razão pura para questionar os problemas humanos e poder discernir entre o certo e o errado, unicamente recorrendo às luzes da própria razão humana.
- *Conhecimento Religioso*: isto é, teológico, apoia-se em doutrinas que contém proposições sagradas (valorativas), por terem sido reveladas pelo sobrenatural (inspiracional) e, por esse motivo, tais verdades são consideradas infalíveis e indiscutíveis (exatas); é um conhecimento sistemático do mundo (origem, significado, finalidade e destino) como obra de um criador divino; suas evidências não são verificadas: está sempre implícita uma atitude de fé perante um conhecimento revelado. Assim, o conhecimento religioso ou teológico parte do princípio de que as "verdades" tratadas são infalíveis e indiscutíveis, por consistirem em "revelações" da divindade (sobrenatural).
- *Conhecimento científico*: real porque lida com ocorrência ou fatos, isto é com toda "forma de existência que se manifesta de algum modo". Constitui um conhecimento contingente, pois suas proposições ou hipóteses têm sua veracidade ou falsidade conhecida através da experiência e não apenas da razão, como ocorre no conhecimento filosófico. É sistemático, já que se trata de um saber ordenado logicamente, formando um sistema de ideias (teoria) e não conhecimentos dispersos e desconexos. Possui a característica da verificabilidade, a tal ponto que as afirmações (hipóteses) que não podem ser comprovadas não pertencem ao âmbito da ciência. Constitui-se em conhecimento falível, em virtude de não ser definitivo absoluto ou final e, por este motivo, é aproximadamente exato: novas proposições e o desenvolvimento de técnicas podem reformular o acervo de teoria existente.

Deste modo, percebemos ser necessário enquanto pesquisadores assumir uma posição de sujeito ativo, uma exigência do conhecimento científico, evitando uma posição passiva e de mero espectador, ao homem cabe à tarefa de buscar respostas que possam compreender e explicar o mundo. Koche (2009, p. 29) afirma que "o que impulsiona o homem em direção à ciência é a necessidade de compreender a cadeia de relações que se esconde por trás das aparências sensíveis dos objetos, fatos ou fenômenos, captados pela percepção sensorial e analisadas de forma superficial, subjetiva e a crítica pelo senso comum".

Palavras reforçadas por Baruffi e Cimadon (1977, p. 07):

O conhecimento científico não é um saber que vem pronto e acabado e que deve ser aceito sem questionamentos. Não é posse de verdades imutáveis. Ao contrário, é um saber intencionalmente obtido e elaborado, com consciência dos fins a que propõe e dos meios para efetivá-lo, visando sua justificação como saber verdadeiro ou certo. Pressupõe explicar os motivos de sua certeza.

Para que consigamos obter uma resposta segura e responder todas as dúvidas existentes, se faz necessário atingir os ideais de: racionalidade e objetividade que segundo Koche (2009, p.31-32) são:

- O *ideal da racionalidade* está em atingir uma sistematização coerente do conhecimento presente em todas as suas leis e teorias. O conhecimento das diferentes teorias e leis se expressa formalizado em enunciados que, confrontados uns com os outros, devem apresentar elevado nível de consistência lógica entre suas afirmações [...] essa verificação da coerência lógica entre os enunciados, ou entre teorias e leis, é um dos mecanismos que fornece um dos padrões de aceitação ou rejeição de uma teoria pela comunidade científica: os padrões da verdade sintática.
- O *ideal da objetividade*, por sua vez, pretende que as teorias científicas, como modelos teóricos representativos da realidade, sejam construções conceituais que representem com fidelidade o mundo real, que contenham imagens dessa realidade que sejam "verdadeiras", evidentes, impessoais, possíveis de serem submetidas a testes experimentais e aceitas pela comunidade científica como provadas em sua veracidade. Esse mecanismo utilizado para avaliar a verdade semântica.

Porém, é importante que saibamos que o conhecimento científico apesar de ser considerado o mais seguro também pode falhar, e, esta falha está relacionada com as escolhas do investigador devido não apresentar um bom planejamento, não utilizar técnicas necessárias, uso de instrumentos inadequados, hipótese inapropriada, dentre outros fatores.

Por fim, Siqueira (1999, p.18) nos informa que "A ciência não é uma atividade isolada. O cientista interage com a sociedade e sua cultura. Sendo assim, o conhecimento científico é determinado e determina a visão de mundo e a vida cotidiana da sociedade".

Retomando a aula

Chegamos, assim, ao final da primeira aula. Espera-se que agora tenha ficado mais claro o entendimento de vocês sobre o conceito de ciência e os tipos de conhecimento. Vamos, então, recordar:

1. Conceito de Ciência

Nessa seção, vimos que a ciência nada mais é do que uma busca por explicações, uma busca contínua de soluções e revisões.

2. Tipos de Conhecimentos

Nessa seção, vimos que temos o hábito de associar o conhecimento ao senso comum, porém vimos que existem outros tipos de conhecimentos, nos quais podemos citar: Científico, Filosófico e Religioso.

Minhas anotações

Aula 2º

Métodos científicos

Fonte: http://escolakids.uol.com.br/metodo-cientifico.htm. Acesso em: 28 jun. 2018

Na aula anterior, estudamos o conceito de ciência e os tipos de conhecimentos científicos. Nesta aula, estudaremos o conceito e os tipos de métodos científicos.

"O método científico é comprovado e verdadeiro. Não é perfeito, é apenas o melhor que temos. Abandoná-lo, junto com seus protocolos céticos, é o caminho para uma idade das trevas. Carl Sagan".

É de suma importância estudar este conteúdo, isto porque, para que a pesquisa seja concluída existem etapas a percorrer, regras a seguir e métodos as serem escolhidos/aplicados, desta forma, conhecê-los nos fará compreender todo processo existente até a confirmação da hipótese.

Bons estudos!

Objetivos de aprendizagem

Ao término desta aula, vocês serão capazes de:

- compreender o conceito de método científico;
- identificar as etapas do método científico;
- definir os tipos de métodos.

Seções de estudo

1. Conceito de Método Científico

1 - Conceito de Método Científico

Segundo dicionário *online*, método pode ser conceituado como "Técnica; modo usado para realizar alguma coisa". Marconi e Lakatos (2011, p. 44) afirmam que:

> Todas as ciências caracterizam-se pela utilização de métodos científicos; em contrapartida, nem todos os ramos de estudo que empregam esses métodos são ciências. Dessas afirmações, podemos concluir que a utilização de métodos científicos não é da alçada exclusiva da ciência, mas não há ciência sem o emprego de métodos científicos.

De acordo com Bunge (1974, p. 55), o método científico pode ser definido como "um conjunto de procedimentos por intermédio dos quais (a) se propõe os problemas científicos e (b) colocam-se à prova as hipóteses científicas".

Ou seja, para obtermos um determinado resultado se faz necessário utilizarmos um método científico, logo o método científico pode ser conceituado como a técnica utilizada para produzir um novo conhecimento ou explicá-lo. Souza, Fialho e Otoni (2007, p. 24) complementam ao dizer que método é "o caminho pelo qual se atinge um determinado objetivo, é um modo de proceder ou uma maneira de agir".

Santos, Rossi e Jardilino (2000, p. 23) afirmam que "Não é possível conceber a existência da ciência sem a utilização de métodos científicos". Para Gonçalves (2014, p. 33) "o método científico é um conjunto de processos mediante os quais se torna possível chegar ao conhecimento de algo, trata-se de um conjunto de processos que o espírito humano deve empregar na investigação e demonstração da verdade". Ainda segundo o autor, existem etapas a serem seguidas para demonstração da verdade:

a) Descobrimento do problema ou lacuna em um conjunto de conhecimentos.

b) Colocação precisa do problema ou, ainda, a recolocação de um velho problema à luz de novos conhecimentos.

c) Procura de conhecimentos ou instrumentos relevantes do problema (dados empíricos, teorias, aparelhos de mediação, técnica de mediação etc.).

d) Tentativa de uma solução (exata ou aproximada do problema com o auxílio de instrumento conceitual ou empírico disponível).

e) Investigação da consequência da solução obtida.

f) Prova (comprovação da solução, isto é, confronto da solução com a totalidade das teorias e das informações empíricas pertinentes).

g) Correção das hipóteses, teorias, procedimentos ou dados empregados na obtenção da solução incorreta.

Por fim, Marconi e Lakatos (2011, p. 46) contribuem com a seguinte explicação:

> Resumindo, diríamos que a finalidade da atividade científica é a obtenção da verdade, por intermédio da comprovação de hipóteses, que, por sua vez, são pontes entre a observação da realidade e a teoria científica, que explica a realidade. O método é o conjunto das atividades sistemáticas e racionais que, com maior segurança e economia, permite alcançar o objetivo – conhecimentos válidos e verdadeiros -, traçando o caminho a ser seguido, detectando erros e auxiliando as decisões do cientista.

Desta forma, compreendemos que o método científico é utilizado para responder uma hipótese, ou seja, através do método científico será possível confirmar se a hipótese é verdadeira ou falsa através das técnicas empregadas na investigação.

CURIOSIDADE: O que é hipótese? Hipótese pode ser conceituada como uma resposta ao problema, ou seja, quando o pesquisador se propõe a pesquisar algo, ele tem uma provável resposta que se confirmará ou não após a pesquisa, essa resposta é então chamada de hipótese.

Além dos métodos que veremos a seguir, vale destacar a existência de Métodos Específicos das Ciências Sociais, sendo eles segundo Gonçalves (2014, p.43): "Método Comparativo; Método Histórico; Método Monográfico; Método Estatístico; Método Tipológico; Funcionalista; Método Estruturalista; Método Fenomenológico; Método de Pesquisa-ação; Método Clínico e Método Experimental".

Marconi e Lakatos (2011, p.91-96):

- **Método Histórico**: consistem em investigar acontecimentos, processos e instituições do passado para verificar sua influência na sociedade hoje, pois as instituições alcançaram sua forma atual por meio de alterações de suas partes componentes, ao longo do tempo, influenciadas pelo contexto cultural particular de cada época.

- **Método Comparativo**: é usado tanto para comparações de grupos no presente, no passado, ou entre os existentes e os do passado, quanto entre sociedades de iguais ou de diferentes estágios de desenvolvimento.

- **Método Monográfico**: consiste no estudo de determinados indivíduos, profissões, condições, instituições, grupos ou comunidades, com a finalidade de obter generalizações.

- **Método Estatístico**: significa redução de fenômenos sociológicos, políticos, econômicos etc. a termos quantitativos e a manipulação estatística, que permite comprovar as relações dos fenômenos entre si, e obter generalizações sobre sua natureza, ocorrência ou significado.

- **Método Tipológico**: apresenta certas semelhanças com o método comparativo. Ao comparar fenômenos sociais complexos, o pesquisador cria tipos ou modelos ideais, construídos a partir da análise de aspectos essenciais dos fenômenos. A característica principal do tipo ideal é não existir na realidade, mas servir de modelo para a análise

e compreensão de casos concretos, realmente existentes.
- **Método Funcionalista**: mais um método de interpretação do que de investigação. Levando-se em consideração que a sociedade é formada por partes componentes, diferenciadas, inter-relacionadas e interdependentes, satisfazendo cada uma das funções essenciais da vida social, e que as partes são mais bem entendidas compreendendo-se as funções essenciais da vida social, e que as partes são mais bem entendidas compreendendo-se as funções que desempenham no todo, o método funcionalista estuda a sociedade do ponto de vista da função de suas unidades, isto é, como um sistema organizado de atividades.

Vejamos o diagrama do método científico:

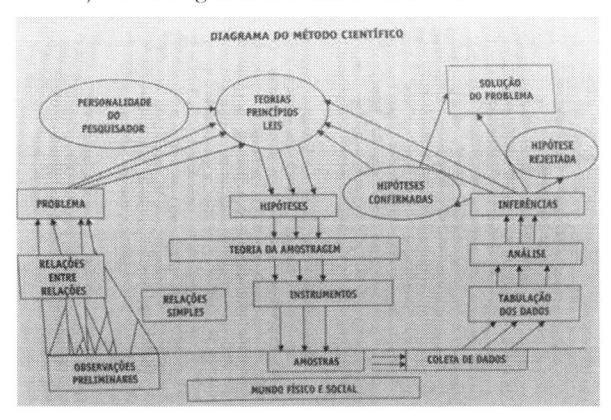

Fonte: GRESSLER, 2007.

1.1 – Método Indutivo

Método proposto por Francis Bacon, Hobbes, Locke e Hume. Marconi e Lakatos (2011, p. 49) afirmam que "o tipo de experimentação proposto por Bacon é denominado coincidências constantes. Parte da constatação de que o aparecimento de um fenômeno tem uma causa necessária e suficiente, isto é, em cuja presença o fenômeno ocorrerá sempre e em cuja ausência nunca se produzirá".

Entendemos que este método por ser denominado "coincidência" necessita de uma causa, caso a causa deixe de existir não teremos o fenômeno, ou seja, se a causa é modificada o efeito também se modifica.

Souza, Fialho e Otoni (2007, p. 27) afirmam que:

> O ponto de partida do método indutivo não são os princípios, como veremos no método dedutivo, mas a observação dos fatos e dos fenômenos, da realidade objetiva. Por outro lado, o seu ponto de chegada é a elaboração de modelos que regem o comportamento dos fatos e dos fenômenos observados. Na verdade, a indução não é um raciocínio único, mas um conjunto de procedimentos, uns empíricos, outros lógicos, outros, ainda intuitivos.

Santos, Rossi e Jardilino (2000, p. 23) apresentam em seu livro "Orientações Metodológicas para a Elaboração de Trabalhos Acadêmicos" o método indutivo esquematizado por Bacon da seguinte forma:

a) **Experimentação** – nesta fase, o cientista observa e registra de forma sistemática todas as informações que pode coletar realizando experimentos acerca do problema.

b) **Formulação das Hipóteses** – com base nos experimentos e na análise dos resultados obtidos busca-se formular hipóteses que procurem explicar a relação causal entre os fatos.

c) **Repetição** – os experimentos devem ser repetidos em outros lugares ou por cientistas, o que permitirá a acumulação de dados que servirão para formulação das hipóteses.

d) **Testagem das hipóteses** – ao repetirem os experimentos, testam-se as hipóteses. Nessa fase, procura-se obter novos dados, assim como evidências que as confirmem. O grau de confirmação das hipóteses depende da quantidade de evidências favoráveis.

e) **Formulação de generalizações e leis** – percorrido o caminho acima enumerado, o cientista formula a(s) lei(s) que descobriu com base nas evidências obtidas e generaliza suas explicações para todos os fenômenos da mesma espécie.

Para Gonçalves o método indutivo (2014, p. 36):

> É caracterizado pelo seu tipo de argumento, que, partindo "de premissas particulares, conclui por uma geral [possibilitando] o desenvolvimento de enunciados gerais sobre as observações acumuladas de casos específicos ou proposições que possam ter validade universal, constituindo-se na base do fazer científico, a partir do estabelecimento da "diferença entre os enunciados científicos, das outras formas de expressão de conhecimento do mundo construídas pelo homem".

O método indutivo surgiu com a filosofia moderna como forma de superação do que era até então aceito como verdade, superando a simples observação e existem três elementos fundamentais em que ela se realiza:

a) Observação dos fenômenos.
b) Descoberta da relação entre eles.
c) Generalização da relação.

Marconi e Lakatos (2011 p. 54) definem a etapa: a) da seguinte forma: "nessa etapa, observamos os fatos ou fenômenos e os analisamos, com a finalidade de descobrir as causas de sua manifestação"; na etapa b) os mesmos autores afirmam que "procuramos, por intermédio da comparação, aproximar os fatos ou fenômenos, com a finalidade de descobrir a relação constante existente entre eles"; e por fim na etapa c) "generalizamos a relação encontrada no precedente, entre os fenômenos e os fatos semelhantes, muitos dos quais ainda não observamos (e muitos, inclusive, inobserváveis)".

De acordo com Gonçalves (2014, p.38-39) "convém acrescentar que é possível um argumento indutivo ser falso, embora suas premissas sejam verdadeiras e, ainda assim, não haver contradição". Isso se justifica devido existir uma hipótese considerada possível, porém inconsistente, pois se estabelecida como verdadeira tornaria o argumento falso. Marconi e Lakatos (2011, p. 53) afirmam que:

> Indução é um processo mental por intermédio

do qual, partindo de dados particulares, suficientemente constatados, infere-se uma verdade geral e universal, não contida nas partes examinadas. Portanto, o objetivo dos argumentos é levar a conclusões cujo conteúdo é muito mais amplo do que o das premissas nas quais se baseiam.

Para uma melhor compreensão vejamos o exemplo:

Método Indutivo

Exemplos:

O corvo 1 é negro.	Cobre conduz energia.
O corvo 2 é negro.	Zinco conduz energia.
O corvo 3 é negro.	Cobalto conduz energia.
O corvo *n* é negro.	Ora, cobre, zinco e cobalto são metais.
(Todo) corvo é negro.	Logo, (todo) metal conduz energia.

Fonte: http://slideplayer.com.br/slide/5591212/. Acesso em: 28 jun 2018

Este método parte de fenômenos abrangentes, indo das constatações específicas do pesquisador as leis e teorias.

1.2 - Método Dedutivo

Para o Dicionário Informal dedução significa "1-Ação de deduzir; conclusão. 2-Enumeração minuciosa de fatos e argumentos", logo, método dedutivo pode ser conceituado como uma forma de pensar, raciocinar partindo de um enunciado, no qual fornece uma ideia baseada na observação, vejamos um exemplo:

- O raciocínio dedutivo fundamenta-se em um silogismo.
- **Premissa maior:** O ser humano é mortal
- **Premissa menor:** João é homem.
- **Conclusão:** Logo João é mortal.

Fonte: http://psicoativo.com/2016/08/4-exemplos-de-raciocinio-dedutivo-aplicado.html. Acesso em: 28 jun 2018

Souza, Fialho e Otoni (2007, p. 25) apresentam o objetivo do método dedutivo:

> O raciocínio dedutivo tem o objetivo de explicar o conteúdo das premissas. Por intermédio de uma cadeia de raciocínio em ordem descendente, de análise do geral para o particular, chega a uma conclusão. Usa o silogismo da construção lógica para, a partir de duas premissas, retirar uma terceira logicamente decorrente das duas primeiras, denominada de conclusão. O método dedutivo, típico das ciências exatas: é um processo sistemático de investigação, o qual envolve uma série de passos sequenciais, a saber: identificação de um problema, formulação da hipótese, estudos pilotos, obtenção de dados, testes de hipóteses, generalização e replicação.

O método dedutivo foi formulado por René Descartes. Santos, Rossi e Jardilino (2000, p.23) nos apresentam suas quatro regras:

a) **Evidência** – "não acolher jamais como verdadeira uma coisa que não se reconheça evidentemente como tal, isto é, evitar a precipitação e o preconceito e não incluir juízos, senão aquilo que se apresenta como tal clareza ao espírito que torne impossível a dúvida".

b) **Análise** – "dividir cada uma das dificuldades em tantas partes quantas necessárias para melhor resolvê-las".

c) **Síntese** – "conduzir ordenadamente os pensamentos, principiando com os objetos mais simples e mais fáceis de conhecer, para subir, em seguida, pouco a pouco, até o conhecimento dos objetos que não se disponha, de forma natural, em sequências de complexidade crescente".

d) **Enumeração** - "realizar sempre enumerações tão cuidadas e revisões tão gerais que se possa ter certeza de nada haver omitido".

Marconi e Lakatos (2011, p.50) complementam a citação acima ao dizer que "**análise** – pode ser compreendida como o processo que permite a decomposição do todo em suas partes constitutivas, indo sempre do mais para o menos complexo. **Síntese** – é entendida como o processo que leva à reconstituição do todo, previamente decomposto pela análise. Dessa maneira, vai sempre do que é mais simples para o menos simples ou complexo".

Para Gonçalves (2014, p. 33) o método dedutivo:

> Parte de verdades universais para obter conclusões particulares, e é muito requisitado na lógica e na matemática, "as quais usando o raciocínio lógico partem de um princípio a priori, tido como verdadeiro, para chegar a verdades simples". A dedução pode ser analítica e formal ou silogística. A silogística é "constituída por raciocínio composto de três juízos ou proposições (duas premissas e uma conclusão), não oferecendo novos conhecimentos, no sentido investigativo, porque o seu ponto de partida é sempre uma verdade universal".

O método dedutivo de Descartes assim como o indutivo de Bacon, também sofreu influências e na atualidade é apresentado sobre o viés de duas características que são citadas por Marconi e Lakatos (2010, p. 63 – 64):

> I - no argumento dedutivo, para que a conclusão "todos os cães têm um coração" fosse falsa, uma das ou as duas premissas teriam de ser falsas: ou nem todos os cães são mamíferos ou nem todos os mamíferos têm um coração.

II – quando a conclusão do argumento dedutivo afirma que todos os cães têm um coração, está dizendo alguma coisa que, na verdade, já tinha sido dita nas premissas; portanto, como todo argumento dedutivo, reformula ou enuncia de modo explícito a informação, já contida nas premissas.

Por fim, Salmon (1978, p. 30-31) demonstra duas características que diferenciam o método dedutivo do indutivo, e nos auxiliará na diferenciação:

DEDUTIVOS
I – Se todas as premissas são verdadeiras, a conclusão deve ser verdadeira.
II – Toda a informação ou conteúdo fatual da conclusão já estava, pelo menos implicitamente, nas premissas.

INDUTIVOS
I – Se todas as premissas são verdadeiras, a conclusão é provavelmente verdadeira, mas não necessariamente verdadeira.
II – A conclusão encerra informação que não estava, nem implicitamente, nas premissas.

Desta forma, podemos concluir que este método parte das teorias e leis e, na maioria das vezes, de maneira antecipada ao acontecimento dos fenômenos particulares.

1.3.1 - Método Hipotético-Dedutivo

O método Hipotético-Dedutivo segundo Gonçalves (2014, p.39) foi desenvolvido por Karl Popper: "esse método representa uma tentativa de equilíbrio entre os métodos indutivo e dedutivo", como pode ser observado no diagrama a seguir:

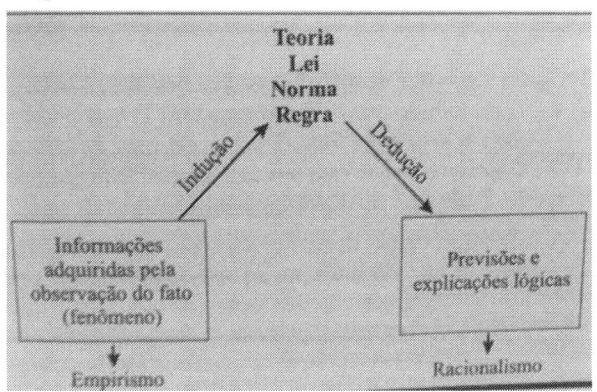

Fonte: GONÇALVES (2014, p. 39).

Verifica-se que existe um confronto entre o empirismo e o racionalismo, Marconi e Lakatos (2011, p.71) afirmam que:

> As duas admitem a possibilidade de alcançar a verdade manifesta, só que as fontes do conhecimento, os pontos de partida de uma e de outra escola são opostos: para o empirismo, é os sentidos, a verdade da natureza, livro aberto em que todos podem ler; para o racionalismo, a veracidade de Deus, que não pode enganar e que deu ao homem a intuição e a razão. Em resumo, tem o conhecimento sua origem nos fatos ou na razão? Na observação ou em teorias e hipóteses? A indução afirma que, em primeiro lugar, vem à observação dos fatos particulares e depois as hipóteses a confirmar, a dedução, no método-hipotético, defende o aparecimento, em primeiro lugar, do problema e da conjectura, que serão testados pela observação e experimentação.

Vejamos as etapas deste método:

Fonte: http://slideplayer.com.br/slide/5625909/. Acesso em: 28 jun. 2018

Para Bunge (1974, p.70) as etapas do Método Hipotético-dedutivo são:

- **Colocação do problema: Reconhecimento dos fatos** – exame, classificação preliminar e seleção dos fatos que, com maior probabilidade, são relevantes no que respeita a algum aspecto.
- **Descoberta do problema** – encontro de lacunas ou incoerências no saber existente.
- **Formulação do problema** – colocação de uma questão que tenha alguma probabilidade de ser correta; em outras palavras, redução do problema a um núcleo significativo, com probabilidades de ser solucionado e de apresentar-se frutífero, com o auxílio do conhecimento disponível.
- **Construção de um modelo teórico: Seleção dos fatores pertinentes** – invenção de suposições plausíveis que se relacionem a variáveis supostamente pertinentes.
- **Invenção das hipóteses centrais e das suposições auxiliares** – proposta de um conjunto de suposições que sejam concernentes a supostos nexos entre as variáveis (por exemplo, enunciado de leis que se espera possam amoldar-se aos fatos ou fenômenos observados).
- **Dedução de consequências particulares: Procura de suportes racionais** – dedução de consequências particulares que, no mesmo campo, ou campos contíguos, possam ter sido verificadas; **Procura de suportes empíricos** – tendo em vista as verificações disponíveis ou concebíveis, elaboração de predições ou retrodições, tendo por base o modelo teórico e dados empíricos.
- **Teste das hipóteses: Esboço da prova** – planejamento dos meios para pôr à prova as predições e retrodições; determinação tanto das observações, medições, experimentos quanto das demais operações instrumentais; **Execução da prova** – realização das operações planejadas e nova coleta de dados; **Elaboração dos dados** –

procedimentos de classificação, análise, redução e outros, referentes aos dados empíricos coletados.

• **Inferência da conclusão** – à luz do modelo teórico, interpretação dos dados já elaborados.

• **Adição ou introdução das conclusões na teoria: Comparação das conclusões com as predições e retrodições** – contraste dos resultados da prova com as consequências deduzidas do modelo teórico, precisando o grau em que este pode, agora, ser considerado confirmado ou não (inferência provável); **Reajuste do modelo** – caso necessário, eventual correção ou reajuste do modelo. **Sugestões para trabalhos posteriores** – caso o modelo não tenha sido confirmado, procura dos erros ou na teoria ou nos procedimentos empíricos; caso contrário – confirmação -, exame de possíveis extensões ou desdobramentos, inclusive em outras áreas do saber.

Concluímos que o pesquisador inicia-se com a formulação do problema, delimitando-o de maneira precisa, posteriormente formula a hipótese por dedução e por fim é realizado o teste e confirmado ou não a hipótese.

1.4 - Método Dialético

Sobre significado de dialética, Marconi e Lakatos (2011, p.81) nos informam que "Na Grécia Antiga, o conceito de dialética era equivalente ao de diálogo, passando depois a referir-se, ainda dentro do diálogo, a uma argumentação que fazia clara distinção dos conceitos envolvidos na discussão".

O método Dialético segundo Gonçalves (2014, p. 39) "surgiu da necessidade de se perceber a realidade em suas diversas facetas, estando pautada em leis fundamentais". Sendo elas:

a) **Mudança dialética**: a antítese é a negação da afirmação tese, sendo por sua vez negada pela síntese que, por ser negação da negação, torna-se uma nova afirmação.

b) **Ação recíproca**: nenhuma coisa está acabada, mas tudo se encontra em constante mudança, transformação e desenvolvimento, todas as coisas estão interligadas e são interdependentes.

c) **Contradição** (interpenetração dos contrários): as coisas, por possuírem um lado positivo e um negativo, contêm em si mesmas o princípio da contradição ou do movimento (luta entre os contrários). Essa lei se encontra pautada em alguns princípios; são eles: a) contradição interna – toda realidade é movimento e não há movimento que não seja consequência de uma luta de contrários, de sua contradição interna; b) a contradição é inovadora – não basta constatar o caráter interno da contradição. É necessário, ainda, frisar que essa contradição é a luta entre o velho e o novo, entre o que morre e o que nasce entre o que perece e o que se desenvolve; c) unidade dos contrários – a contradição encerra dois termos que se opõem: para isso, é preciso que seja uma unidade, a unidade dos contrários [...] apresentando-se em sua unidade indissolúvel.

d) **Passagem da quantidade para a qualidade**: é a explicação de como acontece à transformação. Há mudanças contínuas que, acumulando-se, acabam por produzir uma mudança brusca.

Marconi e Lakatos (2011, p.83) confirmam a citação acima e citam as quatro leis fundamentais do método dialético: "a) ação recíproca, unidade polar ou "tudo se relaciona"; b) mudança dialética, negação ou "tudo se transforma"; c) passagem da quantidade à qualidade ou mudança qualitativa e d) interpenetração dos contrários, contradição ou luta dos contrários".

Por fim, concluímos que este método está atrelado aos fenômenos e visa uma ação recíproca, que permeia a contradição inerente ao fenômeno e da mudança dialética presente na sociedade e natureza.

Retomando a aula

Chegamos ao final da segunda aula, espero que tenham compreendido o conteúdo, porém caso haja dúvidas utilizem o quadro de avisos! Mas antes, vamos relembrar nosso conteúdo?

1 – Conceito de Método Científico

Nessa seção, conceituamos método científico como o método utilizado para obter um determinado resultado, dentre os principais métodos utilizados citamos: Método Indutivo, Método Dedutivo, Método Hipotético-Dedutivo, Método Dialético e Método Específico das Ciências Sociais.

Vale a pena

Vale a pena ler

Fundamentos de Metodologia Científica - Marina de Andrade Marconi e Eva Maria Lakatos.

Vale a pena acessar

Disponível em: http://www4.pucsp.br/~dee-pf/met-cientifica.

Aula 3º

Teorias, leis e métodos (qualitativos e quantitativos)

Fonte: https://ideiasassertivas.blogspot.com.br/2010/11/gestao-do-capital-intelectual.html. Acesso em: 28 jun. 2018

Em muitas situações rotineiras utilizamos o senso comum para explicar ou até mesmo considerar um fato real, logo sabemos que essa teoria só poderá ser validada se comprovada cientificamente. Para alcançarmos esses resultados devemos compreender duas metodologias: quantitativa e qualitativa, um método utilizado com frequência pelos pesquisadores.

O método quantitativo (em síntese) está relacionado aos números e já o método qualitativo não. Vamos com calma, essa é apenas uma das características de cada método que estudaremos detalhadamente no decorrer desta aula. Espero que tenhamos um excelente aproveitamento e bom estudo!

Bons estudos!

Objetivos de aprendizagem

Ao término desta aula, vocês serão capazes de:

- compreender o conceito de teoria e lei;
- descrever a importância da metodologia quantitativa e qualitativa para a pesquisa;
- definir quais momentos é possível empregar as diferentes metodologias de pesquisa.

Seções de estudo

1. Natureza das Teorias e Leis
2. Metodologia Qualitativa
3. Metodologia Quantitativa

1 - Natureza das Teorias e Leis

Quando falamos em teoria, qual o primeiro pensamento que vem em sua mente? Conteúdos extensos, textos, explicações sobre determinados assuntos, determinar pesquisa, mas de fato você sabe o que é uma teoria? Marconi e Lakatos (2010, p.106) conceituam como sendo "um meio para interpretar, criticar e unificar leis estabelecidas, modificando-as para se adequarem a dados não previstos quando de sua formulação e para orientar a tarefa de descobrir generalizações novas e mais amplas". A teoria é o conhecimento e através dela somos capazes de provar ou não fenômenos e fatos.

Para Koche (2009, p. 90):

> As leis e teorias surgem da necessidade de se ter de encontrar explicações para os fenômenos da realidade. Esses fenômenos são conhecidos pelas suas manifestações, pelas suas aparências, assim como se percebe pela cor e pelo perfume quando um fruto está maduro. Pode-se descobrir nos fenômenos da mesma natureza a manifestação de alguns aspectos que são comuns e invariáveis. Por exemplo: sempre que um objeto é jogado para o alto, cai. O estudo dessas manifestações pode conduzir à descoberta da uniformidade ou regularidade do comportamento desse fenômeno conjeturando sobre a estrutura dos fatores que interferem ou produzem essa regularidade.

Vejamos o quadro a seguir:

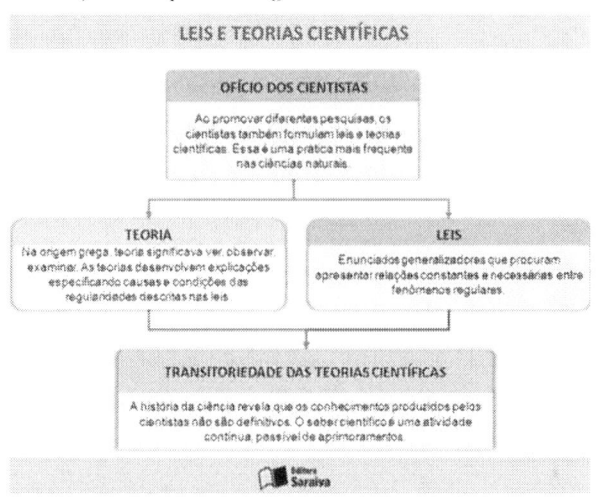

LEIS E TEORIAS CIENTÍFICAS

OFÍCIO DOS CIENTISTAS
Ao promover diferentes pesquisas, os cientistas também formulam leis e teorias científicas. Essa é uma prática mais frequente nas ciências naturais.

TEORIA
Na origem grega, teoria significava ver, observar, examinar. As teorias desenvolvem explicações especificando causas e condições das regularidades descritas nas leis.

LEIS
Enunciados generalizadores que procuram apresentar relações constantes e necessárias entre fenômenos regulares.

TRANSITORIEDADE DAS TEORIAS CIENTÍFICAS
A história da ciência revela que os conhecimentos produzidos pelos cientistas não são definitivos. O saber científico é uma atividade contínua, passível de aprimoramentos.

Editora Saraiva

Fonte: http://slideplayer.com.br/slide/10185281/. Acesso em: 28 jun. 2018

Marconi e Lakatos (2010, p. 98) afirmam que a teoria "serve como orientação para restringir a amplitude dos fatos a serem estudados – a quantidade de dados que podem ser estudados em determinada área da realidade é infinita". Vejamos que é necessário na pesquisa delimitação, pois como sabemos existem inúmeros estudos sobre variados temas.

Nota-se que a teoria é utilizada para conceituar e classificar fatos e sua utilização não é mero formalismo, tornando-se essencial na verificação do fenômeno, pois norteará observações científicas e servirá como referencial teórico.

Sobre a composição da teoria Gressler (2007, p. 46) diz que ela deve "prover meios para sua verificação; permitir previsões; estimular novas descobertas e indicar áreas que necessitam ser investigadas", logo não é possível ser elaborada se não for corretamente estruturada, aí a necessidade de se ter clareza sobre o que será pesquisado e quais os meios utilizados.

Barbosa em seu livro "Introdução à pesquisa: métodos, técnicas e instrumentos" (1980, p.100) elenca as funções da teoria enquanto sistema de conceptualização e classificação dos fatos:

a) **Representar os fatos, emitindo sua verdadeira concepção**. Exemplo: os componentes de uma sociedade ocupam nela posições diferentes (fato) = status (conceito).

b) **Fornecer um universo vocabular científico, próprio de cada ciência, facilitando a compreensão dos fenômenos e a comunicação entre os cientistas**. Exemplo: para estudar os fenômenos de mudança cultural, a Antropologia Cultural deve possuir uma terminologia própria, que englobe os conceitos de aculturação (fusão de duas culturas); sincretismo (fusão de elementos culturais – religiosos ou linguísticos); transculturação (troca de elementos culturais) etc.

c) **Expressar uma relação entre fatos estudados**. Exemplo: $E = m^2$, isto é, a energia é igual à massa multiplicada pelo quadrado de sua velocidade.

d) **Classificar e sistematizar os fenômenos, acontecimentos, aspectos e objetos da realidade**. Exemplo: a classificação periódica dos elementos químicos, feita por Mendeleev, de acordo com seu peso atômico, não teria sentido sem os conceitos de "átomo", "próton", "elétron", "nêutron" etc.

e) **Resumir a explicação dos fenômenos, expressando sua concepção e correlação**. Exemplo: classe social = "conjuntos de agentes sociais determinados principalmente, mas não exclusivamente, por seu lugar no processo de produção, isto é, na esfera econômica significando, em um e mesmo movimento, contradições e lutas de classes...".

Com relação às Leis, Marconi e Lakatos (2010, p.106) afirma que "duas são as principais funções de uma lei específica: a) Resumir grande quantidade de fatos e b) permitir e prever novos fatos, pois, se um fato ou fenômeno "se enquadrar" em uma lei, ele se comportará conforme o estabelecido pela lei". Os mesmos autores complementam ao afirmar que "a palavra "lei" comporta duas acepções: uma regularidade e um enunciado que pretende descrevê-la (portanto, um enunciado de lei)". Compreendemos que a teoria é de maior amplitude quando comparada a lei, já que esta última está relacionada a fatos e fenômenos isolados.

Desta forma, compreendemos que a teoria nos fornece

com relação ao fenômeno não somente a descrição, mas também explicações gerais, não podendo ser equiparada a uma simples descrição, mas a uma abstração.

Saber mais: abstração é o ato de abstrair, ou seja, isolar mentalmente para considerar à parte um elemento de representação que não é dado separadamente na realidade (Dicionário Informal).

2 - Metodologia Qualitativa

Sabemos que a metodologia refere-se ao meio, técnica ou forma utilizada pelo pesquisador na abordagem da realidade, onde o pesquisador é capaz de explicar ou descrever fenômenos empíricos, mas o que vem a ser método qualitativo e quantitativo?

Diferente da pesquisa quantitativa, como veremos no decorrer desta aula, a pesquisa qualitativa não emprega dados estatísticos em seu processo de análise, mas procura descrever toda a complexidade que permeia o problema, importante destacar que não á envolvimento de estudos experimentais nem de variáveis.

Gressler (2007, p. 49) contribui ao informar que "a preocupação de quem adota esta abordagem é com a descrição e apresentação da realidade tal como é em sua essência, sem o propósito de introduzir informações substanciais nela". Já que através desta pesquisa o pesquisador reúne informações coletadas através de entrevistas, depoimentos, estudos de casos, histórias de vida, autoavaliação.

Segundo Baruffi (1998, p.18-19):

> A necessidade de saber impulsionou o homem a buscar explicações, fazendo ciência. Para isto foi necessário construir instrumentos e descobrir caminhos que permitissem a descoberta do novo. Dada a peculiaridade dos fenômenos da natureza, consolidou-se o método científico – capaz de descobrir as relações existentes entre os diferentes fenômenos, buscando suas causas e explicando seus efeitos.

Na pesquisa quantitativa de acordo com Marconi e Lakatos (2011, p. 271) "há um mínimo de estruturação prévia. Não se admitem regras precisas, como problemas, hipóteses e variáveis antecipadas, e as teorias aplicáveis deverão ser empregadas no decorrer da investigação".

Santos, Rossi e Jardilino (2000, p. 48) destacam que esse tipo de pesquisa "não utiliza quantificação das informações ou análise estatística dos dados. Este é um modelo de pesquisa que se preocupa fundamentalmente com a compreensão e interpretação do fenômeno".

Os mesmos autores (p. 49) completam ao dizer que o método desta pesquisa "é indutivo, do dado para a teoria, permeado por definições que envolvem e se concretizam no processo; é um método criativo e intuitivo que se dá pela análise comparativa de uma pesquisa amostra minunciosamente selecionada". Logo, podemos dizer que esta pesquisa tem como foco as experiências individuais, parte do senso comum.

Souza, Fialho e Otoni (2007, p. 38) conceituam esse tipo de pesquisa como sendo:

- Considera que há uma relação entre o mundo real e o sujeito, isto é, um vínculo indissociável entre o mundo objetivo e a subjetividade do sujeito que não pode ser traduzido em números.
- A interpretação dos fenômenos e a atribuição de significados são básicas no processo de pesquisa qualitativa. Não requer o uso de métodos e técnicas estatísticas. O ambiente natural é a fonte direta para coleta de dados e o pesquisador é o instrumento.
- É descritiva. Os pesquisadores tendem a analisar seus dados individualmente. O processo e seu significado são os focos principais de abordagem.
- A abordagem qualitativa difere-se da quantitativa por não empregar o instrumental estatístico no processo de análise dos dados coletados na investigação do problema de pesquisa.

Gonçalves (2014, p.101) reafirma as informações ao dizer que "a postura qualitativa, não faz uso de dados estatístico na análise do problema, o que significa dizer que não tem a pretensão de numerar ou medir unidades ou categorias homogêneas". Este método, não difere apenas por não utilizar-se de técnicas estatísticas, mas por conta da forma como é coletado os dados e analisados.

ETAPAS DA PESQUISA

A) Reconhecimento e formulação do problema
- Selecionar objeto de pesquisa
    definição do problema/ exploração inicial do tema

B) Planejamento da pesquisa
- Definir objetivos e hipóteses
- Definir metodologia
    fontes de dados/ método de pesquisa
    técnica de coleta de dados/ população e amostra
- Planejar a coleta de dados

Fonte: https://pt.slideshare.net/queenbianca/pesquisa-qualitativa. Acesso em 28 jun. 2018

Marconi e Lakatos (2011, p. 269) afirmam que esta metodologia "preocupa-se em analisar e interpretar aspectos mais profundos, descrevendo a complexidade do comportamento humano. Fornece análise mais detalhada sobre as investigações, hábitos, atitudes, tendência de comportamento etc.".

A pesquisa qualitativa "compreende um conjunto de diferentes técnicas interpretativas que visam descrever e decodificar os componentes complexos de significados. Tendo como objetivo traduzir e expressar o sentido dos fenômenos sociais" (NEVES, 1996, p.1).

Portanto, a pesquisa qualitativa é aquela que tem como fundamento investigar o caráter subjetivo de determinado objeto, fazendo estudo particularizado das experiências individuais ou coletivas onde o pesquisado tem liberdade para dar opiniões sobre o assunto objeto do estudo, ou seja, na pesquisa qualitativa o pesquisador pode integrar sua opinião junto à pesquisa.

Pesquisa Qualitativa

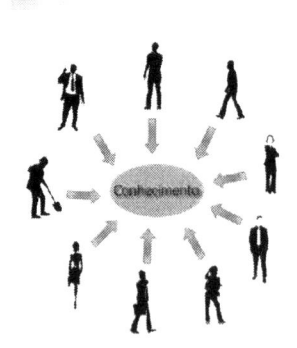

É utilizada em 3 casos:

✓ Para substituir (ou complementar) a informação estatística

✓ Para captar dados psicológicos

✓ Para indicar o funcionamento de estruturas e organizações

Fonte: https://pt.slideshare.net/ericarigo/pesquisa-qualitativa. Acesso em 28 jun. 2018

3 - Metodologia Quantitativa

A pesquisa quantitativa é aquela em que **o método científico utilizado é a quantificação estatística, na identificação de opiniões ou informações de fenômeno ou fato que faz parte do estudo. Tem como função compreender** o raciocínio lógico de informações e fatos que podem ser mensurados sobre as experiências humanas.

A pesquisa quantitativa é mais utilizada para avaliar comportamentos e opiniões das pessoas sobre determinado assunto, em grupos ou população específicos. Por exemplo a pesquisa realizada para definir intenções de votos dos eleitores, no período eleitoral.

A pesquisa quantitativa pode ser mensurada por meio de questionário ou entrevista, com questionamentos objetivos e claros. Para identificar os resultados são aplicadas as ferramentas estatísticas.

As principais características da pesquisa quantitativa são:

> A investigação se apoia predominantemente em dados estatísticos, pois visa gerar medidas precisas e confiáveis que permitam uma análise estatística; tentativa para garantir precisão de resultados; (busca evitar erros de análise e interpretação);
> Utilização de Pesquisas anteriores e conhecimento teórico para escolha das variáveis;
> Clareza e objetividade na definição dos construtos são fundamentais;
> Modelo da Pesquisa é composto por variáveis: dependentes, independentes e intervenientes;
> Elaboração e o teste de hipóteses é parte central dessa metodologia;
> Utiliza tanto dados primários quanto secundários (diversos instrumentos para coleta de dados; pesquisador deverá escolher o instrumento de acordo com o estudo);
> Estudo de correlação (permite controlar diversas variáveis e identificar influências; identifica possíveis causas para teste em estudos experimentais);
> Estudos descritivos (descobrir e classificar variáveis);
> Permite amplas possibilidades de estudos (apropriada para medir tanto opiniões, atitudes e preferências como comportamentos); pode ser usada para medir um mercado, estimar o potencial ou volume de um negócio e para medir o tamanho e a importância de segmentos de mercado; é importante identificar quantas pessoas de uma determinada população compartilham uma característica ou um grupo de características (PORTO, 2017, p.1).

De acordo com o Dicionário Informal, a palavra "quantitativa" refere-se: "à quantidade. 2- que expressa ou determina quantidade. 3- referente a valores numéricos. 4- diz-se de uma pesquisa que considera os dados estatísticos expressos em quantidades".

Gressler (2007, p. 49) sobre a metodologia quantitativa informa que "caracteriza-se pela formulação de hipóteses, definições operacionais das variáveis, quantificação nas modalidades de coleta de dados e informações, utilização de tratamentos estatísticos [...] tem em princípio, a intenção de garantir a precisão dos resultados, evitar distorções de análise e interpretação".

Para Gonçalves (2014, p.101):

> Coletam-se e quantificam-se dados e opiniões mediante o emprego de recursos e técnicas estatísticas, partindo das mais simples, como porcentagem, média e desvio-padrão, até aquelas mais complexas, como coeficiente de correlação, análise de regressão etc. Ela é muito adotada em trabalhos científicos do tipo tese.

Santos, Rossi e Jardilino (2000, p.48) afirmam que "a pesquisa quantitativa ou experimental se caracteriza como uma investigação que permite a transformação de informações em números que, depois de tratados estatisticamente, permitem a generalização dos resultados". Podemos concluir que este método é dedutivo, inicia-se pela teoria para então obter os dados.

De acordo com Siqueira (1999, p.103):

> O método quantitativo caracteriza-se pelo emprego da quantificação desde a coleta à análise dos dados. Os dados empíricos coletados, objetivando respostas às questões, são tratados através de técnicas estatísticas simplificadas como percentuais, média, moda, desvio padrão, e as mais complexas, como coeficiente de correlação e análise de regressão.

Vejamos a seguir o diagrama com as fases da pesquisa quantitativa:

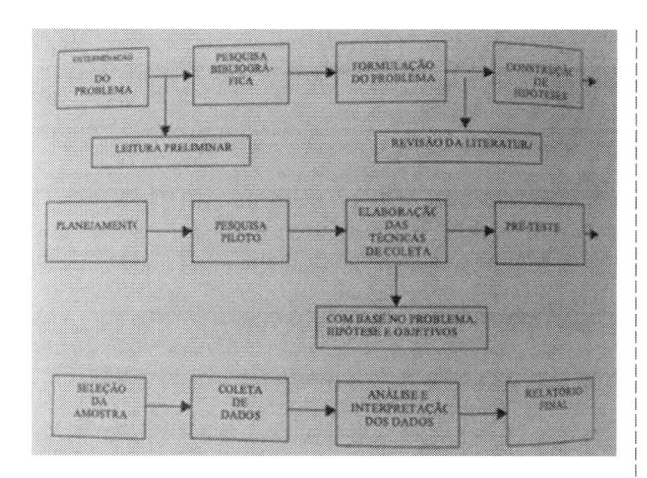

Fonte: SIQUEIRA, 1999, p.106.

Marconi e Lakatos (2011, p.274) destacam que o método quantitativo:

> É o mais apropriado para apurar atitudes e responsabilidades dos entrevistados, uma vez que emprega questionários. Deve representar um determinado universo, para que seus dados possam ser generalizados e projetados para aquele ambiente. Seu objetivo é medir e permitir o teste hipótese, uma vez que os resultados são definidos e menos passíveis de erros de interpretação. Em muitos casos, são criados índices que, por muito tempo, possibilitam conhecer o traçado histórico da informação.

No quadro a seguir vejamos as diferenças existentes entre método qualitativo x método quantitativo:

Fases da pesquisa

... Coleta de dados

Quantos alunos fizeram desenhos mais criativos?
Dado quantitativo

O que os alunos disseram de seus desenhos?
Dado qualitativo

Fonte: http://slideplayer.com.br/slide/10304836/. Acesso em 28 jun. 2018

Gonçalves (2014, p.102) apresenta os critérios que diferenciam pesquisas qualitativas das quantitativas:

a) Situações em que se evidencia a necessidade de substituir uma simples informação estatística por dados qualitativos. Isso se aplica, principalmente, quando se trata da investigação sobre fatos do passado ou estudos referentes a grupos sobre os quais se dispõe de pouca informação.

b) Situações em que observações qualitativas são usadas como indicadores do funcionamento de estruturas sociais.

c) Situações em que se manifesta a importância de uma abordagem qualitativa para efeito de compreender aspectos psicológicos, cujos dados não podem ser coletados de modo completo por outros métodos devido à complexidade que envolve a pesquisa. Neste caso, [...] [tem-se] estudos dirigidos à análise de atitudes motivações, expectativas, valores, opinião [...].

É importante observar que a pesquisa quantitativa é fundamentada no pensamento positivo e lógico, com ênfase no sistema de dedução para identificar a conclusão de determinada experiência humana. Em contrapartida a pesquisa qualitativa tem como fundamento evidenciar dinâmicas holísticas e individuais das experiências humanas, no sentido de entender o total do contexto dos fenômenos que estão sendo observados.

Finalizando, veremos a seguir um esquema do funcionamento do processo qualitativo:

Como funciona o processo quantitativo

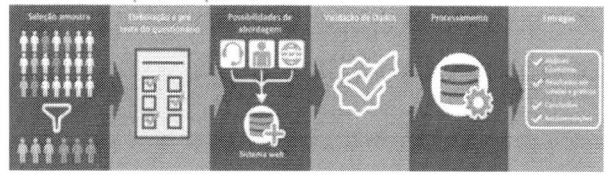

Fonte: http://www.omnimkt.com.br/tecnicas-de-pesquisa/pesquisa-quantitativa. Acesso em 28 jun. 2018

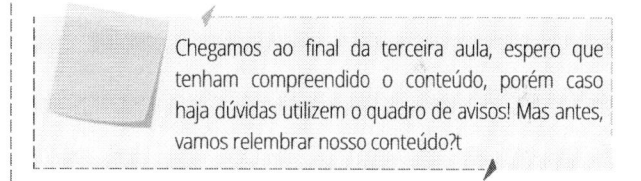

Retomando a aula

Chegamos ao final da terceira aula, espero que tenham compreendido o conteúdo, porém caso haja dúvidas utilizem o quadro de avisos! Mas antes, vamos relembrar nosso conteúdo?

1 – Natureza das Teorias e Leis

Aqui, aprendemos que inúmeros são os fatos e que a teoria serve para orientá-los quanto a sua amplitude e delimitá-los, ou seja, servirá como um caminho necessário para interpretação, crítica e unificação das leis.

2 – Metodologia Qualitativa

Nessa seção verificamos que esta metodologia não tem como foco dados numéricos, pelo contrário ela tem a preocupação em interpretar e analisar informações/dados, descrevendo desta forma toda a complexidade que envolve o assunto.

3 - Metodologia Quantitativa

Nessa seção ficou evidente que a pesquisa quantitativa ou também chamada de experimental tem como características transformar informações em dados numéricos por meios de tabulações.

Minhas anotações

4º Aula

Pesquisa científica

Fonte: https://cienciasdeenfermagem.wordpress.com/metodologia-da-pesquisa-cientifica/. Acesso em 28 jun. 2018

Até agora estudamos vários conceitos, nesta aula iremos, desmistificar os preconceitos, dentre eles os que permeiam a leitura e demonstrar o quanto ela é necessária para o dia a dia de qualquer profissional e dos estudantes.

Além disso, também, nesta aula, estudaremos a importância da pesquisa para o Engenheiro de Produção! Acreditamos que munido, das informações já apresentadas e cientes da importância da leitura se tornará mais simples planejar uma pesquisa.

Vamos à aula!

Bons estudos!

Objetivos de aprendizagem

Ao término desta aula, vocês serão capazes de:

- compreender a importância da leitura;
- identificar as técnicas para uma leitura proveitosa;
- demonstrar os objetivos e a importância da pesquisa para o Engenheiro de Produção.

Seções de estudo

1. A Importância da Leitura
2. Objetivos da Pesquisa Tecnológica

1 - A Importância da Leitura

Para abordarmos o assunto é necessário abrir um parêntese e com base no livro de João Álvaro Ruiz intitulado "Metodologia Científica: guia para eficiência nos estudos" demonstraremos à importância da leitura, já que está precede a pesquisa. Para o autor (1996, p. 34):

> Não basta ir às aulas para garantir pleno êxito nos estudos. É preciso ler e, principalmente, ler bem. Quem não sabe ler não saberá resumir, não saberá tomar apontamentos e, finalmente não saberá estudar. Ler bem é o ponto fundamental para os que quiserem ampliar e desenvolver as orientações e circunscreverem, não limitam; ao contrário abrem horizontes para as grandes caminhadas do aluno que leva a sério seus estudos e quer atingir resultados plenos em seus cursos [...] para elaborar trabalhos de pesquisa, é necessário ir às fontes, aos autores, aos livros; é preciso ler, ler muito e, principalmente, ler bem.

Vejamos que não se trata de uma leitura superficial, mas uma leitura atenta, onde o leitor deve destacar os pontos essenciais, sublinhar, grifar e realizar anotações. Para pesquisar sobre um assunto é necessário ter conhecimento prévio, caso contrário como será estruturada sua pesquisa?

Sobre os pontos principais a serem analisados Marconi e Lakatos (2010, p.1-2) complementam ao dizerem que:

a) **O título** – apresenta-se acompanhado ou não por subtítulo, estabelece o assunto e, às vezes, até a intenção do autor.

b) **A data da publicação** – fornece elementos para certificar-se de sua atualização e aceitação (número de edições), exceção feita para textos clássicos, onde não é a atualidade que importa.

c) **A "orelha" ou contracapa** – permite verificar as credenciais ou qualificações do autor; é onde se encontra, geralmente, uma apreciação da obra, assim como indicações do "público" a que se destina.

d) **O índice ou sumário** – apresenta tanto os tópicos abordados na obra quanto as divisões a que o assunto está sujeito.

e) **A introdução, prefácio ou nota do autor** – propicia indícios sobre os objetivos do autor e, geralmente, da metodologia por ele empregada.

f) **A bibliografia** – tanto final como as citações de rodapé, permite obter uma ideia das obras consultadas e suas características gerais.

Percebe-se que é necessário saber distinguir o que ler, quando escolhemos um livro não devemos levar em consideração apenas seu tema, mas verificar o resumo, sumário, ano de publicação entre outras informações necessárias para ter clareza do material consultado e se este contempla o planejado.

Sobre a leitura Marconi e Lakatos (2010, p.1) destacam que "a leitura constitui-se em fator decisivo de estudo, pois propicia a ampliação de conhecimentos, a obtenção de informações básicas ou específicas, a abertura de novos horizontes para a mente, a sistematização do pensamento, o enriquecimento der vocabulário e o melhor entendimento do conteúdo das obras".

Ou seja, devemos ler, ler muito, ler sempre, devemos ter o hábito da leitura, os maiores conhecimentos são oriundos dela, isto é, através da leitura fazemos descobertas, interpretamos fatos/fenômenos, nos deparamos com o novo, somos capazes de distinguir o mais importante do menos entre outras possibilidades.

SABER MAIS: A leitura é um processo complexo e abrangente de decodificação de signos e de compreensão e intelecção do mundo que faz rigorosas exigências ao cérebro, á memória e a á emoção. Lida com a capacidade simbólica e com a habilidade de interação medida pela palavra. É um trabalho que envolve signos, frases, sentenças, argumentos, provas formais e informais, objetivos, intenções, ações e motivações. Envolvem especificamente elementos da linguagem, mas também os da experiência de vida dos indivíduos (GARCEZ, 2004, p. 23).

Desta forma, depois de selecionado o material, ao realizar a leitura é necessário utilizar de outra ferramenta para melhor compreensão do conteúdo, que é sublinhar o texto.

Para Ruiz (1996, p. 39):

> Sublinhar é uma arte que ajuda a colocar em destaque as ideias mestras, as palavras-chave e os pormenores importantes. Quem sublinhar com inteligência está constantemente atento à leitura; descobre o principal em cada parágrafo e o diferencia do acessório; este propósito o mantém concentrado e em atitude de crítica durante todo o tempo dedicado a leitura.

Vejamos que o sublinhado do texto não é uma simples ação do leitor onde ele grifa palavras, frases ou parágrafos, sublinhar exige técnica e dispõem de algumas normas, normas estas demonstradas por Ruiz (1996, p. 39-40):

a) **Sublinhar apenas as ideias principais e os detalhes importantes** – não se deve sublinhar em demasia. Não sublinhar longos períodos; basta sublinhar palavras-chave. Aplica-se ao caso a adágio latino "non multa, sed multum", que traduziríamos, adaptando a nosso intento: não sublinhar multa, isto é, muitas coisas, mas sublinhar multum, isto é, muito significativo.

b) **Não sublinhar por ocasião da primeira leitura** – as pessoas mais experimentadas, que examinam textos pertinentes à sua área de especialização, sublinham inteligentemente por ocasião da primeira leitura; mas recomenda-se aos principiantes que não o façam; leiam primeiro um ou mais parágrafos, e retorne para sublinhar aquelas palavras ou frases essenciais que, desde a primeira leitura, foram identificadas como principais, e que a releitura mais rápida confirma como tais.

c) **Reconstruir o parágrafo a partir das palavras sublinhadas** – é supérfluo esclarecer esta norma que traduz a natureza e a finalidade do ato de sublinhar.

d) **Ler o texto sublinhado com a continuidade e plenitude de sentido de um telegrama** – por ocasião das revisões imediatas ou posteriores, os textos sublinhados de acordo com esta norma permitirão uma leitura rapidíssima, apoiada nos pilares das palavras sublinhadas, embora pertencentes a frases diferentes e até distanciadas, terá um sentido fluente e concatenado.

e) **Sublinhar com dois traços as palavras-chave da ideia principal, e com único traço os pormenores importantes** – devemos sublinhar tanto as ideias principais como os detalhes importantes, mas é bom agir de tal maneira que as ideias principais se mantenham destacadas.

f) **Assinalar com linha vertical, à margem do texto as passagens mais significativas** – não raro, a ideia principal retorna em diversos parágrafos e em diversos contextos. E há passagens em que o autor atinge uma espécie de clímax; essas passagens, que poderíamos transcrever em nossas fichas de documentação pessoal, devem ser identificadas para futuras buscas. Nada melhor que um traço vertical à margem do texto para tal identificação.

g) **Assinalar com um sinal de interrogação, à margem, os pontos de discordância** – podemos não concordar com as posições assumidas pelo autor, como também perceber incoerências, paralogismos, interpretações tendenciosas de fontes e uma série de falhas ou de colocações que julgamos insustentáveis, dignas de reparos ou passíveis de críticas. Devemos registrar o fato mediante uma interrogação à margem do texto em apreço.

Por fim, tendo como referência o livro de Marconi e Lakatos "Fundamentos de Metodologia Científica" veremos sobre: análise de texto e o seminário.

A análise de texto é composta por: fases; objetivo e procedimento; partes da análise de texto; tipos de análise de texto e exemplo de análise de texto. Com relação ao seminário veremos: estrutura e funcionamento; fonte; componentes; etapas; exemplo de procedimentos em seminário e exemplo de roteiro em seminário.

De acordo o autor acima citado (2010, p. 9) analisar significa:

> Estudar, decompor, dissecar, dividir, interpretar. A análise de um texto refere-se ao processo de conhecimento de determinada realidade e implica o exame sistemático dos elementos; portanto, é decompor um todo em suas partes, a fim de poder efetuar um estudo mais completo, encontrando o elemento chave do autor, determinar as relações que prevalecem nas partes constitutivas, compreendendo a maneira pela qual estão organizados, e estruturar as ideias de maneira hierárquica.

Percebemos após a leitura da citação que os autores são claros ao dizerem que analisar é adquirir conhecimento sobre o objeto estudado, esse conhecimento não é um conhecimento generalizado, mas esmiuçado.

Com relação às fases, vejamos que os autores Marconi e Lakatos (2010, p.10-11) nos apresentam duas, sendo que a primeira compreende "a decomposição dos elementos essenciais e sua classificação, isto é, verificação dos componentes de um conjunto e suas possíveis relações" nota-se a existência de uma ideia central que servirá de norte para outras mais específicas. Já com a relação à segunda fase os autores denominam como generalização, pois "após a classificação, fundamentada em traços comuns, dos elementos constitutivos, podem-se formular afirmações aplicáveis ao conjunto", nesta fase entendemos que o leitor tem a liberdade de classificação, isto é, não é necessário um geral, pois ambos podem estar inclusos no geral.

A análise de texto possui os seguintes objetivos segundo Marconi e Lakatos (2010, p.12):

a) Aprender a ler, a ver, a escolher o mais importante dentro do texto.
b) Reconhecer a organização e estrutura de uma obra ou texto.
c) Interpretar o texto, familiarizando-se com ideias, estilos, vocabulários.
d) Chegar a níveis mais profundos de compreensão.
e) Reconhecer o valor do material, separando o importante do secundário ou acessório.
f) Desenvolver a capacidade de distinguir fatos, hipóteses e problemas.
g) Encontrar as ideias principais ou diretrizes e as secundárias.
h) Perceber como as ideias se relacionam.
i) Identificar as conclusões e as bases que as sustentam.

As etapas dos procedimentos segundo os mesmos autores são:

a) Para se ter um sentido completo, proceder à sua leitura integral com o objetivo de obter uma visão do todo.
b) Reler o texto, assinalando ou anotando palavras e expressões desconhecidas, valendo-se de um dicionário para esclarecer seus significados.
c) Dirimidas as dúvidas, fazer nova leitura, visando à compreensão do todo.
d) Tornar a ler, procurando a ideia principal ou palavra-chave, que tanto pode estar explícita quanto implícita no texto; às vezes, encontra-se confundida com aspectos secundários ou acessórios.
e) Localizar acontecimentos e ideias, comparando-os entre si, procurando semelhanças e diferenças.
f) Agrupá-los, pelo menos por uma semelhança importante, e organizá-los em ordem hierárquica de importância.
g) Interpretar as ideias e/ou fenômenos, tentando descobrir conclusões a que o autor chegou e depreender possíveis ilações.
h) Proceder a crítica do material como um todo e principalmente das conclusões.

Ainda com relação à análise do texto sabemos que está se divide em três partes: **análise dos elementos** do texto;

análise das relações entre os elementos que constituem o texto e a **análise da estrutura** do texto que de uma forma generalizada visa analisar as relações entre elas. Além das partes temos os tipos de análises de texto: Análise textual; temática, interpretativa e criativa; problematização e conclusão pessoal.

Sobre o seminário Marconi e Lakatos (2010, p.17) nos informam que:

> Seminário é uma técnica de estudo que inclui pesquisa, discussão e debate; sua finalidade é pesquisar e ensinar a pesquisar. Essa técnica desenvolve não só a capacidade de pesquisa, da análise sistemática de fatos, mas também o hábito do raciocínio, da reflexão, possibilitando ao estudante a elaboração cara e objetiva de trabalhos científicos. Na preparação do seminário são formados grupos que variam entre 5 e 12 integrantes (quando não é individual); se o número de componentes for maior, convém dividi-lo em subgrupos, para maior facilidade de pesquisa e planejamento dos trabalhos.

Por fim, para que o seminário seja realizado com qualidade é necessário seguir etapas, essas etapas iniciam-se pelo professor que apresenta o tema, com o grupo já formado é feita a organização entre os membros sobre a pesquisa e a organização da apresentação.

2 - Objetivos da Pesquisa Tecnológica

Compreendemos na seção anterior o quanto é importante para o pesquisador realizar leituras e o quanto sublinhar favorece seu entendimento. Nesta seção, além de apresentarmos o conceito de pesquisa vamos analisar o quanto a pesquisa é importante para o curso de Ciências Biológicas. Mas antes, vejamos quais são os mitos relacionados ao ato de escrever, já que a escrita faz parte do processo de qualquer pesquisador e não pode ser pensada desvinculada da leitura.

CURIOSIDADE: O livro "Técnica de redação. O que é preciso saber para bem escrever" de Lucília H. do Carmo Garcez, traz os mitos que cercam o ato de escrever, vejamos: a) Escrever é uma habilidade que pode ser desenvolvida e não um dom que poucas pessoas têm; b) Escrever é um ato que exige empenho e trabalho e não um fenômeno espontâneo; c) Escrever exige estudo sério e não é um competência que se forma com algumas dicas; d) Escrever é uma prática que se articula com a prática da leitura; e) Escrever é necessário no mundo moderno e f) Escrever é um ato vinculado a práticas sociais.

Garcez (2004, p. 03) levanta um questionamento que merece reflexão: o que a pesquisa representa para você?

> Uma resposta, que muitos poderão considerar idealista, é que a pesquisa oferece o prazer de resolver algum enigma, a satisfação de descobrir algo novo, algo que ninguém mais conhece, contribuindo, no final, para o enriquecimento do conhecimento humano.

> Para o pesquisador iniciante, no entanto, existem outros benefícios, mais práticos e imediatos. Em primeiro lugar, a pesquisa o ajudará a compreender o assunto estudado de um modo muito melhor do que qualquer outro tipo de trabalho. A longo prazo, as técnicas de pesquisa e redação, uma vez assimiladas, capacitarão o pesquisador a trabalhar por conta própria mais tarde, pois, afinal, coletar informações, organizá-las de modo coerente e apresentá-las de maneira confiável e convincente são habilidades indispensáveis, numa época apropriadamente chamada de "Era da Informação". Em qualquer campo do conhecimento, você vai precisar das técnicas que só a pesquisa é capaz de ajudá-lo a dominar, seja seu objetivo o projeto, ou a linha de produção.

Ander-Egg (1978 p. 28 apud MARCONI E LAKATOS, 2010, p.139) definem a pesquisa como sendo um "procedimento reflexivo sistemático, controlado e crítico, que permite descobrir novos fatos ou dados, relações ou leis, em qualquer campo do conhecimento. A pesquisa, portanto, é um procedimento científico e se constitui no caminho para conhecer a realidade ou para descobrir verdades parciais". Percebe-se que a pesquisa é utilizada pra obtermos informações/dados sobre algo pesquisado, como por exemplo, durante uma campanha política, realiza-se a pesquisa de intenção de votos para obter dados quantitativos sobre quem será o possível eleito.

Gressler (2007, p. 23) afirma que "não há área do conhecimento humano de que a pesquisa esteja ausente. Graças à investigação científica é que surgem tantas conquistas na saúde, nos meios de comunicação e transporte, na genética, no melhoramento de plantas e animais e no aproveitamento da energia elétrica, entre outras".

Ruiz (1996, p. 48) contribui ao informar que a "pesquisa científica é a realização concreta de uma investigação planejada, desenvolvida e redigida de acordo com as normas da metodologia consagradas pela ciência. É o método de abordagem de um problema em estudo que caracteriza o aspecto científico de uma pesquisa".

Mas por que pesquisar? Garcez (2004, p. 07) responde afirmando que "pesquisar é simplesmente reunir informações necessárias para encontrar respostas para uma pergunta e assim chegar à solução de um problema". Deste modo, é importante o acadêmico estar seguro sobre o que será pesquisado, é necessário saber delimitar o tema e ter clareza quanto aos objetivos da pesquisa.

Já ouviram falar sobre Pesquisa Científica e Pesquisa Tecnológica? Sobre pesquisa científica já estudamos, mas o que vem a ser uma pesquisa tecnológica? Faremos a leitura do trecho de um artigo publicado por mestres e doutores na Revista *Espacios*.

Pesquisa Científica E Tecnológica

Cupani (2006) se propõe a distinguir o conhecimento e a pesquisa tecnológica e científica. Para esse autor, a tecnologia é o campo do conhecimento que se ocupa de projetar artefatos, planejar sua construção, operação, configuração, manutenção e acompanhamento, com base no conhecimento científico. A tecnologia não é a mera aplicação do conhecimento científico, em primeira análise porque muitas das descobertas tecnológicas não surgiram a partir da aplicação da ciência (CUPANI, 2006, p. 354).

O conhecimento científico, por sua vez, se propõe a desenvolver teorias de ampla aplicação, enquanto que o conhecimento tecnológico é responsável pelo desenvolvimento de teorias de aplicação extremamente restritas, com vistas à solução de problemas pontuais e na maioria das vezes isolados, mais voltados à inovação tecnológica. A reflexão filosófica sobre a tecnologia nos espaços acadêmicos é relativamente recente (CUPANI, 2006, p. 353), contando hoje com referencial bastante interessante acerca das características do conhecimento e da pesquisa tecnológica, diferenciando-o da pesquisa científica.

Esta modalidade de conhecimento possui características próprias no que diz respeito à sua concepção, necessidades e metodologias. Cupani (2006, p. 353) assinala que a tecnologia pode ser entendida a partir de quatro perspectivas básicas, a saber:

[...] como certos tipos de objetos (os artefatos), como uma classe específica de conhecimento (o saber tecnológico), como um conjunto de atividades (resumidas em produzir e usar um artefato) e como manifestação de determinada vontade do ser humano em relação ao mundo (tecnologia como desejo).

Cupani (2004) explica que, apesar dessa heterogeneidade, a tecnologia encontra a sua unidade na preocupação por um aspecto ou dimensão da vida humana impossível de ignorar e particularmente marcado na sociedade contemporânea: a atividade eficiente, racionalmente regrada, no que diz respeito às suas motivações, desenvolvimento, alcance e consequências. Bunge, por sua vez, afirma que a tecnologia pode ser vista como "o campo do conhecimento relativo ao projeto de artefatos e ao planejamento de sua realização, operação, ajuste, manutenção e monitoramento, à luz do conhecimento científico" (BUNGE, 1985, p. 231).

O artefato, para Bunge (1985), não é necessariamente uma coisa, um artefato *strictu sensu*. Pode ser uma modificação do estado de um sistema natural (quando se desvia ou se represa o curso de um rio), ou seja, pode ser um estado artificial de um sistema natural. Pode ser a transformação de um sistema, uma mudança artificial (como quando se ensina uma pessoa a ler). Pode ser também algo social (como no caso de organizar uma equipe esportiva). Pode ser o resultado de um serviço (pacientes cuidados).

A tecnologia não pode, por outro lado, ser entendida como simplesmente a aplicação do conhecimento científico, uma vez que possui características que a distinguem da ciência e a posicionam em situação de destaque na busca por soluções aos problemas imediatos da sociedade. Cupani (2006) afirma que o conhecimento científico proporciona teorias mais abrangentes, enquanto que o conhecimento tecnológico desenvolve teorias mais limitadas, que se propõem a atingir um problema específico, implicando sempre em invenção.

O conhecimento científico é limitado pela teoria, enquanto que o conhecimento tecnológico pela tarefa. É a tecnologia atividade dirigida à produção de algo novo e não ao descobrimento de algo já conhecido, já existente, devendo a tecnologia lidar com problemas específicos, que não são típicos das descobertas científicas, tais como a factibilidade, confiabilidade, eficiência e a relação custo-benefício de seus inventos (CUPANI, 2006).

Bunge (1985) ensina que as teóricas tecnológicas podem ser classificadas em substantivas, relativas aos conhecimentos sobre a ação tecnológica, e as operativas, concernentes às ações para o funcionamento dos artefatos.

Depreende-se da literatura consultada que o conhecimento científico é aquele mais voltado à discussão de teorias sobre os fenômenos naturais, visando o desenvolvimento de novos conhecimentos acerca destes fenômenos, enquanto que a tecnologia busca a solução mais imediata de problemas práticos da humanidade, lidando com questões mais objetivas e com foco na inovação e na invenção.

Texto na íntegra: http://www.revistaespacios.com/a14v35n09/14350913.html.

Por fim, vejamos o quadro a seguir no qual é possível analisarmos as características, semelhanças e diferenças entre os dois tipos de pesquisa:

Característica	Pesquisa Científica	Pesquisa Tecnológica
Definição	Conhecimento da natureza e exploração desse conhecimento. (KNELLER, 1980)	"O estudo científico do artificial". "Tecnologia pode ser vista como o campo do conhecimento relativo ao projeto de artefatos e ao planejamento de sua realização, operação, ajuste, manutenção e monitoramento, à luz do conhecimento científico." (BUNGE, 1985)
Teorias	Amplo alcance e uso de idealizações, o que obriga a adaptar o conhecimento científico para possibilitar sua aplicação. (CUPANI, 2006).	Aplicação limitada, pois o conhecimento tecnológico é específico pra uma determinada tarefa. Dois tipos: substantivas (conhecimento sobre a ação tecnológica) e operativas (conhecimento sobre as ações de que dependem o funcionamento dos artefatos). (CUPANI, 2006)
Resultado	Descobrimento de algo existente. O produto é neutro (nem bom nem mau). (CUPANI, 2006; CUPANI, 2011)	Criação de algo novo. O produto não é nem pode ser neutro. É, no mínimo, ambivalente. (CUPANI, 2006; CUPANI, 2011)
Conhecimento	Descritivo (CUPANI, 2006)	Prescritivo. Específico. Peculiar. Conhecimento tácito, do saber-como. (CUPANI, 2006; CUPANI, 2011).
Desafios		Factibilidade, confiabilidade, eficiência dos inventos, relação custo-benefício (CUPANI, 2006)
Limitação	Ditada pela teoria. Pode-se explorar livremente as possibilidades. (CUPANI, 2006; CUPANI, 2011)	Ditada pela tarefa imposta. (CUPANI, 2006)
Origem dos dados	Científicos (CUPANI, 2006)	Experiência não científica (CUPANI, 2006). Dados relativos às exigências (técnicas, econômicas, culturais) que o artefato deve satisfazer (CUPANI, 2011).
Tipos de leis	Leis que governam os fenômenos naturais. (CUPANI, 2006)	Regras de ação para dar origem aos fenômenos artificiais. (CUPANI, 2006)
Pensamento	Abstrato e verbal. (CUPANI, 2006)	Analógico e visual. (CUPANI, 2006)
Origens das variáveis	Não específico. (CUPANI, 2006)	Metas a alcançar. (CUPANI, 2006)
Objetivos dos experimentos	Entender a realidade. (CUPANI, 2006)	Conhecimento prático: "o artefato funcionará?", "haverá, acaso, fatores não previstos teoricamente que serão detectados experimentalmente?" (CUPANI, 2006). Controlar a realidade. (CUPANI, 2006).
Explicações	Causais (CUPANI, 2006)	Funcionais (CUPANI, 2006)
Noção de conhecimento	Muda de acordo com as teorias. (CUPANI, 2006)	Admitem apreciação de sua verdade ou falsidade, podendo-se afirmar que o artefato desempenha bem ou mal sua função. Superior em relação ao científico por sua certeza e eficácia. (CUPANI, 2006)
Mudança de paradigma	Implica em muito exame e discussão. (CUPANI, 2011).	Ocorre devido a anomalias funcionais ou presumíveis. A necessidade da mudança é percebida mais diretamente. (CUPANI, 2011).
Revoluções	Inovadoras e eliminatórias. (CUPANI, 2011).	Não implicam necessariamente em uma seleção radical, não supõem forçosamente uma nova comunidade e são compatíveis com a continuidade da tecnologia "normal". (CUPANI, 2011).

Disponível em: http://www.revistaespacios.com/a14v35n09/14350913.html. Acesso em: 28 jun. 2018.

Retomando a aula

Chegamos ao final da quarta aula, espero que tenham compreendido o conteúdo, porém caso haja dúvidas utilizem o quadro de avisos! Mas antes, vamos relembrar nosso conteúdo?

1 – A Importância da Leitura

Nessa seção estudamos os benefícios da leitura e o quanto uma leitura superficial poderá prejudicar o leitor na compreensão do texto e na codificação da mensagem.

2 - Objetivos da Pesquisa Tecnológica

Após estudarmos o conceito de pesquisa científica, estudamos a definição de pesquisa tecnológica. Bem como foi possível apresentar por meio do quadro as diferenciações existentes entre elas.

Vale a pena

Vale a pena acessar

Disponível em: https://www.abepro.org.br/index.asp.

Disponível em: http://www.revistaespacios.com/

Minhas anotações

Minhas anotações

Aula 5º

Técnicas da pesquisa

Fonte: Pesquisa científica. Disponível em: https://metodos0planejamento.wordpress.com/sobre-a/2018-ppp/. Acesso em: 12/09/2019.

As técnicas da pesquisa científica são classificadas quanto à natureza, forma de abordagem, quanto aos objetos e quanto aos procedimentos técnicos. Veremos cada uma das classificações no decorrer desta aula. Acreditamos ser necessária a leitura minuciosa deste conteúdo, pois os tornará aptos a identificá-las e no decorrer do curso aplicá-las em suas atividades de pesquisa.

"Querem que vos ensine o modo de chegar à ciência verdadeira? Aquilo que se sabe, saber que se sabe; aquilo que não se sabe, saber que não se sabe; na verdade é este o saber" (Confúcio, filósofo chinês).

Boa aula!

Bons estudos!

Objetivos de aprendizagem

Ao término desta aula, vocês serão capazes de:

- compreender a diferenciação existente entre pesquisa básica e aplicada;
- identificar a pesquisa quanto aos seus objetivos;
- definir os procedimentos técnicos que permeiam a pesquisa.

Seções de estudo

1. Pesquisa quanto à Natureza
2. Pesquisa quanto aos Objetivos
3. Pesquisa quanto aos Procedimentos Técnicos

1 - Pesquisa quanto à Natureza

1.1 – Pesquisa básica

A pesquisa básica é aquela que investiga os fenômenos físicos com a finalidade de adquirir novos saberes, sem se preocupar em que vai beneficiar o novo conhecimento. De acordo com Ferrari (1982), tal investigação é puramente documental, pois é um tipo de pesquisa em que a motivação do pesquisador se dá pela curiosidade e pelo prazer da descoberta, com isso, conseguindo a evolução científica, ou seja, a proposta da pesquisa básica é aprimorar o próprio conhecimento do estudioso, assim contribuindo para a evolução científica dos fenômenos. A proposta dos pesquisadores é criar novas teorias.

Fonte: Charge. Disponível em: http://professor.ufabc.edu.br/~jair.donadelli/escrivinha.html. Acesso em: 12/09/2019.

CURIOSIDADE:
O Decreto n.º 5.798, de 7 de junho de 2006 (regulamenta os incentivos fiscais às atividades de pesquisa tecnológica e desenvolvimento de inovação tecnológica) no Artigo 2º, inciso II, item a, define a pesquisa básica:

> Art. 2º Para efeitos deste Decreto, considera-se: [...] II – pesquisa tecnológica e desenvolvimento de inovação tecnológica, as atividades de: a) pesquisa básica dirigida: os trabalhos executados com o objetivo de adquirir conhecimentos quanto à compreensão de novos fenômenos, com vistas ao desenvolvimento de produtos, processos ou sistemas inovadores (BRASIL, 2006).

De acordo com Minayo (2002, p. 52), a pesquisa básica constitui-se em uma investigação que articula "conceitos e sistematiza a produção de novos conceitos sobre uma determinada área de conhecimento", com intuito de "criar novas questões num processo de incorporação e superação daquilo que já se encontra produzido". Nesse sentido a pesquisa básica é desenvolvida a partir da motivação do pesquisador em gerar novos conhecimentos científicos, mas sem uma intenção de aplicar na prática esse avanço da ciência.

1.2 – Pesquisa aplicada

A pesquisa aplicada tem como fundamento gerar ou aprimorar um conhecimento para ser aplicado na prática, visando com isso solucionar um determinado problema. É um tipo de pesquisa que envolve verdades e interesses específicos do objeto que está sendo investigado.

Fonte: Investigação aplicada. Disponível em: http://investigacionaplicada2224.blogspot.com.br/2017/03/investigacion-aplicada-se-conoce-con-el.html. Acesso em: 12/09/2019.

Para Ferrari (1982, p. 171), "a finalidade prática da pesquisa é contribuir teoricamente com novos fatos para o planejamento de novas pesquisas ou mesmo para a compreensão teórica de certos setores do conhecimento". Esse tipo de pesquisa também é denominado de empírica. Nela o pesquisador vai a campo, em laboratório, investiga os fatos, presencia os acontecimentos, envolve-se diretamente com o fenômeno, calcula os acontecimentos e projeta a solução encontrada.

CURIOSIDADE:
De acordo com o Decreto n.º 5.798, de 7 de junho de 2006, Artigo 2º, inciso II, item b, na "pesquisa aplicada: os trabalhos são executados com o objetivo de adquirir novos conhecimentos, com vistas ao desenvolvimento ou aprimoramento de produtos, processos e sistemas" (BRASIL, 2006).

2 - Pesquisa quanto aos Objetivos

2.1 – Pesquisa Exploratória

Exploratório: conhecer, identificar, levantar, descobrir.

A pesquisa exploratória tem como objetivo explicitar um problema, ou seja, identificá-lo, pois a partir de então, pode-se construir hipóteses que envolvam aspectos bibliográficos ou opiniões de pessoas que têm ou tiveram experiências práticas com a problemática que está sendo investigada. Geralmente, a pesquisa exploratória resume-se em pesquisa bibliográfica ou estudo de caso (GIL, 2008).

2.2 – Pesquisa Descritiva

Descritivo: caracterizar, descrever, traçar, determinar.

A pesquisa descritiva tem como proposta "descrever as características de determinadas populações ou fenômenos". Esse tipo de análise se utiliza de "técnicas padronizadas de coleta de dados, tais como o questionário e a observação sistemática. Por exemplo: pesquisa referente à idade, sexo, procedência, eleição etc" (GIL, 2008).

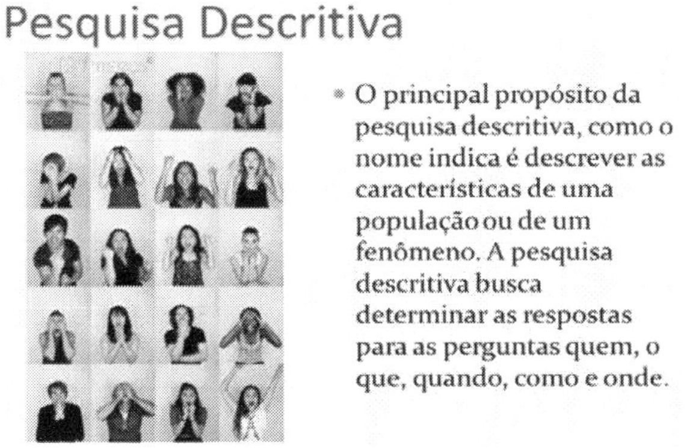

Pesquisa Descritiva

* O principal propósito da pesquisa descritiva, como o nome indica é descrever as características de uma população ou de um fenômeno. A pesquisa descritiva busca determinar as respostas para as perguntas quem, o que, quando, como e onde.

Fonte: Elaboração de um projeto de pesquisa. Disponível em: http://slideplayer.com.br/slide/1253259/. Acesso em: 12/09/2019.

2.3 – Pesquisa Explicativa

Explicativo: analisar, avaliar, verificar, explicar.

É aquela que "identifica os fatores que determinam ou que contribuem para a ocorrência dos fenômenos. É o tipo de pesquisa que explica a razão e o porquê das coisas" (GIL, 2008). Trata-se de um tipo de pesquisa mais profunda do conhecimento da realidade, em muitos casos a pesquisa explicativa vem depois de uma pesquisa descritiva.

2 - Pesquisa quanto aos Procedimentos Técnicos

3.1 – Pesquisa Bibliográfica

Fonte: Elaboração de um projeto de pesquisa. Disponível em: http://slideplayer.com.br/slide/1253259/. Acesso em: 12/09/2019.

Trata-se de uma atividade formal voltada à aquisição de conhecimentos sobre determinado assunto, exigindo do pesquisador um pensamento científico e reflexivo. Seu intuito é responder os "porquês".

A pesquisa bibliográfica é aquela realizada em trabalhos científicos publicados. Em geral, são análises apresentadas em livros, artigos divulgados em revistas especializadas, documentos, legislações ou outros tipos de trabalhos disponibilizados em sites da internet. É desenvolvida por meio de revisão de literatura, dentro de um "plano provisório do tema, com uma busca das fontes, leitura do material, fichamento, organização lógica do assunto e redação do texto" (GIL, 2008, p. 63). Para Medeiros (2012, p. 38-39), compreende: "escolha do assunto, elaboração do plano de trabalho, identificação, localização, fichamento, análise e interpretação, redação".

3.2 – Pesquisa Documental

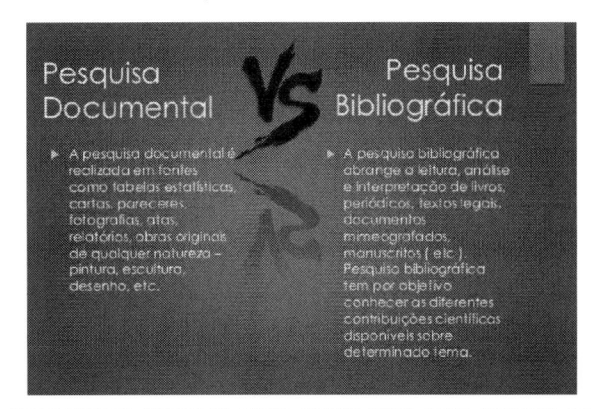

Fonte: Pesquisa documental (SILVA; LUCENA; VIDAL, 2014). Disponível em: slideshare.net/josehenrique99/pesquisa-documental-slides-2/3l. Acesso em: 12/09/2019.

A pesquisa documental é aquela que utiliza materiais que não sofreram tratamento analítico, ou seja, são dados secundários internos de uma instituição. É possível citar como exemplos: pesquisa em estatutos de empresas, manuais, legislações, notas fiscais, relatórios, ofícios, fotografias, filmes, documentos históricos, entre outros.

3.3 – Pesquisa Experimental

Fonte: Projetos de Pesquisa - Pesquisa Experimental. Disponível em: https://www.einstein.br/pesquisa/pesquisa-experimental/projetos-pesquisa. Acesso em: 12/09/2019.

A pesquisa experimental é aquela realizada a partir de uma investigação realizada em laboratório, diante da definição de um objeto e da seleção das variáveis que o influenciam, utilizando-se para isso de formas de controle e de observação dos efeitos que as variáveis produzem no próprio objeto.

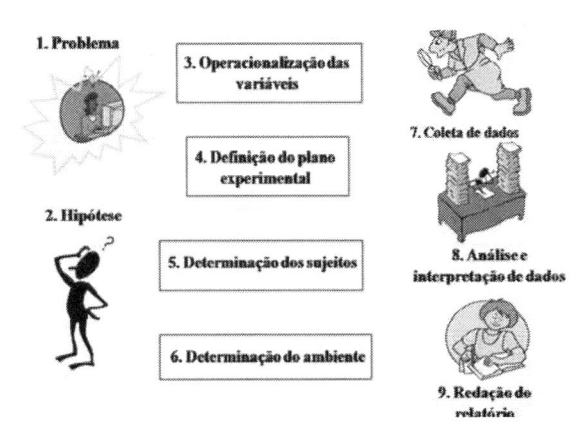

Fonte: Projetos de Pesquisa - Pesquisa Experimental. Disponível em: https://www.einstein.br/pesquisa/pesquisa-experimental/projetos-pesquisa. Acesso em: 12/09/2019.

3.4 – Pesquisa Levantamento

Fonte: Rede Incluir. Disponível em: www.sertaozinho.sp.gov.br/conteudo/rede-incluir-pesquisa-para-levantamento-de-dados-das-pessoas-com-deficiencia-continua. Acesso em: 12/09/2019.

Pesquisa de levantamento é aquela utilizada para indagação direta dos indivíduos, diante do comportamento que se deseja conhecer. É comumente usada em pesquisas sociais, sendo vantajosa pela rapidez de sua conclusão. Esse tipo de pesquisa ainda é bastante utilizado para avaliar a intenção de voto em campanhas eleitorais, assim como para levantamento de preferências mercadológicas.

3.5 – Estudo de Caso

O estudo de caso investiga um caso particularizado ou pequenas quantidades de objetos, apresentando conhecimento exaustivo e pormenorizado do objeto estudado. Segundo Yin (2001, p. 32), estudo de caso é uma investigação empírica que:

> [...] investiga um fenômeno contemporâneo dentro de seu contexto da vida real, especialmente quando os limites entre o fenômeno e o contexto não estão claramente definidos; enfrenta uma situação tecnicamente única em que haverá muito mais variáveis de interesse do que pontos de dados; baseia-se em várias fontes de evidências; e, como outro resultado; beneficia-se do desenvolvimento prévio de proposições teóricas para conduzir a coleta e análise de dados.

Vejamos um exemplo:

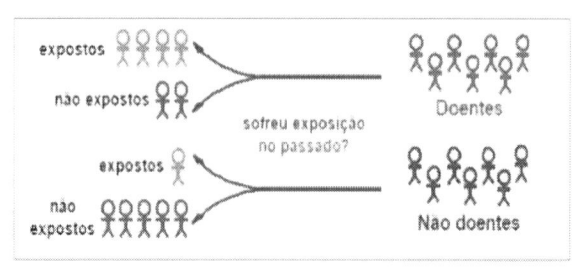

Fonte: Estudo de caso (SILVA; SANTOS, 2016). Disponível em: https://www.slideshare.net/FelipeSilva60/estudo-de-caso-62981938. Acesso em: 12/09/2019.

3.6 – Ex-post-Facto

O termo ex-post-facto pode ser traduzido como: pesquisa a partir de um fato ocorrido, ou seja, é uma abordagem investigativa após uma situação ou um fato ter ocorrido e que já foi consolidado. Essa é uma pesquisa em que o pesquisador não tem "controle sobre a variável independente, que constitui o fator suposto do fenômeno, porque ele já ocorreu". Exemplo:

> Uma pesquisa para verificar a associação entre toxoplasmose e a debilidade mental, determinando número de crianças com diagnóstico de debilidade mental é submetido a teste sorológico com o intuito de inferir se tiveram ou não infecção de toxoplasmose gondii. O mesmo exame é realizado em igual número de crianças sem debilidade mental, do mesmo sexo e idade, que funcionam como controle (GIL, 2017, p. 4).

Nesse sentido, esse tipo de pesquisa é desenvolvido com o mesmo fundamento da pesquisa experimental por observar as relações que ocorreram entre variáveis no passado. Além disso, essa análise também é usada em pesquisas sociais, por exemplo:

> Duas cidades com aproximadamente o mesmo tamanho e características socioculturais semelhantes, instalado uma indústria em uma destas cidades, as modificações ocorridas nesta cidade podem ser atribuída ao fato da instalação da indústria por ser o único fator relevante observado (GIL, 2017, p. 4).

3.7 – Pesquisa Ação

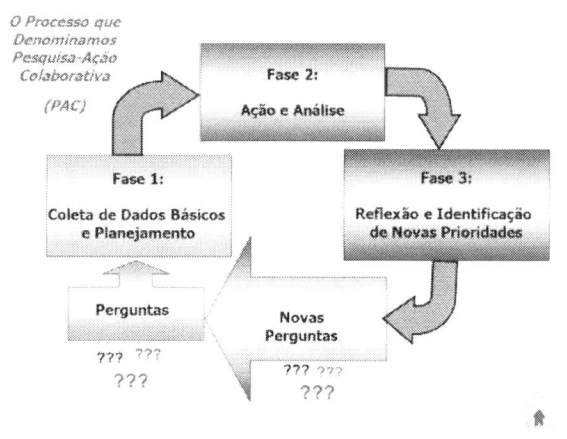

Fonte: Pesquisa-ação colaborativa e a universidade (SHOVELLER, 2007). Disponível em: http://slideplayer.com.br/slide/3387407/. Acesso em: 12/09/2019.

Denomina-se de pesquisa ação aquela que é realizada com intuito de resolver uma questão coletiva. Nela tanto os pesquisados como os pesquisadores envolvem-se de forma cooperativa para solucionar o problema. De tal modo que "os pesquisadores desempenham um papel ativo no equacionamento dos problemas encontrados, no acompanhamento e na avaliação das ações desencadeadas em função dos problemas" (THIOLLENT, 2008, p.13).

3.8 – Pesquisa Participante

A pesquisa participante é aquela em que o pesquisador atua ativamente como membro do grupo que ele próprio está pesquisando. Em geral, os pesquisados estão cientes dessa participação, mas em alguns casos o pesquisador atua de forma camuflada, "sem que o grupo saiba que ele está ali para observar, participar e colher informações" (OLIVEIRA, 2017, p. 3).

3.9 – Pesquisa de campo

Fonte: Alunos em estudo de campo no sítio arqueológico Pedra da Tubiba, em Picuí (PB). Disponível em: www.clickpicui.com.br/2015/07/alunos-do-projeto-de-arqueologia.html. Acesso em: 12/09/2019.

A pesquisa de campo é semelhante às pesquisas de levantamento e de estudo de caso, só que a metodologia apresenta algumas diferenças quanto à profundidade e à amplitude, tais como:

> → os levantamentos (surveys) têm grande amplitude, pouca profundidade, isto é, abrangem grande número de pessoas, muitas organizações etc;
> → os estudos de caso têm grande profundidade e pouca amplitude, isto é, estudam poucas pessoas ou organizações, mas exaustivamente;
> → e os estudos de campo têm pouca profundidade e pouca amplitude (SILVA, 2017, p.3).

Esse tipo de investigação é aquele que estuda *in loco* as situações reais. O termo campo é usado para designar que a pesquisa está sendo realizada no ambiente real do problema.

Retomando a aula

Chegamos, assim, ao final da primeira aula. Espera-se que agora tenha ficado mais claro o entendimento de vocês sobre as técnicas da pesquisa. Vamos, então, recordar:

1 – Pesquisa quanto à Natureza

Vimos que a pesquisa quanto à sua natureza poderá ser básica ou aplicada. A primeira, a básica, está relacionada à investigação, no intuito de adquirir novos conhecimentos. Já a segunda, a aplicada, busca gerar ou aprimorar um conhecimento para ser aplicado na prática.

2 – Pesquisa quanto aos Objetivos

Aprendemos que a pesquisa poderá ser do tipo: Exploratória, Descritiva ou Explicativa, variando de acordo com os objetivos do pesquisador.

3 – Pesquisa quanto aos Procedimentos Técnicos

Com relação aos procedimentos técnicos variam entre: Pesquisa Bibliográfica; Documental; Experimental; Pesquisa Levantamento; Estudo de Caso; Ex-post-Facto; Pesquisa Ação; Pesquisa Participante e Pesquisa de campo.

Vale a pena

Vale a pena ler,

LAKATOS, Eva Maria; MARCONI, Andrade. *Metodologia Científica*. 6. ed. São Paulo: Atlas, 2011.

GIL, Antonio Carlos. *Como classificar as pesquisa*. Disponível em: http://www.madani.adv.br/aula/Frederico/GIL.pdf. Acesso em: 10 dez. 2017.

Vale a pena acessar,

ABNT. *Associação Brasileira de Normas Técnicas*. Disponível em: www.abnt.org.br. Acesso em: 14 set. 2019.

Minhas anotações

Minhas anotações

Aula 6º

Elementos da Pesquisa

"Um planejamento cuidadoso é capaz de vencer quase todas as dificuldades", já dizia o historiador Amiano Marcelino. Logo, projeto de pesquisa é o planejamento inicial para o desenvolvimento de uma investigação, em que o pesquisador começa a articular as indagações que serão estudadas. Nesse sentido, o projeto tem como proposta responder às seguintes questões (PITHAN, 2017, p. 8):

Fonte: Egano Academy. http://www.enago.com.br/blog/projeto-de-pesquisa-2. Acesso em: 14/09/2019.

- O que pesquisar? (tema)
- Por que pesquisar? (justificativa)
- Para que pesquisar? (objetivos)
- Como pesquisar? (metodologia)
- Quando pesquisar? Por quem? (cronograma)
- Quanto vai custar a pesquisa? (orçamento)

Parece confuso? Não se preocupem. No decorrer desta aula vamos responder detalhadamente a cada uma dessas perguntas.

Bons estudos!

Objetivos de aprendizagem

Ao término desta aula, vocês serão capazes de:

- compreender a importância do projeto de pesquisa;
- identificar as vantagens e as possibilidades conquistadas por meio da pesquisa;
- definir a estrutura que compõe o projeto de pesquisa.

Seções de estudo

1. Projeto de Pesquisa

1 - Projeto de Pesquisa

1.1 – Tema

Em relação ao tema, Lakatos e Marconi (2010, p. 142) afirmam que:

> Tema é o assunto que se deseja estudar e pesquisar. O trabalho de definir adequadamente um tema pode, inclusive, perdurar por toda a pesquisa. Nesse caso, deverá ser frequentemente revisto. Escolher tema significa: a) selecionar um assunto de acordo com as inclinações, as possibilidades, as aptidões e as tendências de que sem se propõe a elaborar um trabalho científico e b) encontrar um objeto que mereça ser investigado cientificamente e tenha condições de ser formulado e delimitado em função da pesquisa.

Ou seja, o pesquisador parte de um tema amplo o qual pretende investigar. Em seguida, delimita a temática, para então encontrar o que lhe interessa sobre o assunto que pretende investigar.

Exemplo:

Tema: Motivação de funcionários

Delimitação do tema: Motivação de funcionários como ferramenta de crescimento de uma empresa de comércio varejo de sapatos, na cidade de Dourados (MS).

Lembrando que o tema deverá ser **EXEQUÍVEL** e responder a pergunta: **O QUE SERÁ PESQUISADO?**

1.2 – Justificativa

A justificativa demostra a importância da realização da pesquisa, tanto para a sociedade como para a comunidade científica (RAUEN, 2013). Ela responde o "por quê?", ou seja, se justifica devido o fato de demonstrar, como dito anteriormente, a relevância da pesquisa e suas contribuições, sendo possível a aceitação ou não de pessoas que irão aprová-la ou até mesmo financiá-la.

Exemplo:

A motivação de funcionários como ferramenta de crescimento para uma empresa de comércio varejo de sapatos, na cidade de Dourados (MS), é um tema relevante no sentido de que os recursos humanos são o principal ativo de uma organização, pois são os colaboradores com sentimentos, culturas e valores diferenciados que compõem o acervo cultural da instituição. Quando motivados eles se comprometem com as propostas da empresa e, com isso, promovem o crescimento da mesma.

Diante disso, saber o comportamento e o que leva os funcionários a ficarem motivados tem grande importância social, pois contribui de forma geral para um melhor atendimento ao cliente, assim como auxilia as próprias empresas, que podem usar de estratégias específicas para comprometer seus colaboradores com seus objetivos. Além disso, principalmente, favorece o próprio funcionário que, quando motivado, vive plenamente e tem qualidade de vida no ambiente de trabalho.

Para Lakatos e Marconi (2010, p. 202), "a justificativa difere da revisão bibliográfica e, por este motivo, não apresenta citações de outros autores. Difere, também, da teoria de base, que vai servir de elemento unificador entre o concreto da pesquisa e o conhecimento teórico da ciência na qual se insere".

1.3 – Delimitação do Problema

O problema constitui o principal questionamento realizado pelo pesquisador para fazer a pesquisa (RAUEN, 2013). Lakatos e Marconi (2010, p. 143, grifos dos autores) alertam "problema é uma **dificuldade, teórica ou prática,** no conhecimento de alguma coisa de real importância, para a qual se deve encontrar uma solução".

Exemplo:

Problema: Como a empresa "Bela Sapataria" promove a motivação dos seus funcionários?

Delimitação do problema: a pesquisa será realizada em uma empresa do setor varejista de calçados, na filial 1, denominada de "Bela Sapataria", com artigos para adultos e crianças, na cidade de Dourados (MS).

Percebam que o **problema** deve ser apresentado na forma de um questionamento, ou seja, trata-se de uma pergunta que o pesquisador levanta a respeito de determinado assunto e que será respondida por meio da execução da pesquisa e seus resultados.

Marinho (1980, p. 55) destaca que "a caracterização do problema define e identifica o assunto em estudo, um problema muito abrangente torna a pesquisa mais complexa [...] bem delimitado, simplifica e facilita a maneira de conduzir a investigação".

Lakatos e Marconi (2010, p. 143-144) complementam o conceito ao dizerem que "o problema, antes de ser considerado apropriado, deve ser analisado o aspecto de sua valoração", sendo:

a) Viabilidade: pode ser eficazmente resolvido através da pesquisa;

b) Relevância: deve ser capaz de trazer conhecimentos novos;

c) Novidade: estar adequado ao estágio atual de evolução científica;

d) **Exequibilidade:** pode chegar a uma conclusão válida;
e) **Oportunidade:** atender a interesses particulares e gerais.

Por fim, e tão importante quanto às informações anteriores, os autores ainda apresentam os tipos de problemas:

1. **Problema de Estudo Acadêmico:** estudo descritivo, de caráter informativo, explicativo ou preditivo.
2. **Problema de Informação:** coleta de dados a respeito de estruturas e condutas observáveis, dentro de uma área de fenômenos.
3. **Problemas de Ação:** campos de ação onde determinados conhecimentos sejam aplicados com êxito.
4. **Investigação Pura e Aplicada**: estuda um problema relativo ao conhecimento científico ou à sua aplicabilidade.

Percebe-se que esta etapa do projeto requer muita atenção, portanto, é necessário buscar o maior número de informações a respeito do que se pretende pesquisar, para que o problema seja delimitado e realizável.

1.4 – Objetivos: Geral e Específico

Os objetivos demonstram as pretensões do pesquisador, de uma forma ampla no objetivo geral, pormenorizada nos objetivos específicos que totalizam três objetivos específicos. Os verbos utilizados nos objetivos são sempre no infinitivo, tais como: analisar, apresentar, explicar, entender, identificar, descrever, aprender, julgar, compreender, conhecer etc (LAKATOS; MARCONI, 2001).

> **Exemplo:**
>
> **Objetivo geral:**
>
> - identificar as estratégias usadas pela empresa "Bela Sapataria" na promoção da motivação dos seus funcionários.
>
> **Os objetivos específicos:**
>
> - descrever o ambiente de trabalho em empresas varejistas, do ramo de calçados infantil e adulto;
> - analisar as estratégias usadas pelo departamento de Recursos Humanos (RH) da empresa "Bela Sapataria" para motivar seus funcionários;
> - identificar os incentivos que a empresa "Bela Sapataria" utiliza para motivar seus funcionários.

Percebam que partimos de um objetivo geral e fomos para um específico, que se apresenta de forma detalhada, ou seja, demonstra as etapas que serão percorridas para alcançarmos as respostas do problema.

1.5 – Hipóteses

Hipótese é a suposição de solução para o problema da pesquisa, que tanto pode ser no sentido positivo ou negativo (LAKATOS; MARCONI, 2001). De acordo com Lakatos e Marconi (2010, p.145):

> Hipótese é uma proposição que se faz na tentativa de verificar a validade de resposta existente para um problema. É uma suposição que antecede a construção dos fatos e tem como características uma formulação provisória: deve ser testada para determinar sua validade. Correta ou errada, de acordo com ou contrária ao senso comum, a hipóteses sempre conduz a uma verificação empírica.

Veremos que a hipótese é uma resposta para a problemática proposta pela investigação. Vamos, então, relembrar nosso problema: **Como a empresa "Bela Sapataria" promove a motivação dos seus funcionários?**

> **Exemplo de hipótese:**
>
> A empresa "Bela Sapataria", do setor varejista de calçados, com artigos para adultos e crianças, não possui um plano estratégico para motivação de funcionários.
>
> ou
>
> A empresa "Bela Sapataria", do setor varejista de calçados, com artigos para adultos e crianças, investe no desenvolvimento e na motivação de seus funcionários por meio de projetos sociais voltados ao público interno como estratégia para alcançar as metas e os objetivos preestabelecidos.

Além disso, existem três dificuldades principais na formulação de hipóteses (GOODE; HATT, 1969, p.75 *apud* LAKATOS; MARCONI, 2010, p.145):

- ausência ou o desconhecimento de um quadro de referência teórico claro;
- falta de habilidade para utilizar logicamente esse esquema teórico;
- desconhecer as técnicas de pesquisa existentes para ser capaz de expressar adequadamente a hipótese.

Concluímos, então, que a hipótese propõe explicações e, também, auxilia na busca por informações. Desse modo, é preciso ter clareza e conhecimento teórico sobre o assunto para que a pesquisa obtenha sucesso. Lembrando, a hipótese poderá ser verdadeira ou não, poderá ser confirmada ou não.

1.6 – Variáveis

Lakatos e Marconi (2010) explicam que variável é a classificação da possibilidade de mensuração de valores. Nesse sentido, o resultado da pesquisa pode ter uma variação observável e quantificável. As variáveis somente ocorrem em pesquisas diretas de campo, ou seja, as experimentais e são propriedades que podem ser alteradas no decorrer da investigação.

Sendo assim, esses elementos que podem interferir no objeto que estará sendo analisado deverão ser observados para não comprometerem as análises. Isso porque, conforme salientam Lakatos e Marconi (2010, p. 146), "todas as variáveis, que podem interferir ou afetar o objeto em estudo, devem ser não só levadas em consideração, mas, também, devidamente controladas, para impedir comprometimentos ou riscos de invalidar a pesquisa".

Em geral, as variáveis são estabelecidas a partir dos objetivos e das hipóteses de pesquisa. Exemplos:

Variáveis para atender ao objetivo geral:	
- identificar as estratégias usadas pela empresa "Bela Sapataria" na promoção da motivação dos seus funcionários.	- motivação com as normas de trabalho;

Variáveis para atender aos objetivos específicos:	
- descrever o ambiente de trabalho em empresas varejistas, do ramo de calçados infantil e adulto;	- motivação com o ambiente de trabalho;
- analisar as estratégias usadas pelo departamento de Recursos Humanos (RH) da empresa "Bela Sapataria" para motivar seus funcionários.	- motivação com as estratégias gerenciais;
- identificar os incentivos que a empresa "Bela Sapataria" utiliza para motivar seus funcionários.	- motivação com os salários; - motivação com benefícios.

Fonte: Elaborado pela autora.

1.7 – Metodologia

A metodologia compreende a descrição do tipo de pesquisa, da população da pesquisa e o tamanho da amostra. Na amostra calcula-se o tamanho, informando o nível de confiança e a margem de erro. Ainda, explicam-se as técnicas de amostragem a serem empregadas, como: o tipo de instrumento que será utilizado para coleta dos dados da pesquisa, o tratamento dos dados e como os resultados serão apresentados no relatório do trabalho (GIL., 2010).

Para Lakatos e Marconi (2010, p. 204-206):

> A especificação da metodologia da pesquisa é a que abrange maior número de itens, pois responde, a um só tempo, às questões "como?", "com quem?", "onde?", "quando?". E corresponde aos seguintes componentes: Método de abordagem; Métodos de procedimento; Técnicas; Delimitação do universo (descrição da população) e Tipo de amostragem.

Exemplo:

Tipo de pesquisa

A pesquisa classifica-se como exploratória descritiva. De acordo com Gil (2010), pesquisa exploratória consiste em identificar o problema proposto por meio da opinião dos pesquisados, que no caso desta investigação será usado um questionário aplicado ao gestor de RH e outro questionário aplicado aos funcionários. No que se refere à pesquisa descritiva Gil (2010) explica que é a descrição dos resultados da mesma, ou seja, neste caso serão descritos os resultados dos questionários aplicados.

Amostra

A amostra será definida a partir da resposta das perguntas: quantos?; e quem serão pesquisados?

- Quantos? É o tamanho da amostra (calculada com margem de erro).
- Quem? É a técnica de amostragem (seleção da amostra).

Exemplo:

População	N = 200	Quantidade de funcionários que trabalham na empresa "Bela sapataria":		
		Filial 1	Filial 2	Filial 3
Amostra 100%	N =100	100	50	50

Para Lakatos e Marconi (2010, p. 147) amostra "é uma parcela conveniente selecionada do universo (população); é um subconjunto do universo".

Instrumento da pesquisa

O instrumento para coleta de dados será o questionário, elaborado com perguntas abertas e fechadas. Serão dois questionários, um aplicado ao gestor de RH, outro aos funcionários da empresa.

Tratamento dos dados

Os dados serão tratados de forma quanti-qualitativa, usando-se para isso de gráficos e tabelas. Em seguida, com os resultados expostos, far-se-á uma descrição desses resultados dentro de uma análise qualitativa das ideias dos autores destacados na revisão de literatura, em que o pesquisador interpretará os dados, comparará com as teorias apresentadas na pesquisa e formará uma opinião própria sobre os fatos.

1.8 – Embasamento Teórico

O embasamento teórico consiste no resumo e na resenha dos principais autores estudados durante a pesquisa que tratam do tema. Lakatos e Marconi (2010, p.207) afirmam que:

> A finalidade da pesquisa científica não é apenas um relatório ou descrição de fatos levantados empiricamente, mas o desenvolvimento de um caráter interpretativo, no que se refere aos dados obtidos. Para tal, é imprescindível correlacionar a pesquisa com o universo teórico, optando-se por um modelo teórico que sirva de embasamento á interpretação do significa dos dados e fatos colhidos ou levantados.

Vejamos o exemplo:

Comércio varejista

Comércio varejista é aquele voltado para o consumidor final. Empresas desse setor são aquelas que desenvolvem atividades mercantis, que consistem na compra e na venda de mercadorias ou ainda aqueles tem característica ao comércio, enquadrando-se aquelas que realizam atos de mediação entre produtor e o consumidor, com habitualidade e finalidade lucrativa (SEBRAE, 2017).

No comércio varejista a classificação é gerada conforme o tipo de loja. A Classificação Nacional de Atividades Econômicas (CNAE, 2017) descreve os seguintes segmentos de lojas mercantis no varejo:

> [...] automotores e motocicletas; comércio varejista de combustíveis; comércio varejista de objetos pessoais e domésticos, como varejo de mercadorias em geral (não especializado), varejo de produtos alimentícios, bebidas e fumo (em lojas especializadas) como padarias, açougues, bares, charutarias e outros; **comércio varejista de tecidos, artigos de armarinho, vestuário e calçados (em lojas especializadas)**; comércio varejista de outros produtos (em lojas especializadas) como produtos farmacêuticos, artigos médicos e ortopédicos, de perfumaria e cosméticos, de máquinas e aparelhos de usos domésticos, discos e instrumentos musicais, de móveis, artigos de iluminação e outros artigos para residência; material de construção, ferragens, ferramentas manuais e produtos metalúrgicos, vidros, espelhos e vitrais, tintas e madeiras, papelaria, de gás, de equipamentos e materiais para escritório, informática e comunicação; comércio varejista de artigos usados e comércio varejista de artigos em geral realizado por catálogo, vias públicas, postos móveis, por meio de máquinas automáticas ou a domicílio (CNAE, 2017, p.1).

Os principais tipos de lojas varejistas são:

> [...] as de departamentos tradicionais: amplo sortimento e grandes volumes por produtos, distribuídos e expostos, como o nome indica, por departamentos (presentes, roupas e acessórios, utilidades do lar, diversos etc); lojas de departamento de descontos: comercialização de produtos com enfoque no oferecimento de preços mais baixos que as lojas tradicionais e com ênfase em produtos sazonais; lojas de eletrodomésticos e eletrônicos: especialização na venda de bens de consumo duráveis e semi-duráveis das chamadas linhas branca e marrom; drogarias: vendas de medicamentos com ou sem prescrição, perfumaria e higiene pessoal e alguns poucos itens de alimentação: lojas de vestuários: vendas de roupas, tecidos, cama, mesa, banho, calçados e acessórios; varejo de alimentos: produtos alimentícios dispostos em formato *self-service* e com *check-outs* na saída. Existem ainda as empresas que realizam vendas diretas - a comercialização de bens de consumo ou serviço através de contato direto vendedor-comprador – classificadas em: venda domiciliar, venda pessoal e venda porta a porta (BNDS, 2017, p. 3, grifos do autor).

Identificada à classificação do tipo de empresa onde será realizada a pesquisa, passa-se agora a evidenciar o processo de desenvolvimento de funcionários apontados pela literatura, para organizações em todas as suas especialidades, principalmente, às focadas no setor varejista.

Motivação de Funcionários

Segundo Chiavenato (2014), a gestão de pessoas tem que firmar estratégias levando em consideração que as pessoas são diferentes na forma de pensar, de agir e de manifestar suas ideias, por isso, cada pessoa influencia o ambiente empresarial de forma diferente.

Gruber (2017) propôs um novo formato de desenvolvimento de recursos humanos em empresas, o "Plano de Desenvolvimento Individual", ou seja, cada funcionário deve ser avaliado individualmente e dessa forma apresenta planos e metas dentro de categorias que possam atingir a coletividade.

Para Souto (2017, p. 1), no setor varejista os profissionais de RH enfrentam três desafios que são:

> 1º - A dificuldade de terem autonomia suficiente para exercerem suas atividades no dia a dia com os funcionários.
> 2º - A dificuldade que os próprios profissionais de RH têm em assumir riscos, de saírem da zona de conforto. As pessoas possuem muito apego ao cargo, ao salário e, com isso, deixam de inovar. Preferem ficar na zona de conforto a arriscar.
> 3º - O terceiro obstáculo que observo na área é o fato de que os profissionais ainda não entendem realmente do negócio que atuam. É fundamental entender o negócio da organização, para se tornar um parceiro estratégico para motivar outras pessoas que ali desenvolvem uma atividade.

Percebe-se que a inovação do setor de RH é fundamental para criar um ambiente de trabalho acolhedor e motivado e formar uma equipe comprometida com as propostas da empresa. Isso porque criar um quadro de pessoal capacitado e motivado vai muito além de treinamentos comuns para execução de tarefas, sendo responsabilidade do gestor de RH atuar além da função comum, desenvolvendo planos estratégicos de motivação para o bom desempenho dos trabalhadores e comprometimento com os objetivos da empresa.

De acordo com Chiavenato (2014), a integração e o desenvolvimento das pessoas no ambiente organizacional precisam ser voltados para a motivação pessoal, incluindo um plano de carreira bem definido, estratégias que beneficiam e envolvam o funcionário em permanecer e crescer dentro da empresa, estratégias de premiação para o cumprimento de metas e vantagens na carreira, que fazem com que o funcionário esteja cada vez mais engajado no crescimento da organização. Pois, é diante da expectativa de ascensão profissional e financeira que o indivíduo modifica o comportamento, ajustando-se às propostas e metas da instituição.

1.9 – Cronograma

Lakatos e Marconi (2010, p. 209, grifos dos autores) descrevem que:

> A elaboração do cronograma responde à pergunta *quando?*. A pesquisa dividida em partes, fazendo-se a previsão do tempo necessário para passar de uma fase a outra. Não esquecer quem, se determinadas partes podem ser executadas simultaneamente, pelos vários membros da equipe, existem outras que dependem das anteriores, como é o caso da análise e interpretação, cuja realização depende da codificação e tabulação, só possíveis depois de colhidos os dados.

O cronograma de um projeto de pesquisa constituiu-se no plano das diferentes etapas de desenvolvimento e execução da pesquisa. No qual são distribuídas e organizadas as etapas que serão realizadas durante a pesquisa (GIL, 2010). Vejamos um exemplo:

Quadro 1 – Cronograma para execução da pesquisa

ETAPAS	2018													2019					
	Jan	Fev	Mar	Abr	Mai	Jun	Jul	Ago	Set	Out	Nov	Dez	Jan	Fev	Mar	Abr	Mai	Jun
01. Inscrição no TCC																		
02. Definição do tema																		
03. Formulação do Projeto																		
04. Entrega do Projeto																		
05. Banca de apresentação do Projeto																		
06. Coleta de dados																		
07. Análise de dados																		
08. Levantamento bibliográfico																		
09. Formulação da Monografia Preliminar																		
10. Entrega da Monografia Preliminar																		
11. Correções da Monografia Preliminar																		
12. Redação da Monografia Final																		
13. Entrega da Monografia Final																		
14. Defesa da Monografia Final																		
15. Correção e entrega da versão final da Monografia																		

1.10 – Orçamento

O orçamento é a principal etapa do projeto, pois é por meio dele que o pesquisador tem uma visão da viabilidade do mesmo, se vai ter os recursos necessários, precisar de financiamento ou patrocínio para a conclusão da pesquisa (GIL, 2010). No geral, o orçamento é dividido em recursos humanos, serviços de terceiros, materiais permanentes/equipamentos, material de consumo, material de construção, outros. Exemplo:

Categorias de despesa	Quantidade	Custo		Total (R$)
	Unitário	Não-financeiro		
1. Pessoal				
2. Serviços de Terceiros				
3. Material Permanente e Equipamento				
4. Material de Consumo				
5. Material de Construção				
6. Divulgação e Comunicação				
7. Intercâmbio				
8. Custos administrativos				
9. Outros				
TOTAL				

1.11 – Referências

São compostas por uma lista de fontes consultadas durante a pesquisa. De acordo com a Associação Brasileira de Normas Técnicas (ABNT), a lista de bibliografias é denominada de "Referências" e deve estar ao final do trabalho, organizada em ordem alfabética. Além disso, o recurso tipográfico (negrito, itálico ou sublinhado) utilizado para destacar o elemento título deve ser uniforme em todas as referências (ABNT, 2018). Exemplos:

ABNT – Associação Brasileira de Normas Técnicas. *Referências Bibliográficas nas normas ABNT de livros e sites (links):* como fazer. Disponível em: http://www.normaseregras.com/normas-abnt/referencias/. Acesso em: 29 dez. 2017.

GIL, Antônio Carlos. *Metodologia do trabalho científico.* São Paulo: Atlas, 2010.

Lakatos e Marconi (2010, p. 256) informam que "os elementos que constituem a citação bibliográfica devem ser obtidos preferencialmente da folha de rosto do livro. Quando o elemento não constar da obra referenciada, deverá figurar entre colchetes; por exemplo: sem data [s.d], sem nota tipográfica [s.n.t]".

Por fim, dizemos que a bibliografia é a exposição de

todos os livros, artigos, documentos, sites e publicações utilizadas, ou seja, citadas em todas as fases do projeto. Além do mais, nessa seção, é aconselhável seguir uma padronização no momento da organização dos autores, ou seja, se você optar por colocar o nome completo do(s) autor(es), lembre-se de inserir essa informação em cada uma das obras citadas. Vejamos, então, alguns exemplos de referências presentes na ABNT 6023/2018:

Citação simples:
O autor deve ser indicado pelo último sobrenome, em letras maiúsculas, seguido do prenome e outros sobrenomes, abreviados ou não, conforme consta no documento.
- ALVES, Roque de Brito. *Ciência criminal*. Rio de Janeiro: Forense, 1995.

Citação de livro com até três autores:
Quando houver até três autores, todos devem ser indicados.
- SOUZA, J. C.; PEREIRA, A. M. *Metodologia de trabalho*. 3. ed. São Paulo: Estrela, 2011.
- PASSOS, L. M. M.; FONSECA, A.; CHAVES, M. *Alegria de saber*: matemática. Segunda série, primeiro grau. Livro do professor. São Paulo: Scipione, 1995. 136 p.

Citação de livro com mais de três autores:
Convém indicar todos, porém, permite-se que se indique apenas o primeiro, seguido da expressão et al.
- SELLTIZ, C. et al. *Métodos de pesquisa nas relações sociais*. São Paulo: Herder, 1965.

Publicações periódicas:
Quando se referenciam coleções de publicações periódicas, ou quando se referencia integralmente um número ou fascículo, o título deve ser o primeiro elemento da referência, grafado em letras maiúsculas.
- REVISTA BRASILEIRA DE BIBLIOTECONOMIA E DOCUMENTAÇÃO. São Paulo: FEBAB, 1973-1992.

Referências Legislativas:
SÃO PAULO. *Decreto n.º 33.161*, 2 abr. 1991. Introduz alterações na legislação do imposto de circulação de mercadorias e prestações de serviços. São Paulo Legislação: coletânea de leis e decretos, v. 27, n. 4, p. 42, abr., 1991.

Referências de meios eletrônicos:

Para documentos em meio eletrônico, as referências devem obedecer aos padrões indicados para os documentos monográficos no todo, acrescidas da descrição física do suporte (CD, DVD, *pen drive, e-book, blu-ray disc* e outros). Exemplos:

- KOOGAN, André; HOUAISS, Antônio (ed.). Enciclopédia e dicionário digital 98. São Paulo: Delta: Estadão, 1998. 5 CD-ROM.
- BAVARESCO, Agemir; BARBOSA, Evandro; ETCHEVERRY, Katia Martin (org.). Projetos de filosofia. Porto Alegre: EDIPUCRS, 2011. *E-book*. Disponível em: http://ebooks.pucrs.br/edipucrs/projetosdefilosofia.pdf. Acesso em: 21 ago. 2011.

Retomando a aula

Chegamos ao final da segunda aula, espero que tenham compreendido o conteúdo, porém caso haja dúvidas utilizem o quadro de avisos! Mas antes, vamos relembrar nosso conteúdo?

1 – Projeto de Pesquisa

Aqui, estudamos os itens que compõem o projeto de pesquisa: Tema, Justificativa, Delimitação do Problema, Objetivos (Geral e Específico), Hipóteses, Variáveis, Metodologia, Embasamento Teórico, Cronograma, Orçamento e Bibliografia, além da finalidade de cada um.

Vale a pena

Vale a pena ler,

LAKATOS, Eva Maria; MARCONI, Andrade. *Metodologia Científica*. 6. ed. São Paulo: Atlas, 2011.
GIL, Antonio Carlos. *Como elaborar projetos de pesquisa*. 4. ed. São Paulo: Atlas, 2008.

Vale a pena acessar,

ABNT. Associação Brasileira de Normas Técnicas. Disponível em: www.abnt.org.br. Acesso em: 14 set. 2019.

Aula 7º

Trabalho científico

METODOLOGIA DO TRABALHO CIENTÍFICO

ENTENDENDO O FENÔMENO DO CONHECIMENTO...

FAZER CONHECIMENTO	USAR CONHECIMENTO	POSICIONAR-SE DIANTE DO CONHECIMENTO
ESTAR CRIATIVAMENTE NO MUNDO	ESTAR SIMPLESMENTE NO MUNDO	ESTAR CRITICAMENTE NO MUNDO
estar aberto para reavaliar a própria capacidade no trabalho do conhecer	usa alguma coisa que já está pronta, acabada, definitiva, conforme determinado conhecimento considerado como suficiente	implica colocar a relação do fazer e do usar de maneira dialética

Fonte: http://slideplayer.com.br/slide/1249071/. Acesso em 28 jun. 2018

Bem vindos(as) à sétima aula!

Em aulas anteriores tivemos o contato com elementos que servirão de referencial para escolha do tipo de pesquisa, tema da pesquisa, elaboração do projeto pesquisa entre outros itens.

Nesta aula, estudaremos o conceito e as características da monografia. Veremos que sua estrutura é dividida em elementos pré-textuais, textuais e pós-textuais, mas o que isso significa? Vamos à aula!

Bons estudos!

Objetivos de aprendizagem

Ao término desta aula, vocês serão capazes de:

- compreender o que é uma monografia;
- identificar os elementos que compõem a monografia;
- definir os itens que obrigatórios da monografia.

Seções de estudo

1 - Conceito e Características da Monografia

1 - Conceito e Características da Monografia

Monografia é um termo grego que significa "única escrita", assim, partindo de um objeto problema a pesquisa vai ser escrita apenas sobre esse problema. O formato do texto é dissertativo. É um tipo de trabalho científico exigidos, pelas instituições de ensino nos cursos de graduação e pós-graduação.

De acordo com a CNS/MEC 146/2002 as monografias são optativas nos currículos dos cursos de graduação e devem seguir as normas da ABNT (Associação Brasileira de Normas Técnicas), como também diretrizes específicas das instituições de ensino. Sendo opcional, as instituições escolhem o formato de trabalho de conclusão de curso (TCC) que seus alunos irão apresentar por isso alguns cursos exigem que os alunos apresentem monografia, outros cursos exigem artigos científicos, pôster científico ou relatórios.

CURIOSIDADE: DIFERENÇA ENTRE TCC E MONOGRAFIA

TRABALHO DE CONCLUSÃ DE CURSO	MONOGRAFIA
O TCC normalmente é desenvolvido e apresentado no último ano ou semestre do curso e todo aluno deve ser aprovado no TCC para que se forme. Trata-se de uma disciplina exigida em diversos cursos.	A monografia tem um caráter bem mais científico e se destina a estudar um assunto mais específico, por completo, devendo possuir um contexto único sobre determinada área do conhecimento. É desenvolvida na disciplina de TCC.

Fonte: http://www.portaldotcc.com.br/. Acesso em 28 jun. 2018

A proposta de uma monografia é:

> [...] reunir informações, análises e interpretações científicas que agreguem valor relevante e original à ciência, dentro de um determinado ramo, assunto, abordagem ou problemática. Uma monografia pode ser dividida ou classificada em duas partes: **lato** e **estrito**. O sentido estrito da monografia refere-se a uma tese em si, ou seja, um trabalho científico voltado para a contribuição e crescimento do estudo de determinada área de pesquisa ou ciência. Já o significado do lato refere-se à produção de material científico de primeira mão, mas que não precisa ser necessariamente caracterizado como uma tese. Envolve também dissertações de mestrado, informes científicos, *college papers* ou mesmo monografias de graduação (Fonte: <https://www.significados.com.br/monografia/>).

A estrutura básica da monografia de acordo com a Associação Brasileira de Normas Técnicas (ABNT) deve seguir o modelo a seguir:

Elementos	Pré-textuais	Textuais	Pós-textuais
Seções	Capa (obrigatório) Folha de rosto (obrigatório) Folha de aprovação (obrigatório) Dedicatória (opcional) Agradecimento (opcional) Epígrafe (opcional) Resumo em língua portuguesa (obrigatório) Resumo em língua estrangeira (obrigatório) Lista de figuras (opcional) Lista de tabelas (opcional) Sumário (obrigatório)	Introdução Justificativa Objetivos Metodologia Desenvolvimento Conclusão ou considerações finais	Referências (obrigatório) Apêndice (opcional) Anexo (opcional)
Observações	Participam da contagem do número de páginas, mas não são paginados.	Participam da contagem do número de páginas e são paginados.	Participam da contagem do número de páginas e são paginados.
Margens	Superior = 3,0 cm Inferior = 2,0 cm Esquerda = 3,0 cm Direita = 2,0 cm		
Espaçamento	Os títulos acompanham as margens das demais folhas; Espaçamento entre linhas = 1,5 cm; Espaçamento de citações de mais de três linhas = 1,0 cm; Espaçamento entre títulos e o texto = dois espaços de 1,5 cm; Espaçamento entre subtítulos e texto= um espaço de 1,5 cm; Parágrafo = recuo à esquerda de 1,25 cm; Alinhamento do texto = justificativa.		

A monografia segue regras especiais, está dividida em três partes distintas que são: elementos pré-textuais, elementos textuais e elementos pós-textuais.

A figura a seguir demonstra os detalhes de cada uma dessas partes.

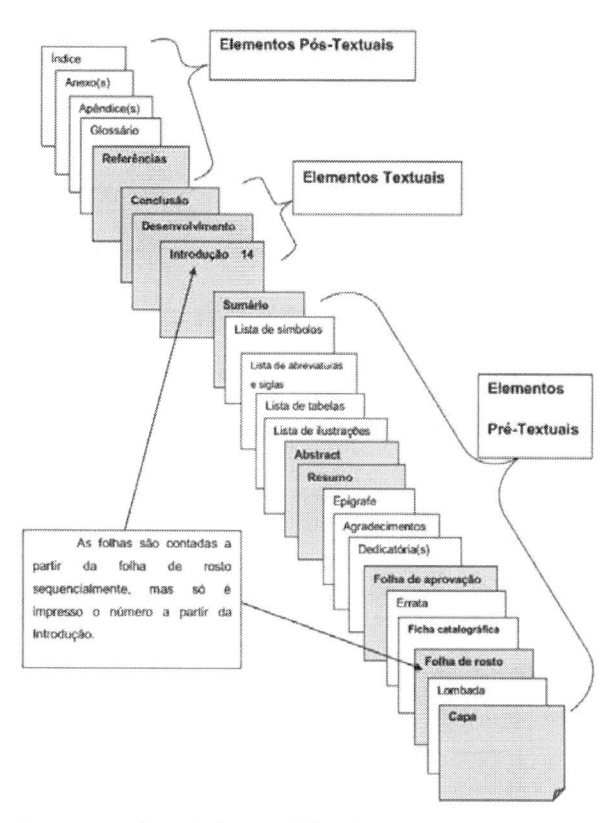

Fonte: www.google.com.br. Acesso em 28 jun. 2018.

1.1 – Elementos Pré-textuais

Elementos pré-textuais são as etapas de identificação que são ordenadas antes do texto principal do trabalho, algumas desses elementos são obrigatórios outros são opcionais. Em ordem os elementos são:
- Capa (obrigatório),
- Folha de rosto (obrigatório),
- Ficha catalográfica (obrigatório),
- Folha de aprovação (obrigatório),
- Dedicatória (opcional),
- Agradecimentos (opcional),
- Epígrafe (opcional),
- Resumo em língua portuguesa (obrigatório),
- Resumo em língua estrangeira (obrigatório),
- Lista de abreviações e siglas (opcional),
- Lista de figuras (opcional),
- Lista de tabelas (opcional),
- Lista de quadros (opcional),
- Sumário (obrigatório).

A capa é o elemento de identificação inicial do trabalho, onde deve conter a descrição da instituição de ensino com a logomarca, nome do autor aluno, título do trabalho, cidade e ano. Este elemento é obrigatório e não deve ser contado durante a paginação do trabalho.

Com relação à paginação é importante salientar que todas as folhas devem ser contadas em sequência, porém nem todas devem ser numeradas, lembre-se: a numeração deve constar a partir da parte textual, no canto superior direito da folha.

A folha de rosto é o elemento que segue a capa, é um elemento obrigatório e deve conter: descrição da instituição de ensino com a logomarca, nome do autor aluno, título do trabalho, informações sobre o tipo de trabalho (artigo, monografia, dissertação ou tese), a finalidade, o curso, o período, nome do professor orientador. Essa é uma página obrigatória, sendo daí que se inicia a contagem das páginas. No verso da folha de rosto é inserida a ficha catalográfica, que é fornecida pela biblioteca da UNIGRAN, após o aluno preencher um requerimento dela.

Para acessar o modelo de capa e folha de rosto basta em sua plataforma de ensino clicar em suporte, neste item constará a opção: Modelo de Capas.

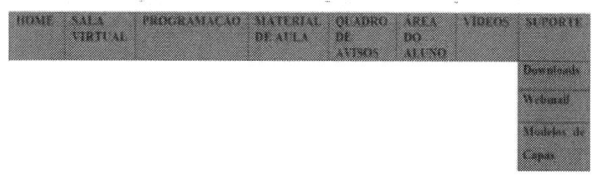

Fonte: Plataforma UNIGRAN.

A folha de aprovação consta o nome do autor, título do trabalho e o nome dos componentes da banca e as respectivas assinaturas.

A dedicatória é uma página opcional, quando o autor faz opção em colocar, ela deve ser inserida com um texto fazendo uma homenagem a uma pessoa ou várias. O texto da dedicatória é inserido na parte inferior à direita da página. Nessa página não se coloca título.

A página do agradecimento é opcional, quando o autor faz opção em colocar, ela deve ser inserida com um texto fazendo agradecimento a todas as pessoas que de alguma forma contribuíram com o desenvolvimento do trabalho. Os agradecimentos são feitos a todos os tipos de apoio pessoal ou financeiro. Nessa página coloca-se título.

A página da epígrafe é opcional, quando o autor faz opção em colocar, ela deve ser inserida com uma frase ou citação celebre dentro do tema do trabalho, que seja de um autor renomado. O texto da epígrafe é inserido na parte inferior à direita da página. Nessa página não se coloca título.

Exemplo:

O resumo é a página onde o pesquisador apresenta o estudo realizado de forma sintética. É uma página obrigatória. Nos trabalhos de graduação o resumo pode ter no máximo 250 palavras, indicando: objetivos, metodologia, resultados e conclusão do trabalho. O resumo deve ser escrito em um único parágrafo, com espaçamento simples. Logo abaixo deve se escrever as palavras-chave, indicando entre três e cincos palavras que representam o conteúdo do trabalho. O resumo em língua estrangeira ou abstract é a página com a versão do resumo em português traduzida para outra língua, em geral para o inglês.

A lista de abreviações e siglas é opcional, quando o autor faz opção em colocar, ela deve ser redigida colocando em ordem alfabética todas as abreviações e siglas do trabalho.

Exemplo:

```
LISTA DE SIGLAS, ABREVIATURAS E SÍMBOLOS.
ABNT – Associação Brasileira de Normas Técnicas
IBGE – Instituto Brasileiro de Geografia e Estatística
UNIGRAN – Centro Universitário da Grande Dourados
@ - arroba
% - porcentagem
```

A lista de figuras é opcional, quando o autor faz opção em colocar, ela deve constar todas as figuras em ordem de apresentação no trabalho.

Exemplo:

```
LISTA DE FIGURAS

Figura 1 – Legenda ..................................................9
Figura 2 – Legenda ................................................20
Figura 3 – Legenda ................................................33
```

A lista de tabelas é opcional, quando o autor faz opção em colocar, ela apresenta todas as tabelas constantes no trabalho em ordem de apresentação no trabalho.

Exemplo:

```
LISTA DE TABELAS

Figura 1 – Legenda ................................................10
Figura 2 – Legenda ................................................14
Figura 3 – Legenda ................................................23
```

A lista de quadros é opcional, quando o autor faz opção em colocar, ela deve constar todos os quadros que foram apresentados no trabalho, na mesma ordem em que os mesmos foram apresentados.

Exemplo:

```
LISTA DE QUADRO

Figura 1 – Legenda ................................................11
Figura 2 – Legenda ................................................18
Figura 3 – Legenda ................................................30
```

O sumário é página obrigatória, é a página onde aparecem todas as partes do trabalho com a devida enumeração das páginas conforme aparecem no corpo do trabalho.

Exemplo:

SUMÁRIO
1 INTRODUÇÃO 7
2 REFERÊNCIAL TÉORICO 9
2.1 Condições Gerais das Rodovias Brasileiras 9
2.2 Sistemas de Freios em Declives 15
2.2.1 Normas da ABNT para o sistema de frenagem 26
3 METODOLOGIA 30
3.1 Elemento secundário 31
3.1.1 Elemento terciário 35
3.1.1.1 Elemento quaternário 38
4 CONSIDERAÇÕES FINAIS 45
REFERÊNCIAS 47
APÊNDICE 49
ANEXO 51

1.2 – Elementos Textuais

Elementos textuais é a composição de todo o conteúdo que forma o trabalho, que são:

- **Introdução** (é a apresentação do que vai ser discutido no trabalho, explicando o tema, justificando o porquê da pesquisa, quais são os objetivos que serão tratados, a metodologia que foi empregada (a metodologia tanto pode estar descrita na introdução como em capítulo separado).
- **Desenvolvimento** (é a descrição de tudo que foi pesquisado, pode ser apresentado em forma de capítulos, detalhando os pormenores do tema estudado).
- **Conclusão ou considerações finais** (é o final do trabalho, onde apresenta-se as considerações que se chegou para responder os objetivos e hipóteses levantadas).

Nesse sentido a introdução, constituiu-se da parte inicial do trabalho, onde o pesquisador explica porque escolheu o tema e apresenta-o, fazendo a devida justificativa do "porquê" se desenvolveu o mesmo - quando a pesquisa é bibliográfica ou documental e metodologia pode ser descrita na introdução, outros tipos de pesquisa a metodologia pode ser descrita em capítulo a parte, finaliza-se a introdução descrevendo os objetivos (geral e específicos) da pesquisa e as hipóteses levantadas.

De acordo com Lakatos e Marconi (2010, p.213) a introdução "abrange três itens: Objetivo, Justificativa e Objeto".

A partir daí inicia-se o desenvolvimento do trabalho, que pode ser dividido em capítulos, constando as partes que se propôs nos objetivos quando se fez o projeto da pesquisa, o desenvolvimento compreende a exposição do referencial teórico e os resultados encontrados pela pesquisa.

Na conclusão ou considerações finais faz-se o fechamento do trabalho, apresentando os resultados para cada objetivo e fazendo a comparação com as hipóteses levantadas para então concluir o que foi estudado.

Para Lakatos e Marconi (2010, p.215) as conclusões devem "evidenciar as conquistas alcançadas com o estudo"; indicar as limitações e as reconsiderações; apontar a relação entre os fatos verificados e a teoria e representar "a súmula em que os argumentos, conceitos, fatos, hipóteses, teorias, modelos se unem e se completam".

1.3 – Elementos Pós-textuais

Os elementos pós-textuais compreendem os elementos que foram usados para desenvolver o texto, tais como:
Lista das referências bibliográficas.

- Apêndices que compõem elementos que deram base à pesquisa, tais como: questionários, termos de uso de compromisso para uso de dados e materiais, termo de consentimento livre e esclarecido assinado pelos sujeitos da pesquisa, entre outros.
- Anexos que é composto por documentos que não foram elaborados pelo autor, mas que foram usados na pesquisa.
- Índice faz parte dos elementos pós-textuais, que é uma listagem de palavras ou frases que fazem localização do assunto do texto.

Retomando a aula

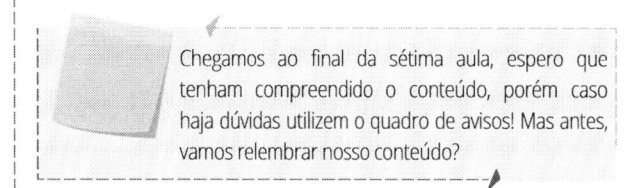

Chegamos ao final da sétima aula, espero que tenham compreendido o conteúdo, porém caso haja dúvidas utilizem o quadro de avisos! Mas antes, vamos relembrar nosso conteúdo?

1 - Conceito e Características da Monografia

Nessa seção vimos que Trabalho de Conclusão de Curso é nomenclatura mais comum destinada à disciplina oferecida nos últimos semestres de diversos cursos que elaboram a monografia. No curso de Ciências Biológicas, a, a disciplina é chamada de TCC I (7°semestre) e TCC II (8°semestre), nela vocês terão todas as informações necessárias para realização da monografia e terão contato com todos os itens até agora estudados: Elementos Pré-textuais, Textuais e Elementos Pós-textuais.

Vale a pena

Vale a pena acessar

Disponível em: http://www.abnt.org.br/>.

Minhas anotações

Aula 8º

Normas para elaboração de trabalhos acadêmicos

Fonte: Site Getty Images.

Chegamos a nossa última aula. Espero que todos estejam satisfeitos com o estudo e que apliquem todas as informações em suas pesquisas. Assim, faço das palavras do escritor Antoine de Saint-Exupéry as minhas: "o verdadeiro homem mede a sua força, quando se defronta com o obstáculo". Sendo assim, por mais que pareça difícil, sigam em direção ao objetivo, pois alcançarão o sucesso.

E para finalizar, nesta aula vamos apresentar a importância de sermos éticos durante a pesquisa, bem como os conceitos de resumo, resenha, fichamento e os tipos de citações. Caso tenham dúvidas, utilizem o quadro de avisos, pois acredito que juntos teremos sucesso nesta disciplina. Boa aula!

Bons estudos!

Objetivos de aprendizagem

Ao término desta aula, vocês serão capazes de:

- compreender a importância da ética na elaboração da pesquisa;
- identificar o conceito de citações;
- analisar a forma como são elaborados os resumos, as resenhas e os fichamentos.

Seções de estudo

1. Ética na pesquisa X Plágios
2. Resumo e Resenha
3. Fichamento
4. Citações
5. Referências Bibliográficas

1 - Ética na pesquisa X Plágios

A ética é o "estudo dos juízos sobre apreciação referente à conduta humana suscetível de qualificação do ponto de vista do bem e do mal, seja relativamente à determinada sociedade, seja de modo absoluto" (FERREIRA, 2013, p. 99).

O objetivo da ética é fundamentar a moral, pois o procedimento ético em qualquer ato, principalmente, na pesquisa é desenvolver o trabalho dentro de uma consciência moral, uma vez que a ética reflete a moral do comportamento humano, agindo sempre de forma correta, respeitando as leis e as normas sociais.

O plágio é um termo que está sendo utilizado frequentemente pelos professores para alertar aos alunos sobre o uso de obras de outros autores sem os devidos créditos ou quando o pesquisador utiliza um texto, uma fotografia, um elemento qualquer em seu trabalho sem a referência do autor da obra, fazendo parecer que é de sua própria autoria. Agindo dessa forma ele está cometendo plágio. Ele pode ocorrer por meio de "cópia, imitação, assinatura ou por apresentá-la como se fosse de sua autoria" (MANHÃES, 2018).

Esta é uma atitude antiética e amoral, constituiu-se em crime apontado no Código Penal Brasileiro, assim como na Lei de Direitos Autorais, Lei n.º 9.610/1998. Portanto, o pesquisador que reproduz ou apresenta uma obra de outra pessoa sem fazer a referência pode ser responsabilizado pelo crime de plágio, tanto no âmbito civil e administrativo como criminal.

Guilherme Nery, Ana Paula Bragaglia, Flávia Clemente e Suzana Barbosa complementam ao dizer que:

> O plágio acadêmico se configura quando um aluno retira, seja de livros ou da Internet, ideias, conceitos ou frases de outro autor (que as formulou e as publicou), sem lhe dar o devido crédito, sem citá-lo como fonte de pesquisa. Trata-se de uma violação dos direitos autorais de outrem. Isso tem implicações cíveis e penais. E o "desconhecimento da lei" não serve de desculpa, pois a lei é pública e explícita. Na universidade, o que se espera dos alunos é que estes se capacitem tanto técnica como teoricamente. Que sejam capazes de refletir sobre sua profissão, a partir da leitura e compreensão dos autores da sua área. Faz parte da formação dos alunos que estes sejam capazes de articular as ideias desses autores de referência com as suas próprias ideias. Para isto, é fundamental que os alunos explicitem, em seus trabalhos acadêmicos, exatamente o que estão usando desses autores, e o que eles mesmos estão propondo. Ser capaz de tais articulações intelectuais, portanto, torna-se critério básico para as avaliações feitas pelos professores (NERY *et al.*, 2010, p. 01).

E a paráfrase? Greimas e Courtés (1989, p. 325) afirmam que a paráfrase "consiste em produzir, no interior de um mesmo discurso, uma unidade discursiva que seja semanticamente equivalente à outra unidade produzida anteriormente". O que os autores querem dizer é que mesmo escrito com outras palavras o sentido da frase continua o mesmo. Essa prática é conhecida como **PARAFRASEAR**. Assim, é importante citar o referencial teórico utilizado em seu texto, mesmo que seja uma paráfrase de textos de outros autores. Desse modo, atente-se a realização da sua pesquisa, utilize suas palavras, cite as fontes. Não se aproprie de parágrafos e artigos não elaborados por você! E, lembre-se, Ciência e Ética caminham juntas.

2 - Resumo e Resenha

2.1 - Resumo

Antes de abordarmos o assunto desta seção, apresentarei um conceito interessante, o conceito da palavra "texto". Acredito que todos saibam responder o que é um texto, porém veremos a definição por Medeiros (2012, p. 123): "texto é um tecido verbal estruturado de tal forma que as ideias formam um todo coeso, uno, coerente. A imagem de tecido contribui para esclarecer que não se trata de feixe de fios (frases soltas), mas de fios entrelaçados (frases que se inter-relacionam)".

Desta forma, o texto poderá ser desde pequenas frases até um conjunto de frases, ou seja, não importa sua extensão, mas, sim, a qualidade da escrita e ser: coeso, coerente e apresentar unidade. Todo texto pode ser resumido ou resenhado, mas o que é um resumo? Como realizamos uma resenha?

Para Santos *et al.* (2000, p. 9) a finalidade do resumo é "difundir as informações de um texto ou livros, artigos ou teses, permitindo que o leitor, apenas através da leitura do resumo, identifique a necessidade de consultar o texto original completo para obter mais informações ou não". O resumo consiste na sintetização das ideias principais de um texto, apresentando os pontos relevantes do mesmo.

Santos *et al.* (2000, p. 95-96) complementa ao dizer que o resumo pode ser classificado em:

a) **Resumo indicativo ou descritivo** – um sumário narrativo que desconsidera dados qualitativos e quantitativos faz referência às partes mais importantes do texto, utilizando frases curtas que indiquem os elementos importantes da obra. Não dispensa a leitura original da obra.

b) **Resumo informativo ou analítico** – ressalta os objetivos, métodos e técnicas utilizados, os resultados e conclusões isentos de análises e juízos pessoais. Permite dispensar a leitura original da obra.

c) **Resumo informativo/indicativo** – pode dispensar a leitura do original no que se refere às conclusões, mas, não, no que diz respeito aos outros aspectos da obra.

Por meio do resumo o leitor tem ideia do que trata a integralidade original do texto. Por fim, devem destacar na elaboração do resumo, segundo Medeiros (2012, p. 128): "o assunto do texto, objetivo do texto, articulação das ideias e as conclusões do autor do texto objeto do resumo". O mesmo autor informa que o redator deve atentar-se a "redigir em linguagem objetiva, evitar a repetição de frases inteiras do original, respeitar a ordem em que as ideias ou fatos são apresentados". Para finalizar, o teórico salienta que "não deve conter juízo valorativo ou crítico e deve ser compreensível por si mesmo, isto é, dispensar a consulta ao original" (Idem, p. 128).

2.2 - Resenha

Santos *et al.* (2000, p. 97-98) explica que a resenha:

> É uma síntese ou comentário de livros publicados que se faz em revistas especializadas, jornais, cadernos de pesquisa, material de divulgação etc. Diferentemente de um resumo, que se limita ao próprio texto e explicita em poucas linhas as ideias do autor, a resenha apresenta um panorama amplo da obra, relacionando-o com seu autor, circunstâncias históricas, área de pesquisa, outras obras de importância sobre o mesmo tema, qualidade da tradução (quando for o caso) etc.

Desta forma, podemos afirmar que a resenha poderá ser informativa (descritiva) ou crítica, Santos *et al.* (2000, p. 98) destaca que "a informativa se limita a somente expor o conteúdo e oferecer informações objetivas sobre ela". Já a resenha crítica o mesmo autor finaliza dizendo que "além de oferecer informações objetivas sobra a obra, tece comentários avaliativos por parte do resenhista".

Medeiros (2012, p. 149-154) explica que a resenha crítica "além dos aspectos descritivos, apresenta julgamento ou apreciação da obra, notas e correlações estabelecidas pelo juízo crítico de quem a elaborou".

A resenha, então, consiste na construção de uma abordagem que vai destacando o que o texto original trata, o resenhista vai fazendo interferência sem sair do tema abordado, fazendo uma descrição dos principais pontos considerados relevantes. Por fim, vale destacar a existência de dois tipos de resenha a descritiva e a crítica.

PARA SABER MAIS:

Resenha descritiva é um gênero textual que consiste no levantamento das principais ideias ou pontos de uma obra, podendo essa ser um livro, um filme, um espetáculo, um artigo, um evento etc. A resenha descritiva expõe os pormenores de um conteúdo, de forma a servir de embasamento técnico para outras produções e análises. Por ser descritivo, esse tipo de texto não pode ter julgamentos de valor do resenhista; caso contrário, ele se caracteriza como uma resenha crítica.

Adaptado de: ANDRADE, s/d. Disponível em: https://www.mundograduado. com/o-que-e-uma-resenha-descritiva. Acesso em 20/09/2019.

3 - Fichamento

É um método de organização dos textos estudados. Ou seja:

> O fichamento não se constitui em um material publicável como um artigo ou uma resenha. Trata-se, na verdade, de um registro criado durante a fase de pesquisa bibliográfica para a realização de um dado estudo. Se o fichamento é bem feito, ele também viabiliza ao estudante a assimilação de conteúdos. Ele é um método de armazenar informações e consultar sobre obras lidas, podendo-se fazer fichamento de uma obra na íntegra ou apenas de um capítulo ou parte que for de interesse da pesquisa. Como o nome sugere, o fichamento é feito em fichas. Normalmente, se faz um fichamento de obras de modo a poder acessar mais rapidamente, no ato da escrita do texto em si, os conteúdos sobre o assunto pesquisado. Então, no fichamento, basicamente se registra a identificação completa da obra (autor, editora, título, tradutor, edição, cidade, etc.) e os principais pontos de seu conteúdo, de modo resumido. Fonte: Escrita acadêmica. Disponível em: www.escritaacademica.com/ topicos/generos-academicos/o-fichamento. Acesso em: 20/09/2019.

Percebe-se que as fichas tornam-se um importante instrumento, pois nela estão apresentados os itens relevantes da pesquisa, requer leitura atenta, não só ao corpo do texto, mas, também, aos conceitos apresentados. Vejamos alguns exemplos:

Assunto: Educação: Práticas da Formação Continuada
Fonte: PINHEIRO, Alexandra Santos. Estive na escola e conheci o Wellington: práticas da formação continuada. *Leitura*: Teoria & Prática, Campinas, v. 32, n. 63, p. 143-153, dez. 2014.
"O primeiro encontro da oficina foi positivo porque houve a participação de todos na discussão teórica e nas atividades práticas. No final, uma professora pediu a palavra e disse: "Desculpe-me, mas essas teorias que os professores da universidade trazem não condizem com a realidade que enfrentamos." Essa fala, por um lado, me alegrou, porque a professora se sentiu à vontade para se expressar; por outro lado, me tirou do lugar de conforto" (p.146).

Assunto: Educação: Práticas da Formação Continuada
Fonte: PINHEIRO, Alexandra Santos. Estive na escola e conheci o Wellington: práticas da formação continuada. *Leitura*: Teoria & Prática, Campinas, v. 32, n. 63, p. 143-153, dez. 2014.
Texto escrito pela Profa. Dra. Alexandra Santos Pinheiro, descrevendo sua vivência durante a coordenação de bolsistas inseridos em projetos de Formação Continuada para professores de Língua Portuguesa e de Literatura em escolas de educação básica, na cidade de Dourados (MS).

O fichamento bibliográfico também pode ser já no formato descritivo sobre o que aborda o texto, ou seja, em formato de resenha, que é diferente do fichamento de conteúdo, que apenas resume o pensamento do autor. Sendo que o cabeçalho é sempre o mesmo, portanto, apresenta a identificação completa do autor e da obra, para que se possam fazer as citações com as referências adequadas, sem correr o risco de cometer plágio.

Para Santos *et al.* (2000, p. 89), "o trabalho de fichar um texto implica uma leitura anterior, livre de aspectos emocionais e subjetivos, o que compreende a capacidade de analisar o texto, dividi-lo em partes, verificar se estas se relacionam e como, qual a relação do texto com outros textos da área ou de mesmo assunto".

4 - Citações

DEFININDO CITAÇÃO

Citação é a "menção no texto de uma informação extraída de outra fonte" (ABNT, 2001, p.1). Pode ser uma citação direta, citação indireta ou citação de citação, de fonte escrita ou oral.

Fonte: ABNT. Disponível em: www.normasabnt.net/citacao-direta-e-citacao-indireta/. Acesso em: 20/09/2019.

Koche (2009, p. 147) define citações como sendo "menções, através da transcrição ou paráfrase direta ou indireta (citação de citação), das informações retiradas de outras fontes que foram consultadas". Ou seja, ao escrever o texto o autor utiliza de partes de textos de outros autores e as cita em seu material. Essas informações extraídas são chamadas de citações.

Para Siqueira (1999, p.84) as citações são "recursos esclarecedores e auxiliares na argumentação e verificação no trabalho científico. O pesquisador recorre à citação que é útil para complementar, esclarecer ou confirmar uma argumentação".

IMPORTANTE:
- Citações com até três linhas devem estar destacadas no texto entre aspas.
- Citações com mais de três linhas devem ser em um parágrafo próprio, destacadas com recuo de 4 cm da margem esquerda, espaçamento simples, justificado, com letra menor que a do texto utilizado (tamanho 11 ou 10) e sem as aspas.

Adaptado de: ABNT, 2002.

4.1 – Citações Diretas

Denomina-se de citação direta a cópia fiel e na integra do texto original, ou seja, é a transcrição literal de parte da obra do autor consultado. Portanto, indica que a citação foi extraída de uma fonte à qual se teve acesso direto. Conforme as Normas da ABNT, mais especificamente a NBR 10520, "as citações diretas, no texto, de até três linhas, devem estar contidas entre aspas duplas. As aspas simples são utilizadas para indicar citação no interior da citação".

Na citação direta a referência deve ser com o "último nome do autor, o ano de publicação da obra e o número da página de onde o trecho foi extraído". As normas da ABNT determinam que citações diretas de até três linhas devem ser escritas entre aspas e dentro do contexto da descrição.

Exemplos de citações diretas de até três linhas:

De acordo com Pinheiro (2014, p. 148): "alguns alunos acabam tumultuando a aula. Geralmente, eles são líderes e envolvem a maioria em suas brincadeiras".

ou

Percebe-se que "alguns alunos acabam tumultuando a aula. Geralmente, eles são líderes e envolvem a maioria em suas brincadeiras" (PINHEIRO, 2014, p. 148).

Em geral, as fontes utilizadas em textos acadêmicos são: Times New Roman ou Arial, tamanho 12, espaçamento entre linhas de 1,5 cm. Assim, quando a citação direta tiver mais de três linhas, a mesma deve ser destacada, recuando-a 4 cm da margem esquerda, com letra tamanho 10 ou 11, com espaçamento simples, conforme o exemplo a seguir.

Exemplos de citações diretas com mais de três linhas:

Segundo Pinheiro (2014, p. 151):

> Foram apenas duas aulas ministradas para aquela turma relativamente pequena, em torno de 22 alunos, mas fiquei exausta, sem voz, suada e irritada com a máquina administrativa do país, do estado e do município. Cristovam Buarque tem razão, os filhos e filhas dos líderes políticos deveriam estar ali, naquela escola, naquela sala, com o sol no rosto, com o barulho constante no ouvido. Assim como muitos discursos universitários, os políticos também estão distantes da realidade da educação pública brasileira e, por isso, não sentem a urgência de algumas políticas públicas que tornem o ambiente escolar atraente e eficiente. Aprendi (ou talvez tenha reaprendido) que é preciso muita dedicação para cumprir a carga horária de 40 horas semanais. Para mim, faltaria voz e fôlego para ministrar uma aula interativa como a proposta até aquele momento. Aprendi, com essa experiência, que preciso amenizar o olhar crítico que lanço aos docentes da Educação Básica.

Ou pode ser assim:

A autora argumenta o seguinte:

> Foram apenas duas aulas ministradas para aquela turma relativamente pequena, em torno de 22 alunos, mas fiquei exausta, sem voz, suada e irritada com a máquina administrativa do país, do estado e do município. Cristovam Buarque

> tem razão, os filhos e filhas dos líderes políticos deveriam estar ali, naquela escola, naquela sala, com o sol no rosto, com o barulho constante no ouvido. Assim como muitos discursos universitários, os políticos também estão distantes da realidade da educação pública brasileira e, por isso, não sentem a urgência de algumas políticas públicas que tornem o ambiente escolar atraente e eficiente. Aprendi (ou talvez tenha reaprendido) que é preciso muita dedicação para cumprir a carga horária de 40 horas semanais. Para mim, faltaria voz e fôlego para ministrar uma aula interativa como a proposta até aquele momento. Aprendi, com essa experiência, que preciso amenizar o olhar crítico que lanço aos docentes da Educação Básica (PINHEIRO, 2014, p.151).

Lakatos e Marconi (2010, p.271) complementam ao dizer que as citações diretas:

> Consistem na transcrição literal das palavras do autor, respeitando todas as suas características. Devem ser transcritas sempre entre aspas e seguidas pelo sobrenome do autor, data de publicação e páginas da fonte em que foram retiradas, separados por vírgula e entre parênteses. Essa citação bibliográfica remete para a referência completa, que figura no final do trabalho.

Ou seja, ao elaborar o texto, toda cópia, toda transcrição com até três linhas deverá estar entre aspas ou com recuo de 4 cm se ultrapassar o limite de linhas já mencionado. Em momento algum, o pesquisador poderá apropriar-se do texto de terceiros e não referenciá-los, pois estará cometendo plágio.

4.2 – Citações Indiretas

A citação indireta é quando o estudante faz uma paráfrase do texto original, transcrevendo com suas próprias palavras a ideia do autor original sem perder o sentido, fazendo uma resenha do texto. Lakatos e Marconi (2010, p. 271-272) afirmam que "quando se comenta o conteúdo e as ideias do texto original [...], nesse caso, é dispensável o uso de aspas".

Exemplo de citação indireta:
Segundo Pinheiro (2014), Wellington é a representação da realidade das escolas brasileiras, diante do descaso das autoridades e da fragilidade dos profissionais da educação para inovarem suas aulas devido à falta de recursos da própria instituição educacional e de uma excessiva carga horária que eles se submetem para receber um salário de sobrevivência.

Desta forma, o uso de citações parafraseadas não dispensa os créditos do autor (sobrenome, ano e página) no parágrafo, pois como dito, mesmo sendo escrito com outras palavras está sendo usada a ideia do autor.

4.3 – Citações das Citações

Quando o estudante, ao ler um texto, encontra uma citação que ele considera importante para seu trabalho, mas pertence a um autor que não teve acesso à obra, então, ele deve usar a palavra "apud", que significa "citado por". Isso porque, no caso, o aluno não leu o autor que está sendo citado no livro ou no artigo que está referenciando.

Exemplo de citação de citação:
Segundo Pereira (2000, p. 13 *apud* GIL, 2010, p. 25), "*apud* é uma palavra latina que significa 'perto de' ou seja 'citado por'".

No exemplo acima, o texto informa que quem citou Pereira (2000) foi Gil (2010) e, nessa situação, tivemos acesso apenas à obra do Gil.

Outros exemplos presentes na ABNT - NBR 10520:

> "[...] o viés organicista da burocracia estatal e o antiliberalismo da cultura política de 1937, preservado de modo encapuçado na Carta de 1946" (VIANNA, 1986, p. 172 *apud* SEGATTO, 1995, p. 214-215).

ou

> No modelo serial de Gough (1972 *apud* NARDI, 1993), o ato de ler envolve um processamento serial que começa com uma fixação ocular sobre o texto, prosseguindo da esquerda para a direita de forma linear.

5 - Notas de Rodapé

Medeiros (2012, p. 182-183) destaca que durante a elaboração do texto podem ser necessários comentários e explicações, portanto, "nesse caso são indicadas as notas de rodapé", devendo ser utilizado um sistema numérico no texto, destacando as notas explicativas no rodapé da página. E como fazemos isso? Vejamos o passo a passo utilizando Word:

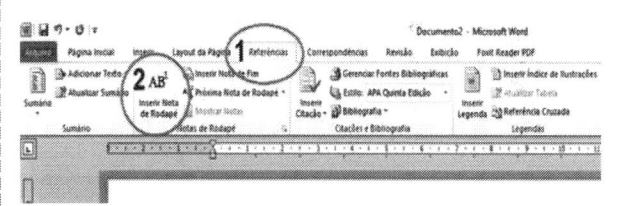

Fonte: Elaborada pela autora.

Vejamos um modelo de nota de rodapé aplicado em um texto, verifique que a palavra "Boxplot" apresenta a numeração 1, indicando conter uma nota de rodapé que irá definir a palavra:

Modelo de Nota de Rodapé

Os gráficos de barras foram utilizados para a visualização de dados categóricos, e o gráfico de Boxplot[1] para a visualização das medidas resumo no caso de variáveis numéricas.

---
[1] Boxplot: é uma técnica que mostra graficamente algumas medidas resumo de um conjunto de dados, tais como: média, mediana, valor mínimo, valor máximo, bem como eventuais valores extremos chamados de outliers, e representados por um asterisco (*).

Fonte: Medeiros, 2014.

Ficou claro o entendimento a respeito das notas de rodapé? Caso tenha restado dúvidas sobre esse ou outros assuntos estudados utilizem o quadro de avisos. Por meio dessa ferramenta discutiremos os variados assuntos tratados até aqui.

Retomando a aula

Chegamos a o final da nossa última aula. Espero que tenham compreendido o conteúdo, porém caso haja dúvidas utilizem o quadro de avisos! Mas antes, vamos relembrar nosso conteúdo?

1 – Ética na pesquisa X Plágios

Ao realizar sua pesquisa sejam éticos na utilização de dados e de informações produzidas por terceiros, todas as citações devem ser referenciadas.

2 – Resumo e Resenha

Foi possível diferenciarmos resumo de resenha. O resumo consiste na sintetização das ideias principais de um texto, apresentando os pontos relevantes do mesmo. Já a resenha exige um conhecimento do texto, para que seja possível fazer comparações com outras obras.

3 – Fichamento

Trata-se do registro parcial de uma obra em fichas. Sendo destacadas as ideias principais do texto.

4 – Citações

As citações podem ser: Diretas; Indiretas ou Citações das Citações. As citações diretas são cópias fiéis de partes de textos de outros autores que são citadas em nossa revisão bibliográfica. Quando transcrevemos o texto de um determinado autor, mas escrevemos com nossas palavras, chamamos de citações indiretas, pois apesar de ter sido feita uma paráfrase do conteúdo, mantivemos a ideia do teórico. Já as citações das citações ocorrem quando em um determinado material o autor cita outro autor e utilizamos a mesma citação.

5 – Notas de Rodapé

Durante a elaboração do texto podem ser necessários comentários e explicações, devendo ser utilizado um sistema numérico no texto, destacando as notas explicativas no rodapé da página.

Vale a pena

Vale a pena ler,

MANHÃES, Lucas. Crimes digitais: plágio, cópia e pirataria. Trabalhos gratuitos, 12 jun. 2014. Disponível em: https://www.trabalhosgratuitos.com/Exatas/
Engenharia/Crimes-Digitais-373744.html. Acesso em: 8 jul. 2019.

NERY, Guilherme; BRAGAGLIA, Ana Paula; CLEMENTE, Flávia e BARBOSA, Suzana. Nem tudo que parece é: entenda o que é plágio. Cartilha sobre plágio acadêmico. Comissão de Avaliação de Casos de Autoria. Instituto de Arte e Comunicação Social da Universidade Federal Fluminense (UFF). Rio de Janeiro, 2010. Disponível em: http://www.noticias.uff.br/arquivos/cartilha-sobre-plagio-academico.pdf. Acesso em: 20 set. 2019.

PITHAN, Lívia Haygert. Projeto de pesquisa. Disponível em: http://www.pucrs.br/wp-content/uploads/sites/11/2016/05/elaboração_projeto_aula_reforco.pdf. Acesso em: 20 set. 2019.

Vale a pena acessar,

ABNT. *Associação Brasileira de Normas Técnicas*. Disponível em: www.abnt.org.br. Acesso em: 14 set. 2019.

Referências

BARUFFI, Helder. *Metodologia Científica e a Ciência do Direito*: roteiro básico para elaboração de trabalhos acadêmicos e monografia jurídica./Helder Baruffi, Aristides Cimadon: - dourados: H. Baruffi, 1997.

BARUFFI, Helder. *Metodologia da Pesquisa:* manual para a elaboração da monografia.-/Helder Baruffi. – 3. Ed. Ver. E atual. Dourados: HBedit, 2002.

CHAUÍ, Marilena. *Convite à Filosofia*. São Paulo: Moderna, 1995.

GRESSLER, Lori Alice. *Introdução à pesquisa*: projetos e relatórios / Lori Alice Gressler. – 3. Ed. rev. Atual. – São Paulo: Loyola, 2007. 328 p.

KOCHE, José Carlos. *Fundamentos de Metodologia Científica*: teoria da ciência e iniciação à pesquisa / José

Carlos Koche. 26. Ed. – Petrópolis, RJ: Vozes, 2009.

LAKATOS, Eva Maria. *Metodologia Científica* / Eva Maria Lakatos, Marina de Andrade Marconi. – 6. Ed. – São Paulo: Atlas, 2011.

LAKATOS, Eva Maria. *Metodologia Científica* / Marina de Andrade Marconi, Eva Maria Lakatos. – 7. Ed. – São Paulo: Atlas, 2010.

SIQUEIRA, Sueli. *O Trabalho e a Pesquisa Científica na Construção do Conhecimento* / Sueli Siqueira. Governador Valadares: Universidade Vale do Rio Doce, 1999, 164p.

SEABRA, Giovanni. *Pesquisa Científica*: o método em questão / Giovanne Seabra. 2. Ed. – João Pessoa: Editora Universitária da UFPB, 2009.

BUNGE, Mario. *Teoria e Realidade*. São Paulo: Perspectiva, 1974.

GONÇALVES, Hortência de Abreu. *Manual de Metodologia da Pesquisa Científica* / Hortência de Abreu Gonçalves. – 2. ed. – São Paulo: Avercamp, 2014.

GRESSLER, Lori Alice. *Introdução à pesquisa*: projetos e relatórios / Lori Alice Gressler. – 3. Ed. rev. Atual. – São Paulo: Loyola, 2007. 328 p.

LAKATOS, Eva Maria. *Metodologia Científica* / Eva Maria Lakatos, Marina de Andrade Marconi. – 6. Ed. – São Paulo: Atlas, 2011.

SALMON, Wesley C. *Lógica*. 4. Ed. Rio de Janeiro: Zahar, 1978.

SANTOS, Gerson Tenório dos. *Orientações Metodológicas para Elaboração de Trabalhos Acadêmicos* / Gerson Tenório dos Santos, Gisele Rossi, José Rubens L. Jardilino. – São Paulo: Gion Editora e Publicidade, 2000.

SOUZA, Antonio Carlos de. *TCC: Método e Técnica* / Antonio Carlos de Souza, Francisco Fialho e Nilo Otani. – Florianópolis: Visual Books, 2007.

BARBOSA FILHO, Manuel. *Introdução à pesquisa*: métodos, técnicas e instrumentos. 2. Ed. Rio de Janeiro: Livros Técnicos e Científicos, 1978.

BARUFFI, Helder. *Metodologia Científica*. Manual para a elaboração de monografias, dissertações, projetos e relatórios de pesquisa. Helder Baruffi. – Dourados: HBedit, 1998.

GONÇALVES, Hortência de Abreu. *Manual de Metodologia da Pesquisa Científica* / Hortência de Abreu Gonçalves. -2. Ed. – São Paulo: Avercamp, 2014.

GRESSLER, Lori Alice. *Introdução à pesquisa*: projetos e relatórios / Lori Alice Gressler. – 3. Ed. rev. Atual. – São Paulo: Loyola, 2007. 328 p.

LAKATOS, Eva Maria. *Metodologia Científica* / Eva Maria Lakatos, Marina de Andrade Marconi. – 6. Ed. – São Paulo: Atlas, 2011.

NEVES, José Luiz. *Pesquisa qualitativa*: características, uso e possibilidade. Caderno de pesquisa em administração, São Paulo, v.1, n.3, p.1-5, 1996.

PORTO, Geciane Silveira. *Pesquisa quantitativa*. Universidade de São Paulo. Disponível em: https://edisciplinas.usp.br/pluginfile.php/1585239/mod_resource/content/1/pesquisa%20QUANTITATIVA%20.pdf. Acesso em: dez. 2017.

SIQUEIRA, Sueli. *O Trabalho e a Pesquisa Científica na Construção do Conhecimento* / Sueli Siqueira. Governador Valadares: Universidade Vale do Rio Doce, 1999. 164p.

SOUZA, Antonio Carlos de. *TCC: Método e Técnica* / Antonio Carlos de Souza, Francisco Fialho e Nilo Otani. – Florianópolis: Visual Books, 2007.

CUNHA, Gilberto Dias da. *Um Panorama Atual da Engenharia da Produção*. Disponível em: http://www.abepro.org.br/arquivos/websites/1/PanoramaAtualEP4.pdf. Acesso em dez. 2017.

GARCEZ, Lucília Helena do Carmo. *Técnica de Redação*: o que é preciso saber para bem escrever / Lucília Helena do Carmo Garcez. – 2. Ed. – São Paulo: Martins Fontes, 2004.

GRESSLER, Lori Alice. *Introdução à pesquisa*: projetos e relatórios / Lori Alice Gressler. – 3. Ed. rev. Atual. – São Paulo: Loyola, 2007. 328 p.

LAKATOS, Eva Maria. *Metodologia Científica* / Marina de Andrade Marconi, Eva Maria Lakatos. – 7. Ed. – São Paulo: Atlas, 2010.

RUIZ, João Álvaro. *Metodologia Científica*: guia para eficiência nos estudos. 4. Ed. – São Paulo: Atlas, 1996.

BRASIL. *Decreto nº 5.798*, de 7 de junho de 2006.

FERRARI, A. Trujillo. *Metodologia da pesquisa científica*. São Paulo: Mac-Graw-Hill do Brasil, 1982.

GIL, Antonio Carlos. *Como classificar as pesquisa*. Disponível em: http://www.madani.adv.br/aula/Frederico/GIL.pdf. Acesso em dez. 2017.

GIL, Antonio Carlos. *Como elaborar projetos de pesquisa*. 4. ed. São Paulo: Atlas, 2008.

MEDEIROS, João Bosco, *Redação Científica*: a prática de fichamentos, resumos, resenhas / João Bosco Medeiros. – 11. Ed. – 5. Reimpr. – São Paulo: Atlas, 2012.

MINAYO, Maria Cecília de Souza. *Pesquisa Social*: teoria, método e criatividade. Petrópolis, Vozes, 2002.

NEVES, José Luiz. *Pesquisa qualitativa*: características, uso e possibilidade. Caderno de pesquisa em administração, São Paulo, v.1, n.3, p.1-5, 1996.

OLIVEIRA, Joana D´arc. *Metodologia da pesquisa*. Disponível em: http://www.virtual.ufc.br/solar/aula_link/gad/I_a_H/metodo_de_pesquisa/aula_02-2324/02.html. Acesso em: dez. 2017.

PORTO, Geciane Silveira. *Pesquisa quantitativa*. Universidade de São Paulo. Disponível em: https://edisciplinas.usp.br/pluginfile.php/1585239/mod_resource/content/1/pesquisa%20QUANTITATIVA%20.pdf. Acesso em: dez. 2017.

SILVA, Luciana Santos Costa Vieira da. Metodologia. Disponível em: file:///C:/Users/pedro/AppData/Local/Packages/Microsoft.MicrosoftEdge_8wekyb3d8bbwe/TempState/Downloads/Metodologia+[Modo+de+Compatibilidade].pdf. Acesso em: dez. 2017.

THIOLLENT, M. *Metodologia da pesquisa-ação*. São Paulo: Cortez, 2008.

BNDES – Banco Nacional de Desenvolvimento Econômico e Social. *Comércio varejista*. Disponível em: http://www.bndes.gov.br/conhecimento/relato/com_vare.pdf. Acesso em: 29 dez. 2017.

CHIAVENATO, I. Treinamento e desenvolvimento de recursos humanos. 7.ed. São Paulo: Manole, 2014.

CNAE - Classificação Nacional de Atividades

Econômicas. *Classificação do comércio.* Disponível em: http://www.cnae.ibge.gov.br/. Acesso em: 29 dez. 2017.

GIL, A. C. *Metodologia do trabalho científico.* São Paulo: Atlas, 2010.

GRUBER, A. *RH – desenvolvimento organizacional.* Disponível em: http://www.alessandrogruber.com.br/2010/07/rh-desenvolvimento-organizacional/. Acesso em: 29 dez. 2017.

LAKATOS, Eva Maria; MARCONI, Marina de Andrade. *Fundamentos de Metodologia Científica* – 7. ed. – São Paulo: Atlas, 2010.

MARINHO. Pedro. *A pesquisa em ciências humanas.* Petrópolis: vozes, 1980.

PITHAN, Lívia Haygert. *Projeto de pesquisa.* Disponível em: http://www.pucrs.br/wp-content/uploads/sites/11/2016/05/elaboração_projeto_aula_reforco.pdf. Acesso em: 26 dez. 2017.

RAUEN, Fábio José. *Roteiros de iniciação à pesquisa.* Palhoça: Editora da Unisul, 2013.

SEBRAE – Serviço Brasileiro de Apoio às Micro e Pequenas Empresas. *Caracterização de comércio.* Disponível em: http://www.sebrae.com.br/br/parasuaempresa/registrodeempresas. Acesso em: 29 dez. 2017.

SOUTO, R. *O que o RH encontra no setor varejista.* Disponível em: http://www.rh.com.br/Portal/Carreira/Direto_ao_Ponto/5863/o-que-o-rh-encontra-no-setor-varejista.html#. Acesso em: 29 dez. 2017.

LAKATOS, Eva Maria; MARCONI, Marina de Andrade. *Fundamentos de Metodologia Científica* – 7. ed. – São Paulo: Atlas, 2010.

ASSOCIAÇÃO BRASILEIRA DE NORMAS TÉCNICAS (ABNT). *NBR 6023: informação e documentação, referências, elaboração.* Rio de Janeiro, 2002.

BRASIL. *Lei nº 9.610*, 19 de fevereiro de 1998.

FERREIRA, Aurélio Buarque de Holanda. *Novo dicionário de língua portuguesa.* Nova ortografia. 48.ed. São Paulo: Atlas, 2013.

KOCHE, José Carlos. *Fundamentos de Metodologia Científica:* teoria da ciência e iniciação à pesquisa / José Carlos Koche. 26. Ed. – Petrópolis, RJ: Vozes, 2009.

MANHÃES, Lucas. *Crimes digitais: plágio, cópia e pirataria.* Disponível em: https://www.trabalhosgratuitos.com/Exatas/Engenharia/Crimes-Digitais-373744.html. Acesso em: 8 de jan. 2018, às 18:15.

O FICHAMENTO. Disponível em: http://www.escritaacademica.com/topicos/generos-academicos/o-fichamento/. Acesso em: 8 de jan. 2018, às 21:31.

PINHEIRO, Alexandra Santos. *Estive na escola e conheci o Wellington:* práticas da formação continuada. Leitura: Teoria & Prática, Campinas, v.32, n.63, p.143-153, dez. 2014.

SANTOS, Gerson Tenório dos. *Orientações Metodológicas para Elaboração de Trabalhos Acadêmicos* / Gerson Tenório dos Santos, Gisele Rossi, José Rubens L. Jardilino. – São Paulo: Gion Editora e Publicidade, 2000.

SIQUEIRA, Sueli. *O Trabalho e a Pesquisa Científica na Construção do Conhecimento* / Sueli Siqueira. Governador Valadares: Universidade Vale do Rio Doce, 1999. 164p.

Minhas anotações

Graduação a Distância
4º SEMESTRE

Ciências Biológicas

QUÍMICA
INSTRUMENTAL

UNIGRAN - Centro Universitário da Grande Dourados

Rua Balbina de Matos, 2121 - CEP 79.824 - 9000
Jardim Universitário
Dourados - MS
Fone: (67) 3411-4141 / Fax: (67) 3411-4167

Os direitos de publicação desta obra são reservados ao Centro Universitário da Grande Dourados (UNIGRAN), sendo proibida a reprodução total ou parcial de acordo com a Lei 9.160/98.

Os artigos de sites e revistas indicados para a leitura foram registrados como nos originais.

Apresentação da Docente

Professora Dra. Karimi Sater Gebara

Graduada no curso de Farmácia com habilitação em indústria pela Universidade Estadual de Maringá (UEM). Experiência em Indústria Farmacêutica. Mestre em Ciência e Tecnologia Ambiental na Universidade Federal da Grande Dourados (UFGD). Doutora em Farmacologia Cardiovascular pela Faculdade de Ciências da Saúde da Universidade Federal da Grande Dourados (UFGD). Supervisionou estágio no setor de Controle de Qualidade e Fitoterápicos. Atua como docente do Centro Universitário da Grande Dourados (UNIGRAN) desde 2010. Entre as disciplinas ministradas estão: Tecnologia Farmacêutica, Química Farmacêutica, Análise Instrumental, Química Geral, Orgânica, Inorgânica e Química Analítica Qualitativa.

GEBARA, Karimi Sater. Química Instrumental. Dourados: UNIGRAN, 2021.

52 p.: 23 cm.

1. Química. 2. Concentração.

Sumário

Conversa inicial 4

Aula 01
Noções de concentração 5

Aula 02
Técnicas instrumentais clássicas 9

Aula 03
Fundamentos da espectroscopia e Lei de Lambert-Beer 15

Aula 04
Aplicações da lei de Lambert-Beer 21

Aula 05
Espectrometria de absorção e emissão atômica 27

Aula 06
Métodos cromatográficos clássicos 35

Aula 07
Cromatografia Líquida de Alta Eficiência - (CLAE) 41

Aula 08
Cromatografia Gasosa (CG) 47

Referências 52

Conversa Inicial

Queridos(as) alunos(as),

Sejam todos bem-vindos(as) à disciplina de Química Instrumental. É um prazer trabalhar com vocês e contribuir para a aprendizagem dessa turma de futuros biólogos.

Após concluírem a disciplina, vocês possuirão habilitação para atuarem no campo laboratorial e poderão trabalhar com análises de materiais biológicos, químicos, farmacêuticos e/ou toxicológicos.

Serão apresentados para vocês no decorrer dos nossos encontros, os fundamentos, metodologias, aplicações e interpretações de análises instrumentais, bem como o preparo da amostra a ser analisada.

Os instrumentos mais utilizados nessas análises serão estudados no primeiro capítulo. A partir de então eles serão detalhados nos respectivos capítulos. Em cada aula, é fundamental entender quais os tipos de moléculas ou materiais podem ser analisados em cada equipamento, e como podem ser interpretados os resultados das análises.

A metodologia utilizada será a leitura dos textos disponibilizados, o acompanhamento das videoaulas e a realização dos estudos dirigidos.

Conto com a participação de vocês e juntos vamos aproveitar a disciplina. Vocês merecem os parabéns desde já, pois certamente são alunos empenhados!

Ótimo estudo a todos!

Aula 1º

Noções de concentração

Há anos os homens buscam avançar no conhecimento sobre novas moléculas, através de metodologias e equipamentos analíticos. As características químicas das substâncias são determinantes no modo de preparo e na escolha da técnica que deve ser utilizada. Os métodos clássicos de análise são aqueles que utilizam vidrarias e/ou equipamentos não analíticos, como estufas ou muflas. São técnicas muito aplicadas na rotina dos laboratórios de análises químicas devido ao baixo custo e simplicidade das análises. Essas técnicas consistem nas análises volumétricas (titulométricas) e gravimétricas, cujos detalhes serão explicados nesta aula.

Bons estudos!

Objetivos de aprendizagem

Ao término desta aula, vocês serão capazes de:

- identificar unidades de concentração
- realizar cálculos de concentração em diferentes unidades;
- comparar concentrações de amostras diferentes e interpretar resultados.

Seções de estudo

1 – Definição de concentração

1 - Definição de concentração

Para a compreensão destas aulas, é importante revermos alguns conceitos de química e o primeiro deles é a definição de concentração.

De maneira prática, imaginem que vocês se deparem com a seguinte situação em um laboratório:

uma amostra contém uma substância conhecida, mas a sua concentração não é. **Concentração é a quantidade de substância que existe em determinado volume ou massa de uma determinada amostra.**

Qual a concentração dessa amostra?

Existem várias unidades de medidas de concentração: mol/L, %, mg/L, ppm, g/l, g/ml, etc. Notem: antes da barra (/) temos a quantidade de substância a ser analisada. Após a barra é a quantidade de solução ou amostra no total.

A quantidade de substância em determinados produtos pode ser apresentada de diversas maneiras. Vamos dar uma olhada nos rótulos de 2 produtos diferentes:

Figura 1 – Informação nutricional de um refrigerante.

Figura 2 – Informação nutricional de uma bebida.

Vamos comparar os valores de quantidade de gordura total. Qual das bebidas tem maior teor de gordura total? Para responder é necessário entender a maneira como cada concentração está apresentada. Na figura 1, há 5 g de gordura total para cada porção de 50 g da amostra. Na figura 2, podemos calcular uma quantidade de 0,41 g de gordura total para cada 100 g da amostra. A comparação é mais viável quando padronizarmos as mesmas unidades ou a mesma quantidade de amostra. Isso quer dizer que na figura 1 há 10 g de gordura total em 100 g de amostra. Portanto, é a bebida da figura 1 que contém maior quantidade de gordura total.

Vejamos esse outro exemplo: *"o método é apropriado para a determinação rotineira do cloro residual que não exceda a 10 mg/L"*. Observem que a unidade apresentada para expressar a concentração

Do cloro residual na água é **mg/L**. Essa concentração é equivalente ao ppm (parte por milhão).

Vamos falar sobre as unidades de concentração mais utilizadas e realizar alguns cálculos.

Nos exemplos apresentados,

1.1 Concentração em mg/ml

Nessa unidade, podemos determinar quantos miligramas (mg) de soluto temos por mililitro de solução (ml). Utilizaremos a seguinte fórmula na maioria dos cálculos de concentração:

$$C = \frac{m}{V}$$

Sendo, C = *concentração*, m = *massa* e V = *volume*.

Como as unidades da concentração trabalhada nesse tópico é "mg/ml", significa que a massa do soluto deve estar em *mg* e o volume da solução em *ml*.

Vamos resolver um exercício:

Uma amostra de 50 ml de café contém 42 mg de cafeína. Qual a concentração de cafeína na solução do café?

Resolução:
O volume da solução analisado (V) é igual a 50 ml. A massa encontrada de cafeína (m) é de 42 mg.
A concentração de cafeína da solução é:

$C = \frac{m}{V}$ => $C = \frac{42}{50}$ => 0,84 mg/ml

Em algumas situações será necessário converter unidades de massa ou volume para realizar esses cálculos. A figura a seguir vai ajudá-los a realizar essas conversões:

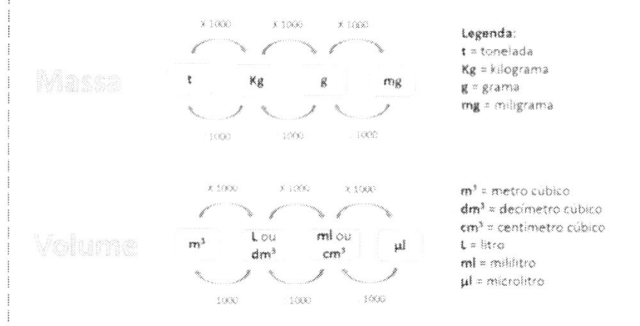

Legenda:
t = tonelada
Kg = kilograma
g = grama
mg = miligrama

m^3 = metro cúbico
dm^3 = decímetro cúbico
cm^3 = centímetro cúbico
L = litro
ml = mililitro
µl = microlitro

Segue mais um exercício, agora aplicando as conversões:

Uma solução de 120 ml de hidróxido de magnésio contém 0,65 g dessa substância. Qual a concentração da solução de hidróxido de magnésio, em mg/ml?

O volume (V) é de 120 ml. A massa é 0,65 g. Para transformar gramas em miligramas, devemos multiplicar essa massa por 1000:
m = 0,65 g x 1000 = 650 mg.

A concentração do hidróxido de magnésio na solução é:
$C = \frac{m}{V}$ => $C = \frac{650}{120}$ => 5,42 mg/ml

1.2 Concentração em parte por milhão (ppm)

Uma outra maneira de apresentarmos a concentração de solutos que com baixo teor é a parte por milhão, ou ppm. Geralmente é utilizada quando detectamos poluentes na água, ar ou solo. Essa unidade indica quantas partes de soluto (em massa ou volume) há 1 milhão de partes de solvente (10^6). Podemos utilizar as seguintes relações para realizar os cálculos com essa concentração:

> 1 ppm = 1 mg de soluto/ 1000 g de solução
> 1 ppm = 1 μg de soluto/ 1 g de solução
> 1 ppm = 1 mg de soluto/ 1000 ml de solução
> 1 ppm = 1 ml de soluto/ 1000 L de solução
> 1 ppm = 1 μl de soluto/ 1 L de solução.

Vejamos um exemplo:

> "No estudo da Unicamp, Cury comparou a eficácia de dois tipos de cremes dentais em 14 crianças: os de baixa concentração de flúor, com 500 ppm (partículas por milhão), e os de alta concentração da substância, com 1.100 ppm. Depois, ele coletou uma amostra bucal dos voluntários analisados e submeteu o material a diferentes quantidades de açúcar para ver como as bactérias se comportavam". http://www.crosp.org.br/noticia/ver/690-crianas-devem-usar-que-tipo-de-pasta-de-dente.html
> Quantos miligramas de flúor há em cada 5 g de creme dental com baixa concentração (500 ppm) e com alta concentração (1.100 ppm)?
> Primeiro vamos calcular a quantidade de flúor nos cremes dentais que contém baixa concentração de flúor que contém 500 ppm desse soluto:
> 500 ppm: 500 mg ——— 1000 g de creme dental
>   X mg ——— 5 g de creme dental
>   X = 5 x 500 / 1000 = 2,5 mg de flúor

> Agora, vamos calcular a quantidade de flúor nos cremes dentais que contém baixa concentração de flúor que contém 1.100 ppm desse soluto:
> 500 ppm: 1.100 mg ——— 1000 g de creme dental
>   X mg ——— 5 g de creme dental
>   X = 5 x 1.100 / 1000 = 5,5 mg de flúor

Agora, outro exemplo:

> Qual a massa em mg de nitrito de sódio em 3 litros de água mineral, cuja concentração desse sal é igual a 6,0 ppm.
> Sabemos que uma das relações da concentração em ppm é mg para 1000 litros de solução. Então:
> 6,0 ppm: 6,0 mg ——— 1000 l de água
>   X mg ——— 3 l de água
>   X = 3 x 6,0 / 1000 = 0,018 mg de nitrito de sódio.

Notem que nesses exemplos nós pesquisamos a massa do soluto nas amostras de creme dental e de água mineral, a partir das concentrações em ppm de cada uma.

1.3 Concentração em porcentagem (g/100 g; g/100 ml ou ml/100 ml)

As fórmulas a seguir podem ser utilizadas para encontrarmos as concentrações em porcentagem dos solutos em massa/massa, massa/volume ou volume/volume, respectivamente:

$$C = \frac{m \text{ do soluto (g)} \times 100}{m \text{ da solução (g)}} = \% \text{ (massa/massa)}$$

ou

$$C = \frac{m \text{ do soluto (g)} \times 100}{v \text{ da solução (ml)}} = \% \text{ (massa/volume)}$$

ou

$$C = \frac{v \text{ do soluto (ml)} \times 100}{v \text{ da solução (ml)}} = \% \text{ (volume/volume)}$$

Essa unidade de concentração é uma das mais utilizadas. Vocês já devem ter prestado atenção que os soros fisiológicos são soluções de NaCl 0,9%. Isso significa que em cada 100 ml de solução, há 0,9 g de cloreto de sódio.

Uma solução a 60% de determinado soluto contém 60 g do soluto para cada 100 ml de solvente.

Agora, vamos calcular a concentração de algumas soluções:

> Um frasco contém 250 ml de solução e 4 g de hipoclorito e sódio. Qual a concentração em porcentagem (m/v) da solução citada?
> *Como vamos descobrir a concentração em porcentagem m/v, escolheremos a fórmula:*
> C = m do soluto (g) x 100 / v da solução (ml)
>
> *No exemplo, a massa do soluto é 4 g (m= 4,0 g) e o volume da solução é 250 ml (v = 250 ml). Substituindo os valores:*
> C = 4 x 100 / 250 => C = 1,6 % de hipoclorito de sódio

> Henrique preparou uma solução contendo 15 ml de ácido sulfúrico em 500 ml de água. Qual a concentração da solução em porcentagem (v/v) da solução?
> *Sendo o vsoluto = 15 ml e o vsolvente = 500 ml, utilizaremos a fórmula para porcentagem v/v:*
> C = v do soluto (ml) x 100 / v da solução (ml) = % (volume/volume)
>
> C = 15 x 100 / 500 => C = 3,0% (v/v).

1.4 Concentração em mol/l

Nessa unidade, calculamos quantos mols de soluto há em cada litro de solução. A seguir, estão apresentadas algumas fórmulas que podem ser utilizadas para calcularmos a concentração molar (M = mol/l).

$$M = \frac{m(g)}{PM(g) \times v(L)}$$

Sendo, m = massa do soluto em gramas, PM = peso molecular em gramas e v = volume em litros.

Vamos a mais exemplos:

Uma solução é formada por 3,45 g de ácido sulfúrico (PM = 98 g/mol) em 70 ml de solução. Qual a concentração molar de ácido sulfúrico (H_2SO_4)?
Antes de substituir os valores na fórmula, devemos extrair os dados que são importantes:
m = 3,45 g
PM = 98 g/mol
v = 70 ml.
Esse volume deve ser convertido a litros para substituirmos na fórmula. Para isso, dividirmos 70 ml por 1000:
v = 0,070 l.

Agora sim, vamos substituir:
$$M = \frac{m(g)}{PM(g) \times v(L)}$$

$M = \frac{3,45}{98 \times 0,07}$ => $M = \frac{3,45}{6,86} = 0,50$ mol/l **ou** 0,50 molar.

Qual a concentração molar de ácido málico em 2 litros de uma solução que contém 25 g de ácido málico (PM = 134 g/mol).

Dados do exercício:
m = 25 g
v = 2 l
PM = 134 g/mol.
$$M = \frac{m(g)}{PM(g) \times v(L)}$$

$M = \frac{25}{134 \times 2}$ => $M = \frac{25}{268} = 0,09$ mol/l **ou** 0,09 molar.

Essas são as principais unidades de concentração que vocês podem trabalhar. Há outras, mas o objetivo é realizar os cálculos e introduzir do assunto de análises químicas.

Retomando a aula

Chegamos ao fim da nossa primeira aula. Espero que tenham entendido sobre os conceitos de concentração e as diferenças entre as unidades. Vamos retomar:

1 - Definição de concentração

Concentração em mg/ml: na unidade mg/ml, podemos saber quantos mg de soluto há em cada mililitro (ml) de solução. É uma das unidades mais utilizadas nos laboratórios e de fácil realização dos cálculos.

Concentração em parte por milhão (ppm): essa unidade é útil para descobrirmos concentrações de amostras que estão em baixa concentração nas soluções, como em análises toxicológicas ou mesmo em algumas concentração de íons ou sais na água. Podemos dizer que ppm é a quantidade de soluto em mg para cada 1000 ml (ou 1 litro) de solução.

Concentração em porcentagem (g/100 ml): essa unidade também nos fornece valores em porcentagem, já que é definida como a quantidade de massa em gramas (g) para cada 100 ml de solução. Sempre que virmos em um rótulos as concentrações em porcentagem, saberemos que é em a massa em gramas do produto para cada 100 ml de solução.

Concentração em mol/L: a maioria dos reagentes de laboratório são preparados em mol/L, ou seja, quantidade numérica de moléculas para cada litro de solução. Uma solução de 5 molar, por exemplo, nos indica que há 5 mols de soluto em cada litro de solução.

Vale a pena

Vale a pena ler,

Esse assunto pode ser encontrado em livros de química analítica ou química geral.

Sugiro os livros:
CONSTANTINO, M. G.; SILVA, G. V. J.; DONATE, P. M. *Fundamentos de Química Experimental*. São Paulo: EDUSP, 2004. 250 p.
FELTRE, Ricardo. *Fundamentos de Química:* vol. único. 4ª.ed. São Paulo: Moderna, 2005. 700 p.

Vale a pena acessar,

Esse assunto vocês podem encontrar facilmente com as palavras-chave: "cálculos de concentrações". Seguem sugestões de sites:
http://dequi.eel.usp.br/domingos/concentracoes.pdf.
https://w2.fop.unicamp.br/calculos/transformacoes.html.
http://educacao.globo.com/quimica/assunto/solucoes/concentracao-de-solucoes.html.

GLOSSÁRIO

Soluto: corresponde à substância que será dissolvida (exemplo: cloreto de sódio).
Solvente: é a substância na qual o soluto será dissolvido (exemplo: água).
Solução: sistema homogêneo formado pela mistura de soluto(s) e solvente.

Aula 2º

Técnicas instrumentais clássicas

Objetivos de aprendizagem

Ao término desta aula, vocês serão capazes de:

- reconhecer as técnicas clássicas de análises de substâncias químicas;
- compreender a importância da execução dessas técnicas;
- calcular a concentração de substâncias em soluções ou na forma sólida.

Seções de estudo

1 – Análises titulométricas ácido-base
2 – Outros métodos volumétricos

1 - Análises titulométricas ácido-base

Titulometria é sinônimo de volumetria. É uma técnica clássica que consiste em encontrar a concentração (dosear) alguma substância presente em uma amostra. Há diversas maneiras de executar o doseamento e isso vai depender da característica físico-química da molécula.

Moléculas ácidas ou básicas são doseadas por volumetria de neutralização. Alguns íons que formam sais insolúveis são doseados por volumetria de precipitação. Outras substâncias ou íons que foram quelatos ou complexos são doseados pela técnica de complexação. Átomos presentes em moléculas que sofrem mudança dos seus números de oxidação em uma reação química, podem ser quantificados pela técnica de oxirredução. Não se assustem, cada uma delas será detalhada em suas respectivas seções.

A titulação é um método simples de determinação das concentrações das amostras. Vale lembrar que por esse método não conseguimos identificar a amostra, somente quantificá-la. Utilizamos as mesmas vidrarias em qualquer titulação, como na figura a seguir:

Figura 1 - 1 = suporte universal; 2 = garra; 3= erlenmeyer; = 4 = agitador magnético; 5 = bureta. Fonte:

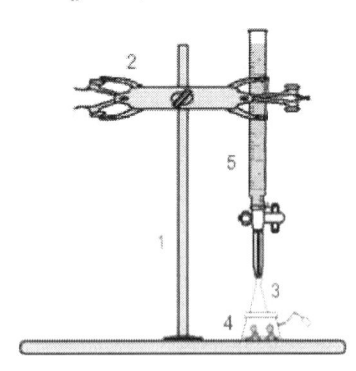

Fonte: https://brasilescola.uol.com.br/quimica/analise-volumetrica.htm. Acesso em: 03 jul. 2020.

Nas análises volumétricas há o reagente titulante, o reagente titulado e o indicador.

Titulante: é uma solução de concentração conhecida usada na titulação para descobrir a concentração de uma amostra desconhecida.
Titulado: solução de concentração desconhecida. É a amostra da análise.
Indicador: substâncias que apresentam diferentes colorações de acordo com o pH. Eles são utilizados nas titulações ácido-base (ATKINS, 2001).

Para que uma amostra de concentração desconhecida seja determinada, é preciso reconhecer qual o ponto que a reação termina para sabermos exatamente a quantidade de titulante utilizada, aplicar essa informação em uma equação e calcular a quantidade ou concentração da amostra desconhecida.

Na maioria das vezes, o reagente titulante é colocado na bureta e o titulado no erlenmeyer, juntamente com o indicador. As seções a seguir, estão divididas de acordo com o tipo de titulação.

1.1 Volumetria de neutralização

Uma reação de neutralização consiste na reação entre um ácido e uma base e os produtos da reação são um sal e água. Olha só um exemplo:

Figura 2 - Reação de neutralização

Digamos que desejamos descobrir a concentração de uma solução de NaOH (hidróxido de sódio) e temos no laboratório, para isso, uma solução de HCl (ácido clorídrico) cuja concentração exata seja de 0,1037 mol/L. O titulante é o HCl e o titulado é o NaOH. Então, podemos colocar, por exemplo, certo volume de NaOH no erlenmeyer (20 ml) mais um indicador ácido-base e preencher a bureta com o ácido clorídrico. Podemos deixar a solução escoar da bureta lentamente sobre o frasco erlenmeyer, agitando com frequência manualmente ou utilizando um agitador magnético. À medida que adicionamos o ácido à solução, ela vai ficando menos básica, até chegar o momento que não haverá excesso de base na solução.

A solução de HCl deve ser adicionada até a mudança de cor da solução do erlenmeyer. Para isso, é obrigatória a adição de um indicador ácido-base específico para essa titulação. A figura a seguir traz as variações de cores de diferentes substâncias em vários pHs.

Figura 3 – Faixas de viragem de alguns indicadores de pH.

Indicador	pKa	Zona de transição	Coloração
Timolftaleína	10,0	9,4 a 10,6	incolor / azul
Fenolftaleína	9,3	8,0 a 10,0	incolor / rosa
Azul de timol	8,9	8,0 a 9,6	amarelo / azul
Azul de bromotimol	7,1	6,2 a 7,6	amarelo / azul
Vermelho de metila	5,0	4,4 a 6,2	vermelho / amarelo
Alaranjado de metila	3,4	3,1 a 4,4	vermelho / amarelo
Azul de timol	1,65	1,2 a 2,8	vermelho / amarelo

Fonte: http://www.ufjf.br/quimica/files/2015/06/2018-QUI126-AULA-8-%C3%81CIDOS-E-BASES-pH-E-INDICADORES.pdf. Acesso em: 03 jul. 2020.

O vídeo a seguir, demonstra como é realizada uma titulação ácido-base, onde uma amostra de ácido clorídrico (HCl) de concentração desconhecida foi titulada com uma solução padronizada de hidróxido de sódio (NaOH – 0,5 mol/L): https://www.youtube.com/watch?v=14A4BO79KpY.

Na titulação, vocês devem observar que as vidrarias são as mesmas destacadas na figura 1. No procedimento, foram transferidos 25 ml de solução de HCl para um erlenmeyer. Na bureta, primeiramente foi realizada uma lavagem com a solução de NaOH e em seguida seu volume foi preenchido com esse reagente (a lavagem da bureta sempre é realizada para garantir a remoção com um reagente utilizado anteriormente). O indicador utilizado foi a fenolftaleína (que é incolor em pH menor que 8,0 e rosa em pH maior que 10,0 – figura 3) . Pingou-se três gotas da solução alcoólica dentro do erlenmeyer que continha o HCl. Notem que a cor da solução continuou transparente. Na sequência, o titulante (solução de NaOH da bureta) é adicionado lentamente, sob agitação, até que a cor da solução permaneceu rosa por 10 segundos. O volume gasto de NaOH é anotado para a realização dos cálculos de concentração de HCl.

O procedimento é repetido, mas com agitação automática, com auxílio de uma barra magnética e da placa agitadora, e, ao invés de utilizar o indicador, o pH da solução é medido diversas vezes após adição de titulante até mudança brusca. O objetivo dessa segunda etapa é mostrar outra maneira de realizar o procedimento.

Vocês vão notar que o ensaio vai depender da variação do pH da solução. Por exemplo, a solução com HCl que estava no erlenmeyer tem pH baixo, já que é uma solução ácida. Conforme vai sendo adicionada a solução de NaOH ao frasco erlenmeyer, os dois reagentes vão formando sal e água e o pH vai subindo. Em determinado momento, a quantidade de HCl e NaOH é equimolar, ou seja, não há excesso nem de um e nem do outro reagente na solução. Em seguida, após a adição das próximas gotas de NaOH o pH aumenta bruscamente, já que há excesso de NaOH na solução. Quando isso ocorre, a cor do líquido dentro do frasco muda (no caso do vídeo de incolor para rosa). Esse é o momento que a reação deve ser interrompida para efetuarmos os cálculos de concentração da solução desconhecida de HCl. A fórmula que utilizamos para realizar o cálculo é:

$$C_1 \times V_1 = C_2 \times V_2$$

Sendo:
$C1$ = *concentração do titulado*
$V1$ = *volume do titulado (em L ou ml)*
$C2$ = *concentração do titulante*
$V2$ = *volume do titulante (em L ou ml)*

Cálculos para determinar a concentração de ácidos e bases:

Nas caixas a seguir há exemplos de cálculos para determinar as concentrações de soluções ácidas ou básicas:

Exemplo 1: vamos titular (dosear) 10 ml de uma solução de concentração desconhecida de HCl (que é o titulado). Para isso, vamos utilizar como titulante (reagente de concentração conhecida) NaOH 0,1 mol/L. A fenolftaleína foi usada como indicador da titulação. A cor da solução do foi alterada de incolor para rosa com 100 ml de NaOH. Qual a concentração da solução de HCl analisada?
R - Primeiro vamos imaginar como o experimento procedeu:

1) Os 10 ml de HCl foram transferidos para um erlenmeyer e junto com ele foram colocadas mais algumas gotas de titulante (fenolftaleína). A fenolftaleína é incolor em meio ácido. 2) O NaOH foi adicionado na bureta e ele foi adicionado aos poucos no erlenmeyer que contém o HCl. 3) A cor da solução com HCl mudou para rosa quando foram adicionados 100 ml do NaOH. Seguem os dados retirados do enunciado:
C1 = ? (estamos investigando)
V1 = 10 ml
C2 = 0,1 mol/L
V2 = 100 ml.
Com essas informações, podemos calcular a concentração de HCl usando a fórmula:
C1 x V1 = C2 x V2
C1 x 10 = 0,1 x 100
C1 = 10/10 = 1 mol/L.

A concentração do HCl é igual a 1 mol/L.

A unidade de medida da concentração vai ser a mesma do titulante.

Vamos a um exemplo que aplicamos reagentes diferentes, veremos qual a concentração de ácido acético no vinagre:

Exemplo 2: Desejamos calcular a concentração de ácido acético no vinagre. Para isso, foram pipetados 15 ml de vinagre (titulado) em um erlenmeyer e adicionamos fenolftaleína. Preencheu-se a bureta com solução de NaOH na concentração de 1,0 mol/L. Utilizou-se fenolftaleína como indicador ácido-base e ela foi adicionada no frasco erlenmeyer, junto com o ácido acético. A mudança de cor da solução ocorreu ao ser adicionado 12,5 ml de NaOH. Qual a concentração de ácido acético em mol/L a solução analisada?
R - O procedimento ocorreu de maneira semelhante ao exemplo anterior. O ácido acético foi titulado com NaOH 1,0 mol/L. Nesse exercício, o titulado é o ácido acético e o titulante é o NaOH. Portanto, seguem os dados levantados:
C1 = ? (estamos investigando)
V1 = 15 ml
C2 = 1,0 mol/L
V2 = 12,5 ml.
Com essas informações, podemos calcular a concentração de HCl usado a fórmula:
C1 x V1 = C2 x V2

$C1 \times 15 = 1 \times 12,5$
$C1 = 10/10 = 0,83 \, mol/L$

Agora, no próximo exemplo, iremos titular uma solução de NaOH com o HCl:

Exemplo 3: Maria executou um procedimento de titulação de NaOH (titulado) com HCl (titulante). 20 ml de solução de NaOH foram colocadas no erlenmeyer e junto com ela pigou-se algumas gotas de fenolftaleína. A solução adquiriu coloração rosa. A bureta foi preenchida com uma solução de HCl 0,95 mol/L. Após iniciar a titulação, a cor da solução do erlermeyer mudou de rosa para incolor com 13 ml de HCl. Qual a concentração de NaOH da solução analisada?

R - O NaOH foi titulado com HCl 0,95 mol/L. Nesse exercício, o titulado é o NaOH e o titulante é o HCl. Portanto, seguem os dados levantados:
C1 = ? (estamos investigando)
V1 = 20 ml
C2 = 0,95 mol/L
V2 = 13 ml.

Com essas informações, podemos calcular a concentração de HCl usada a fórmula:
$C1 \times 20 = C2 \times V2$
$C1 \times 20 = 0,95 \times 13$
$C1 = 12,35/20 = 0,62 \, mol/L$.

Percebam que nesses exercícios, C1 e V1 são informações do titulado, que sempre será o reagente que está sendo analisado.

Agora, faça você esses exercícios:

1) Um produto de limpeza que contém amônia (NH_3) foi doseado com ácido clorídrico. Foram pipetados 5,0 mL desse produto para um frasco erlenmeyer e em seguida esse volume foi titulado com HCl de concentração 0,10 mol/L. Foram gastos 26,0 mL do ácido na titulação.
Com base nas informações fornecidas:
a. Quem é o agente titulado e quem é o titulante da reação?
b. Qual a concentração da solução de amônia analisada?

2) Para determinar o teor de ácido acético (CH_3COOH) de um vinagre, pesou-se uma massa de 5 g da amostra e diluiu-se a 25 ml com água destilada em erlenmeyer. Essa solução foi titulada com 0,10 mol/L de hidróxido de sódio, da qual foram gastos 29,45 ml. Qual a concentração em mol/L de ácido acético na solução?

2 - Outros métodos volumétricos

Além da técnica de volumetria ácido-base, há também a volumetria de complexação, de precipitação e oxirredução. O quadro a seguir resume no que consiste cada técnica e alguns exemplos de análises que podem ser realizadas.

Quadro 1 - Técnicas de volumetria diferentes do ácido-base

Tipo de volumetria	Fundamento da técnica	Exemplos de análises
Volumetria de precipitação	Há formação de precipitado* após reação com sais de prata.	*Doseamento de íons cloreto em água; *Determinação de ácidos graxos;
Volumetria de oxirredução	Um reagente é redutor e o outro é o oxidante da reação.	*Doseamento de HCl com permanganato de potássio (KMnO4); *Doseamento de ferro em amostras;
Volumetria de complexação	Há formação de complexos metálicos na titulação.	*Doseamento de boro em fertilizantes orgânicos; *Doseamento de cálcio em alimentos.

*precipitado: substância pouco solúvel que se forma no seio de uma solução em consequência de uma reação química (https://www.infopedia.pt/dicionarios/lingua-portuguesa/precipitado).

O procedimento aplicado para realizar essas análises é o mesmo que estudaram para realização da titulação ácido-base e geralmente envolve mudança de cor ou formação de precipitado (no caso da volumetria de precipitação). Na volumetria de complexação há utilização de indicadores específicos também. Há diferentes vídeos que podem ser utilizados para o entendimento desse conteúdo. As sugestões estão no tópico "sites".

Nas próximas aulas, veremos métodos instrumentais de doseamento, como os espectrofotométricos e as cromatografias. Grande parte das vezes essas técnicas instrumentais complementam as técnicas clássicas, sendo adjuvantes na análise e/ou controle de qualidade de diversos produtos.

Retomando a aula

Nesta segunda aula, aprendemos sobre uma técnica clássica de doseamento de substâncias, que é a volumetria, também chamada de titulação. Conhecemos o procedimento realizado para a realização do ensaio, e também estudamos os cálculos de concentração.

Não se esqueçam das definições importantes:

Titulante: reagente de concentração conhecida que é usado para titular a solução.

Titulado: reagente que se deseja conhecer a concentração.

1 – Análises titulométricas ácido-base

Essas análises volumétricas são as mais comuns entre

as demais. Elas consistem em quantificar um ácido de uma solução usando uma base, ou vice-versa, formando como produto principal sal e água. Vimos também a importância dos indicadores que modificam a cor de uma solução de acordo com seu pH. Sem os indicadores, não é possível realizar uma titulação.

Nesse material foram apresentados também os cálculos para determinação das concentrações dos reagentes.

2 – Outros métodos volumétricos

Nós sabemos que nem todas as substâncias são ácidas e básicas. Elas podem apresentar outras características que permitem a aplicação de ensaios de titulação e levam 'a produtos coloridos ou mesmo precipitados. É importante conhecer os conceitos e aplicações de cada um desses testes para compreender a reação.

Vale a pena

Vale a pena acessar,

https://brasilescola.uol.com.br/quimica/analise-volumetrica.htm.
https://www.youtube.com/watch?v=MflWdQoWmno.
https://pt.khanacademy.org/science/chemistry/acid-base-equilibrium/titrations/v/titration-introduction.

Minhas anotações

Minhas anotações

Aula 3º

Fundamentos da espectroscopia e Lei de Lambert-Beer

A partir da aula 3, vamos iniciar a aplicação desse conteúdo nos métodos instrumentais. Isso significa que vocês entenderão os princípios de cada técnica e também conhecerão um pouco das instrumentações. A lei de Lambert-Beer é a base para a compreensão dos cálculos de identificação e doseamento de diversas moléculas. É pelo princípio de absorção de luz é possível realizar esses cálculos. Nesta disciplina, vocês aprenderão os conceitos de absorção, transmitância, absortividade e também poderão retomar o que viram na aula 1 (concentrações de soluções).

— Bons estudos!

Objetivos de aprendizagem

Ao término desta aula, vocês serão capazes de:

- compreender os conceitos de absorbância e transmitância;
- compreender os conceitos absortividade, absortividade molar, comprimento do caminho óptico e comprimento de onda;
- interpretar gráficos de espectrometria de absorção.

Seções de estudo

1 – O espectro eletromagnético
2 – Conceitos de absorbância, transmitância, absortividade molar e comprimento do caminho óptico
3 – Instrumentação de um espectrofotômetro
4 – Espectros de absorção

1 - O espectro eletromagnético

O espectro eletromagnético trata-se de uma faixa grande de energia e com diferentes comprimentos de onda. As frequências dessas energias variam desde 10^{19} Hz (raios gama - γ) a 10^3 Hz (ondas de rádio). Observe a figura a seguir que apresenta as principais variações do espectro e os campos que podem ser analisados por elas:

Figura - Regiões do espectro eletromagnético, sua relação com diferentes objetos e organizamos e frequências de onda.

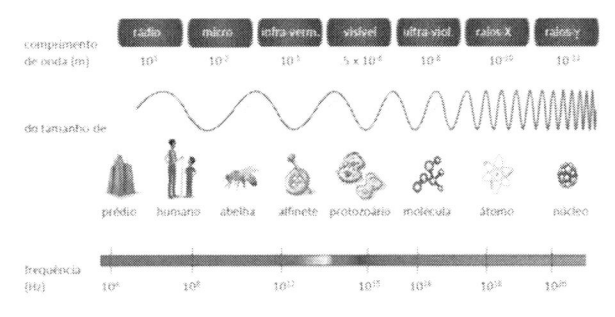

Fonte: https://studylibpt.com/doc/3136339/o-espectro-eletromagn%C3%A9tico. Acesso em: 29 jun. 2020.

Percebam na imagem acima, que cada região do espectro eletromagnético apresenta ondas com diferentes tamanhos. Chamamos de *lâmbida* (λ) os comprimentos (ou tamanhos) de cada onda. Quanto menores esses λ, maior a frequência das ondas, e menores são os organismos ou organelas que podem ser estudadas. Ondas de rádio têm grande comprimento de onda e baixa frequência. Já os raios γ têm alta frequência e baixo comprimento de onda.

Figura – Ondas com diferentes frequências.

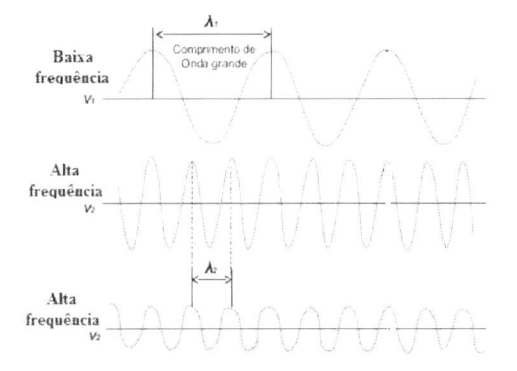

Na figura, é possível observar que os tamanhos dos comprimentos de onda não podem ser medidos no espaço entre dois topos das ondas ou dois vales. Sabendo que a frequência é o número de ondas em determinado intervalo, quando menores forem os comprimentos de onda, mais ondas teremos em um determinado intervalo e, portanto, maiores serão as frequências. Além disso, a altura da onda é chamada de amplitude, e ela não influencia na frequência ou no comprimento de onda. Notem que a onda do meio e a última onda apresentam o mesmo comprimento, mas têm alturas diferentes.

E por que precisamos saber disso? É simples: dependendo do que estivermos analisando, devemos emitir (programar no equipamento) comprimentos de ondas específicos que irão possibilitar a determinação de certas substâncias, como vírus, bactérias, protozoários, moléculas, átomos, íons ou organelas celulares.

Nos instrumentos de medida, a luz que vai incidir sobre uma amostra deverá ser MONOCROMÁTICA, ou seja, ter somente UM comprimento de onda que é específico para o material que é analisado. Observem o quadro a seguir que indica quais as faixas de comprimento de onda para cada região.

Quadro – Regiões do espectro de UV, Visível e IV

Região	Faixa de comprimento de onda
UV	180–380 nm
Visível	380–780 nm
IV-Próximo	0,78–2,5 mm
IV – Médio	2,5–50 mm

Fonte: SKOOG, 2006.

2 - Conceitos de absorbância, transmitância, absortividade molar e comprimento do caminho óptico

A lei de Lambert-Beer é conhecida por lei da absorção. Ela nos diz que a luz, ao passar uma amostra, presente em um caminho óptico, parte dela é absorvida e a outra parte é transmitida. Veja a figura a seguir que representa essa definição:

Figura - Atenuação da luz incidente por uma amostra absorvente. I = luz incidente; T = luz transmitida; c = concentração da amostra; ε = absortividade molar; b = tamanho do caminho óptico.

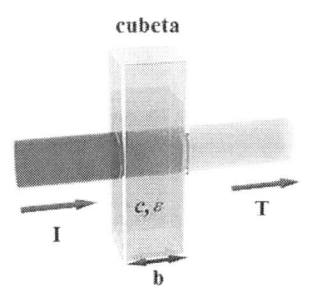

Fonte: https://wikiciencias.casadasciencias.org/wiki/index.php/Lei_de_Lambert%E2%80%93Beer. Acesso em: 29 jun. 2020.

Notem na figura que a amostra está dentro de um frasco cúbico chamado de cubeta. A luz incidente (I) está representada por um vermelho intenso e após passar pela amostra que está no interior da cubeta, parte dela ficou retida e outra parte foi transmitida (T), que tem intensidade mais clara que a incidente. Isso significa que há uma absorção dessa luz pela amostra e isso pode ser mensurado pelo valor de **ABSORBÂNCIA** da amostra (A ou Abs). A luz que não foi absorvida é chamada de luz transmitida e é mensurada pelo valor de **TRANSMITÂNCIA** (T).

A letra "b" é o tamanho da cubeta, que geralmente é em centímetros (cm). Segundo a Lei de Lambert-Beer, o valor de b vai influenciar no valor de A: quanto maior for esse caminho, maior a quantidade de luz absorvida. Logicamente que a concentração é invariável.

Vamos falar um pouco da cubeta (ou célula) utilizada nos ensaios de espectrofotometria. Elas nada mais são do que recipientes que contêm a amostra e devem ser transparentes na região espectral de interesse. O quadro a seguir traz essas informações.

Quadro 1 – Materiais que compõem a cubeta e as regiões espectrais de interesse.

Material	Faixa espectral
Sílica ou quartzo fundido	UV
Vidro silicato	375 a 2.000 nm.
Plástico	UV
Cloreto de sódio cristalino	IV

Fonte: SKOOG et al., 2006.

Para garantir que não haja interferências na cubeta, ela deve ser limpa após cada análise com solvente desengordurante e só podem ser manuseadas se tocadas nos lados foscos, garantindo que o lado de vidro permaneça sempre transparente e desengordurado. Riscos e falhas no material são motivos de descarte de cubetas, pois eles podem alterar a leitura da amostra.

De maneira prática, vejamos o que acontece quando um feixe de luz branca incide sobre uma superfície contendo uma espécie molecular que absorve luz, a radiação resultante emergente será detectável pelos olhos como uma cor complementar da radiação absorvida. Analisemos o exemplo abaixo, visualizamos a cor azul, entretanto a cor absorvida, ou seja, o comprimento de onda é vermelho.

Figura – Absorção e transmissão do feixe de luz.

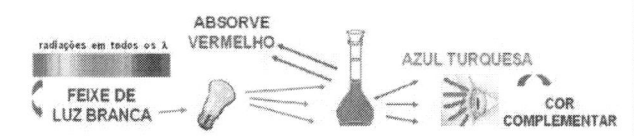

Fonte: http://www.quimica.ufpb.br/ppgq/contents/documentos/teses-e-dissertacoes/dissertacoes/2006/Dissertacao_Sueny_K_B_Freitas.pdf. Acesso em: 29/06/2020.

A seguir, vamos observar um quadro com as cores em seus determinados comprimentos de ondas e sua cor complementar. Ela é útil para prevermos as cores de soluções, ou mesmo detectarmos o comprimento de onda que essa luz é absorvida.

Quadro – Intervalo de comprimento de onda e as cores das soluções.

Comprimento de onda	Cor absorvida	Cor complementar
abaixo de 380 nm	ultravioleta	
380 a 435 nm	violeta	verde-amarelado
435 a 480 nm	azul	amarelo
480 a 490 nm	azul-esverdeado	laranja
490 a 500 nm	verde-azulado	vermelho
500 a 560 nm	verde	púrpura
560 a 580 nm	verde-amarelado	violeta
580 a 595 nm	amarelo	azul
595 a 650 nm	laranja	azul-esverdeado
650 a 780 nm	vermelho	verde-azulado
acima de 780 nm	infravermelho	

Fonte: https://kasvi.com.br/espectrofotometria-analise-concentracao-solucoes/ Acesso em: 29 jun. 2020.

Percebam que, se uma amostra absorve cor no comprimento de onda 575 nm, a cor absorvida é o amarelo-esverdeado. No entanto, a cor que visualizamos da solução é a violeta. Outro exemplo, se uma amostra absorve a luz em 430 nm, a cor absorvida será a violeta, mas a transmitida é a verde-amarelada. A COR QUE ENXERGAMOS SEMPRE SERÁ A TRANSMITIDA, OU SEJA, A COR COMPLEMENTAR.

Vejamos um exemplo prático:

> O íon Cr(II) em água, $[Cr(H2O)6]^{2+}$, absorve luz com comprimento de onda de 700 nm. Qual a cor da solução? Justifique.
> A cor da solução é Azul. Como podemos visualizar no quadro acima, em um comprimento de onda de 700 nm a cor absorvida é vermelha e sua cor complementar, ou seja, a cor que visualizamos é verde-azulado.

Vamos ver se você compreendeu: qual a cor visualizada das soluções que absorvem em:
a) 450 nm?
b) 585 nm?
c) 620 nm?

Se você respondeu verde-amarelado, azul e azul-esverdeado (respectivamente), VOCÊ ACERTOU E COMPREENDEU!

3 - Instrumentação de um espectrofotômetro

O espectrofotômetro é um equipamento muito utilizado para realizar análises de moléculas orgânicas. Há vários modelos que possuem uma fonte de luz, um monocromador, um recipiente para amostras, e um detector.

Figura – Espectrofotômetro

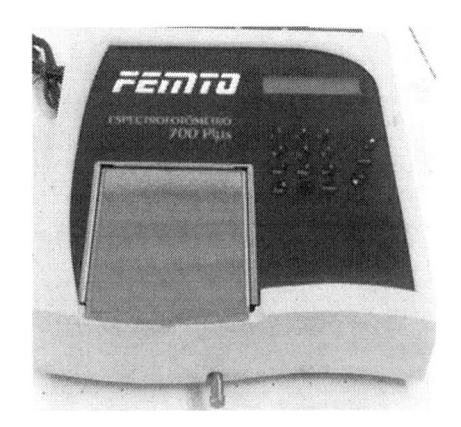

Agora, veja o que acontece no interior do equipamento:

Figura – Componentes do espectrofotômetro. (a) fonte de luz, (b) colimador, (c) prisma ou monocromador, (d) fenda seletora (e) cubeta contendo solução, (f) detector, (g) leitor.

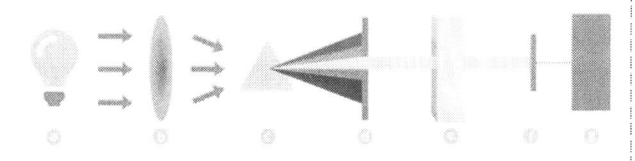

Fonte: https://kasvi.com.br/espectrofotometria-analise-concentracao-solucoes/ Acesso em: 29/06/2020.

A lâmpada emite a luz que em seguida é fracionada nos diversos comprimentos de onda que a compõem. A fenda seleciona o comprimento de onda específico para cada amostra e este, por sua vez é direcionado para a cubeta que contém o material a ser analisado. Como já sabem, parte da luz será absorvida e o restante será transmitido para o detector. Essas informações são transformadas em sinais e registradas no leitor. Agora podemos interpretá-las.

Nas análises, precisamos ter sempre em mãos as amostras, os padrões (soluções de concentração conhecida) e o branco (solvente utilizado para preparar as amostras e os padrões). Inicialmente, o equipamento deve ser "zerado" para eliminar interferências. Para isso utilizamos o branco. Em seguida, realizamos a leitura dos padrões e por fim das amostras.

4 - Espectros de absorção

Espectro de absorção é um gráfico resultante da absorbância versus o comprimento de onda na região UV-VIS. Estes são característicos por apresentarem curvas do tipo gaussianas distorcidas e alargadas, que são denominadas de bandas de absorção. Um espectro de absorção trata-se da "impressão digital" das substâncias, dessa forma, servem para identificar os grupos químicos e determinar o comprimento de onda para dosagem das substâncias. A posição das bandas ao longo dos espectros é característica das substâncias absorventes. Vejamos um exemplo abaixo:

Figura – Espectro de absorção do corante orgânico sintético vermelho número 40.

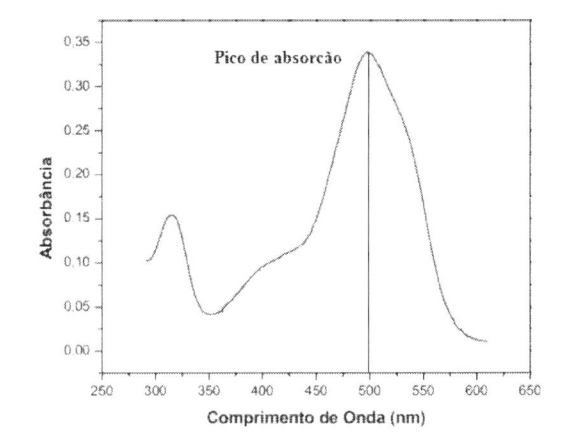

Fonte: http://www.quimica.ufpb.br/ppgq/contents/documentos/teses-e-dissertacoes/dissertacoes/2006/Dissertacao_Sueny_K_B_Freitas.pdf.

No eixo y temos valores de absorbância e no eixo x os valores de comprimento de onda (λ). Todas as vezes que esse corante for analisado, ele apresentará o mesmo "desenho" (o espectro corresponde somente à curva em vermelho). Os valores de absorbância podem ser diferentes, mas é o formato do espectro e o pico de absorção que permite identificarmos essa substância.

O pico de absorção nos traz uma informação muito importante: em qual comprimento de onda ocorre o máximo de absorbância da amostra. No exemplo acima, o pico aconteceu em $\lambda = 500$ nm.

Agora, observe o espectro de absorção do permanganato de potássio ($KMnO_4$):

Figura – Espectro de absorção do permanganato de potássio em diferentes concentrações. Os números sobre cada curva representam as concentrações das soluções analisadas em ppm.

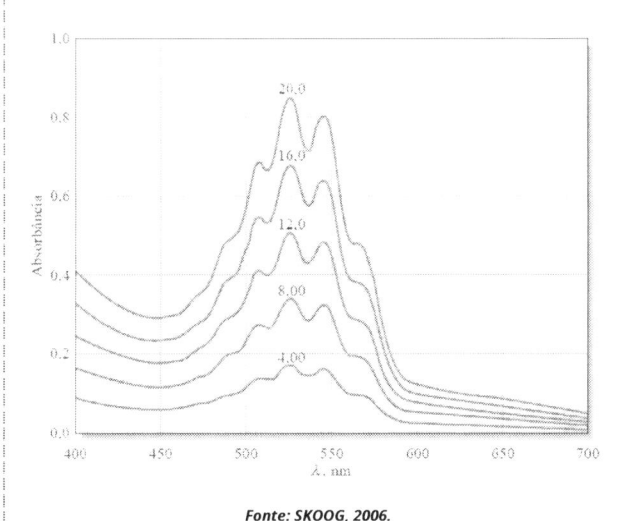

Fonte: SKOOG, 2006.

Como escrito na legenda, cada curva representa uma concentração diferente analisada. A solução mais diluída é a de ppm. Ela apresenta o mesmo desenho da solução mais concentrada, a de 20 ppm. A diferença entre elas são os seus valores de absorbância para cada comprimento de onda, mas o pico de absorbância é o mesmo para todas as curvas (próximo a 225 nm) e o desenho da curva é o mesmo para todas as concentrações.

Agora, comparem os espectros do corante vermelho e do permanganato de potássio. Diferentes, né? Por isso, dizemos que eles são a "impressão digital" das moléculas.

Vamos ver alguns exemplos para compreendermos mais facilmente:

Exemplo 1

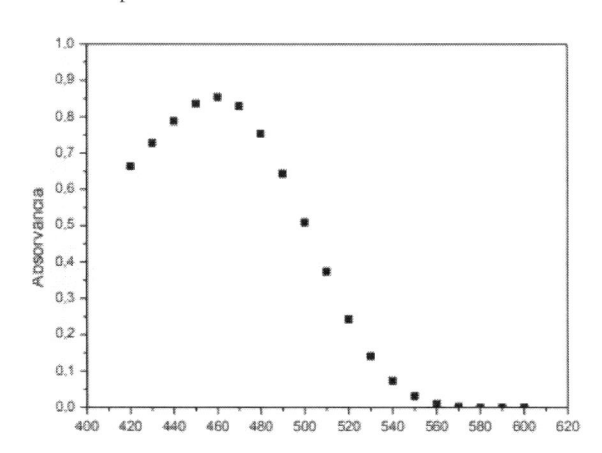

Analisando o espectro acima identifique:
a. a cor predominante da luz absorvida e a cor da luz transmitida pela solução em questão.
b. Qual o comprimento de onda onde ocorre o pico de absorção (aproximadamente)?
c. O espectro apresentado é semelhante aos outros apresentados anteriormente?

Exemplo 2

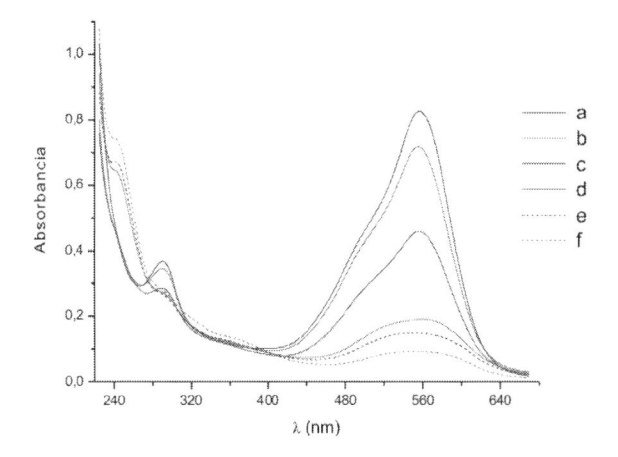

Espectros de absorbância para as amostras a, b, c, d, e e f.
Observe os espectros acima e responda:
Os picos de absorbância são iguais para as amostras? Qual o valor do comprimento de onda para essas soluções?
Os espectros são semelhantes?
As soluções foram preparadas com a mesma amostra? Se sim, qual a diferença entre cada uma?

Retomando a aula

Olá, pessoal! Finalizamos nossa terceira aula. Vamos retomar pontos importantes que vimos.

1 – O espectro eletromagnético

Vimos o que é o espectro eletromagnético, as ondas e frequências de onda. Nesta seção, vocês conheceram o conceito de comprimento de onda (λ) que é específico para cada molécula que é analisada.

2 - Conceitos de absorbância, transmitância, absortividade molar e comprimento do caminho óptico

Nesta seção, foram apresentados os conceitos que iremos abordar nos gráficos, cálculos e interpretação dos resultados de uma análise. Vimos também que a luz absorvida e a transmitida são complementares, e é possível prever a cor de uma amostra a partir do seu λ, ou vice-versa.

3 – Instrumentação de um espectrofotômetro

O conhecimento da instrumentação desse equipamento é importante para aplicarmos a técnica de análise. É preciso conhecer as funções de cada aparato do espectrofotômetro e, principalmente, que toda luz que atinge a amostra é MONOCROMÁTICA, seletiva para a molécula analisada. E muita atenção com as cubetas. Elas devem ser cuidadosamente limpas e escolhidas para as análises.

4 – Espectros de absorção

O espectro de absorção é um gráfico resultante da absorbância versus o comprimento de onda na região UV-VIS. Estes são característicos de cada substância e também são denominados de bandas de absorção. Dizemos que é uma "impressão digital da substância" e traz informações importantes, como onde ocorre o pico de absorção e como é o formato (ou desenho) formado.

Vale a pena

Vale a pena acessar,

https://kasvi.com.br/espectrofotometria-analise-concentracao-solucoes/.
https://www.infoescola.com/quimica/espectrofotometria/.
https://www.mt.com/br/pt/home/library/guides/laboratory-division/1/uvvis-spectrophotometry-guide-applications-fundamentals.html.

Minhas anotações

Aula 4º

Aplicações da lei de Lambert-Beer

> Pessoal, vamos dar continuidade à aula 3, mas agora seguiremos com a parte de cálculos de determinação de concentração das amostras. Agora, vamos utilizar os conceitos da aula anterior para dar continuidade nos cálculos de doseamento das análises.
>
> Bons estudos!

Objetivos de aprendizagem

Ao término desta aula, vocês serão capazes de:

- calcular absorbância a partir da transmitância;
- calcular concentração a partir da absorbância;
- fazer e interpretar curvas de calibração.

Seções de estudo

1 – Cálculos de absorbância e concentrações pela lei de Lambert-Beer
2 – Curvas de calibração
3 – Cálculo de concentração da amostra por regra de 3

1 - Introdução ao Sketchup

Como explicado anteriormente, essa técnica de espectrometria ultravioleta e visível é baseada na absorção molecular de substâncias que sofrem transições eletrônicas por ocasião de absorção de energia na região UV-VIS. Essa relação entre o fenômeno de absorção e o número de espécies moleculares que sofre absorção é dada pela lei de Lambert-Beer.

Frente a isso, a Lei de Lambert-Beer nos diz que quando um feixe de radiação monocromática atravessa uma solução que contém uma espécie absorvente, uma parte da energia radiante é absorvida e a outra é transmitida. A partir disso, temos que a razão da potência radiante do feixe transmitido (P), pela potência radiante do feixe incidente (Po), conhecida como Transmitância (T), a qual é dada pela seguinte equação:

$$T = \frac{P}{Po}$$

Logo, ao inverso da transmitância temos a absorbância, calculada pela seguinte equação:

$$A = \log\frac{1}{T} = -\log T = \log\frac{Po}{P}$$

A partir disso, temos a Lei de Beer que estabelece a relação entre a absorbância e a transmitância, dada pela seguinte equação:

$$A = -\log T = \log\frac{Po}{P} = abc$$

Entretanto, quando a concentração da substância absorvida for expressa por mols/L, a absortividade (a) é denominada absortividade molar (ε), e a Lei de Beer é representada pela seguinte equação:

$$A = \varepsilon bc$$

Frente a isso, concluímos que a espectrometria ultravioleta e visível (UV/VIS) é baseada no fenômeno produzido pelas medidas de absorção moleculares em solução que sofrem transições eletrônicas por ocasião de absorção de energia quantizada na região UV-VIS (100nm a 780nm). Essa relação quantitativa entre o fenômeno de absorção e o número de espécies moleculares que sofre absorção é dada pela lei de Lambert-Beer.

O quadro a seguir, resume as fórmulas que serão utilizadas para alguns cálculos:

Quadro – Fórmulas utilizadas para os cálculos de Lambert-Beer.

1) $A = -\log T$

2) $A = a.b.c_{(ppm)}$ ou 3) $A = \varepsilon.b.c_{(mol/L)}$

4) $c_{(ppm)} = c_{(mol/L)}.MM.1000$

ou

5) $c_{(mol/L)} = \frac{c(ppm)}{MM.1000}$

Legenda: A = absorbância; T = transmitância; a = absortividade; b = comprimento do caminho óptico ou tamanho da cubeta; c(ppm) = concentração da amostra em ppm; c(mol/L) = concentração da amostra em mol/L. ε = absortividade molar; MM = massa molar do soluto;

Para realizar esses cálculos devemos usar calculadoras científicas ou a função científica do celular (a função log exige isso).

Nos exemplos a seguir, iremos calcular absorbância (A) a partir de transmitância (T). Para isso, fiquem atentos aos valores de T em porcentagem. Nos cálculos devemos tirar a porcentagem dividindo por 100. Caso T não esteja em porcentagem, utilizaremos o valor inalterado.

Exemplo 1:

Calcule a absorbância sabendo-se que a transmitância é:
T = 3,15%
Para iniciar, precisarmos tirar T da porcentagem, então dividimos o valor por 100:
T = 0,0315

Sabe-se que:
A= - logT
A= -log0,0315
A =1,50

Resolva:
Calcule a absorbância sabendo-se que a transmitância é:
a) T = 0,0290
b) T = 1,15%
c) T = 0,001

Respostas:
a) A = 1,54
b) A =1,94
c) A = 3,00

Vamos fazer mais um exemplo. Agora, devemos ficar atentos às fórmulas 2 e 3 do quadro acima. Se a concentração for ppm, utilizaremos A=a.b.c(ppm), onde a= absortividade. Se a concentração for mol/L, utilizaremos a fórmula A = ε.b.c(mol/L), onde ε =absortividade molar.

Exemplo 2:

Encontre a absorbância de uma solução c(mol/L)=0,00240 mol/L de uma substância com coeficiente

de absortividade molar de ε = 313 L/mol.cm numa cubeta de b= 2,00 cm de caminho óptico.
- A = ε.b.c(mol/L)
- Lembrando A = -log T

Vejamos:
A = ε.b.c$_{(mol/L)}$
A = 313 x 2 x 0,00240
A = 1,50

Faça você:

Uma amostra tem absortividade igual a = 0,0258 / cm.ppm, tem b = 1 cm de caminho óptico e concentração igual a 3 ppm. Qual a absorbância da solução?
Vocês aplicarão a fórmula $A = a.b.c_{(ppm)}$ nesse exercício. *Resposta: A= 0,0774.*

Uma amostra de concentração 0,000135 mol/L e absortividade molar igual a 2324 L/mol.cm, foi analisada em uma cubeta de 2 cm. Qual será sua absorbância?
Vocês aplicarão a fórmula $A=ε.b.c_{(mol/L)}$ nesse exercício. Resposta: *A= 0,628*

Vocês podem se deparar com outra situação: calcular a concentração da amostra a partir dos outros dados da fórmula. Vamos a mais dois exemplos:

Exemplo 3:

Calcule as concentrações de uma solução (em mol/L e ppm) que apresenta absorbância igual a 0,172, cubeta de 1 cm e absortividade molar igual a 2450 L/mol.cm. A massa molar da molécula é 230 g/mol.

Temos:
A = 0,172
b = 1 cm
ε = 2450 L/mol.cm.
MM = 230 g/mol.

Vamos utilizar a fórmula A=ε.b.c(mol/L) e isolar o valor de c(mol/L):
c$_{(mol/L)}$ = A/ ε.b
c$_{(mol/L)}$ = 0,172/ 2450.1
c$_{(mol/L)}$ = 0,0000702 ou 7,020x10^{-5} mol/L.

Agora, calculamos a concentração em ppm aplicando a fórmula 4 do quadro:
c$_{(ppm)}$ = c$_{(mol/L)}$.MM.1000
c$_{(ppm)}$ = 7,020x10^{-5}.230.1000 = 1,616x10^{-1} ou 16,15 ppm.

Exemplo 4:

Calcule a concentração em mol/L de uma solução que apresenta absorbância igual a 0,798, absortividade 0,0750 e cubeta de 2 cm. A massa molar dessa substância analisada é 150 g/mol.
Temos:
A = 0,798
a = 0,0750
b = 2 cm
MM = 150 g/mol.

O exercício nos forneceu absortividade (a), então usaremos a fórmula A=a.b.c$_{(ppm)}$. Em seguida, vamos transformar a concentração em ppm para c em mol/L.
A=a.b.c$_{(ppm)}$
c$_{(ppm)}$ = A/a.b
c$_{(ppm)}$ =0,798/0,0750.2
c$_{(ppm)}$ =5,32 ppm
c$_{(mol/L)}$ = c(ppm)/ MM.1000
c$_{(mol/L)}$ = 5,32/150.1000
c$_{(mol/L)}$ = 3,547X10-5 mol/L.

Você pode transformar os números em conotação científica apertando algumas teclas da calculadora. Por exemplo, se sua calculadora for da marca CASSIO OU HP, utilize a tecla "mode" até visualizar a tela "Sci". Clicando ali, a transformação do valor obtido será automática. Em outros modelos da CASSIO você pode utilizar a tecla "shift e mode" para visualizar a função científica. Em outros modelos e marcas, há a opção de clicar na tecla "2nd + ENG + =". No final da aula há sugestões de vídeos para utilizarem calculadora científica.

Agora, resolva os exercícios a seguir:

Calcule a concentração em ppm de uma solução que apresenta absorbância igual a 0,850, absortividade 0,0560 e cubeta de 1,5 cm. *Resposta: c$_{(ppm)}$=0,1012 ppm.*
Calcule a concentração em mol/L do exercício anterior utilizando massa molar da molécula = 100 g/mol. *Resposta: c$_{(mol/L)}$ =1,012x10^{-6} mol/L.*
Calcule a concentração em mol/L de uma solução que apresenta absorbância igual a 0,150, absortividade molar 2400 e cubeta de 1, cm. *Resposta: c$_{(mol/L)}$ =6,250 x10^{-5} mol/L.*
Calcule a concentração em ppm do exercício anterior utilizando massa molar da molécula = 340 g/mol. c$_{(ppm)}$= *321,25 ppm.*

Há outras maneiras de calcularmos as concentrações das soluções e são de uso mais prático no laboratório.

2 - Cálculos de absorbância e concentrações pela lei de Lambert-Beer

Curva de calibração ou curva padrão é o gráfico que faz a relação entre as concentrações de soluções padrão e suas respectivas absorbâncias. Esses gráficos são preparados com soluções padronizadas e diferentes concentrações. As informações geradas pela curva devem ser utilizadas para calcularmos a concentração de amostras.
Vocês sabem que soluções padronizadas são aquelas que têm concentrações conhecidas. Digamos que preparamos cinco soluções com diferentes concentrações de permanganato de potássio (KMnO4) e cada uma foi lida

em um espectrofotômetro. Cada uma das soluções apresenta uma absorbância diferente.

QUANDO MAIS CONCENTRADA A SOLUÇÃO, MAIOR SERÁ A ABSORBÂNCIA

Considere que foram preparadas seis soluções com diferentes concentrações de KMnO4 e cada uma com diferentes concentrações: 0; 0,75 mg%; 1,5 mg%; 2,25 mg%; 3 mg%; 4,5 mg%. A absorbância para cada solução está apresentada na tabela a seguir:

Concentração de KMnO4 (mg%)	Absorbância
0	0
0,75	0,02
1,5	0,04
2,25	0,07
3	0,09
4,5	0,14

Fonte: http://www.ufrgs.br/leo/site_espec/curvapadrao.html. Acesso em: 30 jun. 2020.

A partir dos valores da tabela plotamos um gráfico no Excel que nos fornece uma reta (que chamamos de curva). Segue a curva do $KMnO_4$.

Figura – Curva de calibração do permanganato de potássio.

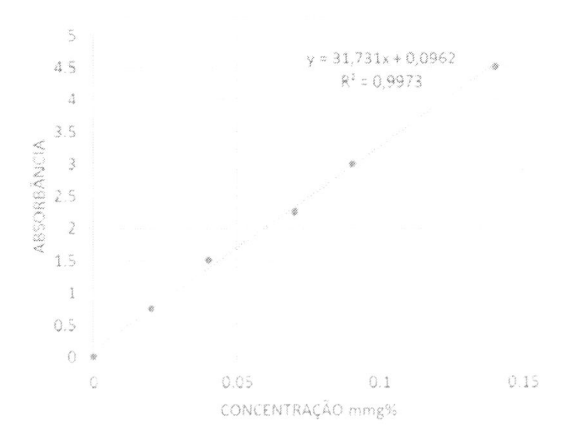

Cada ponto da curva é uma solução padrão que foi injetada no espectrofotômetro. Para utilizarmos a curva para encontrarmos a concentração de solução, primeiro avaliamos se o R2 é próximo de 1,000. A nossa curva tem um R2 igual a 0,9973, então podemos utilizar a equação da reta para encontrarmos a concentração de uma amostra. A nossa equação da reta é: y = 31.731x + 0.0962, sendo y = valor de absorbância encontrado na amostra e x o valor de concentração.

Vamos resolver um exemplo:

Exemplo 5:

Qual a concentração de uma amostra de concentração desconhecida de KMnO4, cuja absorbância A= 2,3. Utilize a curva acima para encontrar esses valores.

Resposta:
Como nosso R^2 é aceitável, vamos utilizar a equação para calcularmos a concentração.

y = 31.731x + 0.0962

Substituímos y pelo valor de absorbância encontrada e depois isolamos x para chegar na concentração.

2,3 = 31,731x + 0,0962

x = $\dfrac{2,3 - 0,0962}{31,731}$

x = 0,0694 mg%

A CONCENTRAÇÃO DEVE ESTAR NA MESMA UNIDADE QUE APARECE NA CURVA.

Exemplo 6:

Qual a concentração de uma amostra de concentração desconhecida de furosemida, cuja absorbância foi A = 0,55. As informações da curva e a curva estão apresentadas a baixo:

Figura – Curva de calibração da furosemida.

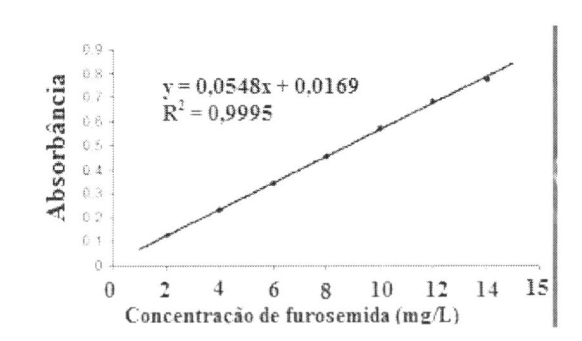

Fonte: https://dadospdf.com/download/validaao-da-metodologia-de-identificaao-espectrofotometrica-e-doseamento-da-furosemida-em-capsulas-_5a44a3d9b7d7bc891f7329a9_pdf. Acesso em: 30 jun. 2020.

Resposta: *Como nosso R^2 é aceitável, vamos utilizar a equação para calcularmos a concentração.*

y = 0,0548x + 0,9995

Substituímos y pelo valor de absorbância encontrada e depois isolamos x para chegar na concentração.

0,55 = 0,0548x + 0,0169

x = $\dfrac{0,55 - 0,0169}{0,0548}$

x = 9,73 mg/L.

A CONCENTRAÇÃO DEVE ESTAR NA MESMA

UNIDADE QUE APARECE NA CURVA.

Faça você:

Utilize os dados da curva de calibração da furosemida para encontrar a concentração de uma amostra de concentração desconhecida cuja absorbância é A = 0,34. *Resposta: x = 5,89 mg/L.*

Observe a curva de calibração de uma cumarina:

Figura – curva de calibração da cumarina.

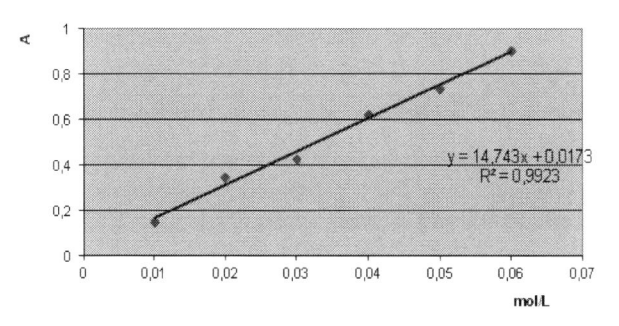

Fonte: http://profjbarbosa.blogspot.com/2012/08/aqi-exercicios-curva-de-calibracao-de.html. Acesso em: 30 jun. 2020.

Qual a concentração de uma amostra de cumarina que apresenta absorbância A = 0,61.

Resposta: *0,04 mol/L.*

3 - Cálculo de concentração da amostra por regra de 3

É possível calcular também a concentração de amostras utilizando valores de concentração da amostra (Ca), concentração do padrão (Cp), absorbância da amostra (Aa) e absorbância do padrão (Ap). A fórmula que deve ser aplicada é:

$$Ca = \frac{Aa \times Cp}{Ap}$$

Vamos resolver mais exemplos:

Exemplo 7:

Qual a concentração da amostra de concentração conhecida cuja absorbância é Aa = 0,73, a absorbância do padrão é Ap = 0,78 e a concentração do padrão é Cp = 0,25 mol/L.

$$Ca = \frac{Aa \times Cp}{Ap}$$

$$Ca = \frac{0,73 \times 0,25}{0,78}$$

Ca = 0,23 mol/L.

Exemplo 8:

Encontra Ca, nas seguintes condições: Aa = 0,98, Ap = 0,86 e Cp = 3 %.

$$Ca = \frac{Aa \times Cp}{Ap}$$

$$Ca = \frac{0,98 \times 3}{0,86}$$

Ca = 3,41 %.

Agora, tente resolver:

Encontre os valores da Ca para cada condição a seguir (considere cada linha uma amostra diferente).

	Ca	Cp	Aa	Ap
a)		0,05 mol/L	1,24	1,35
b)		2,5 ppm	0,54	0,57
c)		7 g/100 ml	0,98	0,87
d)		15 mg/ml	0,14	0,24

Respostas: a) Ca = 0,05 mol/L; b) Ca = 2,34 ppm; c) Ca = 7,88 g/100ml; Ca = 8,75 mg/ml.

Finalizamos a nossa quarta aula e agora vocês são capazes de calcular concentrações de concentração de diversas amostras.

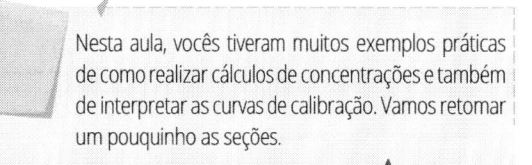

Retomando a aula

Nesta aula, vocês tiveram muitos exemplos práticas de como realizar cálculos de concentrações e também de interpretar as curvas de calibração. Vamos retomar um pouquinho as seções.

1 – Cálculos de absorbância e concentração pela lei de Lambert-Beer

Aprendemos a utilizar as variáveis de Lambert-Beer para encontrarmos valores de absorbância e concentrações. Aprendemos também a transformar uma concentração em outra (ppm em mol/L e vice-versa).

A fórmula é: A = a.b.c(ppm) ou A = ε.b.c(mol/L)

Não se esqueçam de escolher a fórmula correta para as respectivas unidades de concentração. Ah! Um lembrete: Absorbância não tem unidade de medida.

2 – Curvas de calibração

As curvas de calibração são preparadas com padrões da mesma amostra que se deseja analisar. Vimos que elas podem ser plotadas no Excel e suas informações como R2 e a curva da reta são fornecidas pelo software. É claro que é possível fazer isso manualmente. Mas, nosso objetivo é outro. Precisamos da equação para encontrarmos o valor de C.

3 – Cálculo de concentração da amostra por regra de 3

Outra maneira de chegarmos nos valores de concentração é por regra de 3. A fórmula Ca=AaxCp/Ap foi obtida por esse método simples. Lembrem-se de que no equipamento são obtidos os valores de Absorbâncias das amostras e dos padrões. A Cp é preparada pelo analista de laboratório e por isso seu valor é conhecido.

Vale a pena

Vale a pena acessar,

https://kasvi.com.br/espectrofotometria-analise-concentracao-solucoes/.

https://pt.khanacademy.org/science/chemistry/chem-kinetics/spectrophotometry-tutorial/v/spectrophotometry-introduction.

https://www.mt.com/br/pt/home/library/guides/laboratory-division/1/uvvis-spectrophotometry-guide-applications-fundamentals.html.

http://www.ufrgs.br/leo/site_espec/curvapadrao.html.

Vale a pena assistir,

Usando calculadoras científicas:
https://www.youtube.com/watch?v=Aw5pwvY7dng.
https://www.youtube.com/watch?v=-S0CKZnenX8.

Construindo uma curva de calibração:
https://www.youtube.com/watch?v=t7PSspuv4J4.

Minhas anotações

Aula 5º

Espectrometria de absorção e emissão atômica

Diferentemente da técnica de espectrofotometria UV-VIS vista anteriormente, que auxilia na determinação de moléculas orgânicas, as técnicas de espectrometria de absorção e emissão atômica são técnicas utilizadas para dosar elementos químicos, geralmente metais presentes em amostras do meio ambiente (ar, solo, água, medicamentos, alimentos, saneantes entre outros). Semelhantemente, a identificação e a quantificação desses analitos dependem da luz incidida sobre a amostra. Veremos a instrumentação e os princípios de cada técnica.

Bons estudos!

Objetivos de aprendizagem

Ao término desta aula, vocês serão capazes de:

- conhecer as técnicas de análise de absorção atômica;
- aprender sobre as técnicas de emissão atômica;
- compreender e diferenciar os princípios de cada técnica.

Seções de estudo

1 – Espectrometria de absorção atômica (AAS)
2 – Espectrometria de emissão atômica

1 - Espectrometria de absorção atômica (AAS)

A técnica é utilizada na análise de até 70 elementos químicos e apresenta alta sensibilidade. Para se ter uma ideia, pela técnica é possível detectar soluções com concentrações na ordem de ppm e ppb (parte por bilhão). Ela é empregada na identificação e quantificação de metais em amostras sólidas, líquidas ou gasosas.

As energias das partículas existem, pois a molécula movimenta-se de diversas maneiras:
a. Vibracional: ocorre quando os átomos estão interligados.
b. Rotacional: é devido ao movimento de rotação das moléculas no espaço.
c. Nuclear: é devido às propriedades magnéticas do núcleo.
d. Eletrônica: ocorre quando os elétrons absorvem energia e passam um estado de maior energia.
e. Translacional: movimento sobre o eixo na qual a molécula não está definida.

Fundamento da técnica: quando fornecemos energia para uma molécula ou átomo, seus elétrons tendem a passar para níveis eletrônicos mais energéticos. Esse processo é chamado de transição eletrônica. Esse fenômeno ocorre após a atomização.

Durante a análise, o analito deve passar para a fase gasosa (vapor atômico), pois as partículas estão bem separadas e permite a atomização. Para isso, é essencial que seja aplicada energia na forma de calor na amostra, o qual deve ser controlado para evitar que o átomo sofra excitação (átomo em estado energético acima do valor basal).

De acordo com o princípio de Kirchoff, "em condições especiais, todos os corpos podem absorver radiações que eles são capazes de emitir". Isso significa que os átomos absorvem radiação em um determinado comprimento de onda e emitem radiação no mesmo comprimento de onda.

Observe na figura a seguir o estado de transição (que ocorre quando o elétron recebe energia e salta para níveis mais energéticos) e o estado de emissão (que ocorre quando o elétron volta para a camada anterior).

Figura – em "a" nota-se o momento de transição eletrônica e em "b" ocorre emissão ondas eletromagnéticas na forma de luz.

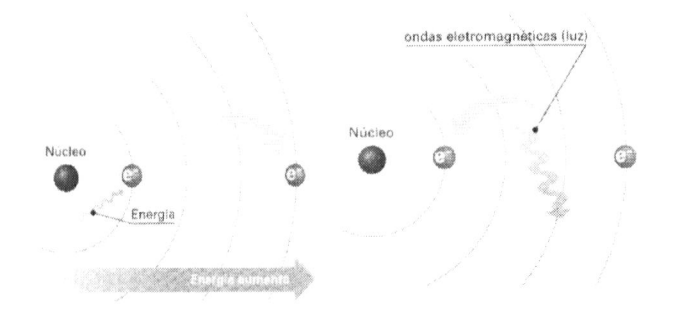

a) Transição eletrônica   b) Emissão de luz

Fonte: http://educonse.com.br/2012/eixo_06/PDF/34.pdf. Acesso em: 30 jun. 2020.

Na transição eletrônica o elétron salta para níveis mais energéticos. Para isso, ele recebeu energia de uma fonte externa. Na etapa de emissão, essa energia é liberada na forma de ondas eletromagnéticas (luz). Cada átomo apresenta seu comprimento de onda (λ) específico de absorção e de emissão. No final da aula, há um *link* que vocês podem acessar que os levará para uma tabela periódica de espectros de emissão de cada elemento. Vale a pena conferir. Há também um site chamado de *Wolframalpha* em que você pode consultar os espectros de emissão dos elementos químicos.

Figura – Espectro de emissão atômica do estrôncio (Sr), Bário (Ba), Sódio (Na) e Potássio (K).

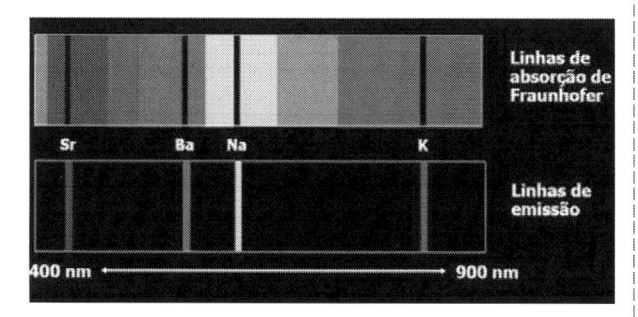

Fonte: http://web.cena.usp.br/apostilas/krug/AAS%20fundamentos %20te%C3%B3ricos%20FANII.pdf. Acesso em: 30 jun. 2020.

Instrumentação do equipamento de absorção atômica (AAS)

A instrumentação do AAS consiste dos elementos: fonte de radiação (lâmpada), atomizador, monocromador e detector.

Figura – Elementos do AAS. A = Fonte de radiação; B = queimador/atomizador; C = Monocromador; D = Detector; E = Amplificador; F = indicador. Fonte: Adaptado de Hitachi High-Tec. In:

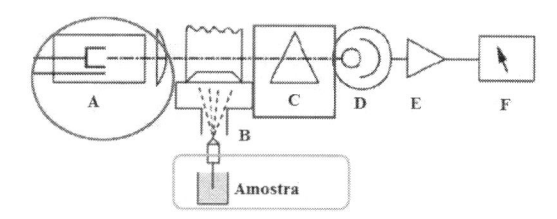

Fonte: http://www.hitachihitec.com/global/science/ aas/aas_basic_2.html. Acesso em: 30 jun. 2020.

Fonte de radiação

As fontes de radiação utilizadas na técnica de AAS são as lâmpadas de cátodo oco (LCO) e as lâmpadas de descarga sem eletrodos (EDL).

As LCO são as mais utilizadas e consistem em um ânodo de tungstênio e um cátodo cilíndrico selado no interior de um tubo de vidro que contém um gás inerte. O gás pode ser argônio (Ar) ou neônio (Ne). O cátodo deve ser do próprio elemento que está sendo analisado, já que ele vai emitir o comprimento de onda específico da amostra. Por exemplo, se analisarmos a quantidade de íons sódio em amostras de alimentos, deveremos utilizar lâmpada de sódio.

Figura – LCO.

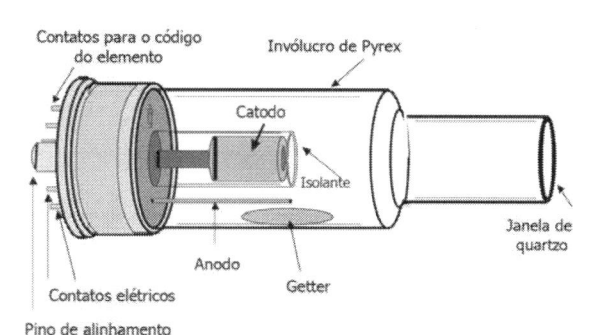

Fonte: https://blog.vrbrasil.com/tudo-sobre-lampadas-de-catodo-oco/ https://loja.analiticaweb.com.br/produtos/P808C_2.jpg. Acesso em: 30 jun. 2020.

Notem que a lâmpada da imagem é de cobre (Cu) e será utilizada para as análises de amostras que contêm íon cobre. Para que ocorra a emissão de radiação no comprimento de onda específico, dentro da lâmpada ocorre um processo chamado *sputtering*.

"A aplicação de uma diferença de potencial de 200-400 V entre os eletrodos causa ionização do gás inerte, formando íons positivos. Estes são acelerados para o cátodo, onde sua colisão com o eletrodo fornece energia suficiente para excitar os elétrons do metal constituinte do cátodo. O metal excitado sobre posteriormente um processo de relaxação com a emissão de linhas características" (LUNA, 2003, p. 57).

Atualmente, existem disponíveis lâmpadas multielementares (lâmpadas que podem ser utilizadas para vários elementos) que facilitam o manuseio do equipamento e o processo de aquisição. As lâmpadas de descarga sem eletrodo (EDL) produzem espectro de emissão com intensidade superior às LCOs. Elas possuem em um bulbo de quartzo selado que contém gás inerte e pequena quantidade do analito. E energia da lâmpada é proveniente de um campo de radiofrequência ou micro-ondas. O gás é ionizado no interior da lâmpada e produz energia suficiente para excitar os átomos do metal do cátodo por colisão. Esse metal, por sua vez, sofre relaxação e emite linhas características, processo esse semelhante ao que ocorre com as LCO.

Figura – LCO

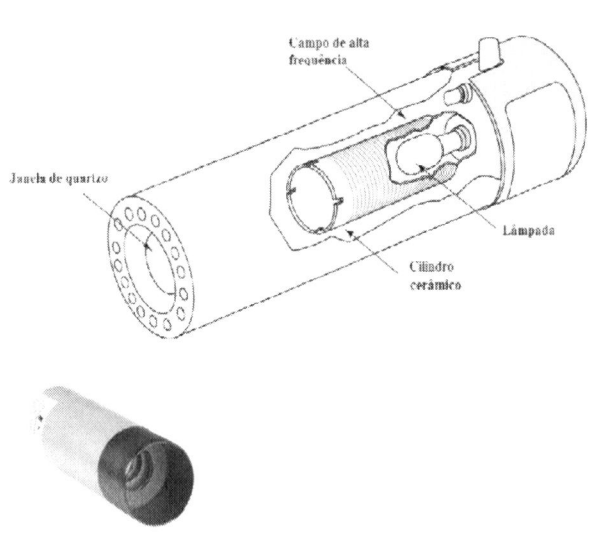

Fonte: https://images.slideplayer.com/13/3920364/slides/slide_29.jpg. Acesso em: 30/06/2020.

Há ainda outras fontes de radiação, como as lâmpadas de tungstênio, as lâmpadas de quartzo-iodo e os lasers. Qualquer que seja, ela deve emitir radiação específica sobre o vapor atômico da amostra a ser analisada.

Atomizador

A atomização é o processo no qual a amostra será convertida em átomos ou íons monoatômicos em fase gasosa (vapor). Os principais atomizadores utilizados da técnica AAS são a chama e a atomização eletrotérmica. A geração de hidretos outra técnica que determina somente os elementos arsênio (As), selênio (Se), antimônio (Sb), bismuto (Bi), germânio (Ge), telúrio (Te), estanho (Sn) e chumbo (Pb). O vapor a frio também é uma técnica de atomização, mas menos empregada, por determina somente mercúrio (Hg).

A atomização eletrotérmica é mais sensível do que a chama, pois é mais recomendável para amostras mais diluídas (faixa ppb). A chama é recomendável para a faixa de ppm.

Figura – Etapas da atomização de uma amostra.

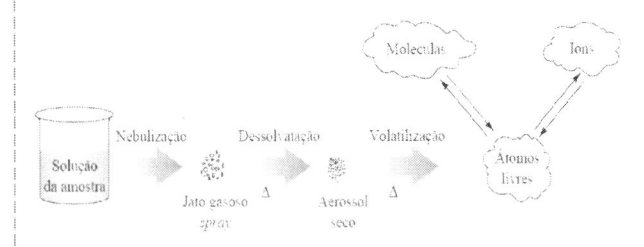

Fonte: SKOOG, 2006.

Na atomização por CHAMA (FAAS – *Flame Atomic Absorption Spectrometry*), a amostra é nebulizada e transformada em aerossol, o qual é introduzido na chama de um combustor. Nesse momento, ocorre atomização do analito. Durante a nebulização, somente as partículas maiores são direcionadas ao combustor e as menores são descartadas. Por isso a técnica é pouco sensível.

Figura – Atomizador por chama.

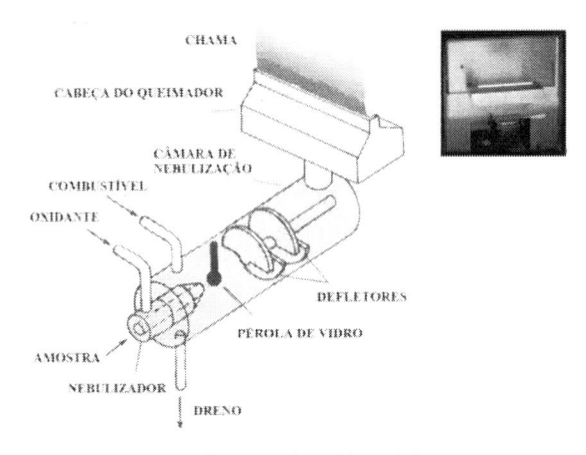

Fonte: http://www.instrulab.com.br/
https://www.fcav.unesp.br/Home/departamentos/tecnologia/LUCIANAMARIASARAN/espectroscopia-de-absorcao-atomica-versao-final.pdf.
Acesso em: 30 jun. 2020.

Diversas combinações de combustível e oxidantes podem ser escolhidas para cada tipo de amostra a ser atomizada. Essa combinação leva a diferentes temperaturas que devem ser suficientes para atomizar o analito, mas não deixá-lo excitar. A temperatura da chama determina a eficiência da atomização, ou seja, qual a porcentagem do analito que vai ser convertida em átomos livres ou íons ou ambos.

Tabela – Chamas utilizadas em espectroscopia atômica

Chamas utilizadas em Espectroscopia Atômica	
Combustível e Oxidante	Temperatura, °C
*Gás/Ar	1.700–1.900
*Gás/O₂	2.700–2.800
H₂/ar	2.000–2.100
H₂/O₂	2.500–2.700
†C₂H₂/ar	2.100–2.400
†C₂H₂/O₂	3.050–3.150
†C₂H₂/N₂O	2.600–2.800

Fonte: SKOOG, 2006.

Os atomizadores eletrotérmicos (ETAAS – *Eletrothermal Atomic Absorption Spectrometry*) oferecem maior sensibilidade à análise, já que a temperatura pode ser controlada automaticamente. Outras vantagens dos atomizadores eletrotérmicos são a menor quantidade de amostra a ser utilizada no ensaio e possibilidade de análise de materiais sólidos diretamente. O *forno de grafite* (GFAAS – *Graphite Furnance Atomic Absorption Spectrometry*) é o atomizador eletrotérmico mais empregado (figura a seguir).

Figura – Forno de grafite

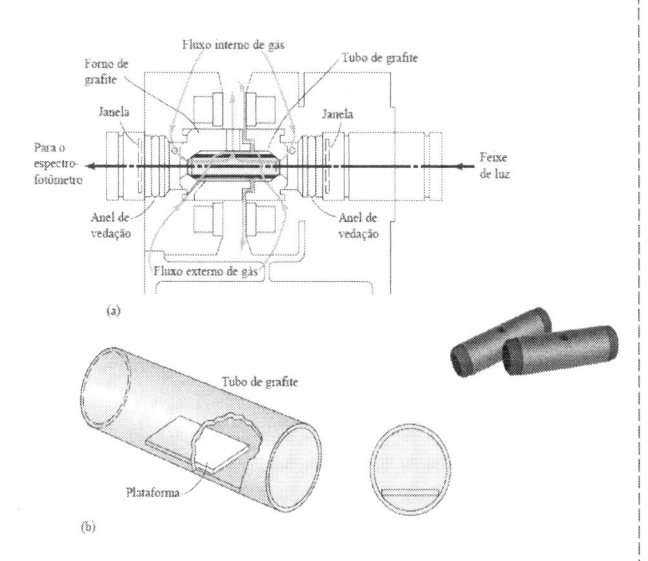

Fonte: SKOOG, 2006.

As etapas de atomização seguem a sequência:
1. Injeção da amostra no tubo ou forno de grafite;
2. Secagem em baixa temperatura: para evaporar o solvente;
3. Aumento da temperatura para eliminação dos componentes voláteis indesejados: esse processo é conhecido por pirólise;
4. Aumento da temperatura para atomizar o analito: ocorre geralmente na faixa de temperatura de 2.000 a 2.800 °C.

Elas podem ser plotadas em um gráfico conhecido por plataforma de *L'vov*, para melhor interpretação das condições que deverão ser empregadas nas análises. (LUNA, 2003)

Figura – Plataforma de L'Vov

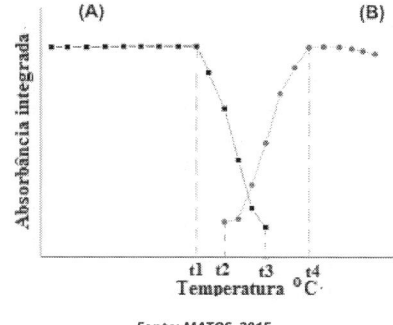

Fonte: MATOS, 2015.

Monocromador

Como já vimos na aula 3, o monocromador tem a função de selecionar a linha espectral a partir da linha emitida pela fonte de radiação.

Figura – Monocromador.

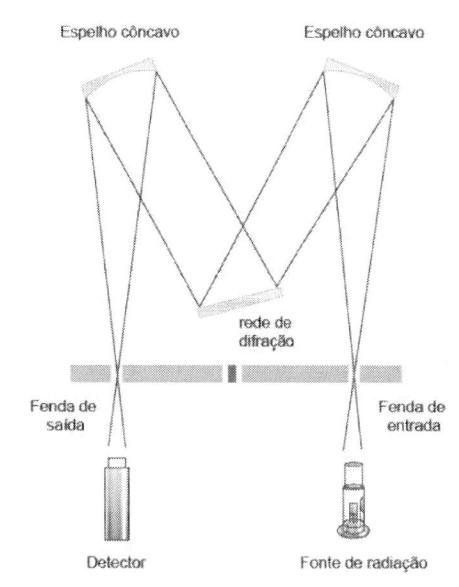

Fonte: MATOS, 2015.

Essa seleção ocorre devido à rede de difração em seu interior e às duas fendas estreitas na entrada e na saída. Na fenda de entrada, o prisma é decomposto pela rede de difração. A fenda de saída permite que passe apenas o comprimento de onda de interesse.

Detector

A função de um detector é medir a intensidade da luz e transformá-la em sinal elétrico. Os processadores são conectados a esse sistema e registram as seguintes informações: sinal em absorbância, concentração, curvas de calibração, médias, desvios padrões e coeficientes de correlação.

A figura a seguir, mostra um modelo de AAS e logo abaixo vocês podem apreciar a visão geral do processo que ocorre no interior do equipamento:

Figura – Espectrômetro de absorção atômica.

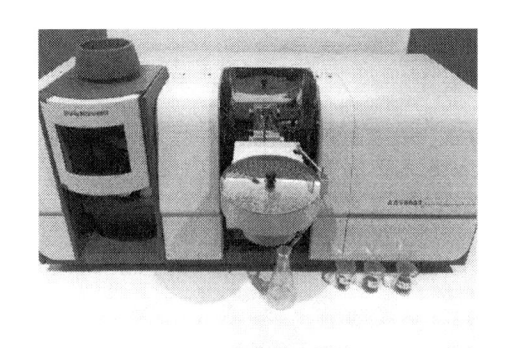

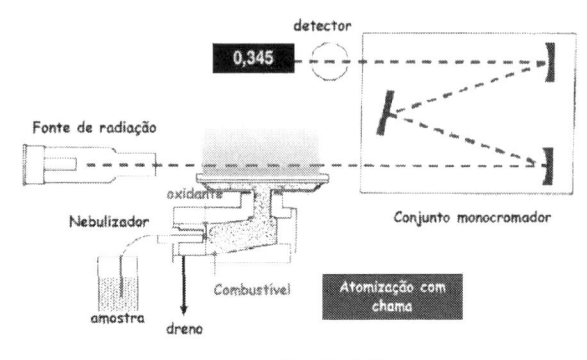

Fonte: UNITECHBRASIL.

2 - Espectrometria de emissão atômica

A espectrometria de emissão atômica, não somente converte os componentes da amostra em átomos ou íons monoatômicos, mas também excitam uma fração do analito. Diferentemente do que ocorre na técnica de AAS, na emissão não há fonte de radiação. É a própria amostra, que ao retornar para o estado fundamental após aquecimento, emite a luz em direção ao monocromador. Por esse motivo, o atomizador utilizado deve fornecer ainda mais energia na forma de calor. Ele deve ser suficientemente alto para excitar a maior fração de analito da amostra.

A energia é fornecida em atomizadores do tipo gerador de plasma, chama, descarga a baixa pressão ou laser de potência.

Figura – Comparação das técnicas de absorção e emissão atômica.

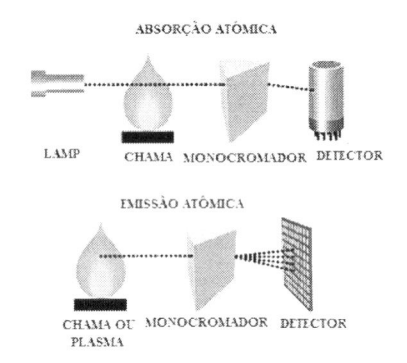

Fonte: https://www.dctech.com.br/. Acesso em: 30/06/2020.

O elemento que diferencia melhor as duas técnicas é o atomizador. Como a temperatura aplicada na atomização deve ser mais alta, dá-se preferência aos atomizadores por plasma, embora a chama seja bastante utilizada na técnica. Observem no esquema, a seguir, o que ocorre com o analito quando entra em contato com o atomizador:

Figura – Fenômenos envolvidos com a amostra no atomizador

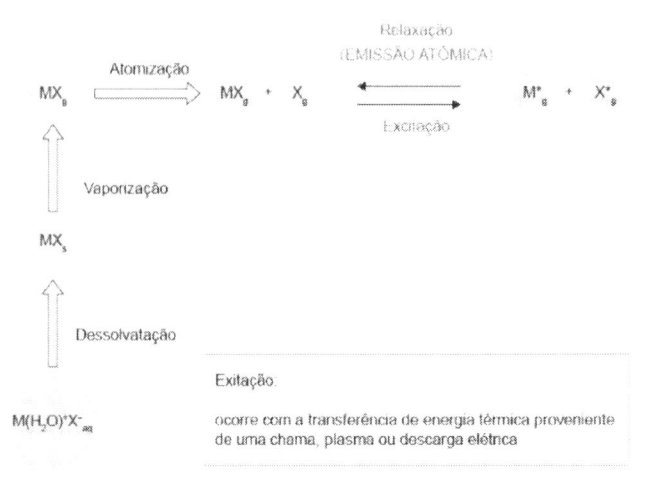

Excitação: ocorre com a transferência de energia térmica proveniente de uma chama, plasma ou descarga elétrica

Fonte: MATOS, 2015.

- **Dessolvatação:** consiste na remoção do solvente presente a amostra;
- **Vaporização:** é a passagem da amostra do estado sólido (s) para o gasoso (g);
- **Atomização:** é a separação da molécula em átomos - MX(g) e X(g).
- **Excitação:** os elétrons dos átomos passam para estados mais energéticos. O átomo no estado excitado é representado com *, conforma a figura.

Na absorção atômica, o analito é analisado após etapa de atomização. Já na emissão, a análise deve ocorrer após excitação.

Fontes de plasma

O plasma consiste em uma mistura de gás ionizado, que é responsável pela formação de íons negativos e partículas neutras. O gás argônio (Ar$^+$) é o responsável pela manutenção da temperatura do plasma. Isso ocorre porque seu potencial de ionização é alto, é bom condutor térmico e tem alto grau de pureza.

Há três fontes de plasma: o indutivamente acoplado (ICP), o de corrente contínua (DCP) e micro-ondas. A figura a seguir traz as duas fontes de plasma mais utilizadas:

Figura – Fontes de plasma.

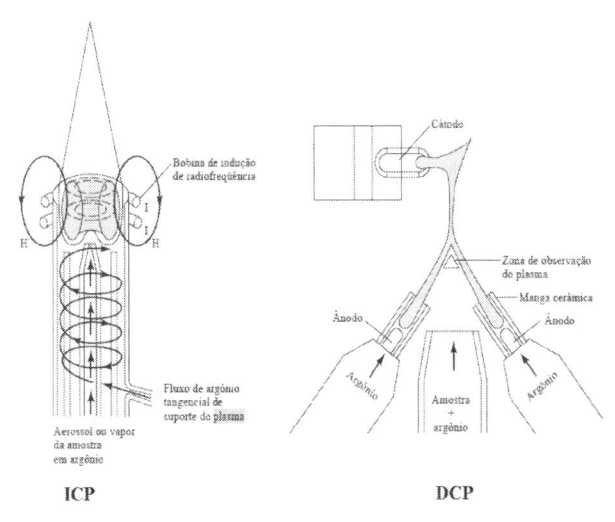

Fonte: SKOOG, 2006.

O ICP consiste em três tubos concêntricos por onde passa o gás argônio. A bobina de indução é refrigerada a água e também é alimentada por um gerador de radiofrequência. A partir de uma descarga tipo tesla, há uma sequência de eventos que envolvem a ionização do argônio no interior do ICP e leva à formação do plasma. É importante isolar o sistema por causa do aquecimento provocado e isso ocorre por um fluxo de argônio tangencial de suporte ao plasma. Podemos chamar agora essa fonte de plasma de "tocha". Há tochas axiais (vertical) ou radiais (horizontal). A tocha radial oferece melhor estabilidade e precisão comparada à axial, já a axial apresenta limites de detecção mais baixos. Há sugestão de um vídeo para assistirem que traz uma animação interessante sobre o ICP-OES.

O DCP foi projetado para obter espectros de emissão de vários elementos. Os eletrodos encontram-se em uma geometria de Y invertido. O fluxo de Ar vai do bloco do ânodo para o cátodo. Após o contato do cátodo com o ânodo, ocorre ionização do Ar que gera íons adicionais e plasma. A temperatura atinge cerca de 10.000 K e na região de observação atinge cerca de 5.000 K.

A tabela a seguir traz algumas diferenças entre as duas fontes de plasma:

	ICP	DCP
Espectro produzido	IÔNICO	ATÔMICO
Sensibilidade	MAIOR	MENOR
Reprodutibilidade	IGUAL	IGUAL
Consumo de Argônio	MAIOR	MENOR
Manutenção	POUCA	EXIGE TROCA DOS ELETRODOS DE GRAFITE

As fontes de plasma são acopladas a um nebulizador que pode ser concêntrico ou Meinhard, nebulizador de fluxo cruzado, o do tipo Babington e o ultrassônico. O que muda entre um e outro é a maneira como a amostra será conduzida ao plasma.

A figura traz um modelo de espectrômetro de emissão atômica da marca Varian.

Figura – Espectrômetro de emissão atômica.

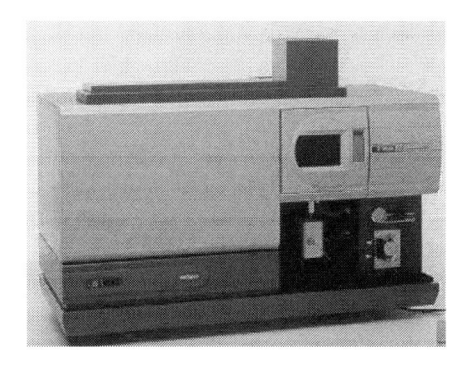

A tabela, a seguir, traz os elementos que podem ser analisados pelas diferentes técnicas e em diferentes faixas de concentração.

Técnica	Número de elementos detectados em concentrações de:				
	< 1 ppb	1-10 ppb	11-100 ppb	101-500 ppb	> 500 ppb
ICP – OES	9	32	14	6	0
OES – Chama	4	12	19	6	19
AFS – Chama	4	14	16	4	6
AAS – Chama	1	14	25	3	14

Retomando a aula

Chegamos mais uma etapa das nossas aulas. Finalizamos a nossa aula sobre espectrometria. Espero que estejam aproveitando. Vamos relembrar algumas seções:

1 – Espectrometria de absorção atômica (AAS)

Tanto a técnica de absorção atômica como a de emissão atômica são úteis para detecção de metais. Na técnica de absorção precisamos de uma fonte de radiação que é uma lâmpada que emite luz no comprimento de onda específico da amostra. A quantidade de analito vai influenciar no sinal recebido pela amostra, os cálculos podem ser realizados da mesma maneira que vocês aprenderam na aula 4. Os tipos de lâmpadas são LCO e EDL. Os atomizadores mais utilizados são chama e atomizadores eletrotérmicos.

2 – Espectrometria de emissão atômica

Na espectrometria de emissão, não há fonte de radiação. O atomizador é o responsável por fornecer energia suficiente para atomizar a amostra. Os principais atomizadores são i ICP e o DCP, os quais são fontes de plasma, que atinge alta temperatura.

O monocromador e detector são iguais nas duas técnicas.

Vale a pena

Vale a pena ler,

A história da espectrometria.
http://www.ifsc.usp.br/~donoso/espectroscopia/Historia.pdf.

Vale a pena acessar,

Tabela periódica dos espectros de emissão atômica:
https://www.tabelaperiodica.org/tabela-periodica-com-espectros-de-emissao-atomica-dos-elementos/.

Vale a pena assistir,

Cores emitidas por elementos químicos:
https://www.youtube.com/watch?v=nS77SPywI9w.
https://www.youtube.com/watch?v=TOyDzOc2AaI.

Animação do ICP:
https://www.youtube.com/watch?v=0NNcrB7aUK4 .

GLOSSÁRIO

Aerossol: suspensão de partículas sólidas ou líquidas, finamente divididas em um gás.

Átomo no estado excitado: átomo em estado energético acima do valor basal.

Minhas anotações

Aula 6º

Métodos cromatográficos clássicos

A cromatografia foi descoberta no início do século XX através de estudos realizados pelo botânico russo Michael Tswett, fundamentados na separação de pigmentos presentes em extratos de plantas. Porém, somente no ano de 1941, Martin e Synge instituíram a importância das separações cromatográficas e dirigiram os desenvolvimentos das teorias cromatográficas. Ao longo dos anos as indústrias químicas, farmacêuticas, alimentícias, petroquímicas, laboratórios de análises clínicas, ambiental e forense entre outras, apresentaram uma maior necessidade em separar, isolar, purificar, identificar e quantificar diversos compostos, com isso ocorreu o avanço da cromatografia. A seguir, vamos conhecer alguns dos principais e mais utilizados métodos cromatográficos e como se fundamentam.

Bons estudos!

Objetivos de aprendizagem

Ao término desta aula, vocês serão capazes de:

- conhecer a origem da cromatografia e prever possibilidades de separação e isolamento de compostos orgânicos.

Seções de estudo

1 – Definição de Cromatografia
2 – Mecanismos de Separação
3 – Tipos de Cromatografia

1 - Definição de Cromatografia

A cromatografia é um método físico-químico de separação de compostos orgânicos. Fundamenta-se na migração diferencial dos componentes de uma mistura, que ocorre devido às diferentes interações, entre duas fases imiscíveis, a fase móvel e a fase estacionária.

Como podemos ver na imagem abaixo, os componentes de uma mistura (substância azul, amarela, verde e roxa) são transportados através da fase estacionária pelo fluxo de uma fase móvel e a separação ocorre com base nas diferenças de velocidade de migração entre os componentes.

Figura 1 – Esquema de separação de compostos em uma mistura.

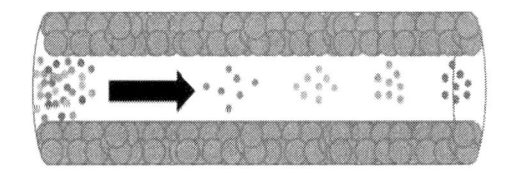

Fonte: https://maestrovirtuale.com/cromatografia-gasosa-como-funciona-tipos-pecas-usos/Acesso em: 30 jun. 2020.

Vejamos que a amostra a ser separada é introduzida na fase móvel, a qual se movimenta sobre a fase estacionária e os componentes são separados de acordo com a afinidade por cada fase. A fase móvel pode ser um solvente, uma mistura de solventes ou gases. A fase estacionária pode ser sílica, terra diatomácea, papel, enzima, entre outros. Dessa forma, as moléculas que têm uma afinidade maior à fase estacionária apresentam uma corrida mais lenta em relação às moléculas com pouca afinidade, pois irá ficar mais tempo aderidas à fase estacionária.

Vejamos um exemplo:

Figura - Separação de componentes de uma mistura por cromatografia.

Fonte:https://www.crq4.org.br/sms/files/file/conceitos_hplc_2010.pdf. Acesso em: 30 jun. 2020.

Uma dada amostra foi adicionada ao cromatograma para separação dos seus compostos. Analisando a imagem acima da corrida cromatográfica, quais dos compostos apresentaram maior afinidade pela fase estacionária?

A amostra PRETA foi quem apresentou maior afinidade pela fase estacionária, pois como podemos visualizar ela ficou mais tempo aderida à fase estacionária. Consequentemente, apresentou uma corrida mais lenta.

2 - Mecanismos de separação

Como vimos anteriormente, a cromatografia consiste basicamente na separação de compostos, certo? E como ocorre essa separação? Bom, ela é composta por quatro mecanismos básicos, sendo eles:
- Adsorção
- Partição
- Troca Iônica
- Exclusão Molecular

2.1 Separação por Adsorção

O processo de separação por adsorção consiste basicamente na adesão dos compostos à fase estacionária.

Figura 2 – Esquema de soluto adsorvido na fase estacionária.

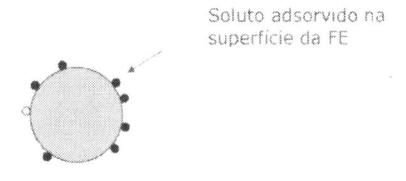

Fonte:http://www.ufjf.br/quimica/files/2016/08/Introdu%C3%A7%C3%A3o-a-cromatografia-Marcone-20161.pdf. Acesso em: 30 jun. 2020.

2.2 Separação por Partição

A separação por meio do processo de partição dá-se por meio da interação dos compostos com a fase estacionária, ou seja, os compostos interagem com a fase estacionária formando um filme em sua superfície.

Figura 3 – Soluto aderido em suporte sólido.

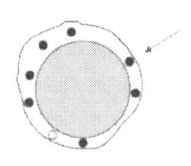

Fonte:http://www.ufjf.br/quimica/files/2016/08/Introdu%C3%A7%C3%A3o-a-cromatografia-Marcone-20161.pdf Acesso em: 30 jun. 2020.

2.3 Separação por Troca Iônica

O mecanismo de separação por troca iônica advém da diferença de cargas dos íons presentes. Dessa maneira, a fase estacionária irá apresentar uma carga, sendo ela aniônica ou catiônica, dessa forma, os compostos com cargas opostas à fase estacionária irão se ligar e apresentar uma corrida mais lenta. Vejamos na (Fig. x) a fase estacionária apresenta característica catiônica (+), frente a isso os compostos aniônicos (-) apresentaram afinidade a ela.

Figura 4 – Esquema de cromatografia de troca-iônica.

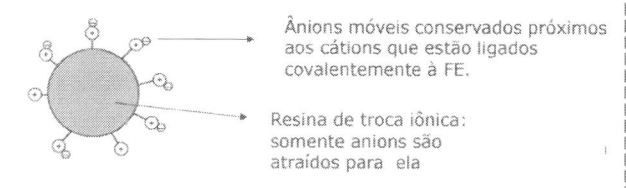

Fonte: http://www.ufjf.br/quimica/files/2016/08/Introdu%C3%A7%C3%A3o-a-cromatografia-Marcone-20161.pdf Acesso em: 30 jun. 2020.

1.1.4 Separação por Exclusão Molecular

A separação ocorre de acordo com o peso molecular, no qual a fase móvel passa pela fase estacionária e os compostos de baixo peso molecular apresentam uma corrida lenta, pois permanecem aderidos aos poros enquanto os compostos de alto peso molecular atravessam livremente a fase estacionária, consequentemente apresentam uma corrida mais rápida.

Figura 5 – Representação da interação do soluto na cromatografia por exclusão

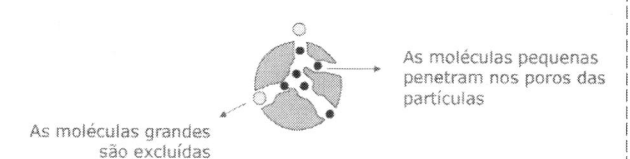

Fonte: http://www.ufjf.br/quimica/files/2016/08/Introdu%C3%A7%C3%A3o-a-cromatografia-Marcone-20161.pdf Acesso em: 30 jun. 2020.

Vejamos um exemplo:

"Para a separação de ácidos a partir de extratos de origem natural, a utilização desse tipo de cromatografia utilizando resina aniônica em meio não aquoso apresenta vantagens em relação a outros métodos clássicos, como na cromatografia em colunas de sílica" (JÚNIOR et al. Quim. Nova, v. 28, p. 719-722, 2005).

A técnica citada na sentença acima trata-se do método de separação por:
(A) Adsorção
(B) Partição
(C) Troca Iônica
(D) Exclusão

Na técnica citada diz que "utilização desse tipo de cromatografia utilizando resina aniônica". Dessa forma, conclui-se que trata-se do método de separação por Troca Iônica, no qual, a separação dos compostos ocorre devido à diferença de cargas. Então, a resposta correta é a alternativa 'C'.

Interpretando um cromatograma:

Um cromatograma é um gráfico que relaciona absorbância x tempo. Ele apresenta as substâncias que estão sendo separadas em um equipamento de cromatografia. Nele, é possível visualizarmos os picos, que representam cada substância presente na amostra. Ele é lido da esquerda para a direita. O primeiro pico é o primeiro da esquerda e representa a primeira substância que saiu da fase estacionária e atingiu o detector. O último pico representa a última substância a atingir o detector. Quanto mais tempo a substância demora para atingir o detector, maior é a sua interação pela fase estacionária.

Segue mais um exemplo:

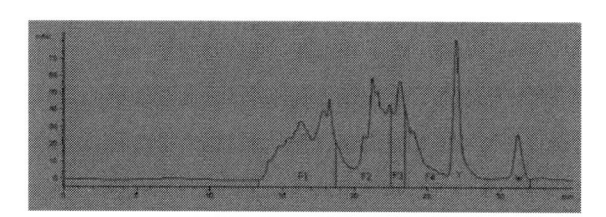

Fonte: Biasutti et al. Ação da pancreatina na obtenção de hidrolisados protéicos de soro de leite com elevado teor de oligopeptídeos. Rev. Bras. Ciências Farmacêuticas, v. 44, p. 51-60, 2008).

Analisando a imagem acima e tendo conhecimento que a técnica cromatográfica empregada promove a separação de compostos pela diferença de peso molecular, pode-se afirmar que as frações F1, F2, F3 e F4 correspondem, respectivamente a:

(A) grandes peptídeos (> 7 resíduos de aminoácidos); médios peptídeos (4 a 7 resíduos de aminoácidos); tri e dipeptídeos; aminoácidos livres.
(B) aminoácidos livres; di e tripeptídeos; médios peptídeos (4 a 7 resíduos de aminoácidos); grandes peptídeos (> 7 resíduos de aminoácidos);
(C) médios peptídeos (4 a 7 resíduos de aminoácidos); grandes peptídeos (> 7 resíduos de aminoácidos); di e tripeptídeos; aminoácidos livres.
(D) grandes peptídeos (> 7 resíduos de aminoácidos); aminoácidos livres; médios peptídeos (4 a 7 resíduos de aminoácidos); di e tripeptídeos.

Como aprendemos anteriormente a separação por Exclusão Molecular ocorre de acordo com o peso molecular dos compostos presentas das amostras. Dessa forma, compostos com menor peso molecular permanecem por um maior tempo aderido a fase estacionária e os compostos com maior peso molecular saem mais facilmente da corrida cromatográfica e chegam primeiro ao detector. Concluímos então, que a resposta correta é a alternativa 'A'.

3 - Tipos de cromatografia

Com o passar dos anos, a cromatografia apresentou uma grande evolução decorrente das necessidades de variação para a separação molecular. Diversos tipos de cromatografia estão sendo utilizados hoje em dia, para diferentes atividades laboratoriais através do mundo. Para podermos ter uma visão mais ampla dos diferentes tipos de cromatografia, vejamos a figura abaixo:

Figura 6 – Tipos de cromatografia

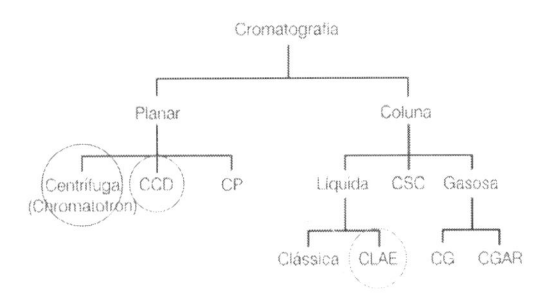

Fonte: http://qnint.sbq.org.br/novo/index.php
?hash=conceito.33. Acesso em: 30 jun. 2020.

Os métodos cromatográficos são classificados em dois tipos básicos. Na cromatografia em coluna, a fase estacionária é mantida em um tubo estreito e a fase móvel, forçada através do tubo sob pressão ou por gravidade. Já na cromatografia planar, a fase estacionária é suportada sobre uma placa plana ou nos poros de um papel. Nesse caso, a fase móvel desloca-se através da fase estacionária por ação da capilaridade ou sob a influência da gravidade, vejamos:

Figura 7 – Cromatografias clássicas

Cromatografia Planar

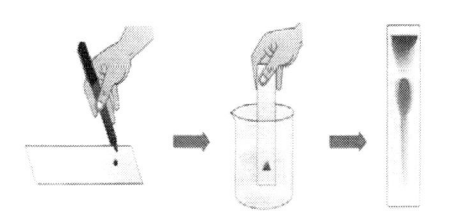

Cromatografia em Coluna

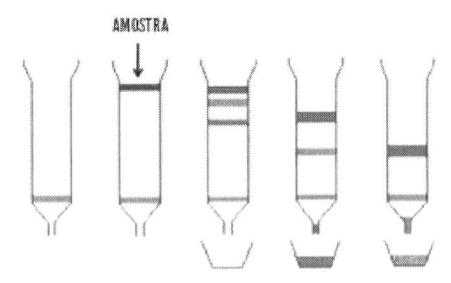

Fonte: https://www.todamateria.com.br/cromatografia/. Acesso em: 30 jun. 2020.

Dentre os vários tipos de cromatografia, as mais utilizadas atualmente são a cromatografia líquida clássica de alta eficiência (CLAE) e a cromatografia gasosa, as quais, iremos abordar nas aulas 7 e 8.

Ao final do processo de separação cromatográfica os compostos separados são comparados aos padrões conhecidos e por fim identificados.

A cromatografia é uma das técnicas analíticas mais versáteis e utilizadas da atualidade. Suas principais vantagens são: processo de separação, análise e purificação precisos; análise de volumes de amostra muito baixos; analisa uma vasta gama de amostras que incluem drogas, partículas do alimento, plásticos, inseticidas, amostras do ar e de água, e extratos de tecido; os componentes da mistura separados pela cromatografia podem ser recolhidos individualmente; além disso tornar possível a separação de misturas altamente complexas.

Vamos exercitar:

1) Analise as afirmações a seguir:

I - Os métodos cromatográficos são classificados em dois tipos básicos: Cromatografia Planar e Cromatografia em Coluna.

II – Na cromatografia em coluna, a fase estacionária é suportada sobre uma placa plana ou nos poros de um papel.

III – Na cromatografia em papel a fase móvel desloca-se através da fase estacionária por ação da capilaridade ou sob a influência da gravidade

IV – Ao final do processo de separação cromatográfica os compostos separados são comparados aos padrões conhecidos e por fim não identificados

Assinale a alternativa que contém somente afirmações corretas:
(A) I
(B) II, III, IV
(C) I e III
(D) I, II, III
(E) I, III, IV

2) Assinale a alternativa INCORRETA em relação aos Métodos Cromatográficos de Separação:

(A) A separação por meio do processo de partição ocorre através da interação dos compostos com a fase estacionária, dessa forma, os compostos interagem com a fase estacionária formando um filme em sua superfície.

(B) O mecanismo de separação por troca iônica advém da diferença de cargas dos íons presentes.

(C) Compostos que apresentam um maior peso molecular apresentam uma maior afinidade com a fase estacionária, consequentemente apresentam uma corrida cromatográfica mais lenta.

(D) Na separação por troca iônica quando a fase estacionária apresenta característica aniônica, irá possuir uma maior afinidade por compostos catiônicos, ou seja, de carga oposta, consequentemente esses compostos apresentam uma corrida mais lenta.

3) Descreva sobre Cromatografia.

4) Oligossacarídeos derivados do xiloglucano, um polissacarídeo constituinte da parede celular vegetal, vêm sendo considerados como moléculas capazes de sinalizar e/ou regular eventos relacionados ao crescimento e à expansão celular. A purificação desses oligossacarídeos é imprescindível para a realização de ensaios relativos à sua atividade biológica. Nesse trabalho, xiloglucanos foram extraídos a partir de sementes de copaíba (Copaifera langsdorffii Desf.) e suspensões celulares de feijão (Phaseolus vulgaris L.) A figura 1 apresenta os cromatogramas obtidos com a separação de oligossacarídeos:

Figura 5 – Perfis cromatográficos dos oligossacarídeos de xiloglucano extraídos de suspensões celulares de feijão (Phaseolus vulgaris) e de semente de copaíba (Copaifera langsdorffii). Coluna cromatográfica de exclusão.

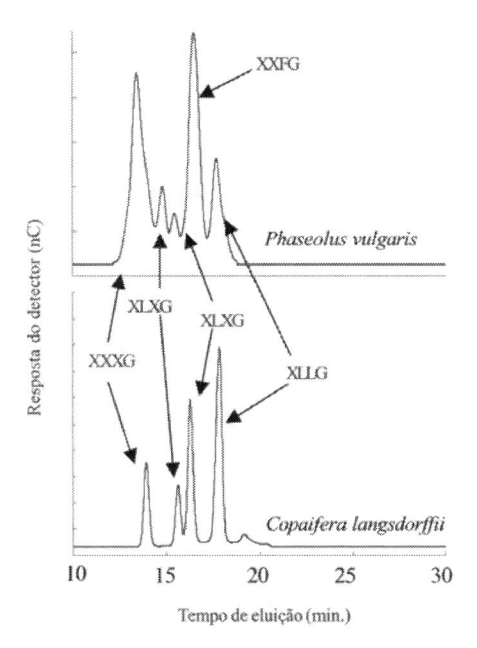

Na análise apresentada, quatro oligossacarídeos foram separados pela técnica (XXXG, XLXG (2 picos), XXFG e XLLG). Apresente um texto dissertativo que contemple os seguintes ítens:
a) Qual o princípio da cromatografia de exclusão?
b) Qual dos oligossacarídeos tem o maior peso molecular? Considere os dois extratos e justifique a resposta.

5) O cromatograma a seguir foi obtido após a eluição de uma mistura de 6 proteínas e a técnica empregada foi a cromatografia de exclusão.

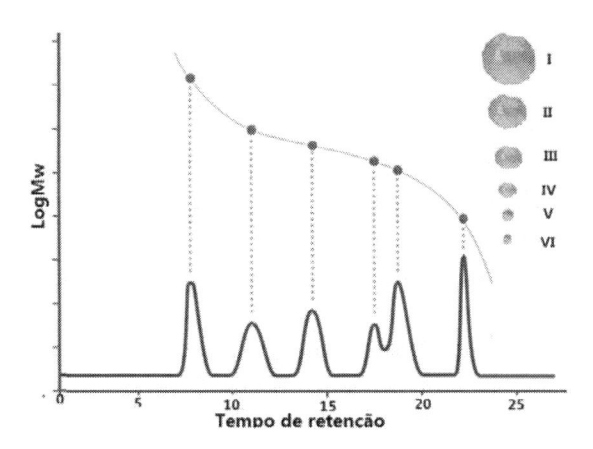

Essa técnica cromatográfica é útil na separação de compostos que apresentam:
(A) Cargas opostas
(B) Polaridade diferentes
(C) Acidez diferentes
(D) Temperatura de ebulição diferentes
(E) Pesos moleculares diferentes

Retomando a aula

E assim, chegamos ao final da nossa sexta aula. Espera-se que tenham compreendido sobre os princípios da cromatografia e sua aplicabilidade, nas nossas últimas aula estudaremos sobre dois tipos muito utilizados no dia a dia.

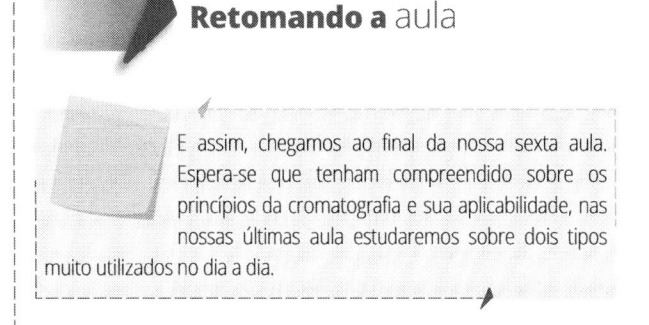

1 – Definição de Cromatografia

Na seção 1, vocês foram apresentados para a técnica e sabem que seus objetivos são separação de substâncias orgânicas. Aprenderam o que é uma fase móvel e uma fase estacionária e agora é possível prever a separação de substâncias.

2 – Mecanismos de Separação

Vimos que os mecanismos de separação são adsorção, exclusão, troca iônica e partição. Vocês também puderam exercitar um pouco a interpretação de cromatogramas.

3 – Tipos de Cromatografia

Na seção 3, vocês classificaram a cromatografia em planar e coluna. Os métodos cromatográficos instrumentais são classificados dentro da cromatografia em coluna. Os métodos clássicos compreendem a cromatografia em papel e em camada delgada (planares) e cromatografia em coluna.

Vale a pena

Vale a pena ler,

Esse assunto pode ser encontrado em livros de química analítica ou química geral.

Sugiro o livro:
SKOOG, WEST, HOLLER, CROUCH, *Fundamentos de Química Analítica*, Tradução da 8ª Edição norte-americana, Editora Thomson, São Paulo-SP, 2006.

Vale a pena acessar,

Seguem sugestões de sites:
Animações de cromatografia em coluna:
http://www.lapeq.fe.usp.br/labdig/animacoes/flash/cromatografiapapel.php.
http://qnesc.sbq.org.br/online/qnesc07/atual.pdf.
http://www.biologico.agricultura.sp.gov.br/uploads/docs/bio/v64_2/peres.pdf.

Vale a pena assistir,

Cromatografia em papel: https://www.youtube.com/watch?v=ePdgers8yO8.

Minhas anotações

Aula 7º

Cromatografia Líquida de Alta Eficiência - (CLAE)

A cromatografia líquida é alta eficiência, ou CLAE, é um método instrumental baseado nos princípios da cromatografia clássica, que tem o objetivo de separar misturas de compostos orgânicos e identificá-los. O equipamento é chamado de cromatógrafo (HPLC para os íntimos) e contém como componentes um injetor, uma coluna cromatográfica (a fase estacionária) e o detector. Dependendo do tipo de coluna, é possível separar compostos por princípios diferentes (adsorção, troca iônica, partição ou exclusão).

Bons estudos!

Objetivos de aprendizagem

Ao término desta aula, vocês serão capazes de:

- interpretar um cromatograma e prever a separação dos compostos;
- diferenciar os tipos de colunas cromatográficas e os solventes utilizados nas análises.

Seções de estudo

1 – Apresentação da CLAE
2 – Tipos de colunas

1 - Apresentação da CLAE

A Cromatografia líquida de alta eficiência (CLAE) tem sido muito utilizada em várias áreas, pois se trata de uma técnica que possibilita as análises e separações de uma vasta gama de compostos com alta eficiência, entretanto trata-se de um equipamento caríssimo. Os mecanismos de separações de CLAE podem ocorrer por adsorção, partição ou ambos os meios, além disso, apresenta uma grande versatilidade, pois consta com um grande número de fases estacionárias.

A CLAE consiste em um método utilizado para separação de espécies iônicas ou macromoléculas e compostos termolábeis. É realizada através de um equipamento sofisticado chamado cromatógrafo líquido, vamos conhecer um pouco sobre ele? Bom, seus componentes básicos são:
- Reservatório e sistema de bombeamento da fase móvel
- Sistema de introdução de amostra
- Sistema analítico: coluna cromatográfica e termostato
- Sistema de detecção (um ou mais detectores)
- Sistema de registro e tratamento de dados.

Figura 1- Componentes de um cromatógrafo.

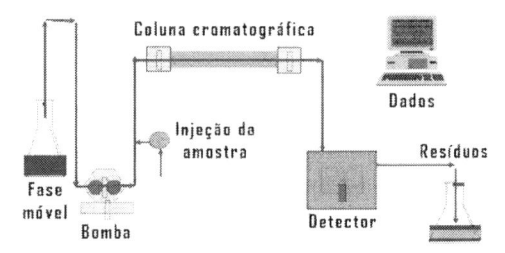

Fonte: https://freitag.com.br/blog/o-que-e-a-cromatografia-liquida-de-alta-eficiencia/ Acesso em: 30/06/2020.

A fase móvel da CLAE deve ser um líquido que atenda a algumas características, sendo a principal característica a dissolução da amostra sem qualquer interação química entre ambas. Além disso, deve apresentar um alto grau de pureza ou ser de fácil purificação, para que possam realizar análises de alta sensibilidade. Além do mais, a fase móvel deve ser compatível com o detector empregado e, também possuir polaridade adequada para permitir uma separação conveniente dos componentes da amostra. Frente a isso há diversos solventes que podem ser utilizados como fase móvel, sendo os mais utilizados: a água, o metanol e a acetonitrila.

A corrida de uma análise pode ser do tipo isocrática ou gradiente. Nas isocráticas utiliza-se somente um solvente durante TODA a corrida cromatográfica. Na eluição gradiente os solventes são trocados ao longo da corrida para melhorar a eficiência de separação. Veja na figura a seguir, dois exemplos de cromatogramas com diferentes eluições

Figura 2 – Diferença na separação dos compostos 1 a 10 usando eluição isocrática e gradiente.

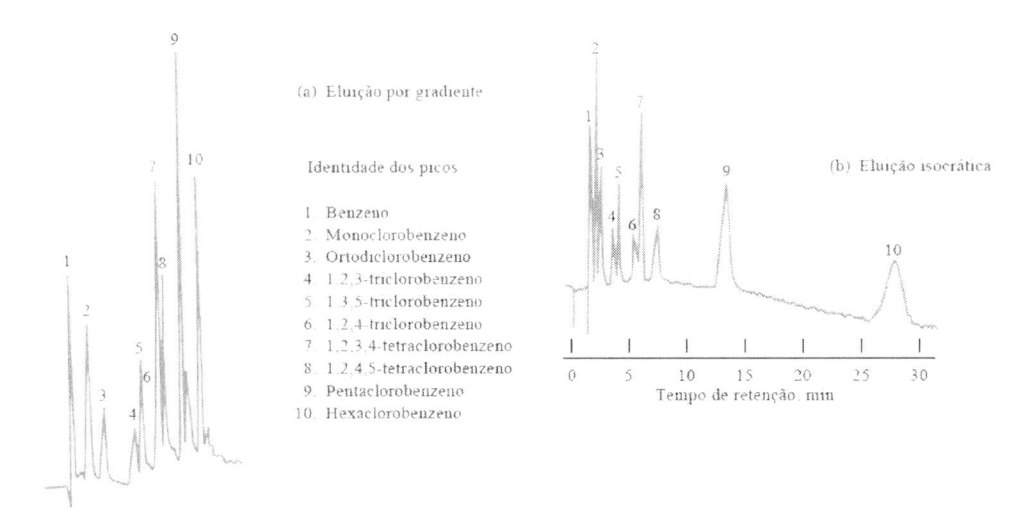

Fonte: SKOOG, 2006.

2 - Tipos de colunas

Há dois tipos de colunas cromatográficas que podem ser empregados: as colunas capilares e as colunas empacotadas.

Figura 3 – Diferenças entre as colunas recheadas (empacotadas) e as capilares.

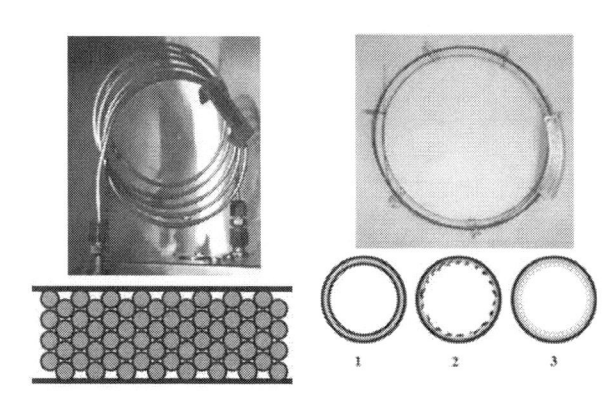

Coluna empacotada
Material do tubo: aço inox, vidro, pirex, níquel, teflon.
Granulometria do recheio: 177 a 149 µm
Comprimento: 0,5 a 5 m.
Espessura: 3 – 6 mm.

Coluna capilar
Material do tubo: sílica fundida, vidro pirex, aço inox, nylon, silcosteel.
Granulometria do recheio: 177 a 149 µm
Comprimento: 5 a 100 m.
Espessura: 0,1 – 0,5 mm.

Fonte: http://ead2.ctgas.com.br/a_rquivos/inspecao_sistemas_de_gas/Cromatografia/Modulo_1_-_Desafio_1_-_Definicao_de_Cromatografia_-_Parte_I_PDF.pdf Acesso em: 30 jun. 2020.

Quanto maior a coluna, maior é a eficiência de separação das substâncias. Na coluna empacotada, a fase móvel líquida passa sobre as partículas do recheio como um filme uniforme. Na CLAR utiliza-se as colunas empacotadas. Na cromatografia a gás (CG) dá-se preferência para as colunas capilares (tubulares ou abertas).

As colunas recheadas são mais espessas e preenchidas com materiais específicos (ver figura 2). Elas são menores que as capilares, mas seu recheio permite o contato do soluto (analito) com a FE. As capilares são ocas em seu interior, mas as paredes internas são preenchidas com um material específico. Seu diâmetro é estreito e permite a passagem de substâncias voláteis (por isso são empregadas na CG).

A fase estacionária de ambas as colunas é composta por sólidos ou semirrígidos, cujas partículas porosas esféricas ou irregulares apresentam diferentes diâmetros e suportam altas pressões. A coluna cromatográfica deve ser de material inerte resistente, com capacidade de acordo com seu comprimento, diâmetro e pelo material de recheio. As colunas geralmente utilizadas são:

a) Fase reversa (apolar): octadecil (C18, RP18, ODS), octil (C8, RP8),
b) Fase normal (polar): CN (cianopropil) e NH2 (amina).

Quanto aos detectores, não existe um que seja ideal, mas existe detectores que apresentam ampla faixa de aplicações, sendo os detectores mais utilizados os fotométricos, baseados na absorvância no ultravioleta e no visível (UV-VIS).

Agora que conhecemos um pouco da estrutura do cromatógrafo líquido, vocês devem estar se perguntando, e como tudo isso funciona? Vamos lá!!!

Vejamos, a amostra é dissolvida em um solvente e introduzida na coluna cromatográfica preenchida com a fase estacionária (FE). Após um solvente (FM) é bombeado com vazão constante e desloca os componentes através da coluna. Eles são distribuídos entre as duas fases de acordo com suas afinidades, consequentemente as substâncias com maior afinidade com a FE movem-se mais lentamente. Já as substâncias com pouca afinidade com a FE movem-se mais rapidamente. Por fim, os componentes passam por um detector que emite um sinal elétrico, o qual é registrado, constituindo um cromatograma, representado pelo gráfico abaixo.

Figura 4 – Exemplo de cromatograma. Coluna: ODS.

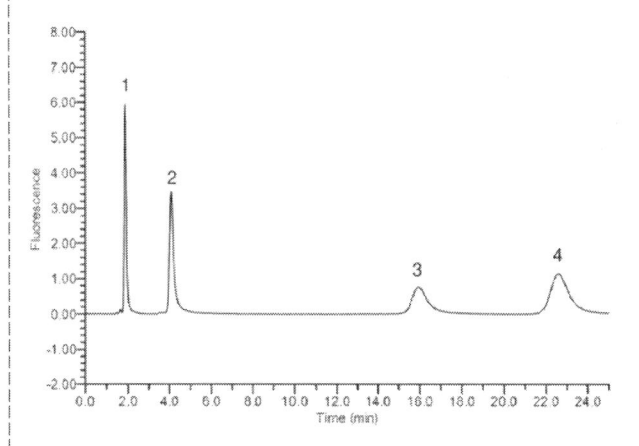

Fonte: https://freitag.com.br/blog/o-que-e-a-cromatografia-liquida-de-alta-eficiencia/ Acesso em: 30 jun. 2020.

Um cromatograma é uma representação gráfica da resposta do detector à concentração de analito no efluente. E como fazemos a interpretação de um cromatograma?

A Figura acima representa uma separação cromatográfica típica, a partir dela obtemos:

- Pico: trata-se da porção do cromatograma que registra a resposta do detector quando um componente individual elui da coluna.

O pico 1 refere-se à primeira substância a sair da coluna e atingir o detector, o pico 2 da segunda substância, e assim sucessivamente. Se nesse exemplo utilizamos uma coluna REVERSA (APOLAR), a substância 4 é a mais APOLAR, pois foi a última a eluir (sair da coluna), já que que interagiu mais com ela. O pico 1 é o mais polar, pois tem menor afinidade pela coluna.

Agora sobre a CLAE:

A CLAE é umas das técnicas empregadas nas analises toxicológicas. Indique a alternativa que NÃO se apresenta como vantagem na aquisição de um equipamento:

(A) boa sensibilidade;
(B) versatibilidade;
(C) alta resolução;
(D) resultados qualitativos;
(E) baixo custo.

R: Letra E.

Vejamos outro exercício:

Analise as afirmações a seguir:
I - As colunas geralmente utilizadas na CLAE são: octadecil (C18, RP18, ODS), octil (C8, RP8), CN (cianopropil) e NH2 (amina).
II – A CLAE consiste em um método utilizado para separação de espécies iônicas ou macromoléculas e compostos voláteis.
III – Os detectores mais utilizados os fotométricos, baseados na absorvância no ultravioleta e no visível.
IV – A CLAE apresenta como principal desvantagem o alto custo de seus equipamentos.

A respeito da CLAE, assinale a alternativa que contenha somente afirmações corretas:
I
II, III, IV
I e III
I, II, III, IV
I, III, IV

R: letra B

Qual a alternativa CORRETA sobre a fase móvel da CLAE:
(A) dissolução da amostra ocorrendo interação química entre ambas.
(B) alto grau de pureza ou ser de fácil purificação.
(C) ser incompatível com o detector empregado.
(D) polaridade inadequada.
(E) os solventes que não podem ser utilizados são: a água, o metanol e a acetonitrila.

R: Letra C

Para finalizar:

Durante o teste de um novo processo, visando a identificação de um agente tóxico, foi obtido o cromatograma após algumas horas de reação. A coluna é de fase reversa e o solvente é o metanol.

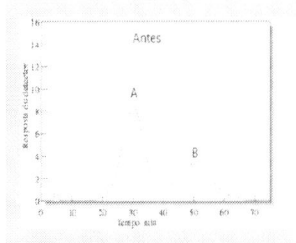

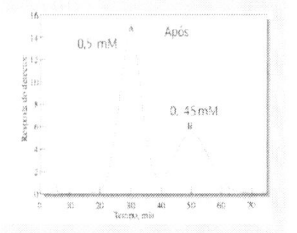

Responda:
Qual dos compostos foi o primeiro a sair da coluna? A ou B?
Qual dos compostos é o mais POLAR? Justifique.

R: O composto A foi o primeiro a sair da coluna. Sendo assim, é o que tem menos afinidade pela coluna, portanto é o mais POLAR.

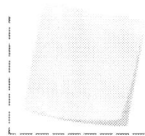

Retomando a aula

E assim, chegamos ao final da nossa sétima aula. Espera-se que tenham compreendido um pouco mais sobre CLAE. Vamos revisar um pouco:

1 – Apresentação da CLAE

Vimos que a CLAE é um método instrumental de separação e identificação de compostos orgânicos, em que a fase móvel é um líquido ou mistura de líquidos. Sobre os tipos de eluição, a isocrática é realizada com um solvente ou com uma mesma mistura de solventes durante toda a corrida. A gradiente ocorre com alteração do solvente ao longo da corrida cromatográfica.

2 – Tipos de colunas

Vimos que as colunas podem ser recheadas (empacotadas) ou capilares (tubulares ou abertas). Na CLAE usa-se a recheada. O material aderido à coluna pode torná-las de fase reversa (apolar) ou normal (polar). Essa informação é essencial para prevermos a separação e identificação dos componentes da amostra.

Vale a pena

Vale a pena ler,

Esse assunto pode ser encontrado em livros de química analítica ou química geral. Sugiro o livro:
SKOOG, WEST, HOLLER, CROUCH, *Fundamentos de Química Analítica*, Tradução da 8ª Edição norte-americana, Editora Thomson, São Paulo-SP, 2006.

Vale a pena acessar,

Esse assunto vocês podem encontrar facilmente com as palavras-chave: "cálculos de concentrações". Seguem sugestões de sites:
http://qnesc.sbq.org.br/online/qnesc07/atual.pdf.
http://www.biologico.agricultura.sp.gov.br/uploads/docs/bio/v64_2/peres.pdf.

Vale a pena **assistir**

Vídeo 1 - HPLC: https://www.youtube.com/watch?v=fOL6yhGT1hA.

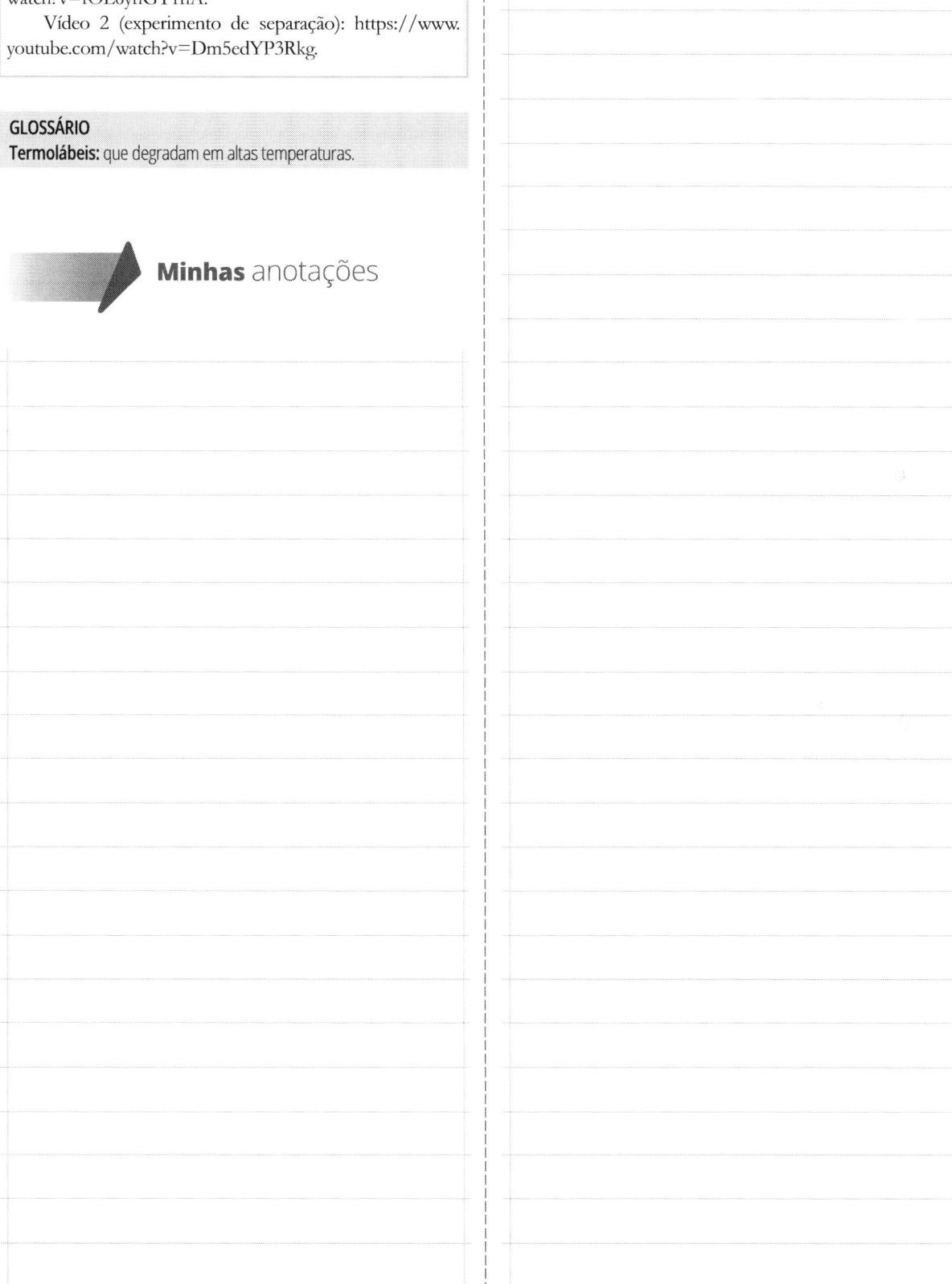

Vídeo 2 (experimento de separação): https://www.youtube.com/watch?v=Dm5edYP3Rkg.

GLOSSÁRIO
Termolábeis: que degradam em altas temperaturas.

Minhas anotações

Minhas anotações

Aula 8º

Cromatografia Gasosa (CG)

A cromatografia gasosa (CG) consiste na técnica cromatográfica instrumental em que a fase móvel é um gás e as amostras devem ser voláteis para permitir a separação ao longo da corrida. A coluna utilizada é geralmente a capilar e é uma técnica muito empregada para análises de fármacos, alimentos, cosméticos, contaminantes ambientais, entre outros.

Bons estudos!

Objetivos de aprendizagem

Ao término desta aula, vocês serão capazes de:

- diferenciar a CLAE da CG;
- aprender a realizar cálculos de concentração e eficiência dos solutos analisados.

Seções de estudo

1 – Componentes do cromatógrafo a gás
2 – Cálculos empregados na CG

1 - Componentes do cromatógrafo a gás

A cromatografia gasosa é uma técnica que permite a separação de substâncias voláteis arrastadas por um gás através de uma fase estacionária. Vamos entender como funciona seu processo de separação?

Figura 1 – Componentes de um cromatógrafo a gás.

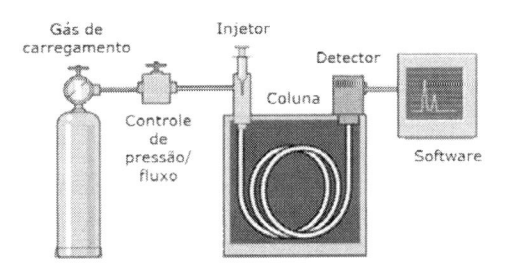

Fonte: https://www.dctech.com.br/entendendo-um-sistema-de-cromatografia-gasosa-cg/ Acesso em: 30 jun. 2020.

Como podemos visualizar acima, sua fase móvel é um gás, denominado gás de carregamento, o qual transporta a amostra através da coluna cromatográfica até o detector, onde os componentes são identificados. Sendo os gases mais utilizados o hidrogênio, azoto, hélio e argônio.

Logo em seguida está a coluna, a qual pode ser recheada ou capilar, ambas apresentam fase estacionária sólida ou líquida, a diferença está na forma que a fase estacionária se apresenta na coluna. Sendo que na recheada a fase estacionaria encontra-se depositada sobre o suporte sólido e na capilar aderida as paredes.

A CG é uma das técnicas analíticas mais utilizadas atualmente, pois apresenta um alto poder de resolução e uma grande sensibilidade, sendo sua detecção em escala de nano a picogramas, ou seja, pode separar misturas complexas com diversos compostos muito semelhantes. Entretanto, como vimos acima apresenta uma grande limitação, a necessidade de que a amostra seja volátil ou estável termicamente, o que torna a CLAE uma técnica mais eficiente e completa.

Seus detectores de maior aplicação são por ionização em chama e o detector de condutividade térmica, sendo os dados obtidos através de um registrador potenciométrico, um integrador ou um microcomputador. É sempre necessário o controle da temperatura do injetor, da coluna e do detector, através de termostato, pois a temperatura é um fator extremamente importante. Por isso, grande parte das análises por cromatografia gasosa é feita com programação para melhor separação dos compostos com picos mais simétricos em menor tempo.

A escolha da fase estacionária é de fundamental importância, sendo ela o componente crítico da coluna. Sendo assim, as fases estacionárias podem ser polares, apolares ou quirais.

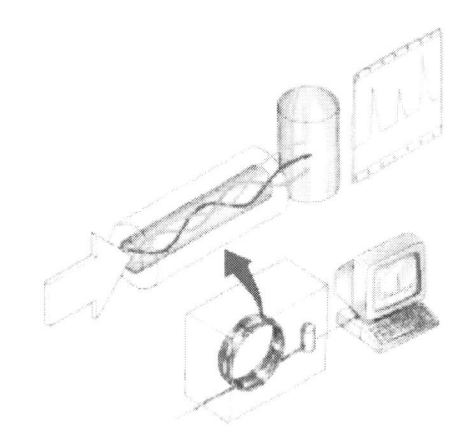

Na figura acima, podemos visualizar o sistema de análise, em um cromatográfo gasoso, onde os componentes da amostra são vaporizados no injetor e, então, introduzidos à cabeça da coluna cromatográfica. A eluição é realizada por um fluxo constante da fase móvel gasosa através da coluna, onde a amostra é separada em consequência de sua partição e interação das moléculas entre uma fase móvel gasosa e uma fase estacionária líquida ou sólida, ocorrendo a separação das misturas e formação do cromatograma, em que os dados serão comparados a padrões conhecidos e, por fim, identificados, assim como na CLAE.

Figura 2 – Separação de hidrocarbonetos por CG.

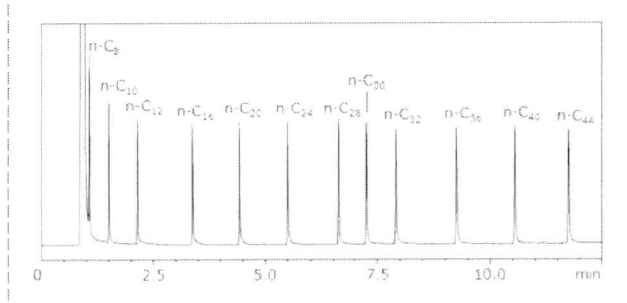

Fonte: http://www.shimadzu.com.br/analitica/produtos/gc/tracera-3.shtml Acesso em: 30 jun. 2020.

Como podemos ver na figura acima, um cromatograma gasoso, como podemos visualizar o que o diferencia da CLAE são seus picos extremamente finos, isso decorre por causa da capacidade de separação de misturas complexas em escalas nano a pictogramas.

2 - Cálculos empregados na CG

Antes de introduzirmos os cálculos, devemos entender o que são separações eficientes tanto na CLAE como na CG. Observe o cromatograma a seguir:

Figura 3 – Resolução entre os picos no cromatógrafo.

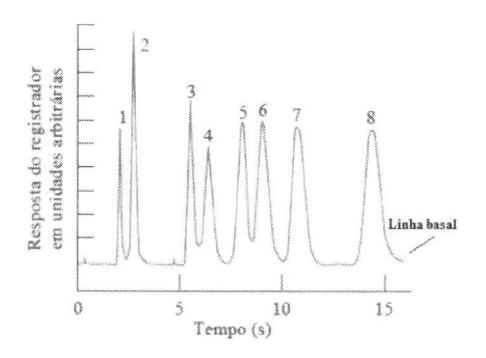

Picos bem resolvidos são picos bem separados desde a linha basal. No cromatograma acima, os picos estão bem resolvidos entre si, exceto os picos 3 e 4 e os picos 5 e 6.

Vimos que na CLAE, a eluição gradientes pode melhorar a separação entre os picos. Na CG, como utilizamos o gás de arraste como único solvente, a melhora da separação ocorre por programação de temperatura, ou seja, a análise inicia em uma temperatura mais baixa (cerca de 30 ºC) e pode finalizar em temperaturas bem superiores, como 200 ºC). Dessa maneira, moléculas com diferenças nas temperaturas de ebulição, entram na coluna em momentos diferentes, possibilitando melhor separação dos picos. Observe a diferença das eluições a seguir:

Figura 4 – Aplicação da programação da corrida. a) sistema isotérmico a 45 ºC; b) sistema isotérmico a 145 ºC; c) sistema programado de 30 a 180 ºC.

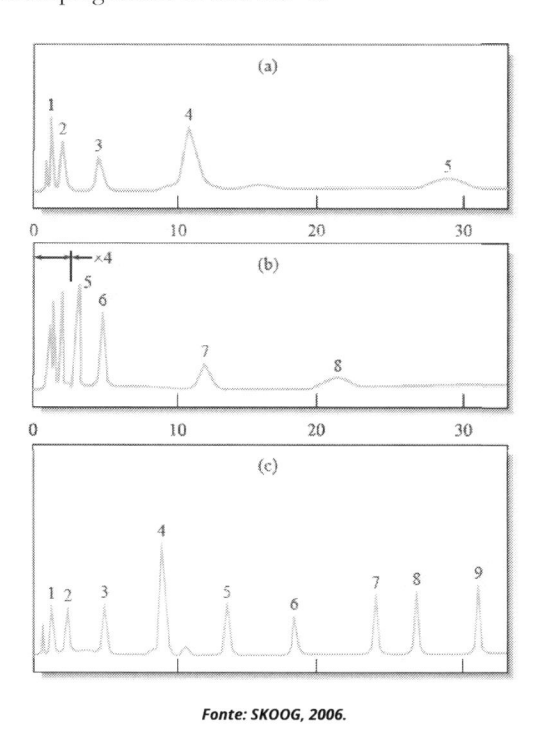

Fonte: SKOOG, 2006.

Observem que a do cromatograma a para o c, o aumento da temperatura permitiu a evaporação de mais solutos. Os cromatogramas a e b foram obtidos por sistemas isotérmicos, ou seja, a temperatura da análise permanece inalterada. O cromatograma c foi obtido em sistema programado e a separação foi melhor, e mais compostos puderam ser visualizados na análise.

A eficiência da separação pode ser calculada pelo número de pratos da coluna (N) que é um valor numérico. Quanto maior o N, maior a eficiência da separação. Assim como na CLAE, os cromatogramas gasosos apresentam valores para avaliação do, sendo eles:

- Pico: trata-se da porção do cromatograma que registra a resposta do detector quando um componente individual elui da coluna.
- Ce/Cm: razão entre as concentrações do soluto na fase estacionária e na fase móvel;
- α: retenção relativa;
- w: largura da base (min);
- w1/2=metade da largura da base (min);
- L: comprimento da coluna (m);
- H: altura do prato (m);
- Tempo Morto (tm): tempo em que o soluto permanece na fase móvel (s);
- Tempo de Retenção (tr): é definido como o tempo transcorrido entre a injeção da amostra e a aparição da resposta máxima (s);
- tr'=tempo de retenção ajustado;
- Número de Pratos Teóricos (N): trata-se de uma medida de eficiência da coluna;
- k2'=fator de capacidade para o segundo pico;
- kmed'=fator de capacidade médio;

A partir daí, trabalhamos com as seguintes fórmulas:

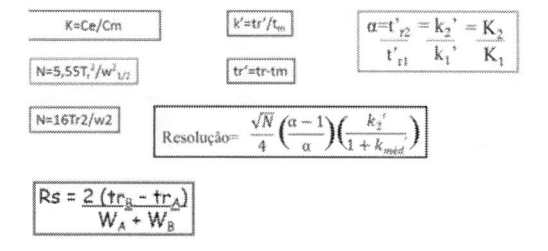

$$K = C_e/C_m$$

$$k' = t_r'/t_m$$

$$\alpha = \frac{t'_{r2}}{t'_{r1}} = \frac{k_2'}{k_1'} = \frac{K_2}{K_1}$$

$$N = 5{,}55 T_r^2/w_{1/2}^2$$

$$t_r' = t_r - t_m$$

$$N = 16 T_r^2/w^2$$

$$\text{Resolução} = \frac{\sqrt{N}}{4}\left(\frac{\alpha-1}{\alpha}\right)\left(\frac{k_2'}{1+k_{med}'}\right)$$

$$Rs = \frac{2(t_{r_B} - t_{r_A})}{W_A + W_B}$$

Notem o que é tr e wb:

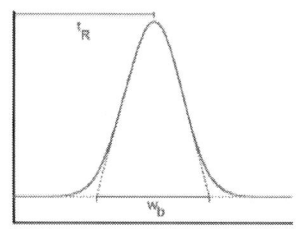

Vamos exercitar:

Exemplo 1:
As substâncias A e B apresentam tempo de retenção de 16,40 e 17,63 min, respectivamente, em uma coluna de 30,0 cm. Uma espécie não retida passa através da coluna em 1,30 min. As larguras de pico (na base) para A e B são 1,11 e 1,21 min, respectivamente. Calcule (a) a resolução da coluna, (b) o número médio de pratos na coluna, (c) a altura de prato.
São dados do exercício:

trA = 16,40min
trB = 17,63min
L = 30,0 cm
wA = 1,11 min
wB = 1,21 min

Vamos encontrar (a) da seguinte maneira:

(a) Rs?

$$Rs = \frac{2(tr_B - tr_A)}{W_A + W_B}$$

$$Rs = \frac{2(17,63 - 16,40)}{1,11 + 1,21}$$

$$Rs = 1,06$$

Agora a letra (b): primeiro encontramos o número de pratos do pico A, depois do pico B e depois fizemos a média dos valores encontrados. Segue:

(b) N?

$$N = 16 \cdot \left(\frac{tr}{wb}\right)^2$$

$$N_A = 16\left(\frac{16,40}{1,11}\right)^2 \qquad N_B = 16\left(\frac{17,63}{1,21}\right)^2$$

$$N_A = 3.493 \qquad N_B = 3.397$$

$$N_M = \frac{3.493 + 3.397}{2} = 3.445$$

Exemplo 2:
Uma substância, com tempo de retenção de 407 s, tem um pico com largura de 13 s na base em uma coluna de 12,2 m de extensão. Determine o número de pratos e a altura do prato.
O primeiro passo é extrair todos os dados que o enunciado nos dá, são eles:
tr: 407s
w: 13s
L: 12,2m
N: ?
H: ?
Se precisamos obter o N e o H, então usaremos as seguintes fórmulas:

$$N = 16 \cdot Tr^2/w^2 \quad e \quad H = L/N$$

N = 16·(407)²/13²
N = 1,57 x10⁴

Agora, calculamos H:
H = 12,2/1,57x10⁴
H = 0,00078 m OU 0,78 mm.
(vamos utilizar mm para facilitar a apresentação do número, que é muito baixo em metros).

Vamos exercitar mais um pouco:

Exemplo 3:
Considere um experimento de cromatografia em que dois componentes com fatores de capacidade k'1=4,00 e k'2=5,00 são injetados em uma coluna com N=1000 pratos teóricos. O tempo de retenção do componente menos retido é 10 minutos.

A) Calcule o tm e tr2 em minutos.

Dados do exercício:
k'1=4,00
k'2=5,00
N=1000 pratos
tr1= 10 minutos.

Lembrem-se de que tr1 é o tempo de retenção do pico 1 e t'r1 é o tempo de retenção do pico 1 corrigido, ou seja, é o tempo que o pico 1 eluiu menos o tempo morto (tempo do solvente).
Utilizaremos as fórmulas: 1) k'=tr'/tm e 2) tr'=tr-tm

k1'=tr1'/tm

Como não temos t'r1, vamos utilizar a outra fórmula (2) para encontrar t'r1.
k1'=tr1 - tm /tm
4 = 10 - tm/tm
4.tm = 10 - tm
5.tm = 10
tm = 2 minutos.

Agora, vamos encontrar tr2
$$\frac{k2'}{k1'} = \frac{t'r2}{t'r1}$$
t'r1 = tr1 – tm
t'r1 = 10 – 2
t'r1 = 8 minutos.

substituindo os valores:
$$\frac{5}{4} = \frac{t'r2}{8}$$
t'r2 = 10 minutos

tr2 = t'r2 + tm
tr2 = 10 + 2 = 12 minutos.

Vejamos mais um:

Assim como toda técnica, a Cromatografia Gasosa apresenta limitações. A princípio, para ser possível a análise de uma substância em cromatografia gasosa ela precisa:
(A) degradar nas temperaturas do injetor;
(B) volatilizar nas temperaturas operacionais;
(C) não conter nitrogênio na estrutura química;
(D) não interagir com a fase estacionária;
(E) ser estável a temperatura ambiente.

Resposta: letra b.

Agora, outro exercício:

Uma mistura de benzeno e tolueno foi injetada em um cromatógrafo a gás. O tempo mortp produz pico fino após 32s, enquanto o benzeno

necessitou de 251 s e o tolueno foi eluído em 333 s. o Tempo de retenção corrigido (ajustado) para cada substância (considerar valores mais aproximados):
Vamos considerar o benzeno como pico 1, já que foi o primeiro a sair da coluna, e o tolueno pico 2.
tr1 = 251 s
tr2 = 333 s
tm = 32 s
t'r1 = tr1 − tm
t'r1 = 251 − 32 = 219 s

t'r2 = tr2 − tm
t'r2 = 333 − 32 = 301 s

Vamos fazer outro exercício:

Analise as afirmações a seguir:
I - Os gases mais utilizados o hidrogênio, azoto, hélio e argônio.
II – A amostra precisa ser volátil ou estável termicamente.
III – A coluna não pode ser recheada ou capilar, pois são características da CLAE.
IV – Sua detecção é em escala de nano a picogramas.

A respeito da CG assinale a alternativa que contenha somente afirmações corretas:
(A) I
(B) II, III, IV
(C) I e III
(D) I, II, III
(E) I, II, IV

Resposta: letra E.

Para finalizar agora que sabemos sobre a CLAE e a CG:

Qual a diferença entre a CLAE e a CG?
_____
_____
_____
_____

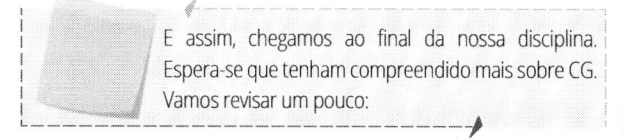

Retomando a aula

E assim, chegamos ao final da nossa disciplina. Espera-se que tenham compreendido mais sobre CG. Vamos revisar um pouco:

1 – Componentes do cromatógrafo a gás

Na seção 1, vimos quais componentes do CG e as diferenças entre CG e CLAE. Aprenderam também o que é programação de temperatura e puderam observar cromatogramas e perceber o que é uma boa separação cromatográfica.

2 – Cálculos empregados na CG

Nos cálculos, vocês conseguiram prever os tempos de retenção e tempos de retenção ajustados de alguns picos utilizando informações do cromatógrafo. Apesar de parecer complicado no início, com as atividades será possível perceber que tratam-se de identificar no enunciado os dados e substituí-los em fórmulas.

Vale a pena

Vale a pena ler,

Esse assunto pode ser encontrado em livros de química analítica ou análise instrumental. Sugiro o livro:
SKOOG, WEST, HOLLER, CROUCH, Fundamentos de Química Analítica, Tradução da 8ª Edição norte-americana, Editora Thomson, São Paulo-SP, 2006.

Vale a pena acessar,

Esse assunto vocês podem encontrar facilmente com as palavras-chave: "cálculos de concentrações". Seguem sugestões de sites:
http://qnesc.sbq.org.br/online/qnesc07/atual.pdf.

Minhas anotações

Referências

CONSTANTINO, M. G.; SILVA, G. V. J.; DONATE, P. M. *Fundamentos de Química Experimental*. São Paulo: EDUSP, 2004. 250 p.

ATKINS, P. *Princípios de Química*. Porto Alegre: Bookman, 2001.

SKOOG, D. A, WEST, D. M., HOLLER, F. J., CROUCH, S. R. *Fundamentos de Química Analítica*, Editora Thomson, tradução da 8ª edição, 2006.

SKOOG, D. A, WEST, D. M., HOLLER, F. J., CROUCH, S. R. *Fundamentos de Química Analítica*, Editora Thomson, tradução da 8ª edição, 2006.

Material preparado por Célhia Shirlei Campos Ferreira e Karimi Sater Gebara

LUNA, A. S. *Química analítica ambiental*. 1a edição. Rio de Janeiro: Universidade do Rio de Janeiro, 2003.

MATOS, S. P. *Técnicas de análise química:* métodos clássicos e instrumentais. São Paulo: Érica, 2015.

SKOOG, D. A.; WEST, D. M.; HOLLER, F. J.; CROUCH, S. R. *Fundamentos de química analítica*. São Paulo: Pioneira Thomson Learning, 2006.

SKOOG, WEST, HOLLER, CROUCH, *Fundamentos de Química Analítica*, Tradução da 8ª Edição norte-americana, Editora Thomson, São Paulo-SP, 2006.

Material preparado por Célhia Shirlei Campos Ferreira e Karimi Sater Gebara

SKOOG, WEST, HOLLER, CROUCH, *Fundamentos de Química Analítica*, Tradução da 8ª Edição norte-americana, Editora Thomson, São Paulo-SP, 2006.

CONSTANTINO, M. G.; SILVA, G. V. J.; DONATE, P. M. *Fundamentos de Química Experimental*. São Paulo: EDUSP, 2004. 250 p.

FELTRE, Ricardo. *Fundamentos de Química:* vol. único. 4ª.ed. São Paulo: Moderna, 2005. 700 p.

SKOOG, WEST, HOLLER, CROUCH, *Fundamentos de Química Analítica*, Tradução da 8ª Edição norte-americana, Editora Thomson, São Paulo-SP, 2006.

Minhas anotações

Graduação a Distância **4º SEMESTRE**

Ciências Biológicas

ANATOMIA
VEGETAL

UNIGRAN - Centro Universitário da Grande Dourados

Rua Balbina de Matos, 2121 - CEP 79.824 - 9000
Jardim Universitário
Dourados - MS
Fone: (67) 3411-4141 / Fax: (67) 3411-4167

Os direitos de publicação desta obra são reservados ao Centro Universitário da Grande Dourados (UNIGRAN), sendo proibida a reprodução total ou parcial de acordo com a Lei 9.160/98.

Os artigos de sites e revistas indicados para a leitura foram registrados como nos originais.

Apresentação da Docente

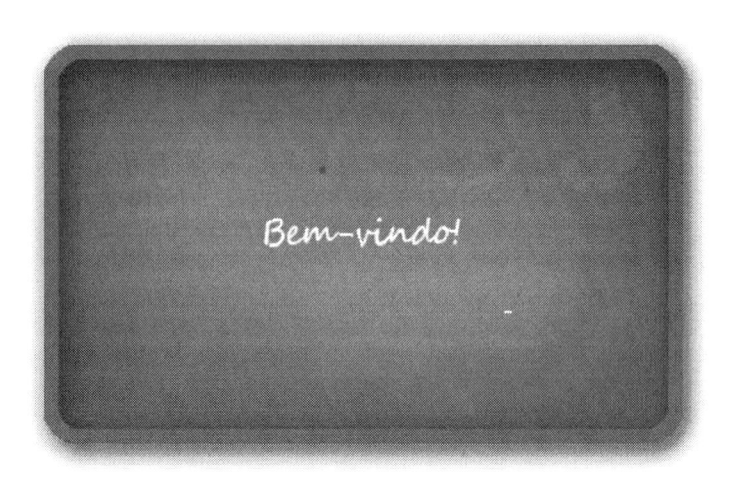

Shirlayne Silvana Umberlino de Barros possui Graduação em Engenharia Florestal pela Universidade Federal Rural de Pernambuco (UFRPE-1999), Mestrado em Ciências Biológicas pela Universidade Estadual Paulista Júlio de Mesquita Filho (UNESP-2002), Campus Botucatu e Doutorado em Ciências Biológicas pela Universidade Estadual Paulista Júlio de Mesquita Filho (UNESP-2006), Campus Botucatu. Possui Graduação em Pedagogia pelo Centro Universitário da Grande Dourados (UNIGRAN-2018) e MBA em Educação Especial e Inclusiva (UNIGRAN-2019). Atuou na Faculdade Federal da Grande Dourados, Faculdade de Ciências Biológicas e Ambientais - FCBA, como professora substituta nos cursos de Ciências Biológicas, Engenharia Agrícola e Zootecnia. É avaliadora do Instituto Nacional de Estudos e Pesquisas Educacionais Anísio Teixeira-INEP - MEC (Desde de 2009) de cursos de Graduação do Ensino Superior na modalidade presencial e a distância como: Agronomia, Produção Agrícola, Engenharia Florestal, Engenharia Ambiental e Sanitária, Gestão Ambiental, Ciências Biológicas, Biomedicina, Farmácia e demais Engenharias. É professora titular do Centro Universitário da Grande Dourados, da Faculdade de Ciências Agrárias e da Saúde. Atuou como Coordenadora de Tutoria do curso de Especialização em Licenciatura em Matemática pela Faculdade Federal da Grande Dourados (UFGD-2018), formação continuada-EaD. Atualmente é tutora a distância no curso de Licenciatura em Pedagogia pela Faculdade Federal da Grande Dourados (UFGD-2019), formação continuada-EaD. Atuou como professora contratada na Educação Infantil, Rede Municipal de Educação de Dourados-MS. Atua como Professora de Apoio Educacional Especializado no CEIM (2020). Atua na Pós-Graduação Stricto Sensu modalidade presencial e EaD no Centro Universitário da Grande Dourados.

Shirlayne Silvana Umberlino de Barros. Anatomia Vegetal. Dourados: UNIGRAN, 2021.

68 p.: 23 cm.

1. Anatomia. 2. Célula. 3. Tecidos.

Sumário

Conversa inicial.. *4*

Aula 01
A célula vegetal *5*

Aula 02
Os meristemas *13*

Aula 03
A epiderme *19*

Aula 04
Os tecidos de revestimento *27*

Aula 05
Os tecidos vasculares *35*

Aula 06
Anatomia da raiz *49*

Aula 07
Anatomia do caule *57*

Aula 08
Anatomia foliar *63*

Referências *67*

Conversa Inicial

Bem-vindos(as) à disciplina de Anatomia Vegetal, que irá te proporcionar uma visão interna das plantas, pois, é o ramo da botânica que se ocupa em estudar a estrutura interna das plantas. Ainda, de acordo com a vasta literatura, anatomia vegetal é a "ciência que estuda todo estudo da organização de células, tecidos e órgãos nos vegetais"; pois, o corpo vegetativo corresponde a um conjunto de células semelhantes (tecidos simples) ou a células diferentes que, juntas possuem uma função definida (tecidos complexos) e, finalmente, os tecidos formam os órgãos, que juntos realizam as diferentes funções necessárias para que a planta realize todo o seu ciclo de vida.

A Anatomia Vegetal tem muitas aplicações práticas no campo das Ciências Biológicas, Agronomia, Engenharia Florestal, Engenharia Ambiental, Zootecnia, Engenharia Agrícola e Produção Vegetal. Pode ser utilizada como ferramenta para estudos ecológicos, econômicos e outras áreas tanto da Botânica quanto de outra ciência. Além de algumas vezes serem bioindicadoras.

Desse modo, este guia de estudos é apresentado com diversas ilustrações, para que possam realmente entender toda teoria expressa. Para que seu estudo tenha um maior aproveitamento, esta disciplina foi organizada em oito aulas, com temas e subtemas, que são divididos por seções, atendendo aos objetivos do processo de ensino-aprendizagem.

Dessa forma, a disciplina "Anatomia Vegetal" foi pensada e elaborada com o objetivo de possibilitar as aproximações necessárias à temática: a célula vegetal, os meristemas, a epiderme, os tecidos de preenchimento, os tecidos vasculares, anatomia da raiz, anatomia do caule e anatomia da folha.

A metodologia utilizada será a seguinte: atendimento pessoal de orientação e esclarecimentos de dúvidas no acompanhamento das atividades; atividades mediadas pelo professor no Ambiente de Aprendizagem Virtual (AVA); aulas dialogadas, ferramentas como Fóruns, chats, Vídeos e Quadro de Avisos e Devolutiva das atividades corrigidas. No decorrer da disciplina se demonstrarem alguma dificuldade com o conteúdo, nos procurem, estaremos sempre dispostos a atendê-los para todos os esclarecimentos.

Vamos, então, à leitura das aulas?

Bons estudos e sucesso no curso de Ciências Biológicas!

Aula 1º

A célula vegetal

Nesta aula, vamos aprender as características externa e interna das células eucariontes e suas diferenças, visando compreender as funções das organelas citoplasmáticas no corpo do vegetal.

Vamos a nossa aula?

Bons estudos!

Objetivos de aprendizagem

Ao término desta aula, vocês serão capazes de:

- diferenciar as células eucariontes vegetais das células animais;
- compreender a funcionalidade da célula vegetal;
- utilizar o conhecimento científico necessário dessa aula à atuação profissional.

Seções de estudo

1 - A célula vegetal e a parede celular
2 - As organelas da célula vegetal

1 - A célula vegetal e a parede celular

De acordo com Fahn (1990) e Raven et al. (2014), a célula vegetal tem muita semelhança com a célula animal, no entanto apresentam algumas particularidades como parede celular que fica externamente a membrana plasmática, bem como duas organelas citoplasmáticas: os plastídios (cloroplasto, cromoplasto e leucoplasto) e o vacúolo.

De uma forma geral, a célula vegetal é limitada por uma parede rígida associada à membrana plasmática, resultante da atividade secretora do protoplasma e de algumas enzimas, como a glicose (Figura 1).

Figura 1. Aspecto geral de uma célula vegetal destacando toda sua estrutura e composição.

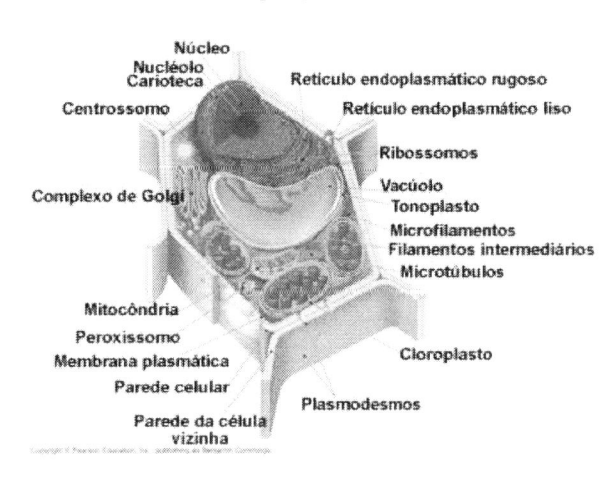

Fonte: http://www.anatomiavegetal.ib.ufu.br/paredeCelular/. Acesso em: 02 jun. 2020.

A parede celular em grande parte (Figura 2) com relação ao tamanho e a forma limita a expansão do citoplasma por variações osmóticas do meio envolve a membrana plasmática e, diferentemente do que se imagina, apresenta um papel importante na adesão e comunicação intercelular, bem como mediando o transporte de substâncias entre célula.

A parede celular é uma estrutura permeável à água e a várias substâncias e durante muito tempo, de acordo com Appezzato-da-Gloria e Carmello-Guerreiro (2006), foi considerada uma estrutura inerte, morta, cuja única função era conter o protoplasto, conferindo forma e rigidez à célula. Além disso, de acordo com a literatura, apresenta outras funções, como: prevenir a ruptura da membrana plasmática pela entrada de água na célula, ser portadora de enzimas relacionadas a vários processos metabólicos e atuar na defesa contra bactérias e fungos, levando à produção, por exemplo, de fitoalexinas.

A parede celular é dinâmica e passa por modificações durante o crescimento e desenvolvimento celular, e pode se afirmar que essa parede tem como principal função, a restrição da expansão do protoplasto, defesa contra bactérias e fungos, e impede a ruptura da membrana pela entrada de H2O no interior da célula.

Figura 2. Detalhe da parede celular destacando sua estrutura química.

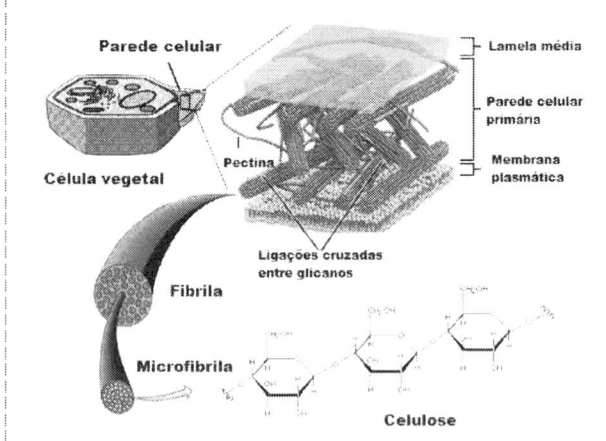

Fonte: http://www.researchgate.net/figure/. Acesso em: 10 abr. 2020.

Como se forma essa parede celular na Célula Vegetal?

Precisamos entender a fase da mitose (multiplicação celular):

Figura 3. Aspecto geral de uma célula vegetal se dividindo.

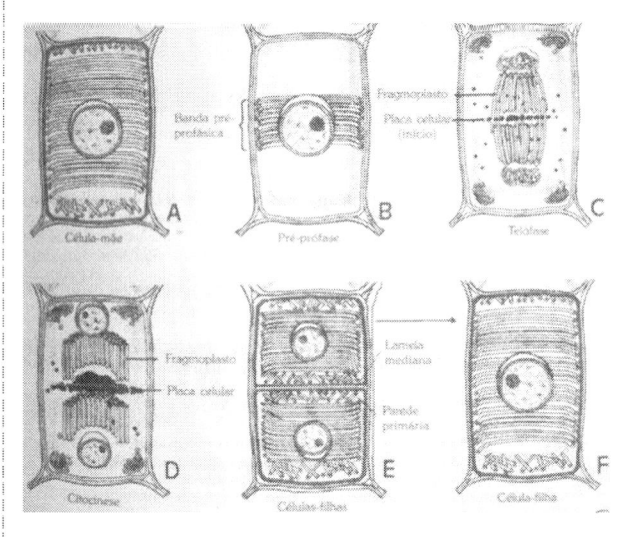

Fonte: http://katyabotanica.blogspot.com/2015/03/celula-vegetal-parede-celular-e.html. Acesso em: 02 abr. 2020.

Observe na Figura 3, a parede é formada durante a telófase (letra C) (fase final da mitose), inicia-se pelo aparecimento da placa celular na divisão da célula. No entanto, antes da prófase, ocorre o aparecimento de banda da pré-prófase (letra B), formada por microtúbulos na região equatorial da célula-mãe. Esta banda desaparece nas etapas subsequentes da divisão celular, ou seja, não está presente na metáfase, anáfase, telófase e citocinese, mas tem papel importante na formação da placa celular.

Vamos a definição do fragmoplasto?

Muito bem, é um sistema de fibrilas em forma de fuso, que se origina entre os dois núcleos filhos na telófase e que direciona o crescimento da placa celular durante a citocinese (Figura 3), e essas fibrilas do fragmoplasto são constituídas por microtúbulos.

E neste caso, quem é responsável pela formação da parede celular?

De acordo Raven et al. (2014) são os dictiossomos, bolsas membranosas achatadas, empilhadas como pratos unidades menores do Complexo de Golgi que estão presente em praticamente todas as células. Bem como o retículo endoplasmático, os responsáveis pela liberação das vesículas que formam a placa celular que se estende lateralmente até fundir-se com a parede da célula-mãe (Figura 4).

Figura 4. Aspecto geral do Complexo de Golgi e da formação da parede celular.

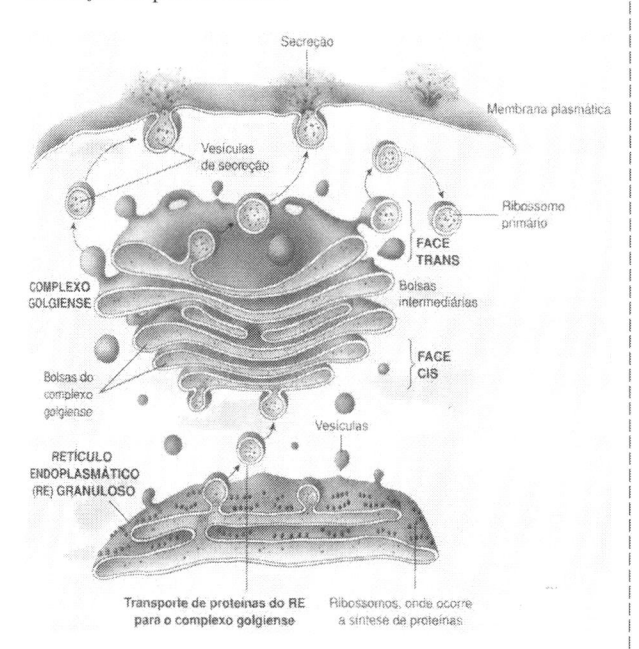

Fonte: http://mylifeisbio.blogspot.com/2010/07/citologia-complexo-de-golgi.html. Acesso em: 02 abr. 2020.

Figura 5. Detalhe da parede celular destacando a intercomunicação das paredes celulares.

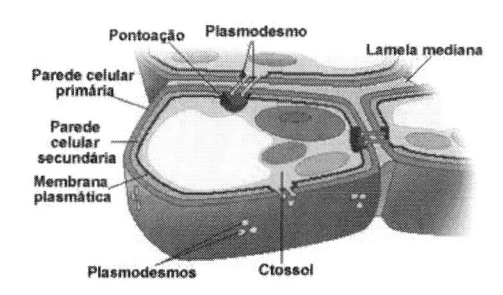

Fonte: https://www.sobiologia.com.br/conteudos/Morfofisiologia_vegetal/morfovegetal15.php. Acesso em: 02 abr. 2020.

Após a formação da parede celular, o que acontece?

O protoplasma, conhecido por citossol, parte viva e interna da célula, libera o material para formação da lamela média que irá unir células adjacentes (ou seja, essa lamela média estará no meio de duas paredes, observe na Figura 6).

Com relação a composição química da parede celular:
a) **Primária:** é a primeira a ser formada após a divisão celular, rica em celulose, hemicelulose e pectina.
b) **Secundária:** pode apresentar até três camadas, S1, S2 e S3: celulose, hemicelulose e pectinas.

Figura 6. Detalhe da parede primária e secundária.

Depois que a célula atingiu o seu tamanho e forma definitivos, ela secreta uma nova parede internamente à parede primária. Essa é a **parede secundária**, comum no lenho e no esclerênquima.

Essa parede, é muito espessa pela deposição de lignina, celulose e hemicelulose. Apresenta **Pontuações** ("buracos") onde ocorrem plasmodesmos. Ela delimita o espaço interno da célula, o **lúmen celular**

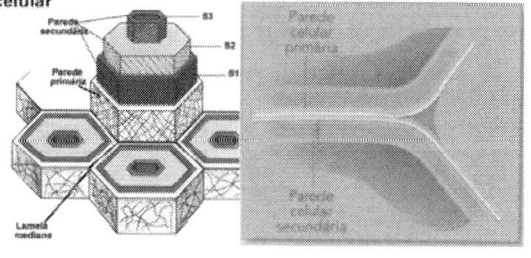

https://pt.slideshare.net/EduardoTuboAlbuquerque/clula-vegetal-parede-celulsica. Acesso em: 02 abr. 2020.

Importante:

Para Raven *et al.* (2014) e, posteriormente, Souza (2003), as células com paredes secundárias geralmente são células mortas e, neste sentido, as mudanças que nelas ocorrem são de caráter irreversível. As células que possuem paredes secundárias são o xilema (célula de transporte) e o esclerênquima (célula de sustentação) e a função da lignina na parede celular dessas células aumenta sua resistência.

Como pode ser observado na Figura 7, entre as paredes primárias de duas células vizinhas encontra-se a lamela média unindo e preenchendo espaços entre as células. Ainda, fazendo a conexão entre células vizinhas, encontram-e os plasmodesmos, estes são formados por pequenos canalículos e pelas projeções do retículo endoplasmático liso (desmotúbulo).

Figura 7. Detalhe de toda estrutura da parede, lamela média e estrutura de intercomunicação entre células.

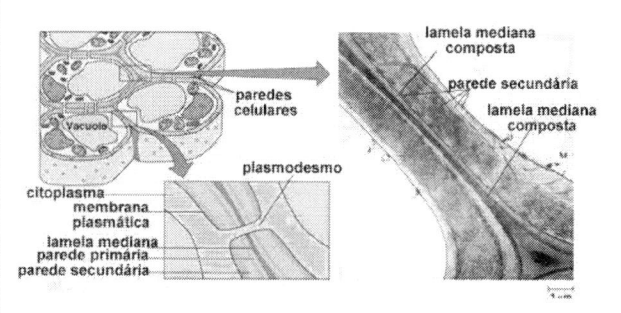

Fonte: http://www.anatomiavegetal.ib.ufu.br/paredeCelular/. Acesso em: 02 abr. 2020.

Vamos estudar os Plasmodesmos e a comunicação célula-célula:

Segundo Fahn (1990), quanto aos plasmodesmos, é uma estrutura (canais) presente na parede primária e a lamela média de células adjacentes permitindo a intercomunicação celular.

Estas estruturas formam:

Os campos primários de pontoação: correspondem às porções da parede primária, onde ocorre menor deposição de microfibrilas de celulose, formando pequenas depressões. Existem vários tipos de pontoações, no entanto, os mais comuns são: **pontoação simples e pontoação areolada:**

De acordo com Apezzato-da-Gloria e Carmello-Guerreiro (2006), a **pontoação simples** ocorre apenas uma interrupção da parede secundária. O espaço em que a parede primária, não é recoberta pela secundária constitui a cavidade da pontoação. Numa célula cuja parede secundária é muito espessa, forma-se o canal da pontoação. Este último tipo de pontoação ocorre em muitas esclereídes. Um ou mais pares de pontoações simples ocorrem em células parenquimáticas djacentes, quando estas apresentam paredes primária e secundária (Figura 8).

Figura 8. Detalhe da estrutura das pontoações.

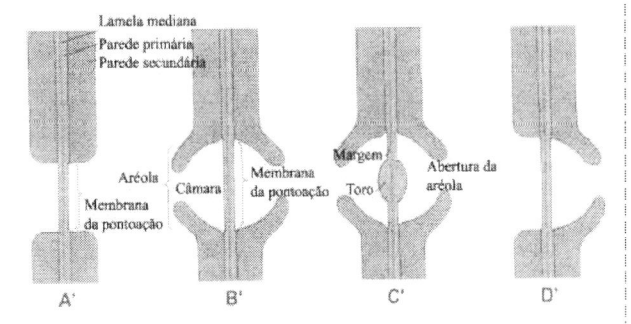

Fonte: http://docplayer.com.br/32783311. Acesso em: 02 abr. 2020.

A Pontoação areolada: saliência de contorno e abertura central circulares em vista frontal, forma uma aréola, observe na Figura 8. Trata-se de uma interrupção da parede secundária. Quando a parede secundária e a primária estão bem separadas, delimita-se uma câmara de pontoação. Pode ser encontrado em células do xilema, isto é, nos elementos de vaso e traqueídes.

Nas traqueídes das coníferas ocorre, na pontoação areolada, um espessamento especial denominado toro, que pode funcionar como uma válvula, fechando quando a pressão num lado é superior à pressão no outro e impedir rompimento da região, em caso de vergamento.

Importante: Uma mesma célula pode apresentar mais de um tipo de pontoação.

Vamos estudar a Membrana plasmática e o citoplasma e compreender sua função?

De acordo com Apezza-da-Gloria e Carmello-Guerreiro (2006), a membrana plasmática desempenha importantes funções, principalmente no que se refere ao controle da entrada e saída de substâncias da célula, possibilitando a manutenção de sua integridade física e funcional. Neste sentido, é semipermeável e seletiva, e quem possibilita essa comunicação entre as células são os plasmodesmos

Já o citoplasma (citosol) é considerado a matriz fluída, onde se encontram o núcleo e todas as organelas, e é delimitada pela membrana plasmática (Figura 8). Seus principais componentes são: proteínas, carboidratos, lipídios, íons e metabólitos secundários. Apresenta um movimento chamado ciclose. De um modo geral, tem como função: realizar diferentes bioquímicas necessárias à vida da célula entre as células adjacentes, e acumula substâncias, resultado do metabolismo, duplicação dos cromossomos e na formação do fragmossomo na divisão celular.

Figura 9. Aspecto da membrana plasmática da célula vegetal.

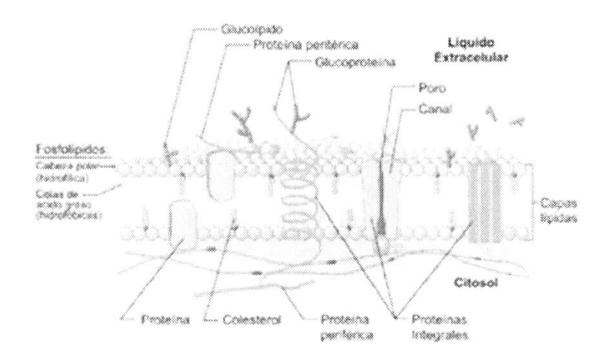

Fonte: http://biologiatualizada.blogspot.com/2012/01/citologia-estrutural_11. Acesso em: 02 abr. 2020.

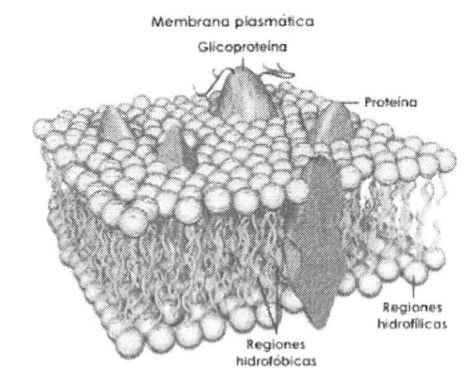

Fonte: html. https://slideplayer.com.br/slide/6623708/. Acesso em: 02 abr. 2020.

2 - As organelas da célula vegetal

Vamos iniciar esse estudo com as duas organelas que apenas a célula vegetal tem?
Vamos lá?

a) Vacúolo:
Raven et al. (2014) afirmaram que uma organela é delimitada por uma membrana conhecida por tonoplasto, constituído por água, substâncias orgânicas e inorgânicas. Como papel na célula, desempenha função dinâmico no crescimento e desenvolvimento da planta (controle osmótico), participa da manutenção do pH da célula. É responsável pela autofagia (digestão de outros componentes celulares) e também pode ser compartimento de armazenagem dinâmico,

no qual íons, proteínas e outros metabólitos são acumulados e mobilizados posteriormente. Quando a célula é jovem, tem numerosos e pequenos vacúolos, mas, com a maturação, aumentam de tamanho e fundem-se, formando o vacúolo da célula madura. Tem um papel na economia de energia por parte da célula.

Importante:

O vacúolo também pode ser compartimentos de armazenagem dinâmicas como: como inclusões de oxalato de cálcio ou outros compostos, na forma de cristais prismáticos, drusas, estilóides ou ráfides, que atuam na defesa e na osmorregulação (Figura 10).

Figura 10. Aspecto do vacúolo.

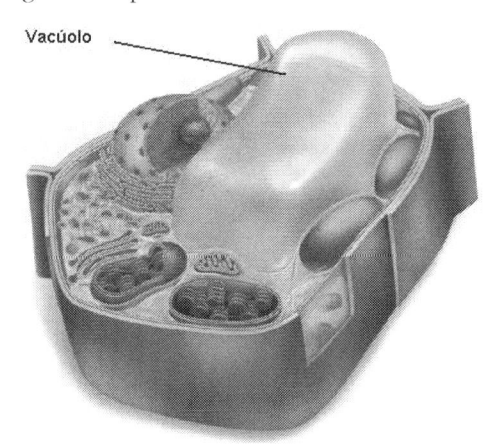

Fonte: https://www.todoestudo.com.br/biologia/vacuolos. Acesso em: 02 jun. 2020.

As substâncias ergásticas correspondem a produtos do metabolismo celular, muitas são materiais de reserva e/ou produtos descartados pelo metabolismo da célula. São encontradas na parede celular e nos vacúolos. Podendo também estar associadas a outros componentes protoplasmáticos.

A celulose da parede celular, amido, corpos proteicos, lipídios, sais orgânicos e inorgânicos e até mesmo minerais na forma de cristais. Um exemplo bem conhecido de vacúolo de reserva é o que ocorre nas células do endosperma de algumas sementes (Raven et al. 2014).

Figura 11. Aspecto geral das substâncias ergásticas dentro da célula.

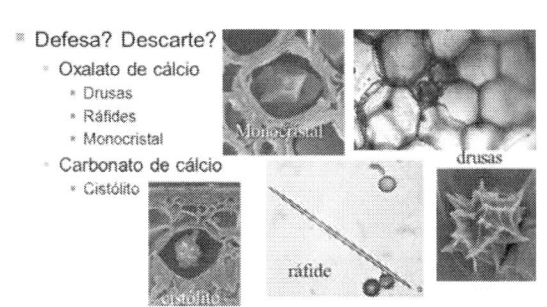

Fonte: https://slideplayer.com.br/slide/10221132/. Acesso em: 02 jun. 2020.

b) Plastídios:

É uma organela típica da célula vegetal e estudos apontam que tem origem de organismos que estabelece relações simbióticas com os ancestrais dos eucariontes atuais. Afirmam ainda, que os plastídios são organelas derivadas de cianobactérias, podem se autoduplicar e possuem genoma próprio.

Os plastídios são classificados de acordo com a presença ou ausência de pigmento:

Cloroplastos: os cloroplastos são organelas celulares que contêm como pigmento principal a clorofila, estando também presentes os pigmentos carotenóides, ambos associados à fotossíntese, ou seja são organelas celulares responsáveis, principalmente, pelo processo de fotossíntese. Entretanto, eles também são responsáveis por outras importantes ações, como a síntese de aminoácidos, ácidos graxos e metabólitos secundários, além de servir como local de armazenamento temporário do amido quando a planta está realizando fotossíntese (Raven et al., 2014).

Figura 12. Aspecto geral do Cloroplasto.

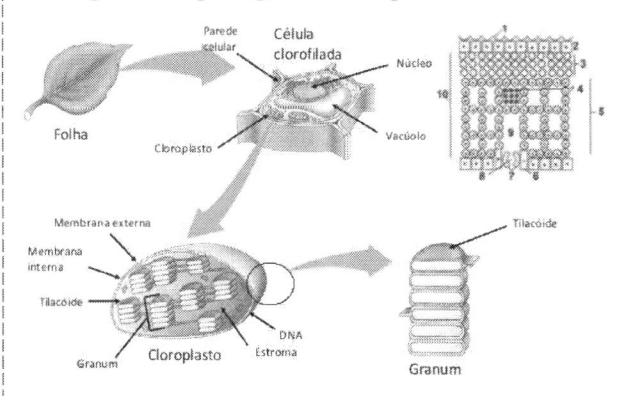

Fonte: https://document.onl/documents/celula-clorofilada-membrana-do-tilacoide-folha-granum-parede-celular-cloroplasto.html. Acesso em: 02 jun. 2020.

Cromoplastos: são estruturas coloridas e dão cores aos frutos, folhas e flores. Podem ser classificados em xantoplastos, eritroplastos e cloroplastos já descrito.

* Os xantoplastos (xanto = amarelo) possuem no seu interior um pigmento carotenoide, a xantofila, de cor amarela.

* Os eritroplastos (erítro = vermelho) são caracterizados pela abundância de um pigmento carotenoide no seu interior, o licopeno, de cor vermelha. Ex: a cor do tomate.

Vamos aprender um pouco sobre a fotossíntese?

Figura 13. Aspecto geral do processo da fotossíntese.

- Na fotossíntese, as moléculas de gás carbônico e de água são transformadas em açúcares com a utilização da energia luminosa. O processo pode ser resumido pela equação:

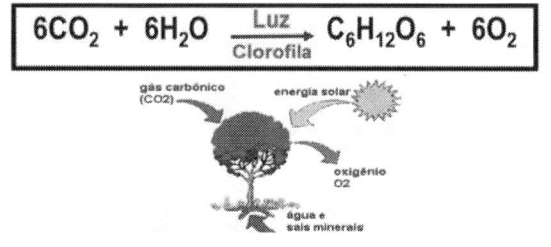

$$6CO_2 + 6H_2O \xrightarrow[\text{Clorofila}]{\text{Luz}} C_6H_{12}O_6 + 6O_2$$

Fonte: https://docplayer.com.br/21224756-Professora-leonilda-brandao-da-silva.html. Acesso em: 02 jun. 2020.

De acordo Raven et al. (2014), fotossíntese é a principal responsável pela entrada de energia na terra (biosfera) através de um processo pelo qual a planta converte a energia solar em energia química e utilizam-na para a produção de moléculas orgânicas.

De que forma ocorre?

Ocorre em organelas denominadas cloroplastos, e essas organelas estão presentes nas mais diversas partes da planta, especialmente caule herbáceos e folhas, sobretudo, no tecido denominado mesófilo. Quanto aos cloroplastos, são constituídos por uma membrana dupla que os reveste e, além desse conjunto de membranas externas, apresentam dois conjuntos de membranas internas, as lamelas e os tilacoides, que podem ser encontrados empilhados, formando uma estrutura denominada grana. É nos tilacoides que encontramos os pigmentos verdes.

Importante:

Todas as imagens anatômicas estão coradas com safrablau (Safranina com azul de astra), dois corantes apropriados para material vegetal e para evidenciar a parede primária de cor azul (celulose) e a parede rica em lignina em vermelho (lignina).

Vamos estudar um assunto bem interessante...

Estruturas secretoras: muitos dos metabólitos que resultam das diversas atividades celulares ficam depositados em células especiais, denominadas idioblastos excretores, ou são liberadas para o meio externo, através dos tricomas secretores.

Exsudato é o nome dado ao material secretado pela planta que possui composição química bastante variável (água, mucilagem, goma, proteínas, óleo, resinas, látex e néctar) e complexo. De um modo geral, as células secretoras se caracterizam por apresentarem paredes primárias delgadas, núcleo desenvolvido, citoplasma ativo, com organelas envolvidas na síntese proteica, muitos vacúolos diminutos, muitos plasmodesmos e mitocôndrias em grande quantidade para garantir o suprimento energético utilizado nas diversas atividades de síntese. São exemplos de estruturas secretoras: nectários, glândulas digestivas, glândulas de sal, tricomas urticantes, laticíferos, hidatódios.

Retomando a aula

Parece que estamos indo bem. Então, para encerrar esta aula, vamos recordar:

1- A célula vegetal e a parede celular

Nessa seção, destaquei a célula vegetal que forma os componentes dos tecidos das plantas e sobre a parede celular, parede celulósica ou membrana esquelética celulósica, que delimita as organelas celulares numa célula vegetal.

2 - As organelas da célula vegetal

Nessa seção, ressaltei sobre as organelas que se encontram mergulhadas no citoplasma e as principais das células vegetais: vacúolo e os plastídios.

Vale a pena

Vale a pena ler,

Fonte: http://www.uesc.br/editora/livrosdigitais2017/morfologia_anatomia_vegetal.pdf. Acesso em: 19 de jun. 2020.

Ray F. Evert

ANATOMIA DAS PLANTAS DE ESAU

file:///C:/Users/USER/Downloads/kupdf.net_anatomia-das-plantas-de-esaupdf.pdf. Acesso em: 19 de jun. 2020.

Vale a pena acessar,

Disponível em: https://biologiaparabiologos.com.br/35-livros-de-botanica-para-download-gratuito/. Acesso em: 19 de jun. 2020.

Disponível em: http://www.uesc.br/editora/livrosdigitais2017/morfologia_anatomia_vegetal.pdf. Acesso em: 19 de jun. 2020.

Disponível em: https://www.scielo.br/pdf/abb/v19n1/v19n1a17.pdf. Acesso em: 19 de jun. 2020.

Disponível em: http://www.ufscar.br/ouroboros/aula1bio.pdf. Acesso em: 19 de jun. 2020.

Disponível em: https://www.policiamilitar.mg.gov.br/conteudoportal/uploadFCK/ctpmbarbacena/04082014075110430.pdf. Acesso em: 19 de jun. 2020.

Vale a pena assistir

Universo das Plantas - National Geographic - YouTube
A Vida das Plantas - Documentário dublado - YouTube

GLOSSÁRIO
Disponível em: http://w3.ufsm.br/herb/glossario.pdf. Acesso em: 19 de jun. 2020.

Minhas anotações

Minhas anotações

Aula 2º

Os meristemas

Nesta aula, vamos entender como os órgãos se desenvolvem ou como surgem novas folhas, galhos ou até ramificações de raízes, através dos meristemas, tecidos compostos por células pequenas e jovens capazes de se dividir e se diferenciar no corpo vegetal.
Vamos a nossa aula?

Bons estudos!

Objetivos de aprendizagem

Ao término desta aula, vocês serão capazes de:

- conceituar os meristemas bem como sua função no corpo vegetativo;
- compreender o papel do meristema no estabelecimento de padrões de desenvolvimento dos órgãos;
- utilizar o conhecimento científico necessário dessa aula à atuação profissional.

Seções de estudo

1 - Características gerais e origem dos meristemas
2 - Classificação dos meristemas

1 - Características gerais e origem dos meristemas

De acordo com Fahn (1990) e posteriormente Raven et al. (2014), as características citológicas dos meristemas são: intensa divisão celular, células pequenas com núcleos grandes, grande número de mitocôndria, paredes delgadas, citoplasma denso, multivacuoladas, com proplastídios e células totipotentes (elevada atividade metabólica).

Vamos observar na Figura 01, como o sistema organizado se posiciona de acordo com desenvolvimento (morfogênese, crescimento e diferenciação celular).

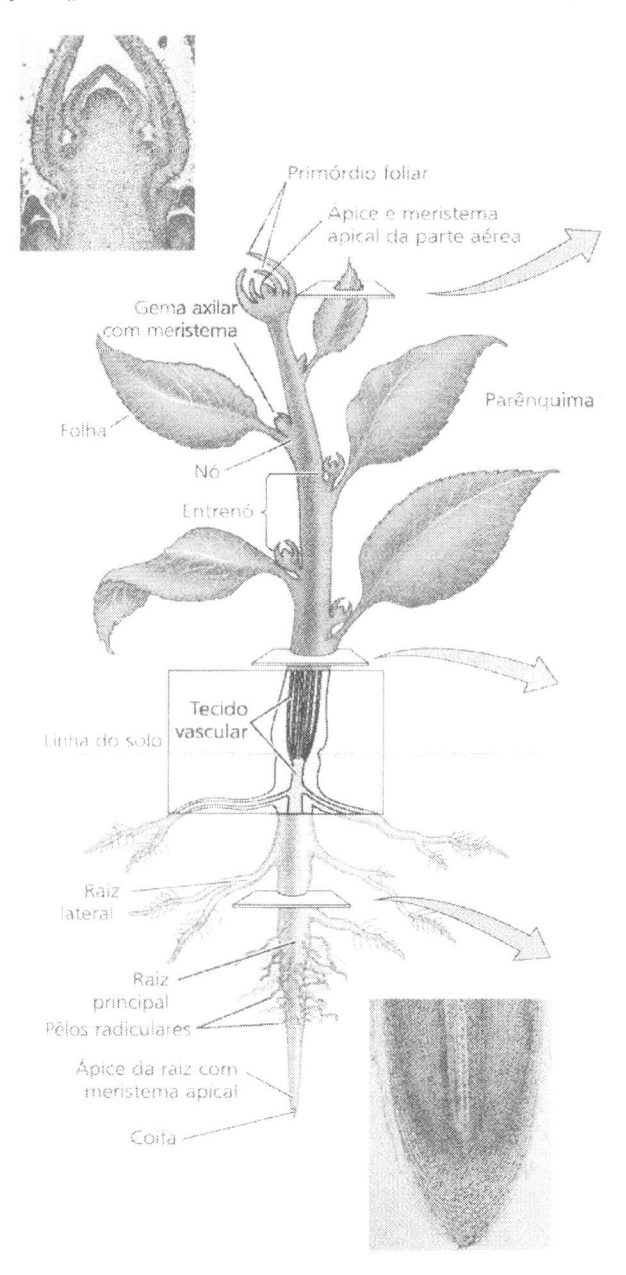

Figura 1. Aspecto geral da localização das células meristemáticas no corpo do vegetal.

Fonte: https://docplayer.com.br/48400949-Meristemas-e-desenvolvimento-forma-e-funcao-nas-plantas-vasculares-bib-140.html. Acesso em: 02 jun. 2020.

Figura 2. Aspecto geral do meristema.

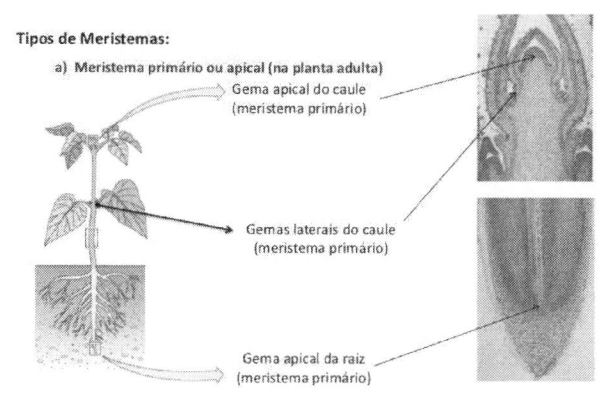

Fonte: https://pt.slideshare.net/EduardoTuboAlbuquerque/tecidos-vegetais-11960394. Acesso em: 02 jun. 2020.

Figura 3. Aspecto geral da germinação do feijão destacando morfologicamente, onde é possível encontrar o meristema apical e o meristema radicular.

Fonte: arquivo pessoal.

Vamos entender quanto ao crescimento, morfogênese e diferenciação celular?

O crescimento é um aumento irreversível de tamanho e efetivado pela combinação de divisão e expansão celular. A divisão por si só não constitui crescimento, pois esta pode simplesmente aumentar o número de células sem aumentar o volume total de uma estrutura. Durante o seu desenvolvimento, a planta adquire uma forma específica, conhecido como morfogênese, onde, com a divisão e subsequente expansão, os fatores primários determinam morfologia da planta e finalmente a diferenciação, processo pelo qual as células com constituição genética idêntica tornam-se diferentes umas das outras e também das células meristemáticas que lhes deram origem. Inicia-se, frequentemente, enquanto as células ainda estão em crescimento Raven *et al.* (2014).

Com relação a formação, o meristema acontece a partir de células apicais, podendo ser apenas um tipo de células (tecidos simples), os formados por vários tipos de células (tecidos complexos), podendo ser observado nas Figuras 2, 4 e 5.

Os meristemas formam o corpo primário das plantas, ou seja, toda sua estrutura, e localiza-se nas extremidades caulinares e radiculares, originando a partir dos pró-meristemas (crescimento longitudinal primário e células iniciais (conservadoras) e derivadas há um conjunto de células que se multiplicam intensamente (Figuras 1, 2 e 5).

Figura 4. Detalhe do meristemas apicais e crescimento primária tanto caulinar como radicular.

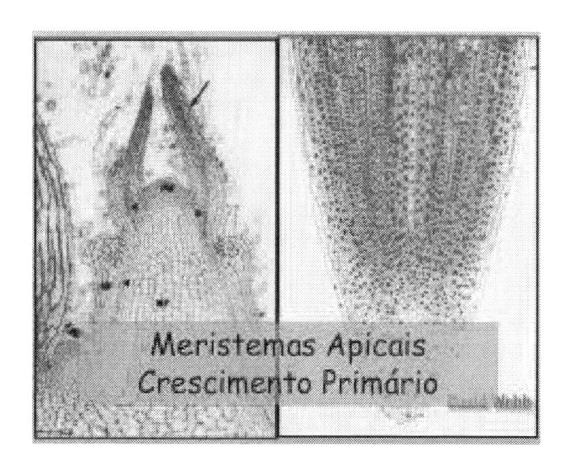

Fonte: https://docero.com.br/doc/5xe51v. Acesso em: 02 jun. 2020.

É importante ressaltar que após a divisão, uma célula permanece como meristemática (a que fica na região pró-meristemática), enquanto a outra se desloca dessa região e se torna uma nova célula acrescida ao corpo da planta. Essas células que se localizam na região pró-meristemática são denominadas **iniciais**, e as que são acrescidas ao corpo da planta são denominadas **derivadas**.

Vamos recordar:
O meristema apical, complexo de células que abrange as células iniciais e as derivadas, responsável pelo crescimento em comprimento de raízes e caules que formará o corpo primário da planta: protoderme, meristema fundamental e procâmbio. É importante lembrar que as derivadas também **sofrem divisão** e podem formar uma ou mais gerações de células. Quando a célula atinge o processo final de diferenciação, perdem a capacidade de sofrer divisão.

2 - Classificação dos meristemas

Os meristemas são classificados pela sua localização no corpo da planta em: apicais, laterais e intercalares. É importante enfatizar que poucas estruturas são definidas no corpo das angiospermas durante a embriogênese.

Vejamos:
Segundo Wang e Li (2008) e posteriormente Chandler *et al.* (2008), o hipocótilo (ou epicótilo), a radícula, o(s) cotilédone(s) e os dois meristemas primários - o meristema apical caulinar e o meristema apical radicular, apenas os dois meristemas apicais são mantidos durante o desenvolvimento pós-embrionário, e as atividades das suas respectivas populações de células-tronco - conjunto das iniciais estruturais

e das iniciais a elas justapostas, oriundas diretamente de suas atividades mitóticas, determinam a arquitetura das partes aérea e subterrânea da planta.

A origem dos meristemas primários está vinculada à definição do eixo apical-basal embrionário por meio do estabelecimento de dois domínios celulares pluripotentes nas regiões terminais do embrião, os quais coincidem com locais de acúmulo de auxina (Weijers *et al.* 2005; Friml *et al.* 2006). Nas fronteiras dos meristemas apicais há domínios celulares específicos que operam um balanço dinâmico entre a proliferação e a diferenciação das células recém produzidas para incorporação em órgãos, sendo cada um deles controlado por um padrão hormonal e um programa específico de expressão gênica.

Dessa forma, o destino das células meristemáticas é definido de acordo com a localização celular no meristema, onde a divisão de células-tronco leva ao afastamento das células-filhas rumo à periferia, podendo elas, em seguida, se diferenciar após muitos ciclos mitóticos, ou se juntar a outras células para iniciar um novo órgão (BEVERIDGE *et al.*; 2007; BOGRE *et al.*; 2008, RAST e SIMON, 2008)

Observem a classificação:

Figura 5. Aspecto dos tipos de meristemas localizados nas plantas, em destaque os apicais.

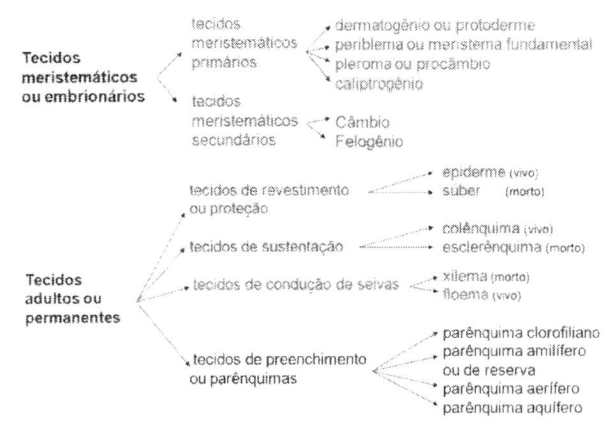

Fonte: https://docplayer.com.br/50693076-Histologia-vegetal-05-12-2014-. Acesso em: 19 de jun. 2020.

Uma pergunta interessante:
Como as plantas conseguem se ajustar as diferentes condições ambientais seja no frio e no calor e acomodar seu desenvolvimento sem sair do lugar?

Bom, é importante entender que as plantas são organismos sésseis capazes de adequarem-se às diferentes condições ambientais por apresentarem uma considerável plasticidade de desenvolvimento, conferida, principalmente, pelos meristemas. Nestes tecidos, encontram-se as células-tronco, capazes de se **autoperpetuarem**, mantendo a identidade meristemática, bem como as células derivadas de sua atividade, estas comprometidas com a formação dos diferentes tecidos e órgãos (RODRIGUES, 2009).

Segundo Mauseth (1988), as espermatófitas (plantas com semente), o meristema apical do caule das Angiospermas e algumas Gimnospermas (*Araucaria, Ephedra, Phyllocladus* e *Thujopsis*) apresentam numerosas células apicais dispostas em dois grupos:
  a. A túnica, formada por uma ou mais camadas periféricas de células que se dividem anticlinalmente;
  b. O corpo, grupo de várias camadas de profundidade no qual as células se dividem em diversos planos. Lembrando que cada grupo tem suas células iniciais, que se localizam em posição central. O número de camadas da túnica varia.

Vamos entender as Regiões meristemáticas como nichos celulares ou microambientes?

De acordo com os autores (et al. 2004, LAUX, 2003; DINNENDY E BENFEY, 2008; JIANG E FELDMAN, 2005; SUSSEX, 2006; SCOFIELD E MURRAY, 2006; TUCKER E LAUX, 2007), estudos pioneiros afirmam que os meristemas são tecidos que possuem aspecto celular homogêneo. Entretanto, a partir de meados do século XIX, estudos mais pormenorizados indicaram que eles eram constituídos de regiões histológicas distintas.

Ainda, os mesmos autores afirmam, em pesquisas atuais, que, além de terem regiões anatomicamente distintas, estas também diferem funcionalmente entre si, e suas funções são determinadas por padrões específicos de sinais endógenos. Dessa forma, as funções essenciais das células tronco nas plantas dependem, assim como nos animais, do posicionamento destas em uma região altamente regulada por sinais endógenos presentes.

Estas regiões meristemáticas têm recebido designações diversas, oriundas da terminologia própria da Ecologia, tais como um "microambiente" propício para a manutenção do "nicho das células-tronco". Com isso, o conceito de nicho de células tronco implica no reconhecimento de que estas células adquirem ou expressam as características típicas não por possuírem propriedades celulares específicas pré-existentes, mas porque se encontram em um "microambiente" que define o nicho meristemático destas células (JIANG e FELDMAN, 2005; SUSSEX, 2006; SCOFIELD e MURRAY, 2006; TUCKER e LAUX, 2007).

A região onde as células-tronco estão localizadas nos meristemas também tem sido denominada como o "hábitat" das células-tronco; neste local ocorre o estabelecimento de um sistema complexo e bem integrado de sinalização intercelular necessário para a manutenção deste grupo de células. Assim, esse conjunto de características estabelecido pela inter-relação celular em seu "hábitat" possibilita a formação e manutenção do "nicho" das células-tronco nos meristemas (RAVEN et al., 2014).

Bom, agora conseguimos entender porque as plantas conseguem ajustar tão eficientemente o desenvolvimento sem sair do lugar, mesmo quando sujeitas a diversas e intensas variações ambientais. São desafios à sobrevivência, uma vez que as torna altamente susceptíveis às variações e adversidades ambientais. No entanto, os tecidos meristemáticos se comprometem com essa função e esse papel eficiente no corpo vegetativo.

Importante: todas as imagens anatômicas estão coradas

com safrablau (Safranina com azul de astra), dois corantes apropriado para material vegetal e para evidenciar a parede primária de cor azul (celulose) e a parede rica em lignina em vermelho (lignina).

Retomando a aula

Parece que estamos indo bem. Então, para encerrar esta aula, vamos recordar:

1 - Características gerais e origem dos meristemas

Nessa seção, estudamos sobre o tecido responsável pelo crescimento em altura e largura das plantas e que é encontrado nas extremidades dos troncos, galho e raízes. Caracterizam-se por realizarem muitas mitoses e apresentarem células de paredes finas.

2 - Classificação dos meristemas

Nessa seção, entendemos que os meristemas são classificados pela sua localização no corpo da planta em primários e secundários. Os meristemas apicais são primários, e os laterais (câmbio e felogênio) são secundários.

Vale a pena

Vale a pena ler

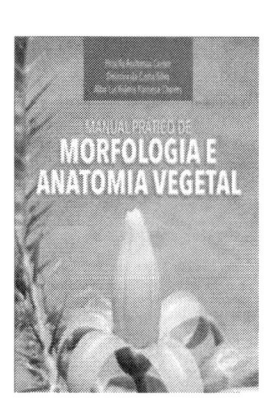

Disponível em: http://www.uesc.br/editora/livrosdigitais2017/morfologia_anatomia_vegetal.pdf. Acesso em: 19 de jun. 2020.

Disponível em: https://plantasmedicinaismineiras.wordpress.com/livro/. Acesso em: 19 de jun. 2020.

Disponível em: https://ia800503.us.archive.org/15/items/EnsaioSobreOUsoDoLatimNaBotanica/LatimParaBotnicos.pdf. Acesso em: 19 de jun. 2020.

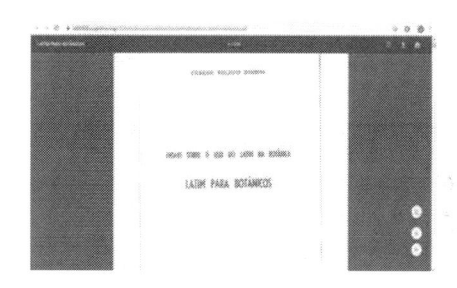

Disponível em: https://ia800503.us.archive.org/15/items/EnsaioSobreOUsoDoLatimNaBotanica/LatimParaBotnicos.pdf. Acesso em: 19 de jun. 2020.

Vale a pena acessar

Disponível em: https://biologiaparabiologos.com.br/35-livros-de-botanica-para-download-gratuito/. Acesso em: 19 de jun. 2020.

Disponível em: https://www.mma.gov.br/estruturas/203/_arquivos/livro_203.pdf. Acesso em: 19 de jun. 2020.

Disponível em: https://pt.slideshare.net/eldonclayton/histologia-vegetal-9045289. Acesso em: 19 de jun. 2020.

Disponível em: https://pt.slideshare.net/

paramore146/histologia-vegetal-17655219. Acesso em: 19 de jun. 2020.

Disponível em: http://www.anatomiavegetal.ib.ufu.br/exercicios-html/Meristema.htm. Acesso em: 19 de jun. 2020.

Minhas anotações

Aula 3º

A epiderme

> Nesta aula, vamos aprender sobre o tecido mais externo dos órgãos vegetais em estrutura primária e a característica mais importante da parede das células epidérmicas das partes aéreas da planta, que é a presença da cutina.
> Vamos a nossa aula?
> Bons estudos!

Objetivos de aprendizagem

Ao término desta aula, vocês serão capazes de:

- estudar e compreender a função do tecido externo dos órgãos vegetais;
- compreender que a origem da epiderme é no meristema apical, mais precisamente na protoderme;
- utilizar o conhecimento científico necessário dessa aula à atuação profissional.

Seções de estudo

1 - Conceito e origem das células epidérmicas
2 - Características e funções das células na epiderme

1 - Conceito e origem das células epidérmicas

De acordo com Raven *et al.* (2014), a epiderme é o tecido mais externo de todos os órgãos da planta, e sua principal função é de revestimento, podendo desempenhar várias outras funções. Apresenta estrutura primária, sendo substituída pela periderme em órgãos com crescimento secundário (Figura 1 a 3).

Com relação origem, acontece nos meristemas apicais, mais precisamente na protoderme. É constituída geralmente por uma única camada de células vivas, vacuoladas, perfeitamente justapostas e sem espaços intercelulares.

Vamos imaginar anatomicamente a região apical de um caule, onde ficam as folhas jovens:

Figura 1. Detalhe da região onde a epiderme origina.

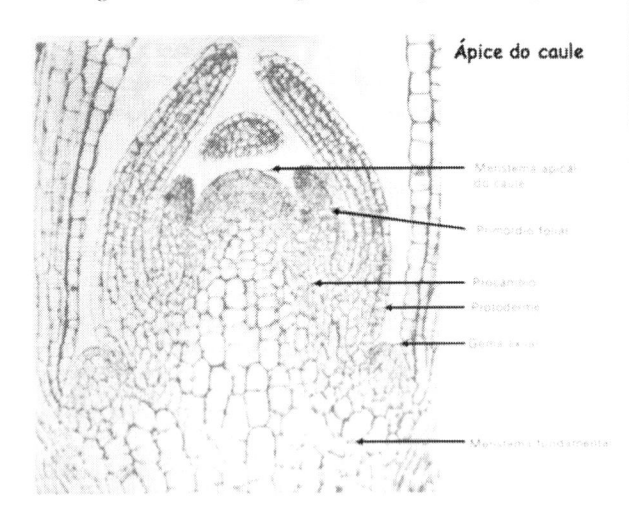

Fonte: http://katyabotanica.blogspot.com/2015/03/meristema-e-desenvolvimento-do-embriao.html. Acesso em: 19 de jun. 2020.

De acordo com Raven et al. (2014), a disposição compacta das células previne contra choques mecânicos e a invasão de agentes patogênicos (defesa), além de restringir a perda de água. A característica mais importante da parede das células epidérmicas das partes aéreas da planta é a presença da cutina, uma estrutura delgada localizada externamente a epiderme (Figura 3).

A **cutina** é formada por substâncias lipofílicas de alto peso molecular e resultante da polimerização de certos ácidos graxos e impermeável a água, e pode aparecer tanto como incrustação entre as fibrilas de celulose, como depositada externamente sobre a parede, formando a **cutícula**.

Figura 2. Aspecto geral da epiderme da anatomia da folha.

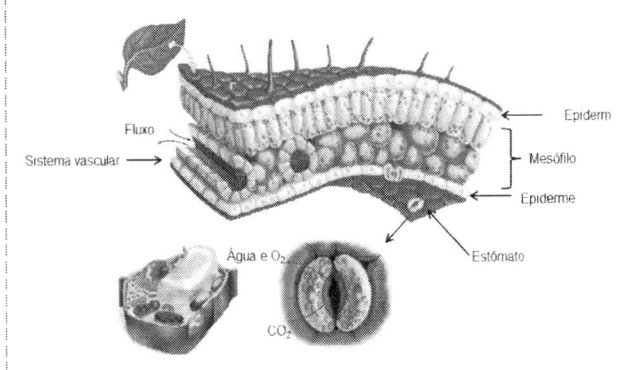

Fonte: https://www.agrolink.com.br/fertilizantes/nutricao-via-folhas---anatomia-foliar_361454.html. Acesso em: 19 de jun. 2020.

Figura 3. Corte transversal do limbo, destacando a cutícula na epiderme.

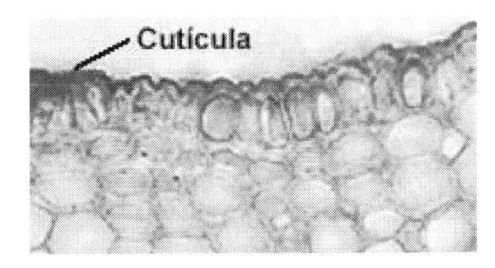

Fonte: http://www.anatomiavegetal.ib.ufu.br/exercicios html/Epiderme.htm. Acesso em: 19 de jun. 2020.

Figura 4. Aspecto geral da epiderme com cutícula e muitos cloroplastos.

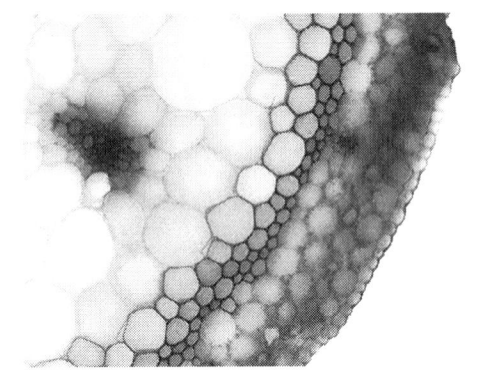

Fonte: https://br.pinterest.com/pin/156359418300144104/. Acesso em: 19 de jun. 2020.

Importante...

A epiderme por estar em contato diretamente com o meio ambiente, fica susceptível a modificações estruturais.

Nós sabemos que um dos grandes problemas ambientais que tem levado ao aquecimento global é o aumento da emissão de gases dos efeitos estufa na atmosfera.

Agora vamos refletir...

Qual a ligação entre os estômatos e o processo de aquecimento global?

Vamos estudar a característica mais importante da parede das células epidérmicas das partes aéreas da planta?

Como já foi citada, a cutina está depositada externamente sobre a parede, formando a cutícula. O processo da formação da cutina leva o nome de **cuticularização**, e, o de impregnação com cutina, de **cutinização**. É possível encontrar cera na parte externa da cutícula, porém, ainda não se conhece ao certo a expulsão dessa composição pelo protoplasma das células epidérmicas para o exterior dessas células.

Outra característica é a presença de **cera** externamente da cutícula é constituída de um polímero complexo heterogêneo, resultante da interação de longas cadeias de ácidos graxos, álcoois alifáticos e alcanos, em presença de oxigênio, como a cutina, ainda não se conhece a expulsão da cera do protoplasma das células epidérmicas.

É possível encontrar externamente na cutícula sais em forma de cristais, borracha, resinas, óleos, lignina, mucilagem e néctar em nectários localizados na superfície.

2 - Características e funções das células na epiderme

Na epiderme é possível encontrar vários tipos de células de formato e tamanho variado, como os estômatos e as projeções epidérmicas.

a) Os estômatos:

É originado de uma divisão da célula protodérmica e constituído de duas células-guardas e uma fenda central, o ostíolo (Figura 4). Pode-se desenvolver entre as células comuns da epiderme ou entre as células subsidiárias. Essas células são relacionadas com a entrada e saída de ar (troca gasosa) no interior dos órgãos onde se encontram ou até mesmo com a saída de água. São as únicas células na epiderme que sempre contêm cloroplastos. São frequentes nas partes aéreas fotossintetizantes lamina foliar, pecíolo e caules jovens e em pétalas, androceu além de frutos e sementes.

Importante: a posição das células estomáticas está relacionada ao ambiente.

Figura 5. Aspecto geral do estômato.

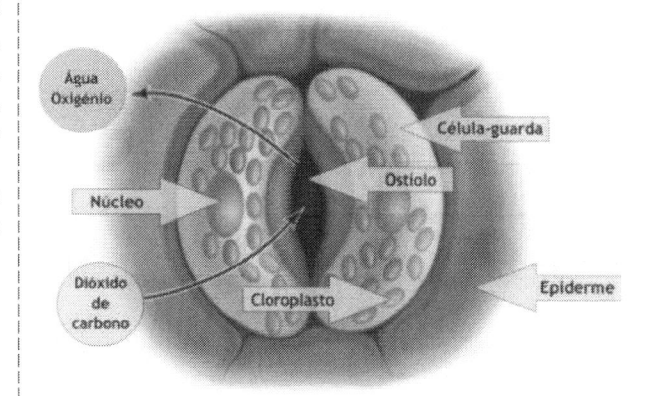

Fonte: https://biologiaparaavida.com/2018/02/05/estomatos/. Acesso em: 19 de jun. 2020.

Vamos aprender que os estômatos se classificam de acordo com sua origem, número e forma das células subsidiárias?

Vamos lá...

Segundo Metcalfe e Chalk (1950), a classificação mais utilizada para as plantas com sementes são cinco tipos básicos de acordo com o formato e arranjo. Observe na Figura 6.

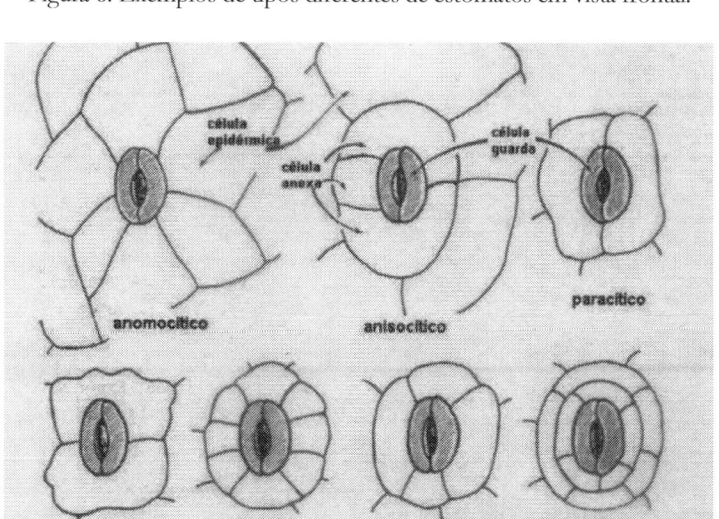

Figura 6. Exemplos de tipos diferentes de estômatos em vista frontal.

Fonte: http://www.angelfire.com/ar3/alexcosta0/RelHid/Rhw8.htm. Acesso em: 19 de jun. 2020.

Vamos entender a característica dos estômatos?

Vamos lá...

Segundo Fahn (1990) e Raven et al. (2014), são classificados como:

Anomocítico: estômato envolvido por um número variável de células que não diferem em formato e tamanho das demais células epidérmicas (Figura 5).

Anisocítico: estômato circundado por três células subsidiárias de tamanhos diferentes (Figura 5)

Paracítico: estômato acompanhado, de cada lado, por uma ou mais células subsidiárias posicionadas de forma que o seu eixo longitudinal fica paralelo à fenda estomática (Figura 5).

Diacítico: estômato envolvido por duas células subsidiárias posicionadas de modo que o seu maior eixo forma um ângulo reto com a fenda estomática (Figura 5).

Actinocítico: estômato em torno do qual as células subsidiárias se dispõem radialmente (Figura 5).

b) Projeções epidérmicas:

São conhecidos por tricomas tectores e glandulares, papilas (saliências), hidatódios, lenticelas e os acúleos que auxiliam a epiderme na proteção e no revestimento do corpo da planta e pode ser encontrado em qualquer órgão de forma permanente ou passageira. Ainda, apresentam variedades em formas e tamanhos, uma célula (unicelular) ou várias (multicelulares).

Com relação ao conteúdo desses apêndices, é diversificado podendo encontrar cloroplastos, sílica, carbonato de cálcio, cistólitos e outros cristais.

Esses apêndices epidérmicos têm como função secretar substâncias, como óleos, néctar, resinas, mucilagem e água, e de absorver água e sais da atmosfera.

É possível encontrar também tricomas nas plantas carnívoras, capazes de secretar mucilagem para capturar a presa e enzimas para digeri-la (Figuras 6 à 10).

Figura 7. Corte transversal da epiderme, destacando algumas características como cutícula e papila.

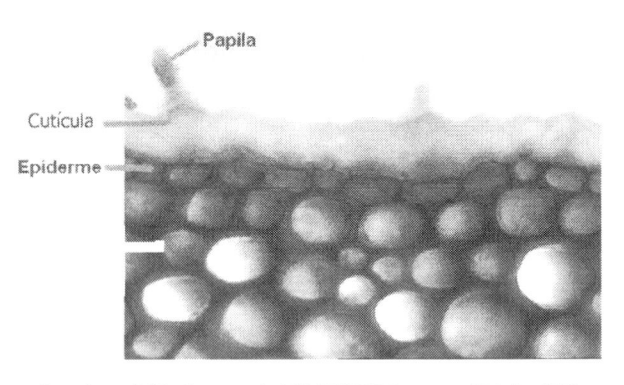

Fonte: https://slideplayer.com.br/slide/334302/. Acesso em: 19 de jun. 2020.

Figura 8. Corte transversal do limbo, detalhando tricoma tector e glandular na epiderme.

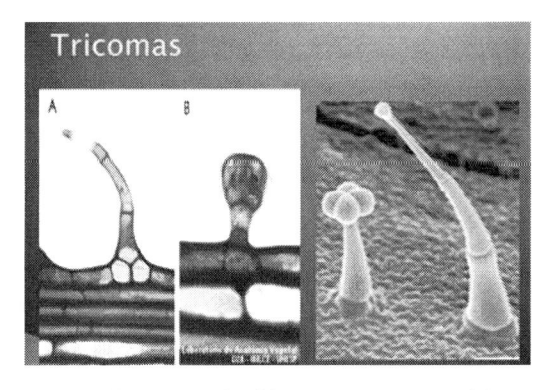

Fonte: https://slideplayer.com.br/slide/2879627/. Acesso em: 19 de jun. 2020.

Figura 9. Detalhe da folha de urtiga destacando os tricomas defensivos.

Fonte: arquivo pessoal.

Figura 10. Aspecto geral da planta carnívoras.

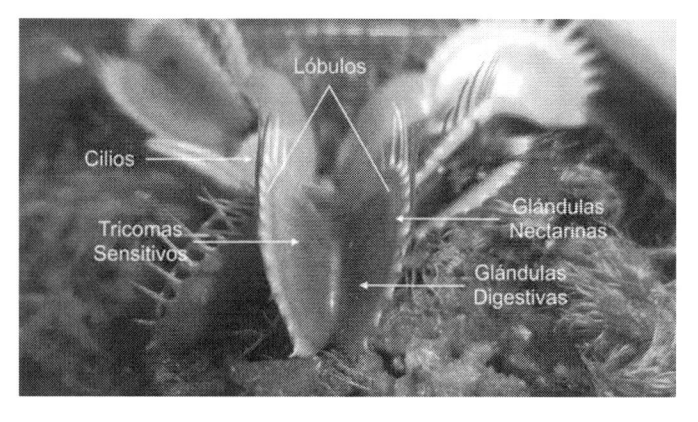

Fonte: https://www.youtube.com/watch?v= hspxuGswVA8. Acesso em: 19 de jun. 2020.

Figura 11. Aspecto geral dos acúleos.

Fonte: https://www.infoescola.com/biologia/espinhos/. Acesso em: 19 de jun. 2020.

Figura 12. Aspecto geral do hidatódio.

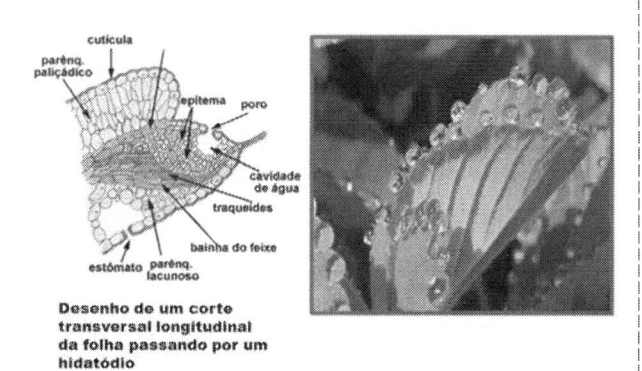

Fonte: https://slideplayer.com.br/slide/11130653/. Acesso em: 19 de jun. 2020.

Figura 13. Aspecto geral da morfologia e anatomia da lenticela.

Fonte: https://pt.slideshare.net/brunodj31/morfologia-vegetal-caule. Acesso em: 19 de jun. 2020.

Vamos conhecer algumas células especializadas que tem função além de revestimento?

a) As **células buliformes** são grandes de paredes delgadas e grande vacúolo. Ocorre na epiderme de certas monocotiledôneas e está relacionada com modificações da superfície foliar, por alterações de sua turgescência. Não possuem cloroplastos e seu vacúolo armazena água. É conhecida por células motoras.

Figura 14. Corte transversal do limbo, destacando as células buliformes.

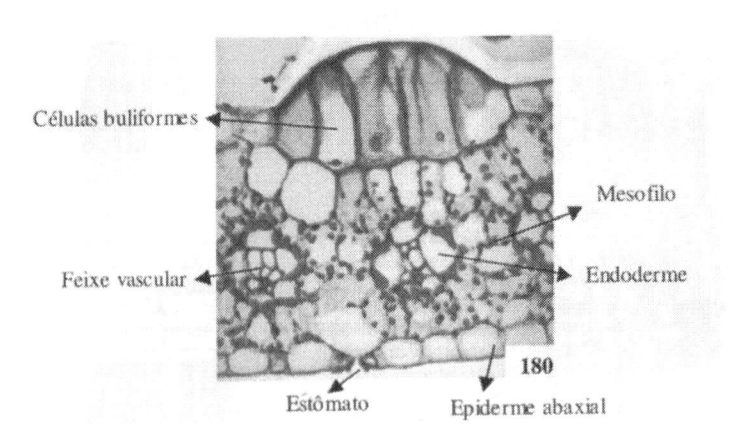

Fonte: http://katyabotanica.blogspot.com/2015/03/epiderme-e-suas-formacoes.html. Acesso em: 19 de jun. 2020.

b) As **células suberosas e silicosas** são pequenas e as suberosas armazenam substâncias ricas em energia no vacúolo. Já as células silicosas apresentam silício depositado na parede celular ou no vacúolo, que se encontram aos pares entre as células da epiderme de Poaceae e Cyperaceae. Ambas têm como principal função evitar o ataque de insetos, pois confere rigidez.

c) Os **litocistos** são células grandes, que contém um cristal de carbonato de cálcio, chamado cistólito. Os cistólitos formam-se a partir de invaginações da parede celular. Sua composição é formada por carbonato de cálcio, pectoses e sílica. Possui como função a reserva de cálcio e proteção contra herbivoria.

Figura 15. Cistolito em corte transversal da epiderme.

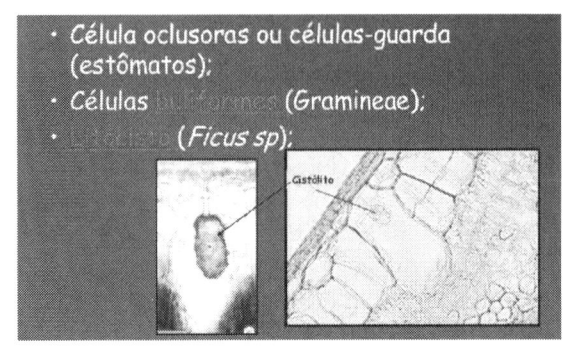

- Célula oclusoras ou células-guarda (estômatos);
- Células buliformes (Gramineae);
- Litocisto (Ficus sp);

Fonte: https://pt.slideshare.net/VivianePorto1/aula4-epiderme. Acesso em: 19 de jun. 2020.

Importante: todas as imagens anatômicas estão coradas com safrablau (Safranina com azul de astra), dois corantes apropriado para material vegetal e para evidenciar a parede primária de cor azul (celulose) e a parede rica em lignina em vermelho (lignina).

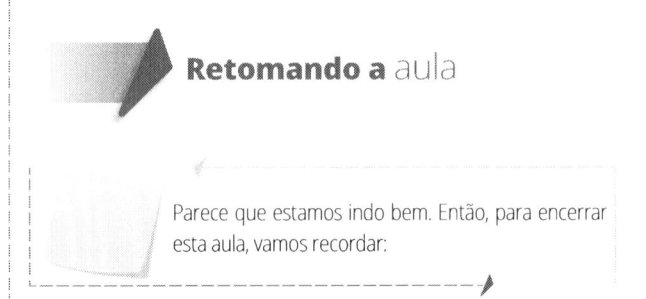

Retomando a aula

Parece que estamos indo bem. Então, para encerrar esta aula, vamos recordar:

1 - Conceito e origem das células epidérmicas

Nessa seção, aprendemos que a epiderme é o tecido mais externo de todos os órgãos da planta e sua principal função é de revestimento, desempenhando várias outras funções.

2 - Características e funções das células na epiderme

Nessa seção, entendemos que na epiderme é possível encontrar vários tipos de células de formato e tamanho variados, como os estômatos e as projeções epidérmicas, além de algumas células especializadas, que tem função além de revestimento.

Vale a pena

Vale a pena ler,

Disponível em: https://drive.google.com/file/d/0Bz_AcmCaAL9eTmxjVS1rNllSekE/view?pref=2&pli=1. Acesso em: 19 de jun. 2020.

Disponível em: file:///C:/Users/USER/Downloads/LivroIdentificacaoBotanica.pdf. Acesso em: 19 de jun. 2020.

Vale a pena acessar,

Disponível em: http://www.anatomiavegetal.ib.ufu.br/exercicios-html/Epiderme1.htm. Acesso em: 19 de jun. 2020.

Disponível em: https://www.cesadufs.com.br/ORBI/public/uploadCatalago/18054616022012Morfologia_Interna_e_Externa_dos_Vegetais_Aula_3.pdf. Acesso em: 19 de jun. 2020.

Disponível em: https://www.skoob.com.br/livro/pdf/anatomia-vegetal/85528/edicao:94443. Acesso em: 19 de jun. 2020.

Minhas anotações

Minhas anotações

Aula 4º

Os tecidos de revestimento

Nesta aula, vamos aprender sobre os tecidos simples parênquimatico, colênquimatico e esclerenquimático, que pertencem ao sistema fundamental, incluindo as suas características básicas peculiares.

Vamos a nossa aula?

Bons estudos!

Objetivos de aprendizagem

Ao término desta aula, vocês serão capazes de:

- identificar a estrutura dos tecidos fundamentais parênquima, colênquima e esclerênquima;
- associar a ocorrência de cada tecido e sua função no corpo do vegetal;
- utilizar o conhecimento científico necessário dessa aula à atuação profissional.

Seções de estudo

1 - Origem e ocorrência do tecido fundamental Parenquimático
2 - Origem e ocorrência do tecido fundamental Colenquimático
3 - Origem e ocorrência do tecido fundamental Esclerenquimático

1 - Origem e ocorrência do tecido fundamental Parenquimático

De acordo com Raven *et al.* (2014), os tecidos vegetais se agrupam para formar três sistemas de tecidos: o sistema de revestimento (proteção), o sistema vascular (condução de seiva) e o sistema fundamental (preenchimento, sustentação, fotossíntese, etc.). Quanto a origem, os meristemas apical e radicular se diferenciam dando origem aos meristemas primários: protoderme, meristema fundamental e procâmbio. Desta forma, o meristema fundamental dá origem ao parênquima, colênquima e esclerênquima. Os tecidos vegetais podem ser classificados como **simples**, que contém células de apenas um tipo de tecido ou **complexos**, que contém células de mais de um tipo de tecido (Figura 1).

Figura 1. Aspecto geral da localização do meristema fundamental.

Fonte: https://pt.slideshare.net/RonaldoProfessorr/aula-tecidos-vegetais. Acesso em: 19 de jun. 2020.

Vamos estudar o Parênquima?

De acordo com Apezzato-da-Gloria e Guerreiro-Carmelo (2006), o parênquima desenvolve-se a partir do meristema fundamental (Figura 1), no entanto células parenquimáticas podem originar-se do procâmbio ou do câmbio, nos tecidos vasculares, e do felogênio, na casca.

Quanto a constituição desse tecido, o parênquima apresenta células vivas, isodiamétricas, as quais podem possui formatos diversos e é considerado potencialmente meristemático, ou seja, capaz de se dividir inclusive após estarem diferenciadas, por este motivo, é essencial no processo de cicatrização de lesões na planta, basta lembrar da poda numa planta por exemplo na arborização urbana.

De acordo com Raven *et al.* (2014), as células parenquimáticas geralmente possuem parede delgada compostas por celulose, hemicelulose e pectatos (parede primária), e possuem, na parede celular, estrutura como pontoação primária para se comunicar entre si ou com os tecidos adjacentes via plasmodesmos.

Figura 2. Aspecto geral de corte anatômico de um caule, destacando o parênquima fundamental.

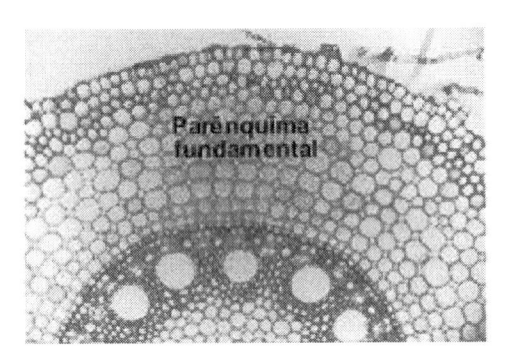

Fonte: http://www.anatomiavegetal.ib.ufu.br/exercicios-html/Parenquima.htm. Acesso em: 19 de jun. 2020.

Figura 3. Aspecto geral de um corte anatômico da folha, destacando o parênquima fundamental.

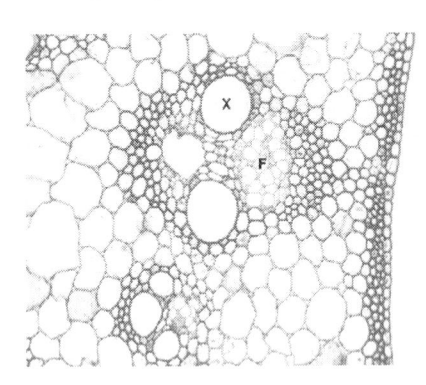

Fonte: https://brasilescola.uol.com.br/biologia/xilema-floema.htm. Acesso em: 19 de jun. 2020.

Importante: As células do parênquima têm pequenos e numerosos vacúolos e dependendo da função que as células parenquimáticas desempenha na planta, principalmente quando se trata de célula de secreção.

É possível encontrar o tecido parenquimático em quase todos os órgãos da planta, tanto na medula como nos órgãos: córtex, medula, pecíolo, limbo, peças florais e nas partes carnosas do fruto. As células do parênquima podem apresentar características especiais possibilitando, por sua vez, atividades essenciais na planta, como: fotossíntese, reserva, transporte, secreção e excreção.

Importante: O parênquima que está presente nas células xilemáticas e floemáticas tem um papel importante na movimentação das substâncias, como água e elementos orgânicos, entre a parte viva e não viva do sistema vascular.

Algumas células do parênquima isoladas podem conter diversas substâncias e forma das demais células parenquimáticas, neste caso, é conhecida por idioblásticas. Exemplo de células idioblásticas rica em mucilagem são encontradas em algumas monocotiledôneas, em cactáceas ou crucíferas. E outra rica em óleos, bem como rica em cristais.

Vamos aprender os tipos básicos de Parênquima?

O parênquima fundamental ou de preenchimento: encontrado no córtex e na medula do caule e no córtex da raiz e constituído de células isodiamétricas, vacuoladas, com pequenos espaços intercelulares.

- **Parênquima clorofiliano:** a principal característica deste parênquima é ser fotossintetizante em razão da presença dos cloroplastos que ocorre nos órgãos aéreos dos vegetais, principalmente nas folhas. Suas células apresentam paredes primárias delgadas, numerosos cloroplastos e são intensamente vacuoladas. A disposição das células do parênquima clorofiliano pode ser variável dependendo do órgão, da espécie e até mesmo do local. O tecido encontrado, por exemplo, na folha onde concentra maior quantidade de cloroplastos é o mesofilo, podendo aparecer em caules jovens.

A partir do parênquima clorofiliano, de acordo com Fahn (1990), pode ser dividido em: paliçádico, esponjoso, regular, plicado e braciforme.

a) **Paliçádico** é encontrado no mesofilo, como destacado na Figura 3, e composto de estratos celulares com grande quantidade de plastídios (cloroplastos) e poucos espaços intercelulares. O formato das células desse parênquima é mais alto que largo.

b) **Esponjoso** é conhecido por lacunoso e é constituído de células de formato irregular, com projeções laterais conectadas as células adjacentes, delimitando espaços intercelulares e está conectado com as células do parênquima paliçádico com formatos diferenciado, como mostra na Figura 4.

Figura 4. Corte transversal do limbo destacando dois parênquimas.

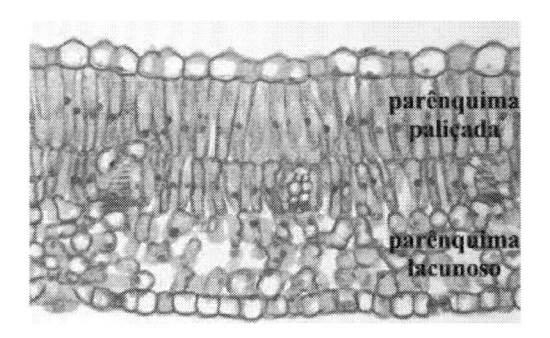

Fonte: https://carlosdionata.wordpress.com

c. **Plicado**, esse parênquima tem uma característica por ser encontrado em mesofilo de folhas acículas (ex. Folhas de Pinus e folhas de Bambusa), suas células possui reentrâncias assemelhando-se a dobras, por isto é chamado de plicado.

d. **Braciforme** apresentam projeções laterais conhecidas por "braços" que conectam células adjacentes, delimitando lacunas. Ocorre no mesofilo de algumas espécies da família Botânica: Bromeliaceae e Cyperaceae (Figura 5 e 6).

Figura 5. Corte transversal da raiz destacando o parênquima braciforme.

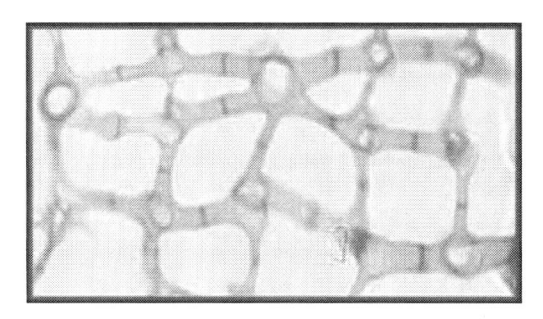

Fonte: https://lume.ufrgs.br/bitstream/handle/10183/46658/Poster_5113.pdf?sequence=2&isAllowed=y. Acesso em: 19 de jun. 2020.

Figura 6. Corte transversal de uma raiz destacando as enormes lacunas e o parênquima braciforme.

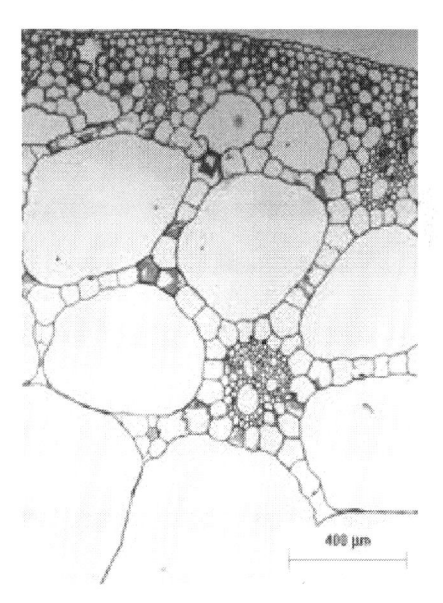

Fonte: http://www.ufrgs.br/seerbio/ojs/index.php/rbb/article/viewFile/138/131. Acesso em: 19 de jun. 2020.

Vamos conhecer o Parênquima de reserva?

O parênquima pode constituir de um tecido de reserva, armazenando diferentes substâncias ergásticas, como: amido, proteínas, óleos, etc., resultantes do metabolismo celular. São bons exemplos de parênquimas de reserva: órgãos tuberosos como rizoma, tubérculos, raiz e o endosperma das sementes, como exemplo Mamona (*Ricinus communis* L.). Outros exemplos de parênquima de reserva é o abacate (*Persea americana* Mill.), rico em lipídios, o caule da cana de açúcar (*Saccharum officinarum* L.) rica em solução açucarada e as folhas carnosas de babosa (*Aloe vera* (L.) Burm. f.) rica em vitaminas.

De acordo com a substância que o parênquima de reserva armazena, pode-se receber uma denominação específica de acordo com sua especialidade: amilífero (amido), aerífero ou aerênquima (ar) e aquífero (água).

a) **Amilífero:** as células deste parênquima possui reserva de grãos de amido, sendo esse carboidrato depositado nos amiloplastos. São exemplos de amiloplastos: caules da batata-inglesa (*Solanum tuberosum* L.), raiz de batata doce (*Ipomoea batatas* (L.) Lam) e na raiz da mandioca (*Manihot esculenta* Crantz.).

Figura 7. Corte transversal da batata destacando os amilopastos dentro da célula.

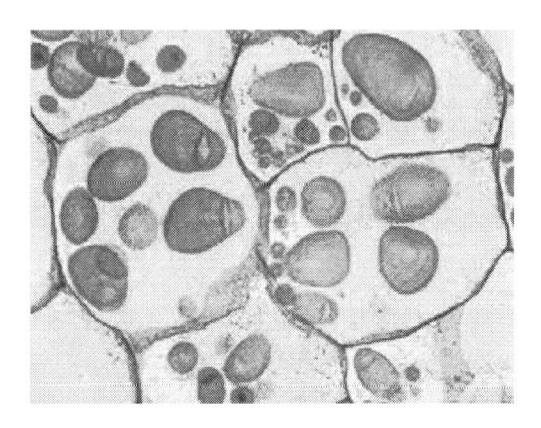

Fonte: http://pedropinto.com/files/secondary/tlb/tlbl_relatorio2.pdf. Acesso em: 19 de jun. 2020.

b) **Aerífero ou aerênquima:** as células deste parênquima possui grandes espaços intercelulares encontra-se nas angiospermas aquáticas e aquelas que vivem em solos encharcados. O aerênquima promove a aeração nas plantas aquáticas, além de conferir-lhes leveza para a sua flutuação, observe na Figura 8.

Figura 8. Corte transversal da raiz e do limbo destacando o parênquima aerífero rico em ar.

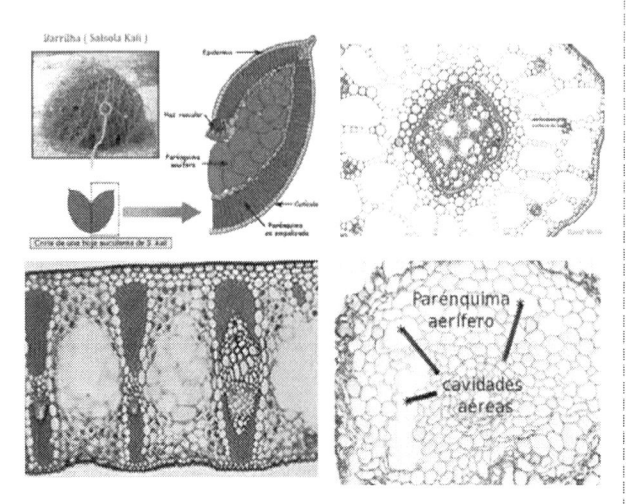

Fonte: https://blogdoenem.com.br/tecidos-vegetais-biologia/. Acesso em: 19 de jun. 2020.

Figura 9. Corte transversal do caule, destacando o parênquima aerífero.

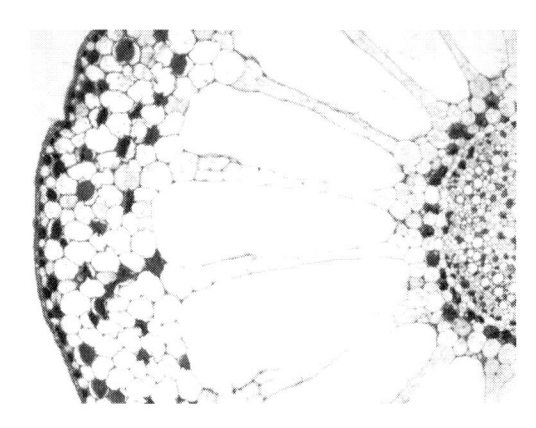

Fonte: https://www.passeidireto.com/arquivo/4290433/myriophyllum-aerenquima. Acesso em: 19 de jun. 2020.

c) **Aquífero:** as células deste parênquima são especializadas em armazenar água, as plantas suculentas de regiões áridas, como certas Cactaceae, Euforbiaceae, Bromeliaceae e Crassulaceae. Neste caso, as células parenquimáticas são grandes e apresentam grandes vacúolos contendo água, observe na Figura 10.

Figura 10. Corte transversal do limbo, destacando o parênquima aquífero.

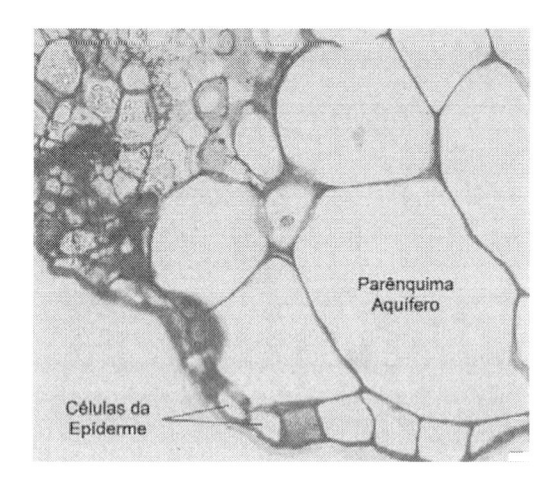

Fonte: https://ensinopraticodebotanica.furg.br/anatomia/blutaparon-portulacoides/blutaparon-2a.html. Acesso em: 19 de jun. 2020.

2 - Origem e ocorrência do tecido fundamental Colenquimático

Assim como o parênquima, o colênquima é originado do meristema fundamental e a plasticidade da parede celular primária que possibilita o crescimento do órgão ou do tecido até atingir a maturidade. É constituído de células vivas de parede celular rica em celulose e grande quantidade de substâncias pécticas de espessamento irregular com campos primários de pontoação e têm formas variáveis.

Por possuir paredes celulares flexíveis é um tecido encontrado em órgãos ou regiões que ainda estão sofrendo distensão, bem como caules de plantas herbáceas e pecíolos das folhas podendo ser encontrado em nervuras, bordo, raízes aquáticas e aéreas. Possui função de sustentação em regiões onde o crescimento é primário ou que estão sujeitas a movimentos constantes. Pode ser classificado de acordo com o tipo de espessamento da parede celular, angular; lamelar, lacunar e anelar. Às vezes o colênquima pode sofrer espessamento mais acentuado e lignificar-se, sendo convertido em esclerênquima (RAVEN et. al. (2014).

Vamos estudar a classificação do Colênquima?

Conforme o tipo de espessamento na parede celular observado em corte transversal dos órgãos, pode ser:

a) **Colênquima angular:** neste colênquima há espessamento da parede celular nos pontos de encontro entre três ou mais células, observe na Figura 11.

Figura 11. Corte transversal do limbo, destacando tipos de colênquima.

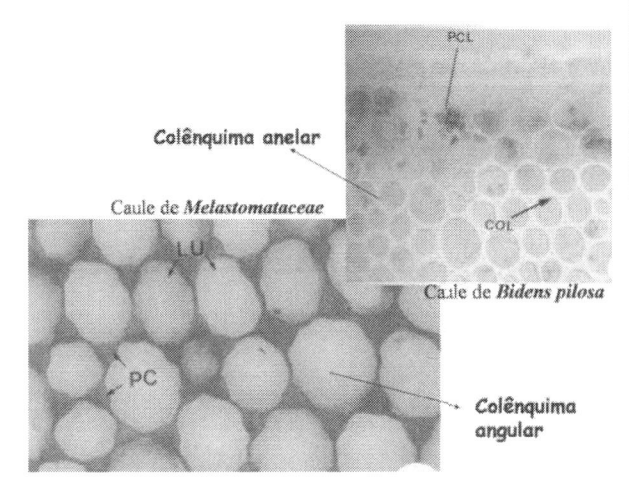

Fonte: http://katyabotanica.blogspot.com/2015/04/tecidos-fundamentais-parenquima.html. Acesso em: 19 de jun. 2020.

b) **Colênquima lamelar:** neste colênquima apresenta espessamento em todas as paredes tangenciais externas e internas das células, observe na Figura 12.

Figura 12. Corte transversal do caule, destacando o colênquima.

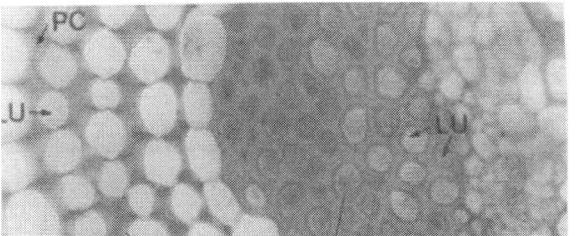

Fonte: http://katyabotanica.blogspot.com/2015/04/tecidos-fundamentais-parenquima.html. Acesso em: 19 de jun. 2020.

c) **Colênquima lacunar:** neste colênquima o tecido apresenta espaços intercelulares e os espessamentos da parede primária ocorrem nas paredes celulares que limitam estes espaços, observe na Figura 13.

Figura 13. Corte transversal do pecíolo, destacando o colênquima lacunar.

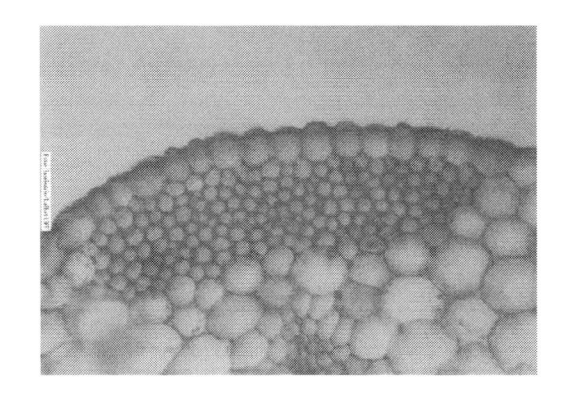

Fonte: http://katyabotanica.blogspot.com/2015/04/. Acesso em: 19 de jun. 2020.

d) **Colênquima anelar ou anular:** quando as paredes celulares apresentam um espessamento mais uniforme, ficando o lume celular circular em secção transversal como observado na Figura 14.

Figura 14. Corte transversal do caule, destacando o colênquima anelar.

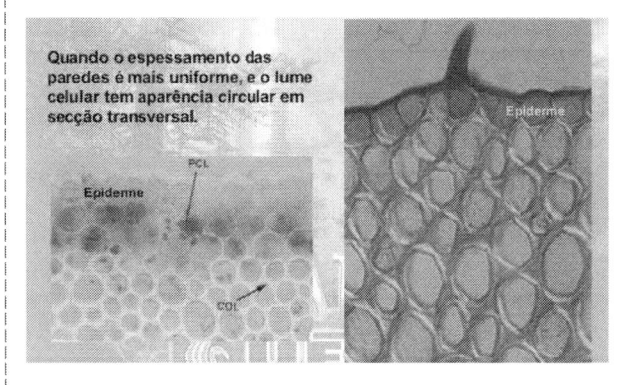

Fonte: https://pt.slideshare.net/ManimEdicoes/7-colenquima. Acesso em: 19 de jun. 2020.

Figura 15. Aspecto geral do tipo de colênquima de acordo com o espessamento de sua parede celular.

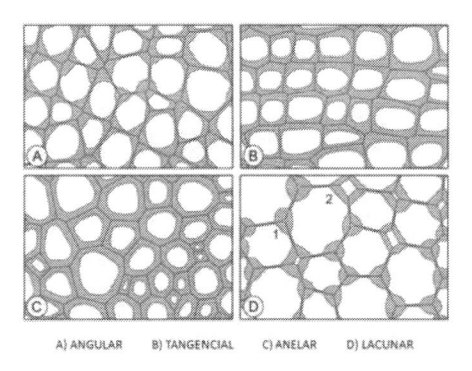

A) ANGULAR   B) TANGENCIAL   C) ANELAR   D) LACUNAR

Fonte: https://slideplayer.com.br/slide/10352470/. Acesso em: 19 de jun. 2020.

Importante: todas as imagens anatômicas estão coradas com safrablau (Safranina com azul de astra), dois corantes apropriado para material vegetal e para evidenciar a parede primária de cor azul (celulose) e a parede rica em lignina em vermelho (lignina).

3 - Origem e ocorrência do tecido fundamental Esclerenquimático

De acordo com Raven et. al. (2014), o esclerênquima é um tecido de sustentação, originado do meristema fundamental da mesma forma do tecido parenquimático e colenquimático e normalmente possui células mortas (em geral não possui o protoplasto vivo na maturidade) e a maior característica deste tecido é a parede secundária espessa e uniforme, rica em lignina ou não. É localizado na região periferia ou nas camadas mais interna do órgão primário e secundário da planta.

A lignificação inicia na lamela média e parede primária e por fim atinge a parede secundária (Figura 16). A lignina é inerte e fornece um revestimento estável, evitando ataques químico, físico e biológico, isso confere lentidão quando algumas substâncias passam por essas paredes.

Figura 16. Corte transversal de uma estrutura floral destacando Lamela média (LM) e formação de parede secundária.

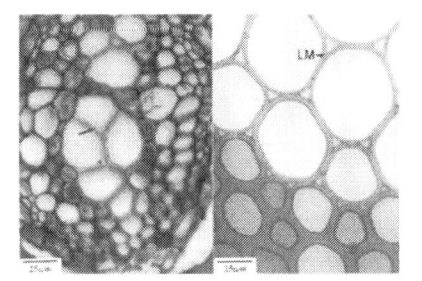

Lamela média e formação de parede secundária (lignificação = roxo)

Fonte: https://slideplayer.com.br/slide/3665731/. Acesso em: 19 de jun. 2020.

Por ser um tecido de sustentação, pode estar presente nas raízes, caules, folhas, eixos florais, pecíolo, frutos e nas sementes. Normalmente, são encontradas em faixas ou em calotas, ao redor dos tecidos vasculares fornecendo proteção e sustentação.

Há basicamente dois tipos celulares no esclerênquima: **as fibras e as esclereídes.**

- **As fibras:** são células longas e largas, com paredes secundárias espessas e lignificadas, suas extremidades são afiladas e possuem a função de sustentar partes do vegetal que não se alongam mais. Estão distribuídas em todo corpo do vegetal e quando fazem parte do xilema ou do floema, são chamadas de fibras xilemáticas ou floemáticas. Dependendo da espessura da parede, do tipo e da quantidade de pontoações, são conhecidas por dois tipos: fibras libriformes e fibrotraqueídes. Embora seja espessada, o lume se reduz, ocasionando a morte das células na maturidade, no entanto por motivo de possuir em sua parede muitas pontoações (estrutura de comunicação), os protoplastos se tornam ativos e as fibras podem ser vivas. É importante enfatizar que as fibras tem valor econômico e são exploradas; exemplos como: sisal, linho, rami, fruto do coco, etc.

Figura 17. Corte anatômico da casca da pimenta, destacando as fibras.

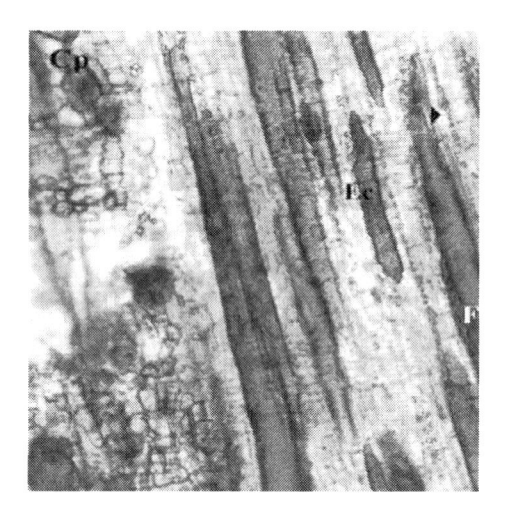

Fonte: https://www.researchgate.net. Acesso em: 19 de jun. 2020.

- **As esclereídes**, de acordo com Fahn (1990) e Raven et al. (2014) são células isoladas ou em grupos esparsos, distribuídas por todo o sistema fundamental da planta. Possuem paredes secundárias espessas, muito lignificadas, com numerosas pontoações simples. Não constituem um tecido definido e podem aparecer desde a epiderme até próximo aos feixes vasculares.

Figura 18. Aspecto geral da disposição das fibras nos tecidos na região subepidérmica e meristema fundamental.

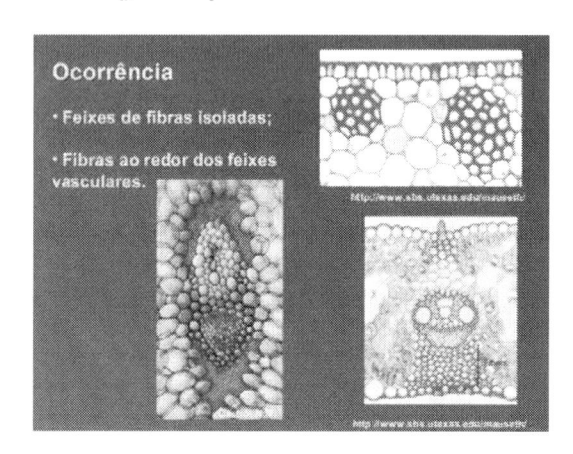

Fonte: https://pt.slideshare.net/ManimEdicoes/8-esclerenquima. Acesso em: 19 de jun. 2020.

Vamos conhecer os tipos de esclereídes?

Braquiesclereídes ou células pétreas: são células

isodiamétricas que aparecem em grupos entre as células parenquimáticas, podendo ser encontrada na polpa da pera, observe na Figura 19.

Figura 19. Corte da polpa da pera destacando células pétreas.

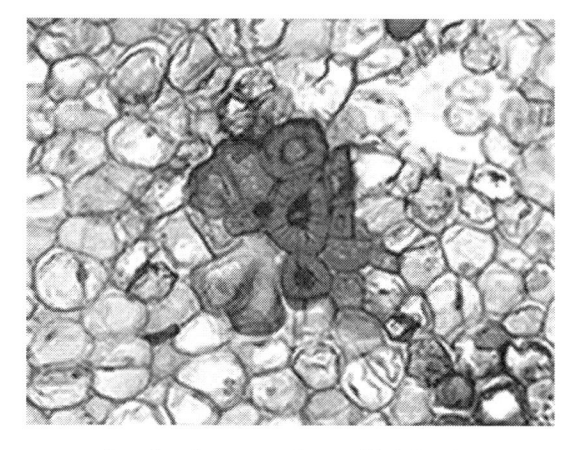

Fonte: http://www.anatomiavegetal.ib.ufu.br/atlas/Esclerenq.ilust.htm. Acesso em: 19 de jun. 2020.

Macroesclereídes: são células alongadas ou colunares distribuídas em paliçadas, e podem ser encontradas no envoltório externo (testa) das sementes das leguminosas, observe na Figura 20.

Figura 20. Corte transversal do limbo e da casca da semente, destacando tipo de esclereídes.

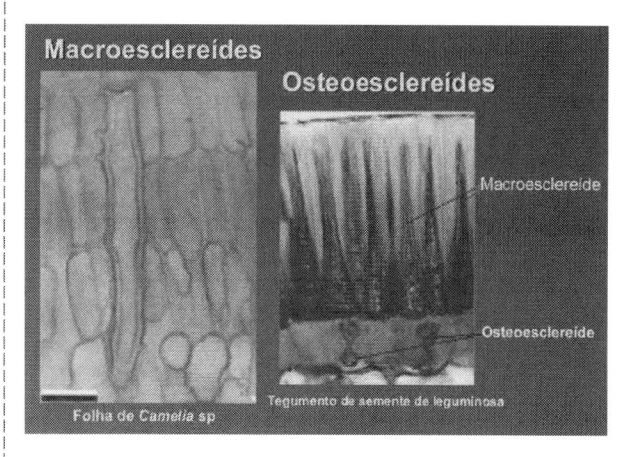

Fonte: https://pt.slideshare.net/ManimEdicoes/8-esclerenquima. Acesso em: 19 de jun. 2020.

De acordo com Fahn (1990) e Raven et al. (2014), as Osteoesclereídes são esclereídes alongadas, com as extremidades alargadas, lembrando a forma de um osso, como as esclereídes, observadas sob a epiderme (tegmen) da semente das leguminosas (células em ampulheta), observe na Figura 20, bem como as Astroesclereídes, que são células com a forma de uma estrela, com as ramificações partindo de um ponto mais ou menos central, observe na Figura 21.

Figura 21. Corte transversal de um limbo destacando um tipo de esclereíde.

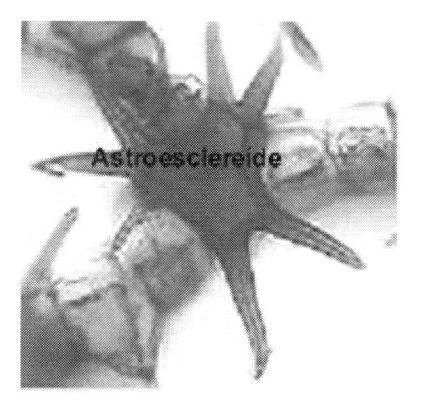

Fonte: http://www.anatomiavegetal.ib.ufu.br/exercicios-html/esclerenquima.htm. Acesso em: 19 de jun. 2020.

Já as Tricoesclereídes são esclereídes alongadas, semelhante à tricomas, ramificados ou não, como vistas nas folhas de algumas espécies, observe na Figura 22.

Figura 22. Corte transversal destacando um tipo de esclereídes.

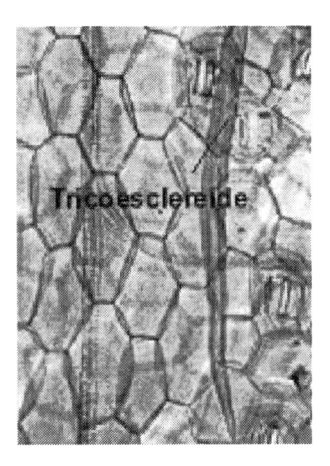

Fonte: http://www.anatomiavegetal.ib.ufu.br/exercicios-html/esclerenquima.htm. Acesso em: 19 de jun. 2020.

Importante: todas as imagens anatômicas estão coradas com safrablau (Safranina com azul de astra), dois corantes apropriado para material vegetal e para evidenciar a parede primária de cor azul (celulose) e a parede rica em lignina em vermelho (lignina).

Retomando a aula

Parece que estamos indo bem. Então, para encerrar esta aula, vamos recordar:

1 - Origem e ocorrência do tecido fundamental Parenquimático

Nessa seção, aprendemos que o parênquima se desenvolve a partir do meristema fundamental e pode originar-se do procâmbio ou do câmbio, nos tecidos vasculares, e do felogênio, na casca. Apresenta células vivas, isodiamétricas, as quais podem possuir formatos diversos e é considerado potencialmente meristemático, ou seja, capaz de se dividir, inclusive, após estarem diferenciadas.

2 - Origem e ocorrência do tecido fundamental Colenquimático

Nessa seção, entendemos que, assim como o parênquima, o colênquima é originado do meristema fundamental e a plasticidade da parede celular primária que possibilita o crescimento do órgão ou do tecido até atingir a maturidade. É constituído de células vivas de parede celular rica em celulose e grande quantidade de substâncias pécticas de espessamento irregular, com campos primários de pontoação e formas variáveis.

3 - Origem e ocorrência do tecido fundamental Esclerenquimático

Nessa seção, aprendemos que o esclerênquima é um tecido de sustentação, originado do meristema fundamental, da mesma forma do tecido parenquimático e colenquimático, e normalmente possui células mortas (em geral não possui o protoplasto vivo na maturidade).

Vale a pena

Vale a pena ler,

Fonte: https://www.editoraufv.com.br/produto/anatomia-vegetal-3-edicao/1109024. Acesso em: 19 de jun. 2020.

Vale a pena acessar,

Disponível em: https://www.sobiologia.com.br/conteudos/Morfofisiologia_vegetal/morfovegetal20.php. Acesso em: 19 de jun. 2020.

Disponível em: https://www.todabiologia.com/botanica/anatomia_vegetal.htm. Acesso em: 19 de jun. 2020.

Disponível em: http://www.anatomiavegetal.ib.ufu.br/exercicios-html/Epiderme1.htm. Acesso em: 19 de jun. 2020.

Disponível em: https://www.cesadufs.com.br/ORBI/public/uploadCatalago/18054616022012Morfologia_Interna_e_Externa_dos_Vegetais_Aula_3.pdf. Acesso em: 19 de jun. 2020.

Disponível em: https://www.skoob.com.br/livro/pdf/anatomia-vegetal/85528/edicao:94443. Acesso em: 19 de jun. 2020.

Aula 5º

Os tecidos vasculares

> Nesta aula, vamos aprender uma das principais mudanças na estrutura do corpo das plantas para conquista do ambiente terrestre, o desenvolvimento de um sistema vascular capaz de transportar água, sais minerais e nutrientes e os compostos orgânicos produzidos durante o processo de fotossíntese.
> Vamos a nossa aula?
>
> — Bons estudos!

Objetivos de aprendizagem

Ao término desta aula, vocês serão capazes de:

- compreender o sistema condutor, xilema e floema, bem como sua origem;
- compreender a funcionalidade dos tecidos responsáveis pelo transporte de água, solutos, materiais orgânicos e inorgânicos, em solução, nas plantas vasculares;
- utilizar o conhecimento científico necessário dessa aula à atuação profissional.

Seções de estudo

1 - Origem e característica do tecido vascular do xilema
2 - Origem e característica do tecido vascular do floema

1 - Origem e característica do tecido vascular do xilema

Segundo Fahn (1990) e Raven et al. (2014), o xilema é o tecido responsável pelo transporte de água e solutos a longa distância, armazenamento de nutrientes e suporte mecânico. São tecidos complexos formados por elementos condutores, células parenquimáticas e fibras, além de outros tipos de células. Esse sistema pode apresentar-se como primário (originado do procâmbio) e secundário (formado a partir do câmbio). É um tecido complexo e formado por elementos traqueais, células parenquimáticas e fibras, observe na Figura 1.

O xilema é constituído por 4 tipos principais de células:
1) Traqueídes: são células mortas alongadas, estreitas, afiladas nas extremidades. Possuem paredes transversais com poros que permitem a comunicação entre elas. Encontrados nas famílias primitivas das angiospermas. Quando se diferencia, perde seu protoplasto, tornando apto para o transporte.
2) Elementos de vasos: são células mortas, mais curtas e largas, dispostas em cordões e fortemente ligadas aos traqueídes. Encontrados em angiospermas e nas ordens mais evoluídas de gimnospermas. Quando se diferencia, perde seu protoplasto, tornando apto para o transporte.

Importante: A parede celular dos elementos traqueais tem como caraterísticas a deposição de parede secundária sobre a primária ocorrendo em diferentes graus, estabelecendo diferentes padrões, observe a Figura 1 a 3. Os padrões podem ser: anelar ou de forma helicoidal, conferindo extensibilidade.

Figura 1. Corte longitudinal das células, destacando a disposição da parede celular.

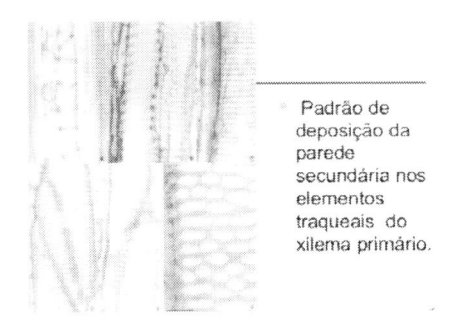

Padrão de deposição da parede secundária nos elementos traqueais do xilema primário.

Fonte: https://pt.slideshare.net/bionara/2s-fisiologia-vegetal. Acesso em: 19 de jun. 2020.

Figura 2. Aspecto geral de esquema em desenhos do xilema.

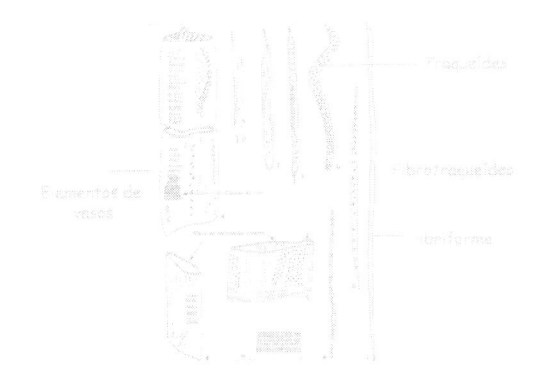

Fonte: https://docplayer.com.br/54632157-Tecidos-meristematicos-ou-embrionarios.html. Acesso em: 19 de jun. 2020.

Figura 3. Aspecto geral do xilema morfologicamente na planta até os tecidos.

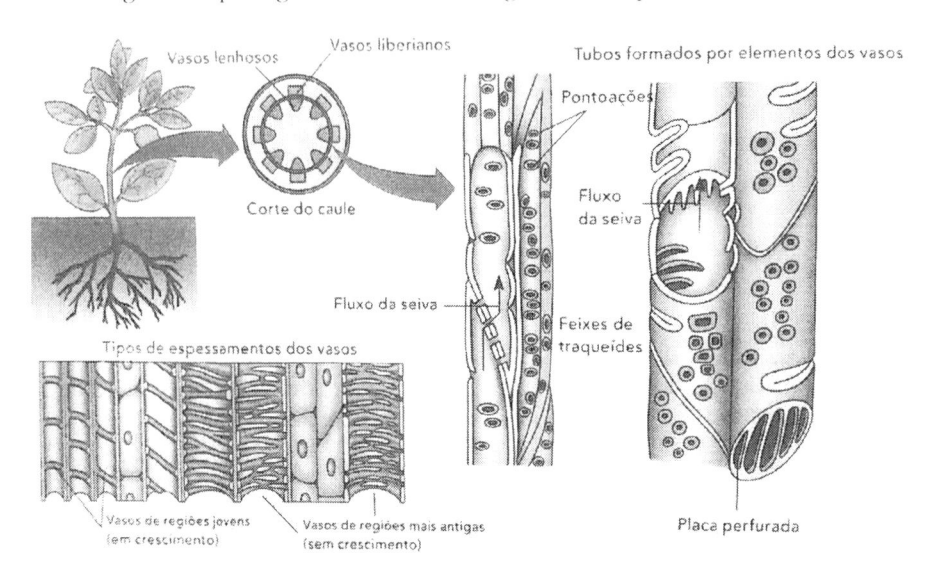

Fonte: https://docplayer.com.br/55885139-Classificacao-das-angiospermas-professor-vitor-leite.html. Acesso em: 19 de jun. 2020.

3) Fibras lenhosas: são células que se dividem em libriformes, possuem pontoações simples e fibrotraqueídes, possuem pontoações areoladas (Figura 4), são células mortas alongadas e extremidades afiladas, espessas. Dão suporte e proteção às demais células, sustentação e são responsáveis pela rigidez ou flexibilidade da madeira.

Importante: os elementos celulares do xilema secundário têm pontoações simples e/ou, areoladas.

4) Parênquima lenhoso: são células vivas, pouco diferenciadas, funcionam como células de reserva para as demais células bem como translocação de água e solutos a curta distância. O parênquima axial possui classificação de acordo com o seu padrão de distribuição em relação aos vasos.

Que tal observar no quadro abaixo com relação a origem e a função:

Figura 4. Detalhe da célula do xilema.

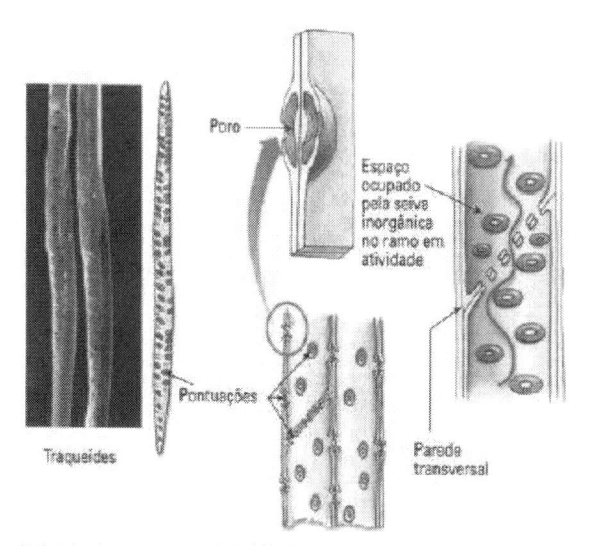

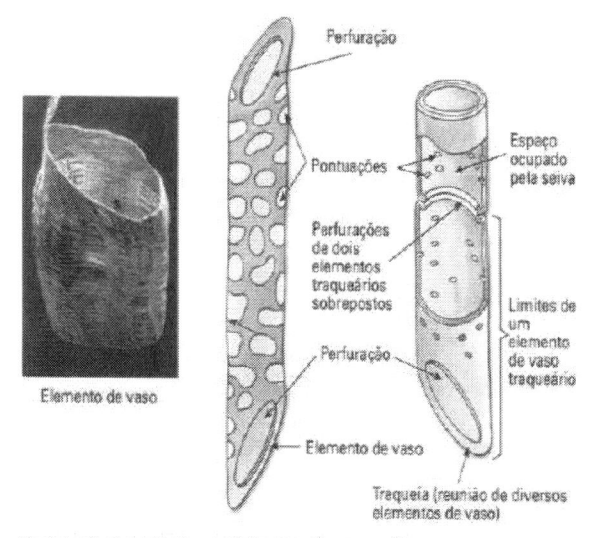

Fonte: https://pt.slideshare.net/maradalila13/tecidos-de-conduo. Acesso em: 19 de jun. 2020.

3) Fibras lenhosas: as células se dividem em libriformes e fibrotraqueídes (Figura 4), e são células mortas alongadas, espessas. Dão suporte e proteção às demais células, sustentação e são responsáveis pela rigidez ou flexibilidade da madeira.

4) Parênquima lenhoso: são células vivas, pouco diferenciadas, funcionam como células de reserva para as demais células bem como translocação de água e solutos a curta distância. O parênquima axial (ou vertical) possui classificação de acordo com o seu padrão de distribuição em relação aos vasos.

Que tal observar no quadro abaixo com relação a origem e a função:

Figura 4. Esquema caracterizando a origem e função de cada tecido.

Fonte: https://www.cesadufs.com.br/. Acesso em: 19 de jun. 2020.

Vamos entender sobre o xilema primário, xilema secundário, protoxilema e metaxilema?

XILEMA PRIMÁRIO apresenta os mesmos tipos celulares básicos do xilema **secundário**: os elementos traqueais (condutores), as células parenquimáticas e as fibras. Durante o desenvolvimento vegetal, tanto o **protoxilema** como o **metaxilema** surgem no corpo vegetal RAVEN et al. (2014).

Vamos compreender...

Ainda de acordo com os autores citados acima, o **protoxilema**, constituído de células condutoras e tem parede espessada e menor diâmetro. Já o **metaxilema**, diferenciam tardiamente e é constituído de células condutoras, com maior diâmetro e deposição nas paredes, e as células podem aumentar de tamanho com o desenvolvimento, observe na Figura 5 e 6.

Figura 5. Corte transversal da raiz, destacando o protoxilema diâmetro menor e o metaxilema, maior.

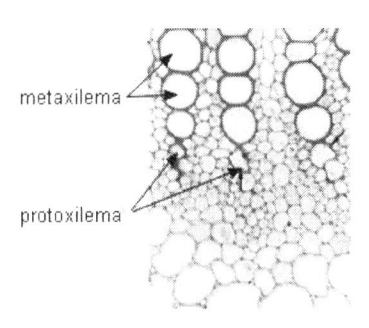

Fonte: http://www.anatomiavegetal.ib.ufu.br/ Xilema_texto.htm. Acesso em: 19 de jun. 2020.

Figura 6. Corte transversal da raiz, destacando o protoxilema e o metaxilema.

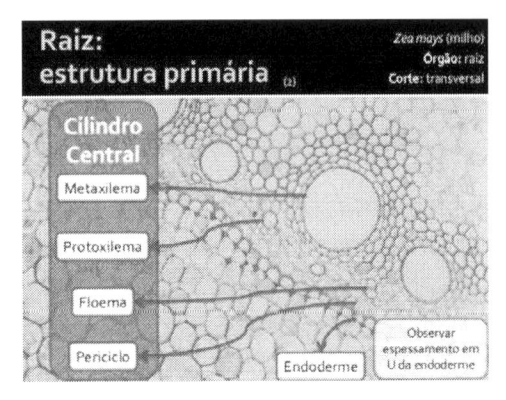

Fonte: https://pt.slideshare.net/LuaneBosetto/anatomia-vegetal-aulas-prticas. Acesso em: 19 de jun. 2020.

XILEMA SECUNDÁRIO contribui para o crescimento em espessura do corpo vegetal, assim como o floema secundário. Quando o xilema secundário atinge seu estágio completo de desenvolvimento, constitui a madeira ou lenho. Lembrando que, neste caso, a planta produz um caule rígido, desde cipós, arbusto ou árvore. No xilema ocorrem diferentes tipos celulares, bem como arranjo em planos: transversal, longitudinal tangencial e longitudinal radial, observe na figura 7 e 8.

Figura 7. Corte transversal de um caule, destacando os tecidos.

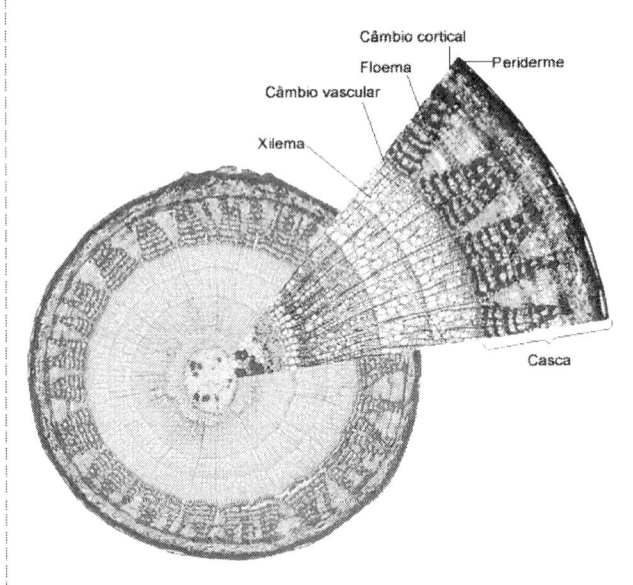

Fonte: https://www.infoescola.com/histologia/meristema-secundario/. Acesso em: 19 de jun. 2020.

Figura 8. Corte transversal da raiz e caule, destacando os tecidos.

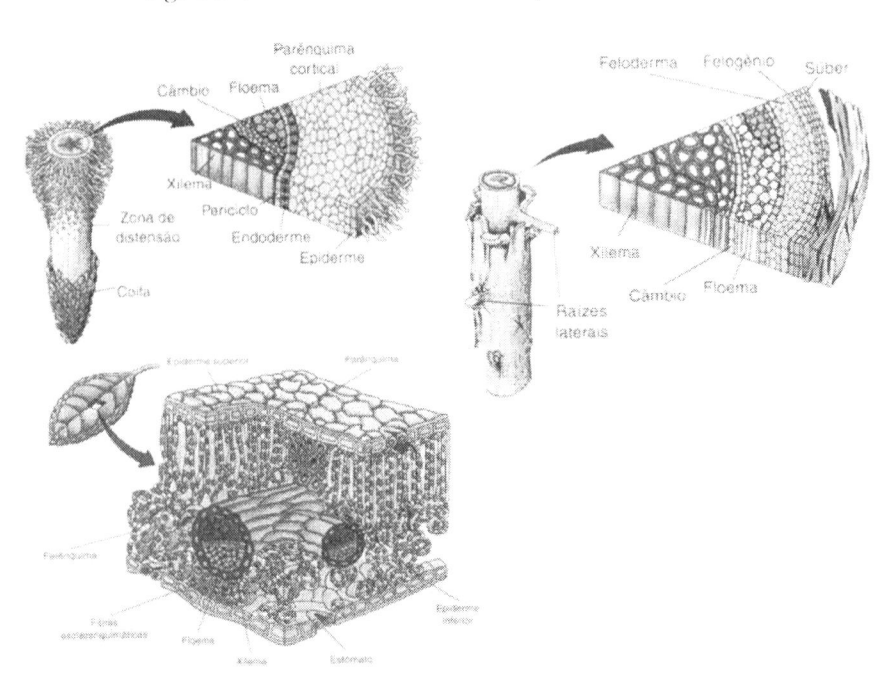

Fonte: https://www.proenem.com.br/enem/biologia/histologia-vegetal/. Acesso em: 19 de jun. 2020.

Vamos saber o que são anéis de crescimento?

Estrutura do lenho das gimnospermas:

De acordo com Burger e Richter (1991), a estrutura da madeira desse grupo tem como característica a **ausência de elementos de vaso**, e os elementos condutores são as traqueídes, tipo celular copontoações areoladas, toro e espessamento helicoidal. Podem ser encontrados fibrotraqueídes; fibras libriformes estão ausentes. Parênquima axial pode ou não estar presente. É possível ter um parênquima radial com largura de uma célula ou bisseriado.

Segundo Fahn (1990), Apezzato-da-Gloria e Carmello-Guerreiro (2006) e posteriormente Raven et. al (2014), a estrutura do lenho das gimnospermas apresenta:

a) Traqueídes axiais: são células alongadas e estreitas, quando comparadas com os elementos de vaso, são mais ou menos pontiagudas, não possuem placa de perfuração e ocupam até 95% do volume da madeira. Importante ressaltar que, quando formados pelo câmbio, estes elementos celulares têm uma longevidade muito curta; perdem o conteúdo celular, tornando-se tubos ocos de paredes lignificadas que desempenham funções de condução e sustentação do lenho, além de presentam pontoações areoladas, pelas quais os líquidos circulam célula a célula. O estudo dessas pontoações e sua disposição têm grande valor para a identificação e utilização da madeira.

b) Parênquima radial ou raios: são faixas de células parenquimáticas de altura, largura e comprimento variáveis, que se estendem radialmente no lenho, em sentido perpendicular ao dos traqueídes axiais, cuja função é armazenar, transformar e conduzir transversalmente substâncias nutritivas.

Figura 9. Anatomia da madeira de Gimnospermas.

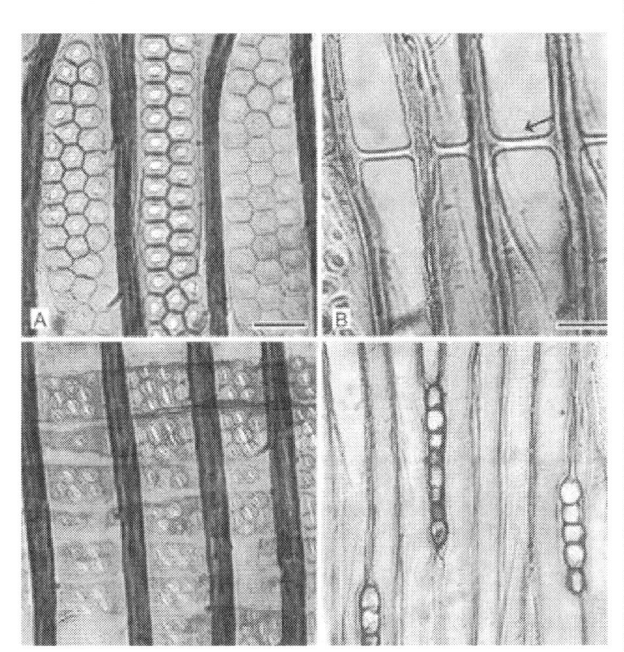

Fonte: https://www.researchgate.net/publication/ 288323401. Acesso em: 19 de jun. 2020.

c) Traqueídes dos raios (traqueídes radiais): são células da mesma natureza dos traqueídes axiais, porém caracterizadas pela presença de pontoações areoladas em suas paredes, bem menores que aqueles. Dispõem-se horizontalmente e ocorrem associados aos raios, normalmente formando suas margens superiores e inferiores, e, só mais raramente, encontram-se no seu interior.

d) Parênquima axial: são células de formato retangular e paredes normalmente finas e não lignificadas, bem mais curtas do que os traqueídes axiais, que tem por função o armazenamento de substâncias nutritivas no lenho. Esse tipo de célula nem sempre ocorre em gimnospermas, estando ausente, por exemplo, nas *Araucarias*.

Figura 10. Aspecto geral do parênquima axial de um lenho.

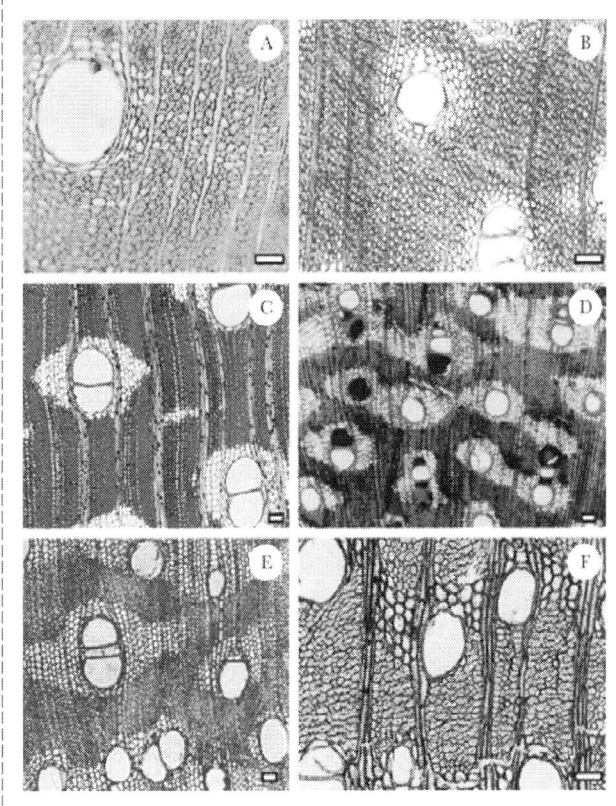

Fonte: https://www.researchgate.net/figure/ Figura-15. Acesso em: 19 de jun. 2020.

e) Células epiteliais: são células de parênquima axial e especializadas na produção de resina, que delimitam os canais resiníferos formando um epitélio. Morfologicamente distinguem-se dos elementos de parênquima axial por serem mais curtas e hexagonais e conterem um núcleo grande e um denso citoplasma enquanto vivas.

f) Canais resiníferos: são espaços intercelulares delimitados por células epiteliais, que neles vertem a resina, ocupando no lenho a posição vertical ou horizontal, e podem surgir em consequência de ferimentos provocados na árvore, mesmo em madeiras que os canais são ausentes, sendo denominados canais resiníferos traumáticos.

Figura 11. Anatomia dos canais resiníferos.

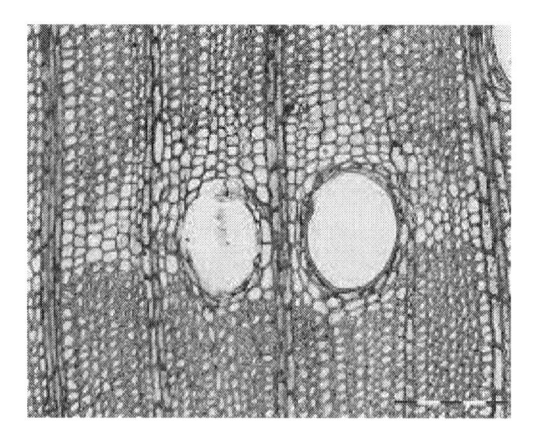

Fonte: https://www.delta-intkey.com/wood/pt/www/caeoxtch.htm. Acesso em: 19 de jun. 2020.

g) Traqueídes em séries verticais: é possível encontrar em algumas espécies. Caracterizam-se como um tipo especial de traqueíde, mais curto, de extremidades retas, semelhante morfologicamente às células de parênquima axial, das quais se distinguem pela presença de pontoações areoladas. Apresenta função como condução e a sustentação da árvore, observem nas imagens abaixo.

Figura 12. Aspecto geral da estrutura do lenho de uma Gimnosperma.

GIMNOSPERMAS

Anéis de crescimento – a contagem desses anéis permite uma estimativa de quantos anos tem a árvore.

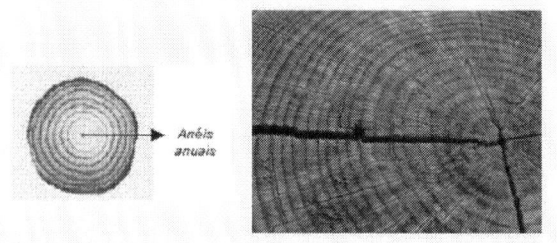

➤ A cada ano, costuma-se formar dois anéis, um claro e um escuro.
➤ Uma dessas estimativas com base no caule de um pinheiro, chegou à contagem de mais de 4500 anos!

Fonte: https://pt.slideshare.net/LaraTavares/gimnospermas-e-angiosperma. Acesso em: 19 de jun. 2020.

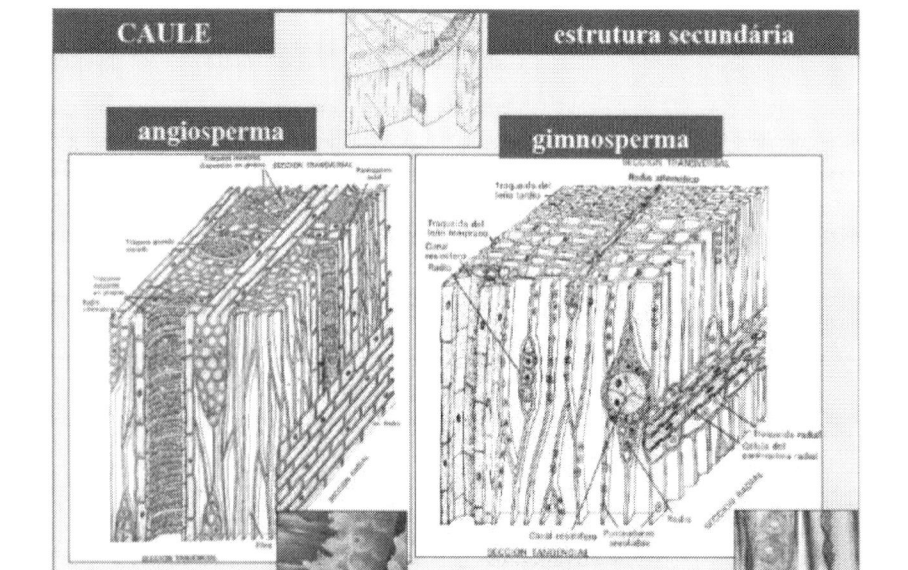

Figura 13. Aspecto geral da estrutura do caule.

Fonte: https://pt.slideshare.net/katiahoss/tipos-celulares-da-madeira. Acesso em: 19 de jun. 2020.

Figura 14. Aspecto geral das células xilemáticas.

Madeira: Células do xilema

GIMNOSPERMAS

- TRAQUEÍDES: Nas coníferas, os elementos traqueais são representados pelas traqueídes, as quais tanto realizam o transporte de água quanto conferem resistência mecânica ao tecido.

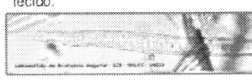

- Células parenquimáticas axiais e radiais são encontradas nas gimnospermas e também nas angiospermas.

ANGIOSPERMAS

- ELEMENTOS DE VASO: Nas angiospermas, plantas mais derivadas, a água desloca-se por células especializadas chamadas de elementos de vaso, enquanto as fibras dão sustentação. Células parenquimáticas axiais e radiais.

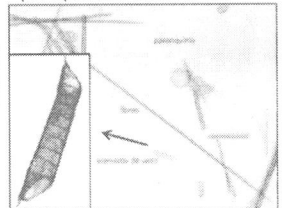

Fonte: https://pt.slideshare.net/katiahoss/tipos-celulares-da-madeira. Acesso em: 19 de jun. 2020.

Figura 15. Aspecto geral das células em posição radial e tangencial de uma Gimnosperma.

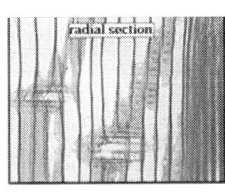

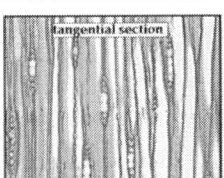

- Os traqueóides axiais de coníferas são bastante uniformes em comprimento e largura.
- Apresentam pontoações areoladas grandes e de forma arredondadas nas suas paredes. (fibras de folhosas não possuem pontuações)
- PONTOAÇÕES:
  São aberturas na parede celular (S2), sendo que o número, forma e o tamanho, variam entre tipos de células e entre as espécies.

Fonte: http://anatovegetal.blogspot.com/2015/11/. Acesso em: 19 de jun. 2020.

Figura 16. Cortes em diversos planos. A: Seção transversal. B,C: Seção radial. D: Seção tangencial. A: Canal resinífero longitudinal, com células epiteliais espessas (seta). B: Campo de cruzamento com pontoações piceóides, parênquima radial com paredes terminais nodulares (setas longas) e traqueóides radiais (setas curtas). C: Pontoações traqueóidais unisseriadas, com torus em forma de disco e crássulas (setas). D: Raio fusiforme, com canal resinífero e células epiteliais de paredes espessas (seta).

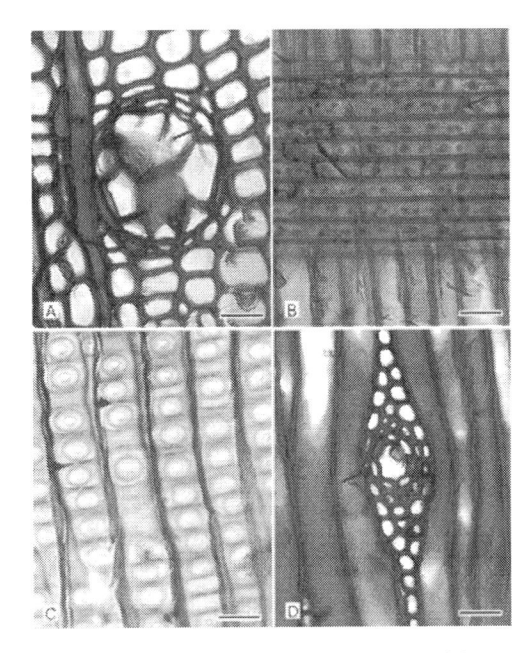

Fonte: https://www.researchgate.net/figure. Acesso em: 19 de jun. 2020.

Vamos visualizar os planos possivelmente de encontrar no lenho?

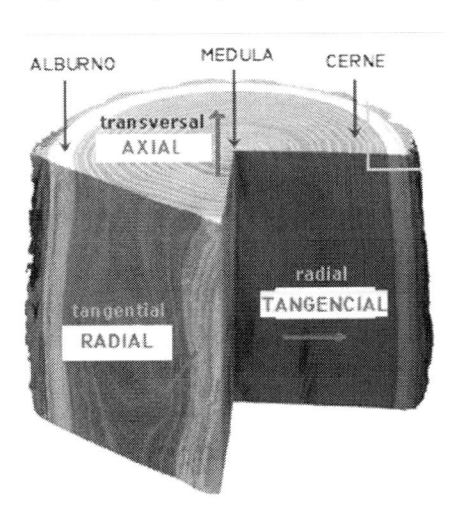

Figura 17. Aspecto geral do plano de corte.

Fonte: https://slideplayer.com.br/slide/373463/. Acesso em: 19 de jun. 2020.

Figura 18. Aspecto anatômico destacando os tipos celulares em Gimnosperma.

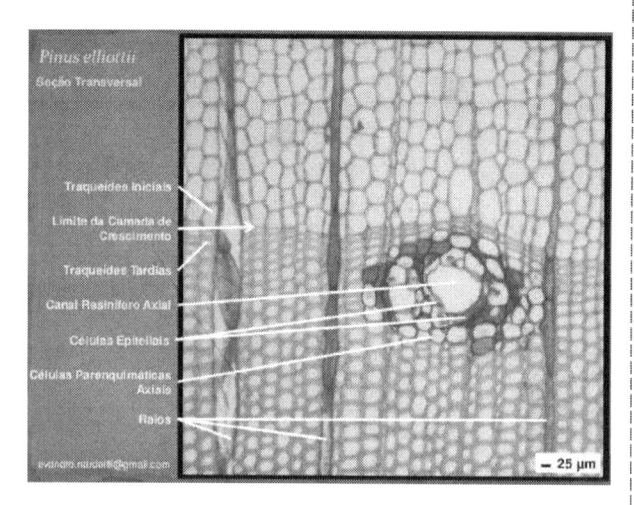

Fonte: https://www.slideshare.net/gabrielvandresen1/madeiras-para-instrumentos-musicais. Acesso em: 19 de jun. 2020.

Estrutura do lenho das angiospermas:

A diferença da Gimnosperma, é que a madeira das angiospermas é mais complexa, pois os elementos de vaso são responsáveis pela condução de água e apresentam maior diâmetro, quando comparado com os traqueídes das gimnospermas. Algumas espécies de Angiospermas podem apresentar tanto traqueídes como elementos de vaso. Com relação a posição ou distribuição dos vasos, pode variar, sendo a distribuição difusa mais comum. As fibras dividem-se em: libriformes (com pontoações simples) e fibrotraqueídes (que possuem pontoações areoladas). O parênquima pode ser (axial e radial) e, dependendo da distribuição, são classificados em: apotraqueal e paratraqueal (BURGER; RICHTER, 1991).

Figura 19. Corte anatômico destacando o aspecto da posição das células.

Fonte: https://pt.slideshare.net/katiahoss/tipos-celulares-da-madeira. Acesso em: 19 de jun. 2020.

Vamos entender detalhadamente os tecidos?

Segundo Burger e Richter (1991), a estrutura do lenho das angiospermas apresenta:

a) Vasos: são tipos celulares que ocorrem nas Angiospermas, salvo raras exceções, e, para permitir a circulação de substâncias líquidas, os elementos vasculares possuem extremidades perfuradas, denominadas placas de perfuração, que podem ser múltiplas (escalariforme, reticulada e foraminada) ou simples. O tipo de placa de perfuração e os aspectos dos elementos de vasos são características relacionadas ao estágio evolutivo do vegetal e adaptação deste às condições ambientais. Além da placa de perfuração, os vasos apresentam pontoações em suas paredes laterais para comunicação com as células vizinhas.

Figura 20. Corte anatômico em seção transversal e longitudinal, destacando vasos e perfurações. A: secção transversal: vasos com porosidade difusa; B: elementos de vaso com e sem apêndices nas extremidades e placas de perfuração simples; C: secção longitudinal tangencial: pontoações intervasculares; D: secção longitudinal radial: pontoações raio vasculares; E: Secção transversal: camada gelatinosa (seta branca) e parênquima axial apotraqueal em linhas (seta preta), em detalhe, fibras gelatinosas.

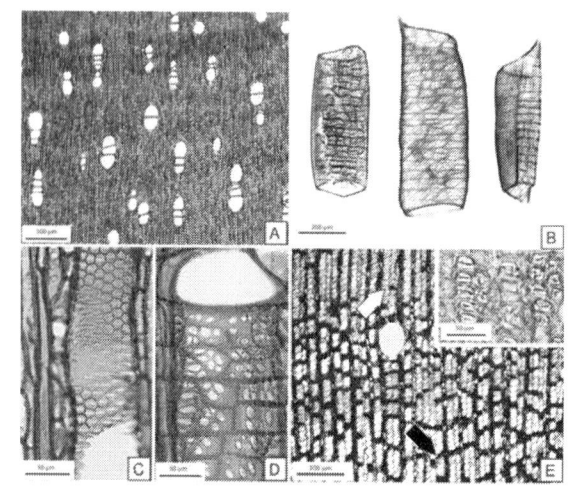

Fonte: https://www.researchgate.net/figure/Figura-3-A-Seccao-transversal-vasos-com-porosidade-difusa-B-Elementos-de-vaso-com-e_fig2_272165696. Acesso em: 20 de jun. 2020.

Com relação à disposição, as pontoações intervasculares podem apresentar-se como alternas, opostas e escalariformes, e, variam ainda, na sua forma, podendo ser arredondadas, poligonais e ovaladas Já a abertura das pontoações pode apresentar-se dentro das aréolas (inclusas), encostadas nas aréolas (tocantes), ou se estender para fora destas (exclusas). Quando a abertura de duas ou mais pontoações se tocam, temos as chamadas pontoações intervasculares coalescentes, de aspecto escalariforme.

Figura 21. Corte anatômico longitudinal. a: placas simples. b: estriamento espiral em elemento de vaso. c: pontoações intervasculares alternas. d: pontoações raios vasculares alternas.

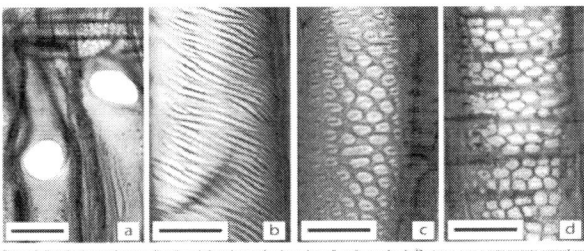

Fonte: https://www.scielo.br/img/revistas/hoehnea/v38n1/a04v38n1fig5.jpg. Acesso em: 20 de jun. 2020.

Burger e Richter (1991) afirmam que, quanto ao parênquima axial: desempenha a função de armazenamento no lenho e é normalmente mais abundante nas angiospermas do que nas gimnospermas. Suas células se destacam das demais por apresentarem paredes finas e não lignificadas, pontoações simples e, por sua forma retangular e/ou fusiforme, nos planos longitudinais.

Com relação ao seu arranjo, é observado em secção transversal, em que se distinguem dois tipos básicos de distribuição:

Parênquima paratraqueal: associado aos vasos e pode ser classificado em: paratraqueal escasso, paratraqueal vasicêntrico, paratraqueal vasicêntrico confluente, paratraqueal unilateral, paratraqueal aliforme, paratraqueal aliforme confluente, paratraqueal em faixas. Observe na Figura 22.

Figura 22. Aspecto anatômico do parênquima paratraqueal.

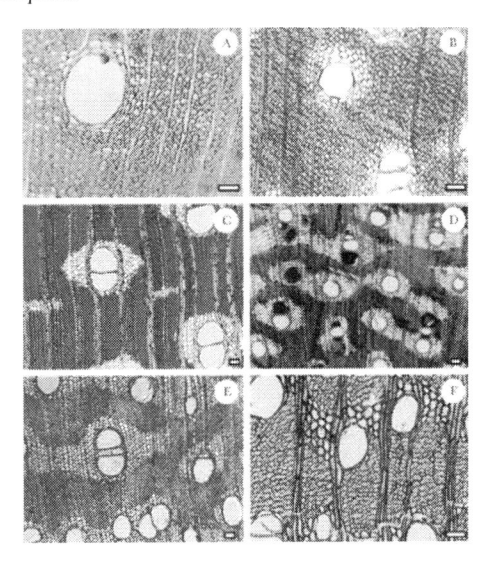

Fonte: https://www.researchgate.net. Acesso em: 20 de jun. 2020.

Parênquima apotraqueal: não associado aos vasos e classificado em apotraqueal difuso, apotraqueal difuso em agregados, apotraqueal reticulado, apotraqueal escalariforme, apotraqueal em faixas e apotraqueal marginal, observe na Figura 23.

Figura 23. Anatomia da madeira, destacando o parênquima apotraqueal. A: Camada de crescimento distinta (setas) e porosidade difusa, em secção transversal. B: parênquima apotraqueal difuso (*), em secção transversal. C: raio multisseriado extremamente alto, em secção longitudinal tangencial. D: raio heterogêneo, composto por células eretas e quadradas, em secção longitudinal radial. E: raio heterogêneo, composto por células procumbentes, eretas e quadradas, misturadas em secção longitudinal radial. F: placa de perfuração escalariforme.

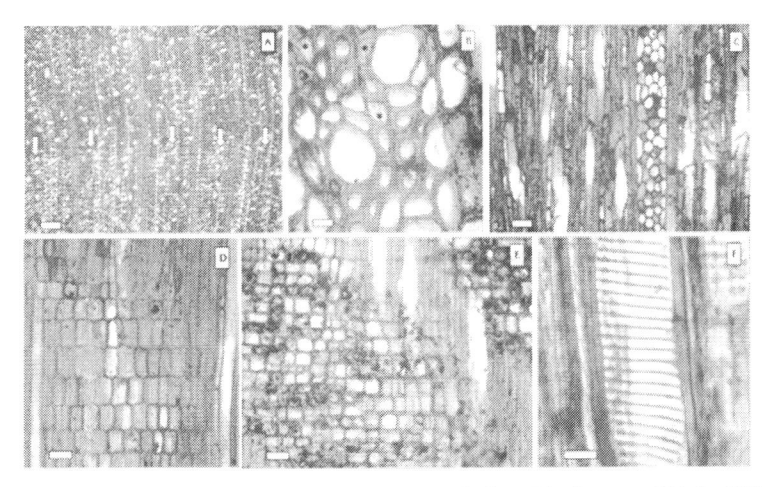

Fonte: https://www.researchgate.net/figure/FIGURA-1-Anatomia-da-madeira. Acesso em: 20 de jun. 2020.

Quanto as fibras, se caracterizam por ser células peculiares às angiospermas, constituindo, geralmente, a maior porcentagem do seu lenho (20-80%), no qual normalmente desempenham função de sustentação. Podemos encontrar tipos como: fibrotraqueídes e fibras libriformes, sendo a distinção entre elas as pontoações: as fibrotraqueídes possuem pontoações distintamente areoladas e relativamente grandes, enquanto que as fibras libriformes possuem pontoações pequenas, inconspicuamente areoladas, sendo também, normalmente, menores em comprimento e diâmetro.

Parênquima transversal (parênquima radial ou raios): tanto nas gimnospermas como nas angiospermas, os raios também realizam funções de armazenamento, transformação e condução transversal de substâncias nutritivas. Podem ser classificados em: homogêneos, heterogêneos e traqueídes vasculares, observe na Figura 24.

Figura 24. Aspecto anatômico, destacando os tipos celulares de uma angiosperma.

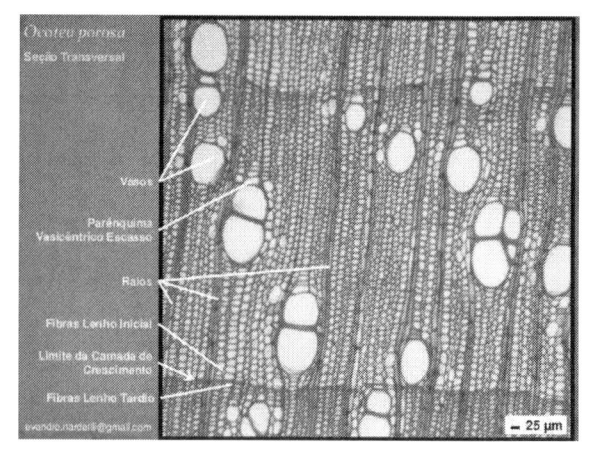

Fonte: https://www.researchgate.net. Acesso em: 20 de jun. 2020.

Vamos estudar algumas especialidades do lenho?

De acordo com Burger e Richter (1991), tanto o do lenho das gimnospermas quanto das angiospermas pode apresentar canais celulares e intercelulares, rico em diversas substâncias, como resinas, gomas, bálsamos, taninos, látex, etc.; Células oleíferas, mucilaginosas que são encontradas nas células parenquimáticas e os laticíferos, observe nas Figuras 24 e 25.

Figura 25. Corte transversal do lenho, destacando em plano longitudinais radiais, célula mucilaginosa.

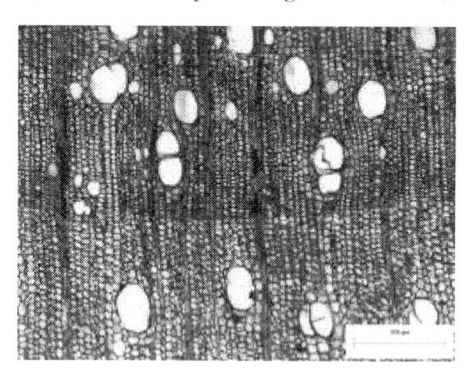

Fonte: file:///C:/Users/USER/Downloads/361-2149-1-PB%20(2).pdf. Acesso em: 20 de jun. 2020.

Figura 26. Corte transversal do caule destacando vários tecidos.

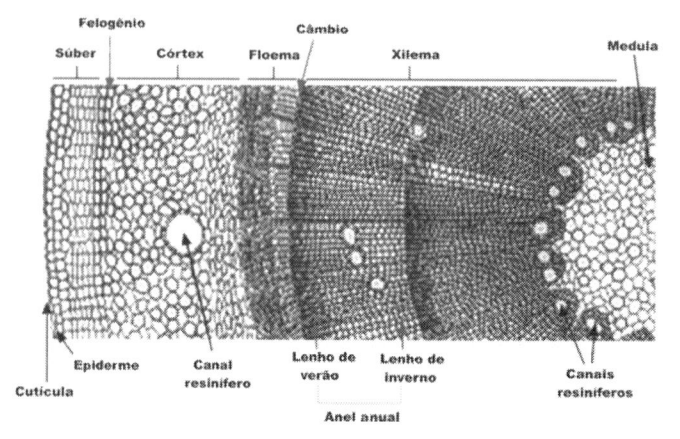

Fonte: http://ajudaescolar.weebly.com/tecidos-vegetais.html. Acesso em: 20 de jun. 2020.

De acordo com Apezzato-da-Gloria e Carmello-Guerreiro (2006), vale ressaltar que o impacto que o ambiente exerce sobre a atividade do campo reflete na diferenciação das células do xilema secundário, podendo modificar sua estrutura, assim como as propriedades e qualidades tecnológicas da madeira. Os fatores ambientais, como seca, inundação, solo, altitude e latitude, atuam no desenvolvimento fisiológico das árvores como um todo.

2 - Origem e característica do tecido vascular do floema

Esau (1974) e posteriormente Fanh (1990), afirmaram, em suas obras, que o floema é o principal tecido responsável pela condução de materiais orgânicos e inorgânicos, em solução, nas plantas vasculares. Realiza o movimento entre órgãos produtores (fonte) e consumidores (dreno), observe na Figura 27.

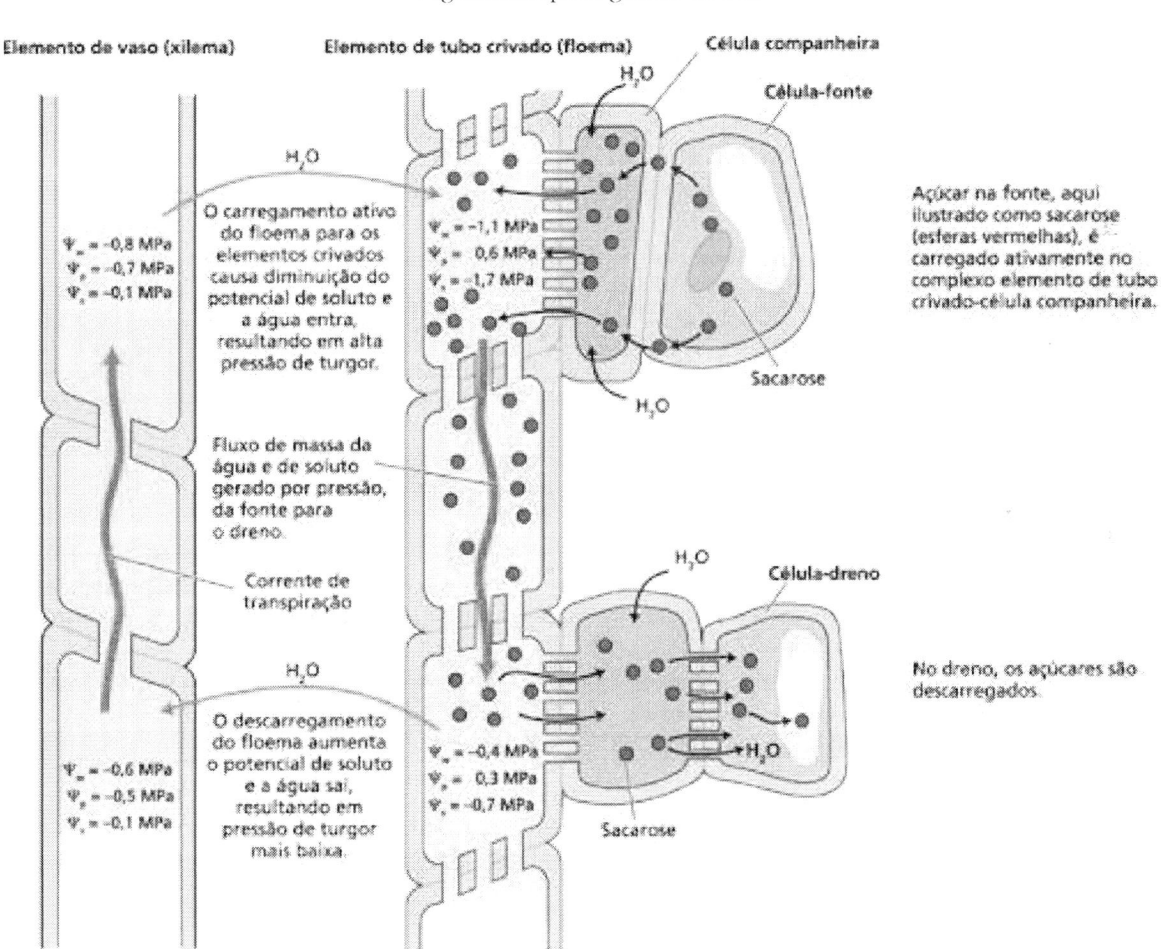

Figura 27. Aspecto geral do floema.

Fonte: http://www.ledson.ufla.br/transporte-de-assimilados/floema/carregamento-do-floema/. Acesso em: 20 de jun. 2020.

Esse tecido pode apresentar-se como primário (originado do procâmbio), ou secundário (formado a partir do câmbio). Sendo, portanto, um tecido complexo, formado por elementos crivados, células parenquimáticas, células especializadas (células companheiras, de transferência e albuminosas), fibras e escleréides, observe nas Figuras 28 e 29.

Figura 28. Aspecto geral sobre os tipos de células do floema.

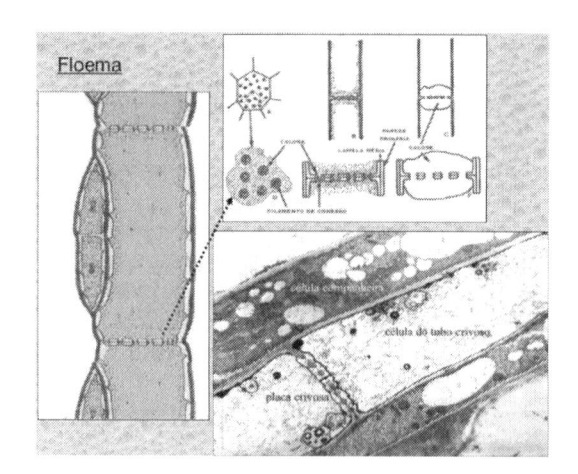

Fonte: https://pt.slideshare.net. Acesso em: 20 de jun. 2020.

Figura 29. Corte transversal da raiz, evidenciando o cilindro e as células vasculares.

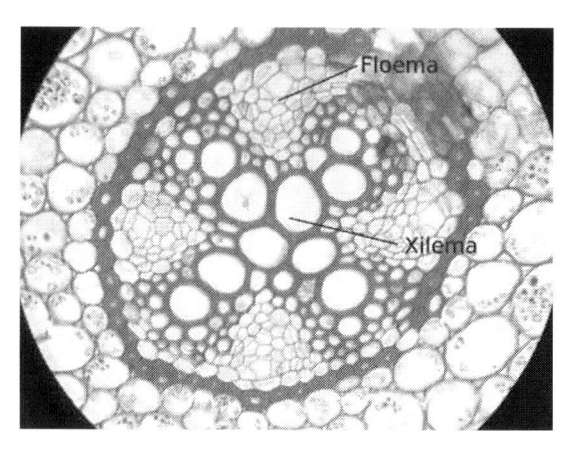

Fonte: https://www.infoescola.com/histologia/floema/. Acesso em: 20 de jun. 2020.

Raven *et al.* (2014) afirmam que os elementos crivados são as células mais especializadas do floema, pois, são vivas e caracterizam-se, principalmente, pela presença das áreas crivadas, que são poros modificados nas suas paredes e pela ausência de núcleo nas células maduras.

Os elementos crivados do floema podem ser de dois tipos: células crivadas e elementos de tubo crivado, observe na Figura 30.

Figura 30. Aspecto dos tipos celulares observados no floema.

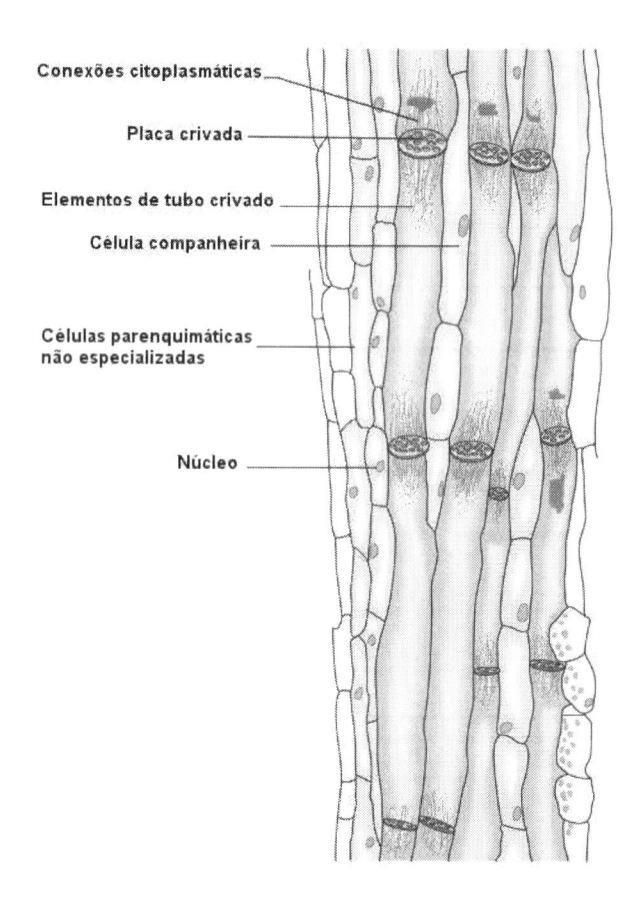

Fonte: https://brasilescola.uol.com.br/biologia/xilema-floema.htm. Acesso em: 20 de jun. 2020.

Raven *et al.* (2014) afirmam que diferentemente do xilema, as paredes celulares dos elementos crivados são primárias, geralmente, mais espessas do que as paredes das células do parênquima do mesmo tecido. Em algumas espécies, essas paredes são bastante espessas, e quando observadas ao microscópio óptico, em cortes de material fresco, mostram um brilho perolado.

As áreas crivadas são áreas da parede com grupos de poros, através dos quais o protoplasto de elementos crivados vizinhos podem se comunicar, tanto no sentido vertical como no lateral. Esses poros são semelhantes aos poros dos plasmodesmos, porém, de maior diâmetro. Uma placa crivada pode apresentar apenas uma área crivada, sendo, portanto, uma placa crivada simples, ou apresentar várias áreas crivadas, sendo denominada placa crivada composta (Figura 31).

Figura 31. Aspecto da placa crivada, célula companheira e elemento do tubo crivado.

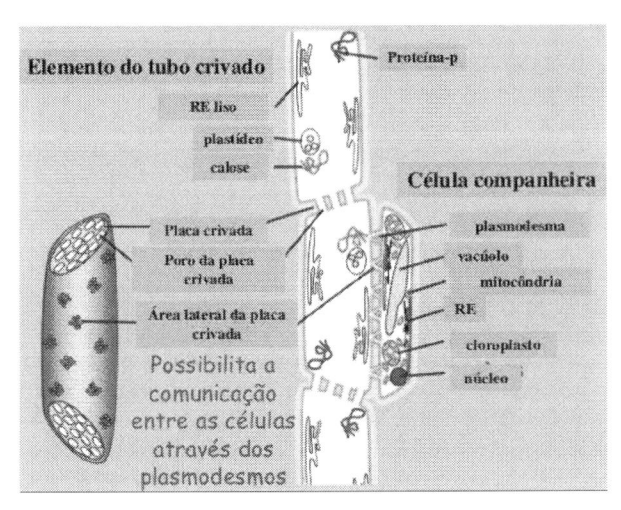

Fonte: https://pt.slideshare.net/joseannypereira/translocao-de-solutos. Acesso em: 20 de jun. 2020.

Apezzato-da-Gloria e Carmello-Guerreiro (2006) afirmam que, durante a diferenciação dos elementos crivados, o seu protoplasto passa por várias modificações, como o núcleo se desintegra, embora os plastídeos sejam mantidos e armazenando amido e/ou proteína, juntamente com o retículo endoplasmático e as mitocôndrias. Por outro lado, o tonoplasto também se desintegra. No entanto, o plasmalema permanece. No floema das dicotiledôneas (e de algumas monocotiledôneas) é comum a presença de uma substância proteica, denominada proteína P (Figura 31), que aparece inicialmente sob a forma de grânulos no citoplasma do elemento crivado em diferenciação e sob a forma de filamentos, no citoplasma residual dessa célula.

Vamos entender o que acontece durante a formação de um órgão?

Ainda conforme as autoras citadas acima, o **floema primário** apresenta duas categorias:

a) **o protofloema:** o protofloema é constituído pelos elementos crivados que se formam no início da diferenciação do floema, nas partes jovens da planta que ainda estão crescendo.

b) **o metafloema:** o metafloema diferencia-se mais tardiamente que o protofloema, estando presente nas partes que já pararam de crescer em extensão, seus elementos condutores são mais persistentes que os do protofloema, sendo a única porção do floema que é condutora nas plantas que não apresentam crescimento secundário.

Característica do floema primário: é constituído pelo protofloema e pelo metafloema, assim como ocorre com o xilema em estrutura primaria. O protofloema ocorre nas regiões que ainda estão em crescimento por alongamento e, assim, seus elementos crivados sofrem estiramento e logo param de funcionar, e, eventualmente, podem ficar obliterados. O protofloema é constituído por elementos crivados geralmente estreitos e não conspícuos, podendo ou não ter células companheiras. Podem estar agrupados ou isolados entre as células parenquimáticas. O metafloema diferencia-se mais tarde e, nas plantas desprovidas de crescimento secundário, constitui o único floema funcional nas partes adultas da planta. As células condutoras do metafloema são, em geral, mais largas e numerosas quando comparadas às do protofloema, as fibras estão, em geral, ausentes (APEZZATO-DA-GLORIA e CARMELLO-GUERREIRO, 2006).

Figura 32. Corte anatômico destacando as células do xilema e floema.

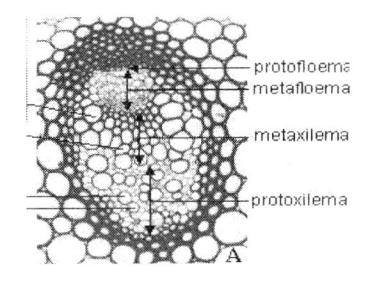

Fonte: file:///C:/Users/USER/Downloads/Crittogame_vascolari_pteridofite%20(1).pdf. Acesso em: 20 de jun. 2020.

Figura 33. Aspecto geral da distribuição dos tecidos do xilema primário.

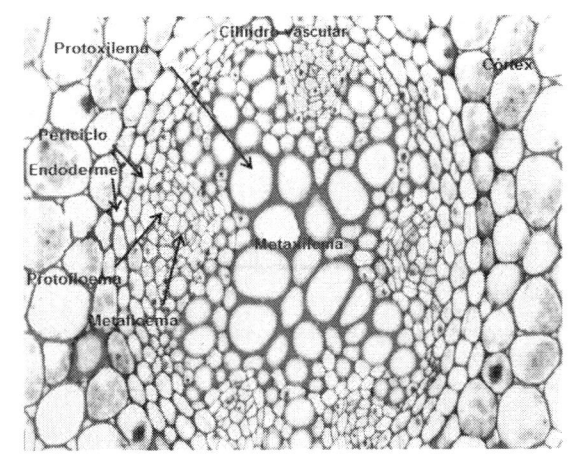

Fonte: https://www.agrolink.com.br/fertilizantes/nutricao-via-raizes---anatomia-radicular_361458.html. Acesso em: 20 de jun. 2020.

Característica do floema secundário: é proveniente do câmbio (localizado no cilindro central que se multiplicam), e, como pode ser observado nas Figuras 32 a 35, a quantidade do floema produzida pelo câmbio é em geral menor que a do xilema. É possível encontrar as fibras estão em pinheiros (*Pinus*), porém ocorrem em outras espécies de gimnospermas, como *Araucaria* e *Cyprestus*. Nas angiospermas, nos grupos inferiores e extintos, o sistema axial é formado por tudo crivado, células companheiras e células parenquimáticas. O sistema radial formado pelos raios unicelulares ou pluricelulares compõe-se de células parenquimáticas, podendo, ainda, conter esclereídes ou células parenquimáticas esclerificadas com cristais. Os raios podem aparecer dilatados como consequência de divisões anticlinais radiais das células em resposta ao aumento da circunferência do eixo.

Figura 34. Corte transversal, internamente feloderme (ou feloderma) e o conjunto formado pelo felogênio e feloderma, a periderme.

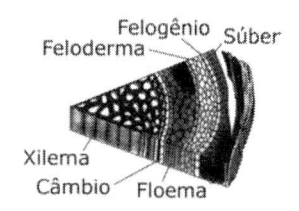

Fonte: https://djalmasantos.wordpress.com/2012/03/29/meristemas/. Acesso em: 20 de jun. 2020.

Figura 35. Aspecto geral de um corte transversal destacando os tecidos.

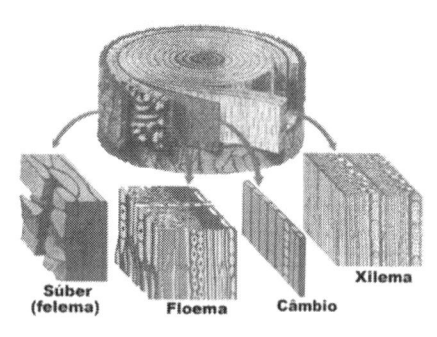

Fonte: https://djalmasantos.wordpress.com/2012/03/29/meristemas/. Acesso em: 20 de jun. 2020.

Figura 36. Corte transversal de um caule, destacando o floema e o xilema secundário.

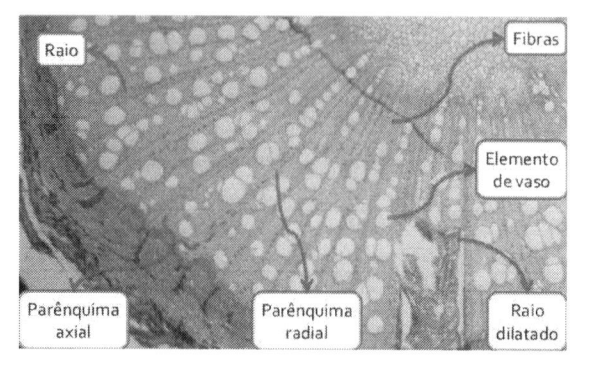

Fonte: https://pt.slideshare.net/LuaneBosetto/anatomia-vegetal-aulas-praticas. Acesso em: 20 de jun. 2020.

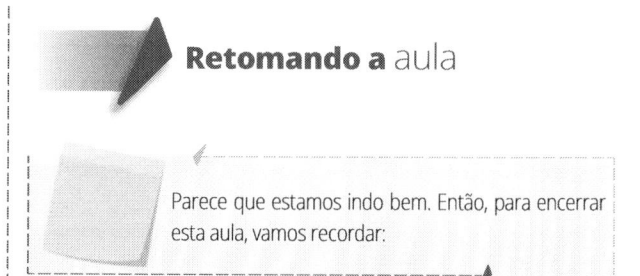

Retomando a aula

Parece que estamos indo bem. Então, para encerrar esta aula, vamos recordar:

1 - Origem e característica do tecido vascular do xilema

Nessa seção, aprendemos que o xilema é o tecido responsável pelo transporte de água e solutos a longa distância, armazenamento de nutrientes e suporte mecânico.

2 - Origem e característica do tecido vascular do floema

Nessa seção, aprendemos que o floema é o principal tecido responsável pela condução de materiais orgânicos e inorgânicos, em solução, nas plantas vasculares.

Vale a pena

Vale a pena acessar,

Disponível em: https://professores.unisanta.br/maramagenta/meristemastecidos.asp. Acesso em: 20 de jun. 2020.

Disponível em: https://descomplica.com.br/artigo/histologia-vegetal-saiba-tudo-sobre-os-tecidos-vegetais/4L9/. Acesso em: 20 de jun. 2020.

Disponível em: https://djalmasantos.wordpress.com/2012/03/29/meristemas/. Acesso em: 20 de jun. 2020.

Disponível em: https://pt.slideshare.net/LuaneBosetto/anatomia-vegetal-aulas-prticas. Acesso em: 20 de jun. 2020.

Minhas anotações

Aula 6º

Anatomia da raiz

Nesta aula, vamos aprender as características anatômica da raiz, órgão vegetativo especializado em tecidos de fixação, absorção, reserva e condução, além de adaptações, sua origem e formação dos tecidos. Vamos a nossa aula?

Bons estudos!

Objetivos de aprendizagem

Ao término desta aula, vocês serão capazes de:

- compreender a característica anatômica da raiz;
- diferenciar a estrutura primária e secundária da raiz;
- utilizar o conhecimento científico necessário dessa aula à atuação profissional.

Seções de estudo

1 - Estrutura primária da Raiz
2 - Estrutura secundária da Raiz

1 - Estrutura primária da Raiz

De acordo com Raven et al. (2014), a raiz é uma estrutura axial (principal) relativamente simples quando comparada com o caule e, de um modo geral, as raízes apresentam dois tipos de crescimento: um primário, resultado da atividade dos meristemas apicais (protoderme, meristema fundamental e procâmbio), e outro secundário, resultado da ação dos meristemas laterais (felogênio e câmbio).

Vamos estudar a anatomia da raiz pertencentes às Angiospermas (dicotiledôneas e monocotiledôneas)?

Vamos lá...

Com relação ao crescimento secundário, é conhecido de forma clara apenas nas dicotiledôneas, porém, algumas monocotiledôneas podem apresentar espessamento secundário, ocorrendo geralmente no final do primeiro ano de vida da planta.

Fahn (1990) afirmou que, em estrutura primária, a raiz apresenta os três sistemas de tecido, **o dérmico**, **o fundamental e o vascular** (Figuras 1 a 3). Analisando em secção transversal, a raiz, em estrutura primária, mostra uma epiderme geralmente uniestratificada e, localizada logo abaixo desta, encontra-se a região cortical, formada principalmente pelo parênquima, podendo ocorrer ainda esclerênquima e, raramente, colênquima, que aumenta em diâmetro em decorrência de divisões periclinais e do aumento radial das células.

Figura 1. Aspecto da morfologia e da anatomia de uma raiz.

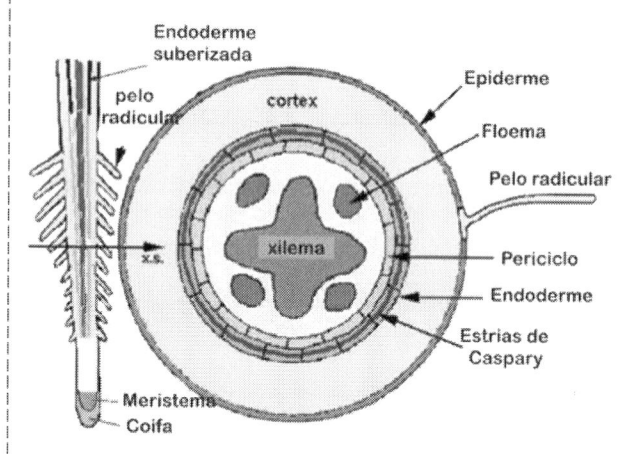

Fonte: https://www.sobiologia.com.br/conteudos/Morfofisiologia_vegetal/morfovegetal24.php.

Figura 2. Detalhe dos tecidos localizados na raiz com estrutura primária e secundária.

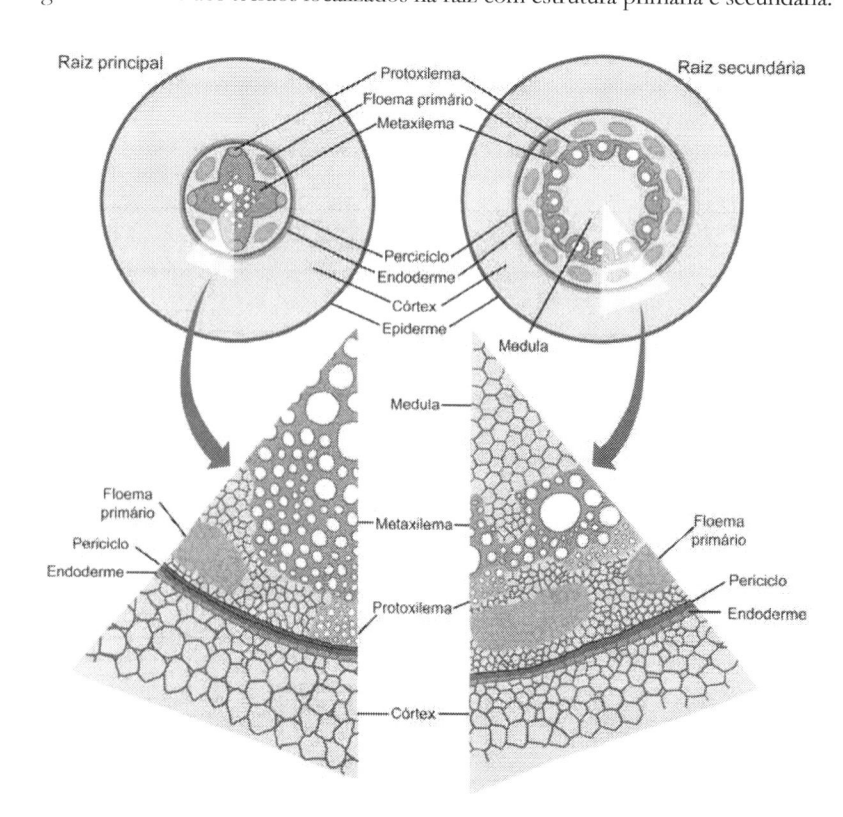

Fonte: https://edisciplinas.usp.br/mod/book/view.php?id=2434009&chapterid=19869. Acesso em: 20 de jun. 2020.

Figura 3. Corte transversal da raiz evidenciando os tecidos.

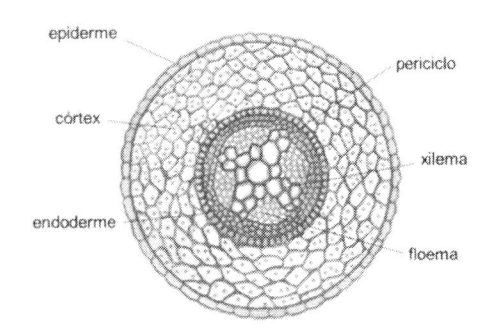

Fonte: https://slideplayer.com.br/slide/10526716/. Acesso em: 20 de jun. 2020.

A camada mais interna da região cortical é diferenciada, e recebe o nome de endoderme (Figuras 3 e 4). Essa camada possui, em suas paredes anticlinais, faixas de suberina e lignina, essas fitas recebem a denominação de estria de Caspary. Essas estrias controlam a entrada de água no cilindro vascular e ocorrem nas eudicotiledôneas.

Figura 4. Corte transversal da raiz, evidenciando o caminho da água e sais através da raiz.

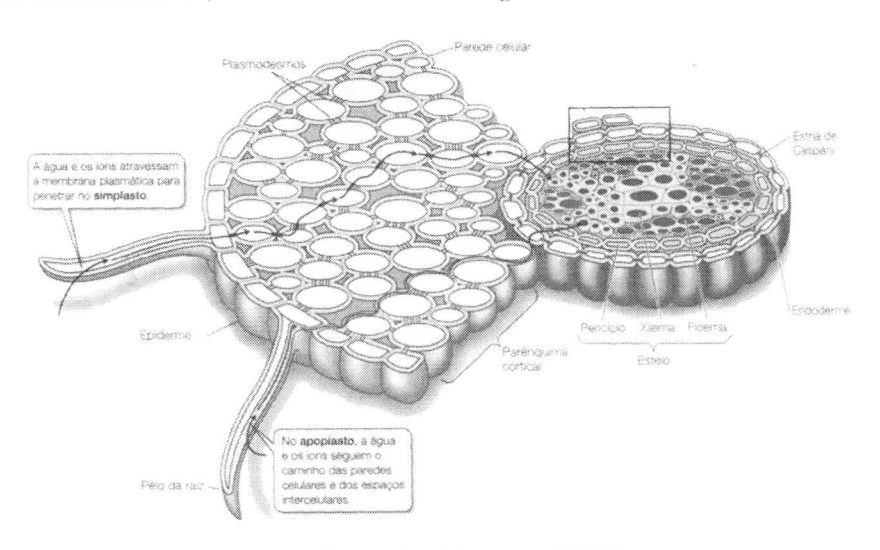

Fonte: http://10biogeogondomar.blogspot.com/2011/03/absorcao-de-agua-e-sais-minerais.html. Acesso em: 20 de jun. 2020.

Nas raízes das monocotiledôneas, a endoderme apresenta um espessamento em U, e com isso a água pode atravessar a endoderme, pois existem as células de passagem que não apresentam o espessamento em U, e permitem que a água possa atingir o xilema. Em algumas raízes, pode ocorrer a estratificação da camada mais externa do córtex, formando a exoderme. É possível observar na figura 4, espaços intercelulares são proeminentes no córtex da raiz, com a finalidade de facilitar a entrada de água e nutrientes na mesma, ocorrendo o contrário na endoderme que desvia o fluxo de solutos através do apoplasto (pelos espaços intercelulares e paredes intercelulares) para o simplasto (por dentro as membranas celulares).

Quanto ao cilindro vascular, destacado na figura 5, é formado pelo periciclo e os tecidos condutores, xilema e floema. No caso do periciclo, é responsável pela origem das raízes laterais, e o xilema, geralmente, forma um maciço central e projeções em direção ao periciclo, com seus arcos se alternando com o floema.

Figura 5. Corte transversal da raiz, evidenciado o cilindro vascular.

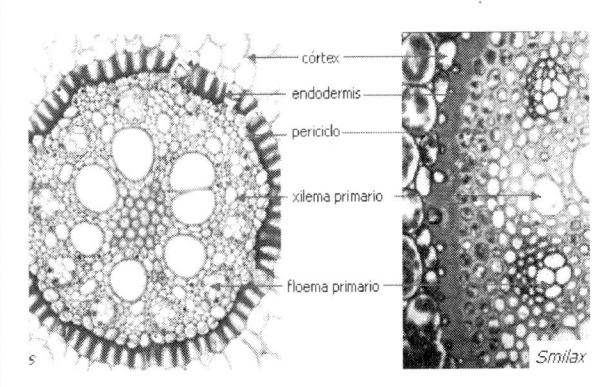

Fonte: http://www.biologia.edu.ar/botanica/tema20/20-4Cilindro.htm. Acesso em: 20 de jun. 2020.

Apezzato-da-Gloria e Carnello-Guerreiro (2006) afirmam que o número de arcos, do xilema, se diferencia em raízes de mono e eudicotiledônea. Dependendo do número de arcos, as raízes podem ser denominadas: diarcas (dois arcos), triarcas (três arcos), tetrarcas (quatro arcos) e poliarcas (cinco ou mais arcos), observe na Figura 6.

Figura 6. Corte transversal das raízes, evidenciando a posição de arcos.

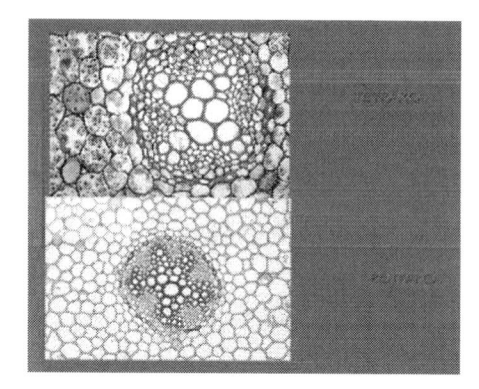

Fonte: https://pt.slideshare.net/rpvianna/raiz. Acesso em: 20 de jun. 2020.

Com relação a maturação dos elementos traqueais ocorre centripetamente, ou seja, o protoxilema está voltado para a periferia do órgão, e o metaxilema, para o interior, caracterizando o xilema como exarco. Se não houver diferenciação do xilema no centro da raiz, este será ocupado por uma medula composta de parênquima e esclerênquima, sendo conhecido como cilindro vascular oco. Algumas células dessa medula podem prolongar para fora, no sentido radial, por entre os vasos, são os raios medulares.

Vamos aprender sobre as raízes laterais?

Vamos lá...

De acordo com Appezzato-as-Gloria e Carmello-Guerreiro (2006), as raízes laterais aparecem distante do meristema apical e possuem uma origem endógena a partir de divisões anticlinais e periclinais do periciclo, quando a raiz é jovem, ou raiz primária apresenta coifa, meristema apical (radicular) e tecidos meristemáticos. Com o desenvolvimento, o primórdio aumenta em tamanho e se projeta para o córtex, possivelmente secretando enzimas que "digerem" algumas células corticais, ou afastando mecanicamente as células corticais localizadas no seu caminho. É importante enfatizar que há uma conexão vascular quando os tecidos vasculares da raiz lateral se ligam aos tecidos da raiz de origem (Figuras 7 e 8).

Figura 7. Corte transversal de uma raiz principal, evidenciando uma raiz lateral.

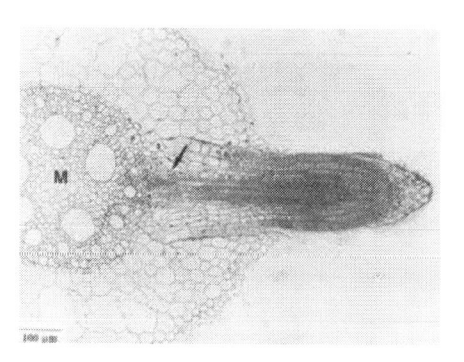

Fonte: http://www.anatomiavegetal.ib.ufu.br/exercicios-html/Raiz.htm. Acesso em: 20 de jun. 2020.

Figura 8. Aspecto geral dos dois tipos de divisões, anticlinal e periclinal.

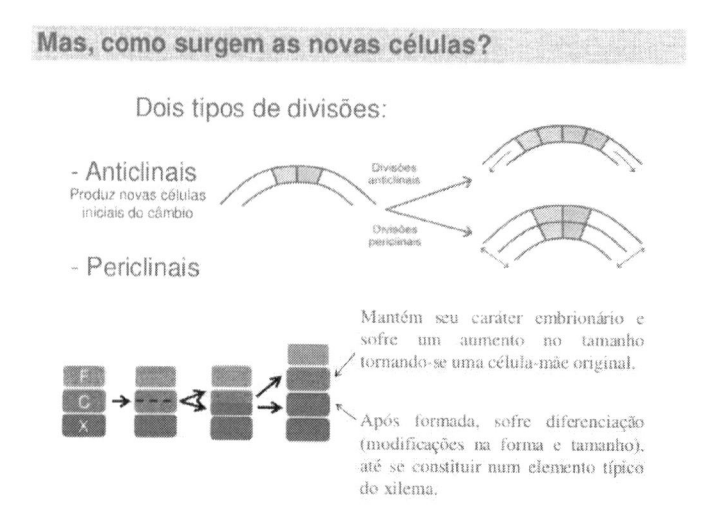

Fonte: https://pt.slideshare.net/katiahoss/tipos-celulares-da-madeira. Acesso em: 20 de jun. 2020.

2 - Estrutura secundária da Raiz

Qual a grande diferença entre as estruturas primária e secundária presentes nas dicotiledôneas?

Vamos aprender...

As raízes de gimnospermas e dicotiledôneas (Angiospermas), em geral, apresentam crescimento secundário, e esse crescimento resulta da atividade de dois meristemas (laterais) (espessura), a ação do câmbio, que se origina das células do procâmbio e de células do periciclo, formando um anel contínuo de meristema secundário, o câmbio, passando a formar xilema para dentro e floema para fora, observe na Figura 9.

Figura 9. Aspecto da raiz formando o câmbio.

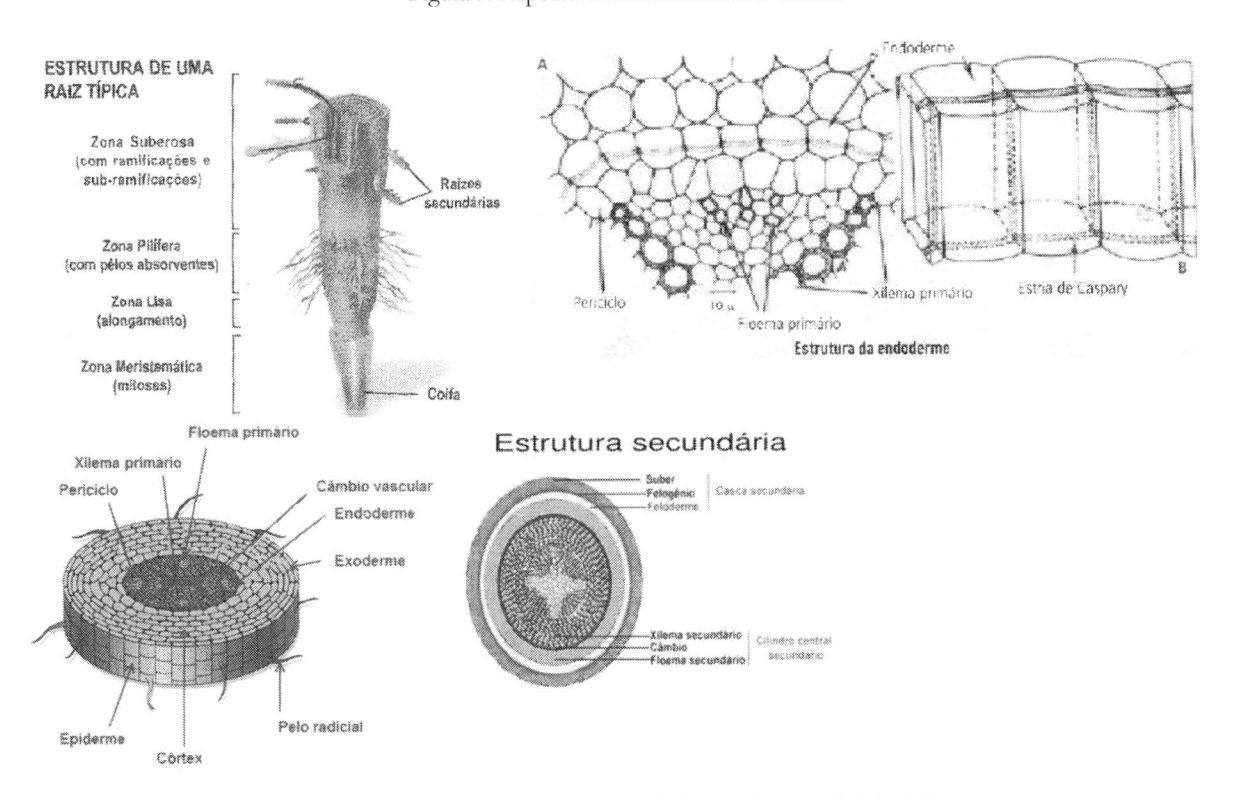

Fonte: https://quizlet.com/br/232301719/15- raiz-diagram/. Acesso em: 20 de jun. 2020.

Com a atividade do câmbio, o periciclo prolifera-se para a periferia, onde originará várias camadas de parênquima. Da camada mais externa do periciclo, origina-se o felogênio, também denominado **câmbio da casca**, camada que substituirá a epiderme. O felogênio forma súber para fora e feloderme para dentro.

Uma raiz em estrutura primária apresenta de fora para dentro e, de modo geral, as camadas: epiderme, córtex e cilindro vascular. Importante ressaltar que a medula geralmente está presente em monocotiledôneas e em raízes adventícias.

Figura 10. Aspecto geral da anatomia da raiz.

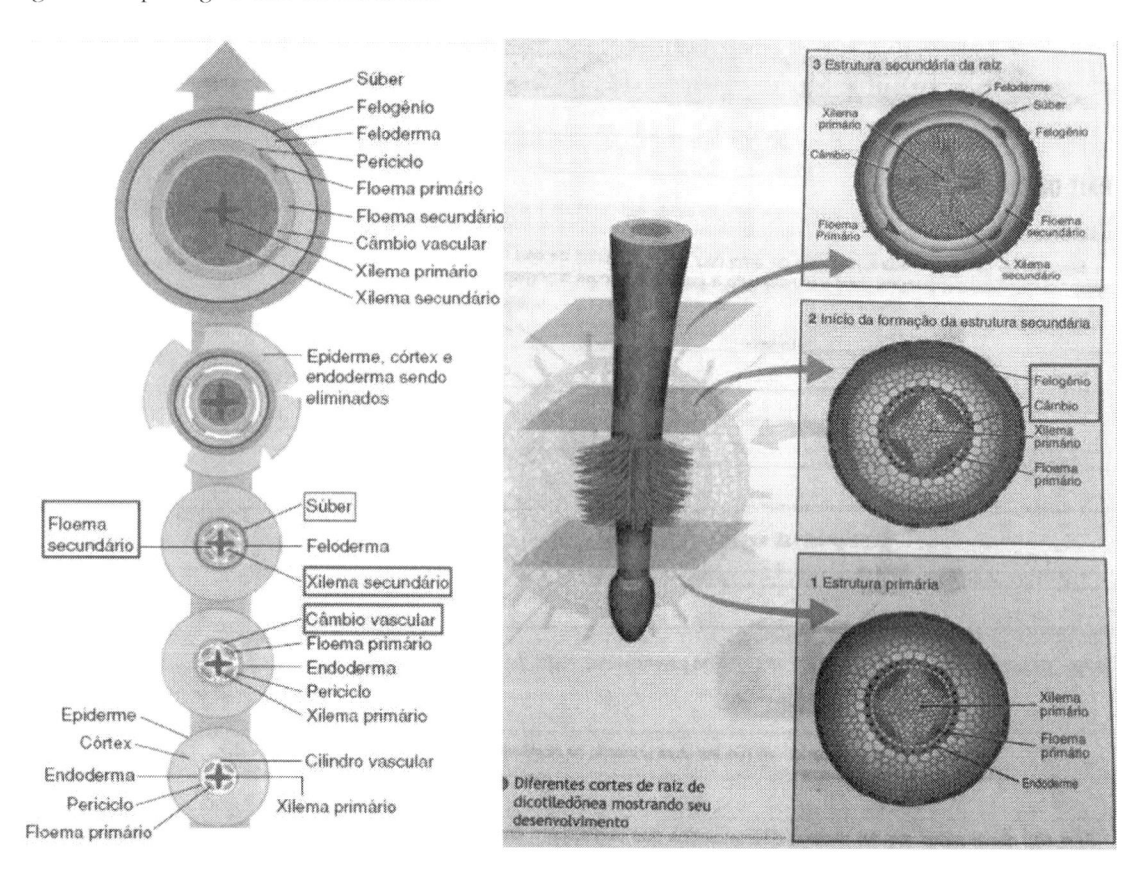

Fonte: https://slideplayer.com.br/slide/13205054/. Acesso em: 20 de jun. 2020.

Cutler *et al.* (2011) descreveu que a epiderme da raiz de uma forma geral consiste de células de paredes finas, unisseriada, mas pode ser multisseriada. Se persistir, torna-se cutinizada ou suberificada. Nas paredes externas ocorrem espessamentos em raízes aéreas e em raízes que retêm suas epidermes por muito tempo. Às vezes, até ocorre um processo de lignificação. Em raiz de orquídea, a epiderme multisseriada é constituída de células mortas com paredes espessadas, e recebe o nome de velame, observe na figura 11.

Figura 11. Corte transversal da raiz, evidenciando a epiderme multisseriada.

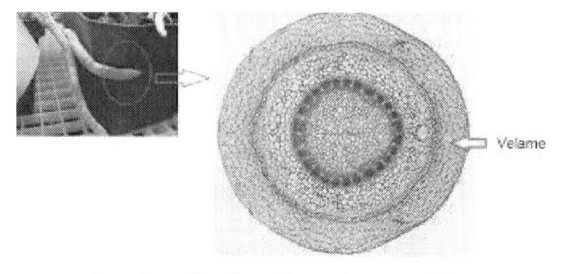

Fonte: https://irp-cdn.multiscreensite.com/322d0b3a//files/uploaded/RAIZ.pdf. Acesso em: 20 de jun. 2020.

O córtex da raiz pode ser homogêneo ou conter diversos tipos de células. O grau de diferenciação aparentemente está relacionado com a longevidade do córtex. Em plantas com crescimento em espessura e que o córtex é composto apenas por células parenquimáticas, é logo perdido.

As raízes desenvolvem, geralmente, abaixo da epiderme, uma camada especializada, a exoderme, que pode ser uni ou pluriestratificada. A camada cortical mais interna da raiz das plantas com sementes, diferencia-se em endoderme. As células do córtex radicular apresentam grandes espaços intercelulares para facilitar a passagem da água. A deposição das estrias, entre as paredes celulares da endoderme, seleciona a passagem da água para o interior do cilindro central, observe na figura 10.

O tipo de espessamento pode diferenciar as monocotiledôneas (espessamento em U) e dicotiledôneas (espessamento em faixa). Outro destaque pode ser verificado na figura 12, em plantas aquáticas pode ser encontrado um tipo especial de parênquima, o aerênquima.

Figura 12. Detalhe do corte transversal da raiz, destacando a epiderme, córtex e a endoderme.

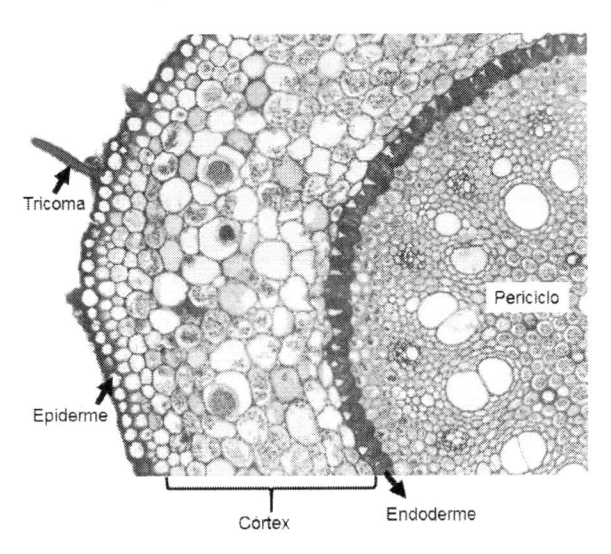

Fonte: https://vitorregisrr.github.io/labvirtual/src/pages/aulaspraticas/aulapratica-1.html. Acesso em: 20 de jun. 2020.

Figura 13. Aerênquima da região cortical da raiz.

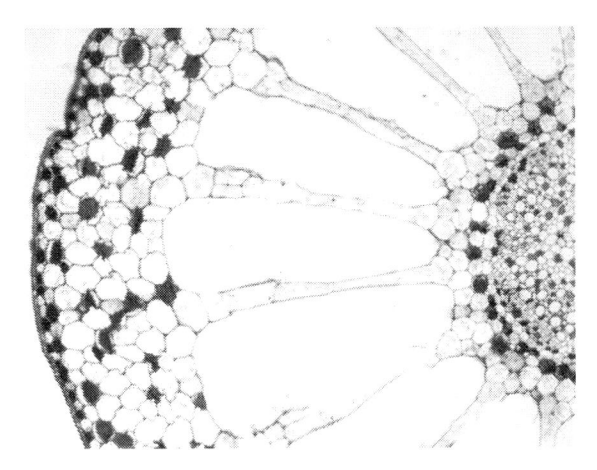

Fonte: https://www.passeidireto.com/arquivo/4290433/myriophyllum-aerenquima. Acesso em: 20 de jun. 2020.

Vamos aprender sobre a anatomia das raízes de reserva ou raízes tuberosas, raízes adventícias, os nódulos de raiz, raízes gemíferas e as micorrizas?

Vamos lá...

De acordo com Raven *et al.* (2014), as **raízes tuberosas** apresentam um grande acúmulo de substâncias de reserva, e, para isto, há uma intensa proliferação de tecidos, principalmente do parênquima de reserva. Isto pode acontecer com um simples aumento na quantidade de células do parênquima dos tecidos vasculares, que irão armazenar as reservas, como se verifica em espécies como *Daucus carota* L. (cenoura), *Manihot esculenta* Crantz (mandioca) e *Ipomoea batatas* L. (batata doce). Em *Beta vulgaris* L. (beterraba), por exemplo, formam-se faixas cambiais adicionais, dispostas concentricamente, com a produção de grandes quantidades de parênquima de reserva entre os elementos de condução do xilema e do floema.

Já com relação as **raízes adventícias**, Appezzato-as-Gloria e Carmello-Guerreiro (2006) afirmam que se originam nas partes aéreas das plantas, a partir de caules e de folhas, de caules subterrâneos. O termo é também empregado para designar raízes originadas em regiões mais velhas das próprias raízes. A origem e o desenvolvimento das raízes adventícias é semelhante ao das raízes laterais; geralmente, são de origem endógena e formam-se junto aos tecidos vasculares do órgão onde estão se formando.

Outra questão é com relação aos **nódulos de raiz**, que várias espécies apresentam nas suas raízes associadas à bactérias fixadoras de nitrogénio, onde a bactéria penetra através dos pelos absorventes, quando a planta ainda é bem jovem, e, no interior do vegetal, essas bactérias **infeccionam** e se multiplicam intensamente, produzindo as células parenquimáticas, formando os nódulos conectadas ao cilindro vascular , indicando a existência de um sistema de transporte para troca de nutrientes entre as bactérias e a raiz. Desta forma, as bactérias são capazes de absorver o nitrogénio do solo e convertê-lo em compostos assimiláveis pelo vegetal e, em contrapartida, recebem açúcares e outros nutrientes orgânicos do vegetal. Entre estas bactérias as mais comuns são as do gênero Rizobium, que invadem as raízes das leguminosas como, por exemplo, soja (Glycine max L.), ervilha (Pisum sativum L.) etc.

As **raízes gemíferas** são formações de gemas caulinares,

e é um fenômeno comum em plantas herbáceas e arbustivas, podendo ser encontrada de dois tipos, gemas radiculares adicionais e as reparativas. De acordo com Appezzato-da-Gloria (2003), as raízes gemíferas são longas, localizadas paralelamente à superfície do solo e, anatomicamente, apresentam uma porção central desprovida de medula verdadeira e presença de xilema primário com maturação centrípeta. Filho e Borges (2018) realizaram uma pesquisa com o ipê-branco (Tabebuia roseoalba) e verificaram que possui estruturas subterrâneas diageotrópicas, caracterizadas como raízes gemíferas, capazes de regenerar a parte aérea da planta em condições adversas. A origem das gemas sugere que elas sejam do tipo reparativas, que se formam após alguma perturbação ambiental que danifique a planta.

Ainda, as raízes de várias espécies apresentam uma associação peculiar simbiótica com determinados fungos, que desempenham um importante papel na nutrição destas espécies. Tais associações são denominadas **micorrizas** e, acredita-se que, pelo menos, 80% das espécies dos vegetais superiores apresentam micorrizas associadas às suas raízes. São dois os tipos principais de micorrizas, dependendo da relação entre o fungo e as células corticais:

* **Ectomicorrizas:** quando o fungo envolve o ápice radicular, como um manto, e atinge a região cortical, penetrando por entre os espaços intercelulares, sem, no entanto, penetrar no interior das células corticais.

* **Endomicorrizas:** é o tipo mais comum, onde o fungo forma um envoltório menos denso, ao redor do ápice radicular e ao penetrar a raiz, invade o interior das células corticais.

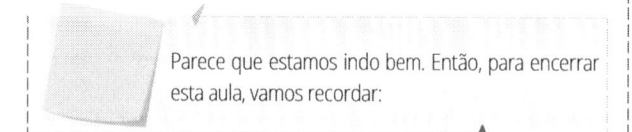

Retomando a aula

Parece que estamos indo bem. Então, para encerrar esta aula, vamos recordar:

1 - Estrutura primária da Raiz

Nessa seção, aprendemos que de um modo geral, as raízes apresentam um crescimento primário, resultado da atividade dos meristemas apicais (protoderme, meristema fundamental e procâmbio) e, sendo assim, a raiz apresenta os três sistemas de tecido: o dérmico, o fundamental e o vascular.

2 - Estrutura secundária da Raiz

Nessa seção, aprendemos que as raízes de gimnospermas e dicotiledôneas (angiospermas), em geral, apresentam crescimento secundário, e esse crescimento resulta da atividade de dois meristemas, o câmbio, que se origina das células do procâmbio e de células do periciclo.

Vale a pena

Vale a pena **acessar**

Disponível em: http://www.itaya.bio.br/BotanicaII/raiz%20ANATOMIA%20INTERNA2006.pdf. Acesso em: 20 de jun. 2020.

Disponível em: http://portal.virtual.ufpb.br/biologia/novo_site/Biblioteca/Livro_4/7-Anatomia_Vegetal.pdf. Acesso em: 20 de jun. 2020.

Disponível em: https://dynamicon.com.br/wp-content/uploads/2016/09/Anatomia-da-Raiz-Est-Sec.pdf. Acesso em: 20 de jun. 2020.

Disponível em: https://pt.scribd.com/document/311219980/Anatomia-da-Raiz-pdf. Acesso em: 20 de jun. 2020.

Disponível em: https://ainfo.cnptia.embrapa.br/digital/bitstream/item/102615/1/6151.pdf. Acesso em: 20 de jun. 2020.

Minhas anotações

Aula 7º

Anatomia do caule

Nesta aula, vamos aprender a estrutura primária e secundária do caule e toda sua constituição referente ao sistema de revestimento, o córtex, o cilindro oco do sistema vascular e a medula.

Bons estudos!

Objetivos de aprendizagem

Ao término desta aula, vocês serão capazes de:

- compreender a organização primária e secundária do caule;
- diferenciar os três sistemas de tecidos, dérmico, o fundamental e o vascular das monocotiledôneas e dicotiledôneas;
- utilizar o conhecimento científico necessário dessa aula à atuação profissional.

Seções de estudo

1 - Estrutura primária do caule
2 - Estrutura secundária do caule

1 - Estrutura primária do caule

O caule em estádio embrionário apresenta um eixo, conhecido por hipocótilo radícula, como pode ser observado na Figura 1. Tal primórdio, são células meristemáticas, eixo caulinar, primórdios foliares (plúmula). O meristema apical caulinar da maioria das angiospermas, apresenta na sua porção distal o promeristema, organizado em duas regiões: a túnica e o corpo. No caso da túnica, que varia em espessura, se divide apenas no plano anticlinal, e o corpo ocupa uma posição interna e adjacente à túnica, e as divisões celulares são orientadas em todos os planos, observe na Figura 2.

O ápice caulinar, gema apical contribui para o crescimento em altura do caule e nas gemas axilares que aparece na axila de cada folha. Nessas gemas pode aparecer, além de folhas jovens, flor ou grupos de flores.

Figura 1. Aspecto geral da morfologia e anatomia do meristema apical, destacando o caule.

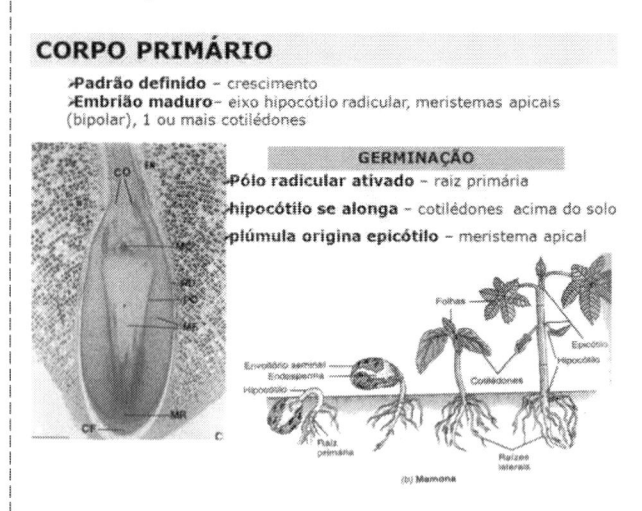

Fonte: https://slideplayer.com.br/slide/9362863/. Acesso em: 20 de jun. 2020.

Figura 2. Aspecto do sistema caulinar, evidenciando a região meristemática do ápice caulinar.

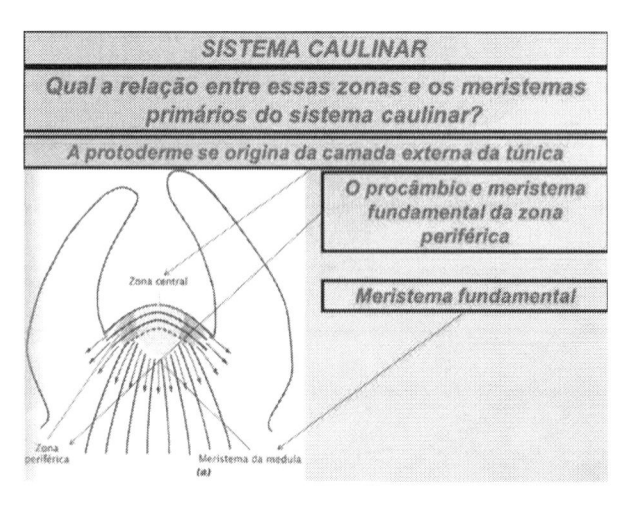

Fonte: https://slideplayer.com.br/slide/398263/. Acesso em: 20 de jun. 2020.

Assim como a raiz, o caule apresenta os três sistemas de tecidos: o dérmico, o fundamental e o vascular, bem como o crescimento primário e secundário. No entanto, esses dois órgãos diferenciam-se pelo fato do caule apresentar uma organização mais complexa, uma vez que a função desse órgão e sustentar toda parte vegetativa e reprodutiva da planta (Figura 3).

Figura 3. Corte transversal de um caule.

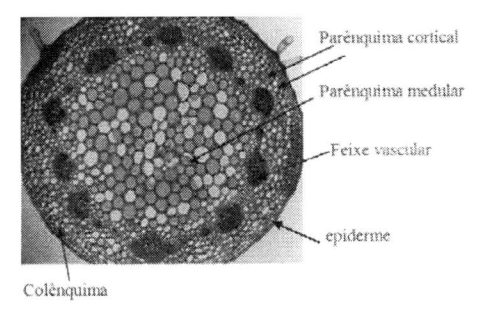

Fonte: https://morfoanatomiavegetal.wordpress.com/caule/anatomia/. Acesso em: 20 de jun. 2020.

De acordo com Apezzatto-da-Gloria e Carmelo-Guerreiro (2006) e posteriormente Raven et al. (2014), a epiderme de um caule em crescimento primário, esse sistema de revestimento, origina-se da protoderme, geralmente uniestratificado, recoberto por uma cutícula delgada e pode apresentar estômatos e tricomas, como no tecido de revestimento foliar. É importante enfatizar que a epiderme é um tecido vivo potencialmente em divisões, permitindo sua distensão tangencial durante o crescimento em espessura do caule (Figura 1 a 3).

Com relação ao córtex, mais internamente, a exoderme pode ser constituída de parênquima fotossintetizante. É possível encontrar colênquima ou esclerênquima como tecidos de sustentação. Em algumas células de certas espécies pode secretar látex, mucilagem ou resina, e, em algumas células corticais, podem ainda conter cristais de oxalato de cálcio ou depósitos de sílica.

Na maioria das plantas, as células corticais organizam-se compactamente, porém se considerarmos as plantas aquáticas, o córtex forma um aerênquima (grandes câmeras de ar), desta forma não se observa tecido de sustentação na região cortical. Outros exemplos são caules suculentos, onde o córtex apresenta parede delgada e alta concentração de água (parênquima aquífero). E por último, analisando órgão de reserva, como caule subterrâneo do tipo bulbo, rizoma, que acumulam grãos de amido na região cortical.

Na maioria dos caules, o limite entre o córtex e o cilindro vascular é de difícil visualização, essa camada pode apresentar grãos de amido (bainha amilífera) ou estrias de Caspary (Figura 4 e 5).

Com relação ao sistema vascular, internamente à endoderme encontra-se o periciclo, que representa camada periférica vascular e tem origem no procâmbio. Desta forma, o periciclo pode ser formado por uma ou várias camadas de células parenquimáticas, capazes de se dividir intensamente. Quanto aos feixes vasculares são formados por xilema e floema primários, geralmente o floema ocupa posição externa ao xilema, dando origem aos feixes colaterais.

Bom, como já dito anteriormente, o xilema e o floema primários originam-se do procâmbio, e bem próximo ao meristema apical, observa-se células condutoras do xilema (traqueídes ou elementos de vaso) em início de diferenciação. Quando as primeiras células xilemáticas se diferenciam, são chamadas de elementos de protoxilema.

Na maioria das dicotiledôneas, o sistema vascular primário dos caules é formado por feixes de xilema e floema, que aparecem como unidades independentes, em corte transversal. Já, nos caules de monocotiledôneas, o sistema vascular primário é formado por feixes de xilema e floema, que em corte transversal, aparecem como unidades independentes e dispersas de forma aparentemente caótica elo tecido parenquimático. O sistema vascular dos caules das monocotiledôneas é bastante complexo (Figura 6).

Internamente ao sistema vascular, na região central do caule, encontra-se a medula, formada pelo tecido parenquimático. Em alguns caules, essa região pode se destituir durante o crescimento do órgão formando caules ocos (fistuloso).

Figura 4. Corte transversal de dois caules.

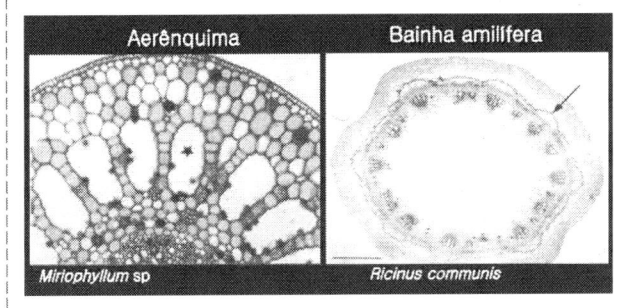

Fonte: https://pt.slideshare.net/rpvianna/aula-6-caule. Acesso em: 20 de jun. 2020.

Figura 5. Detalhe da bainha amilífera no caule.

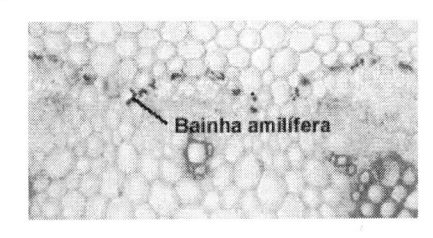

Fonte: http://www.anatomiavegetal.ib.ufu.br/exercicios-html/Caule.htm. Acesso em: 20 de jun. 2020.

Figura 6. Corte transversal do caule jovem de uma monocotiledônea e dicotiledônea.

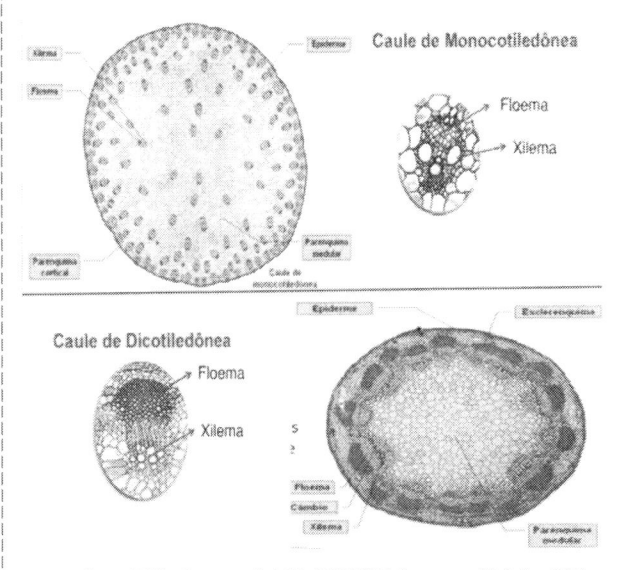

Fonte: https://slideplayer.com.br/slide/13277436/. Acesso em: 20 de jun. 2020.

2 - Estrutura secundária do caule

Raven *et al.* (2014) afirmam que a estrutura secundária do caule de dicotiledônea é formada pela atividade do câmbio, que origina os tecidos vasculares secundários e do felogênio, que dá origem ao revestimento secundário, a periderme. Em muitas espécies de plantas, os caules podem crescer também em espessura, e é o chamado crescimento secundário, e as espécies que apresentam crescimento secundário são chamadas de plantas lenhosas (Figura 7).

Figura 7. Corte transversal do caule, destacando a ação do cambio.

Fonte: https://escolaeducacao.com.br/caule/anatomiacauletilia/. Acesso em: 20 de jun. 2020.

O câmbio é formado, em parte, pelo procâmbio que permanece indiferenciado entre o xilema e o floema primários, e quando entra em atividade, produz divisões periclinais, fazendo com que o xilema secundário migre para o interior, e floema secundário para periferia, assim o câmbio acompanha o crescimento em espessura (Figura 7 e 8).

De acordo com Apezzatto-da-Gloria e Carmelo-Guerreiro (2006) e posteriormente Raven et al. (2014), com a atividade cambial, é possível reconhecer **três padrões usuais** de desenvolvimento de estrutura secundária (Figura 8 e 9):

a. quando nos entrenós, os feixes vasculares primários são separados por faixas estreitas de parênquima (ex.: caule do tipo colmo oco e colmo cheio), os tecidos vasculares secundários apresentam-se como um cilindro contínuo, com raios parenquimáticos poucos desenvolvidos;

b. quando os feixes vasculares primários são separados por largas faixas de parênquima, os tecidos vasculares secundários aparecem como um cilindro contínuo, com raios parenquimáticos estreitos, ou como feixes separados por largos raios parenquimáticos;

c. quando a porção interfascicular do câmbio origina apenas raios parenquimáticos.

Figura 8. Corte transversal do caule.

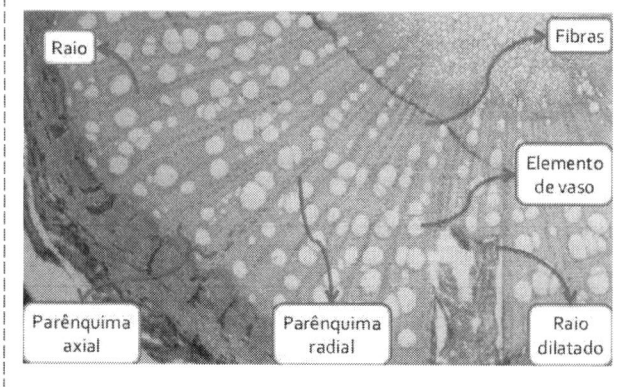

Fonte: https://pt.slideshare.net/LuaneBosetto/anatomia-vegetal-aulas-prticas. Acesso em: 20 de jun. 2020.

Figura 9. Corte transversal do caule, evidenciando todos os tecidos secundários.

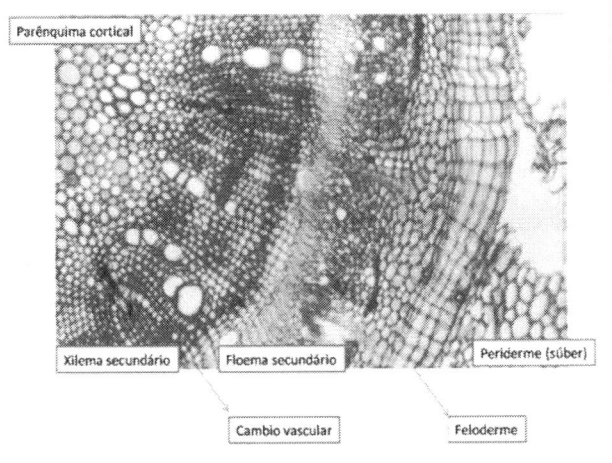

Fonte: http://katyabotanica.blogspot.com/2015/06/o-caule-serve-de-suporte-mecanico-para.html. Acesso em: 20 de jun. 2020.

Figura 10. Corte transversal do caule, evidenciando os feixes.

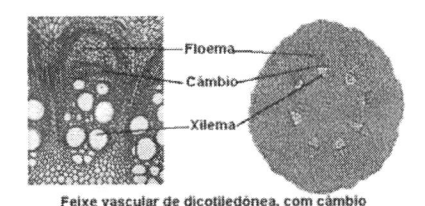

Fonte: http://katyabotanica.blogspot.com/2015/06/. Acesso em: 20 de jun. 2020.

Figura 11. Tipo de feixes vasculares.

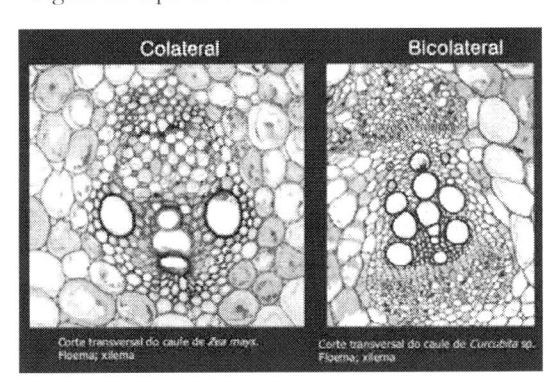

Fonte: https://pt.slideshare.net/rpvianna/aula-6-caule. Acesso em: 20 de jun. 2020.

Figura 12. Tipos de feixes vasculares.

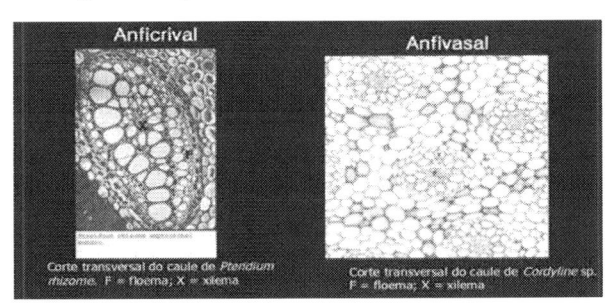

Fonte: https://pt.slideshare.net/rpvianna/aula-6-caule. Acesso em: 20 de jun. 2020.

Com relação as monocotiledôneas (Figura 10), geralmente, não apresentam crescimento secundário. Porém, algumas espécies podem desenvolver caules espessos devido à formação de um câmbio. Nestas espécies, o câmbio forma-se a partir do parênquima localizado externamente aos feixes vasculares (pericíclico). Quando o câmbio entra em atividade forma novos feixes vasculares e parênquima, para o centro do órgão, e apenas parênquima para a periferia do órgão.

Se observarmos nas palmeiras (Caules de coqueiro, Cocos nucifera L.), há um considerável aumento em espessura no caule, no entanto, este crescimento secundário acontece sem o estabelecimento de uma faixa cambial contínua. Esse crescimento é resultante de divisões e expansão de células do parênquima fundamental. De acordo com Apezzatto-da-Gloria e Carmelo-Guerreiro (2006), tal crescimento é chamado crescimento secundário difuso, e esse termo difuso é porque a atividade meristemática não está restrita a uma determinada região e secundário, porque ocorre em regiões já distantes do meristema apical, à custa de divisões das células parenquimáticas.

Após o espessamento secundário do caule, é possível observar que algumas monocotiledôneas formam periderme como nas dicotiledôneas. No entanto, apresentam um tipo especial de tecido protetor, o súber estratificado. Nas monocotiledôneas que não crescem em espessura, a epiderme pode permanecer intacta ou até tornar-se esclerificada.

Importante: o parênquima do córtex das monocotiledôneas pode transformar-se num tecido protetor, pela suberinização ou esclerificação das paredes de suas células.

Figura 10. Corte transversal de um caule de monocotiledônea.

Fonte: https://pt.slideshare.net/rpvianna/aula-6-caule. Acesso em: 20 de jun. 2020.

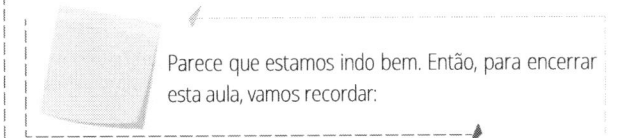

Retomando a aula

Parece que estamos indo bem. Então, para encerrar esta aula, vamos recordar:

1 - Estrutura primária do caule

Nessa seção, aprendemos que o caule em estágio

embrionário apresenta um eixo, conhecido por hipocótilo radícula e suas células meristemáticas, eixo caulinar, primórdios foliares (plúmula). O meristema apical caulinar da maioria das angiospermas apresenta na sua porção distal o promeristema, organizado em duas regiões: a túnica e o corpo.

2 - Estrutura secundária do caule

Nessa seção, verificamos que a estrutura secundária do caule de dicotiledônea é formada pela atividade do câmbio, que origina os tecidos vasculares secundários e do felogênio, que dá origem ao revestimento secundário, a periderme.

Vale a pena

Vale a pena **acessar**

Fonte: https://www.docsity.com/pt/histologia-vegetal-48/4732692/. Acesso em: 20 de jun. 2020.
Fonte: https://blogdoenem.com.br/estrutura-interna-caule-enem/. Acesso em: 20 de jun. 2020.
Fonte: https://www.docsity.com/pt/histologia-vegetal-48/4732692/. Acesso em: 20 de jun. 2020.
Fonte: https://www.sobiologia.com.br/conteudos/Morfofisiologia_vegetal/morfovegetal25_2.php. Acesso em: 20 de jun. 2020.
Fonte: http://omnipax.com.br/livros/2011/BMPD/BMPD-cap9.pdf. Acesso em: 20 de jun. 2020.

Minhas anotações

Aula 8°

Anatomia foliar

Nesta aula, vamos aprender as características anatômicas da folha e os tecidos dérmico, fundamental e vascular. Vamos a nossa aula?

Bons estudos!

Objetivos de aprendizagem

Ao término desta aula, vocês serão capazes de:

- compreender a anatomia foliar das plantas superiores;
- diferenciar as estruturas da anatomia foliar;
- utilizar o conhecimento científico necessário dessa aula à atuação profissional.

Seções de estudo

1 - Estrutura anatômica da folha
2 - Adaptações foliares

1 - Estrutura anatômica da folha

As folhas, na maioria de dicotiledôneas, têm uma nervura principal contínua com o pecíolo, e nervuras secundárias (nervação), conhecida por reticulada. Já nas folhas de monocotiledôneas, as nervuras são paralelas. Quanto aos tecidos, a folha apresenta os três sistemas: dérmico, fundamental e o vascular.

Vamos entender?

Com relação ao **pecíolo**, estrutura que sustenta o limbo, é uma expansão do caule, apresenta epiderme com cutícula e estômatos, o córtex com parênquima e colênquima, sendo que o primeiro funciona como tecido de reserva e o segundo com tecido de sustentação, e a endoderme (pode ter estrias de caspary e amido) e a camada mais interna do córtex, envolvendo o sistema vascular, cuja camada mais interna é o periciclo. O feixe vascular apresenta-se com o xilema voltado para fora, ou superfície adaxial, e floema para dentro, ou superfície abaxial, envolvendo a medula.

A **lâmina foliar** é revestida por uma epiderme contínua, podendo ser unisseriada ou multisseriada, que, por sua vez, é revestida pela cutícula (cutina e cera), presença de estômatos e tricomas. O limbo é constituído de duas superfícies adaxial e abaxial.

A região localizada entre as duas faces da folha é denominada de **mesofilo**, e, nesta região, se encontra o tecido fundamental, formado pelos parênquimas paliçádico e esponjoso (especialmente em dicotiledônea), bem como o feixe vascular, Figura 1.

Figura 1: Corte transversal, evidenciando a epiderme e o mesofilo.

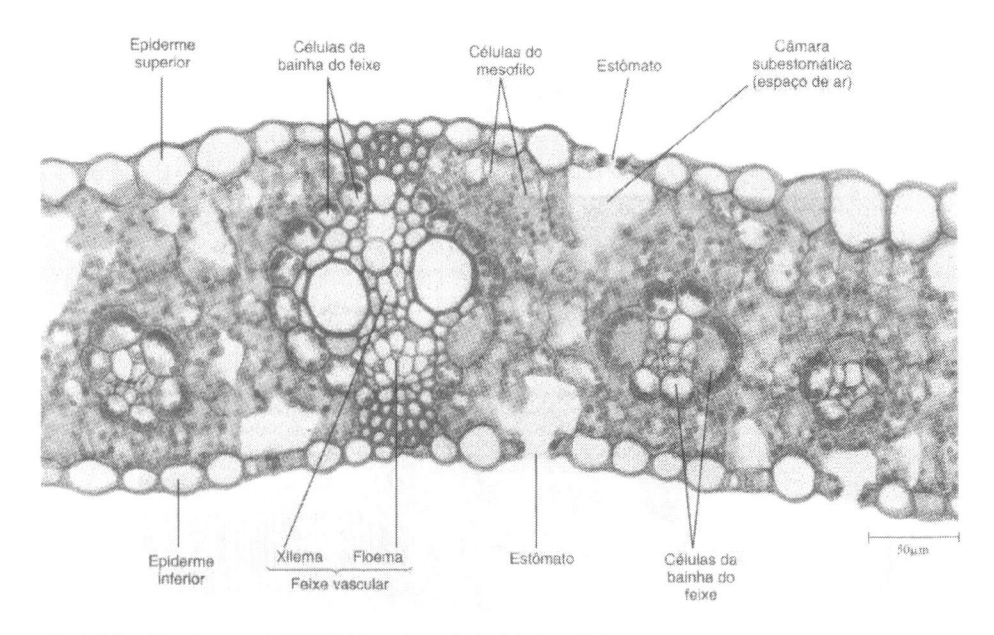

Fonte: https://docplayer.com.br/41569596-Fotossintese-katia-christina-zuffellato-ribas.html. Acesso em: 20 de jun. 2020.

Dependendo da espécie o parênquima paliçádico, pode atuar nas duas superfícies, como é o caso das plantas xerófitas (adaptadas para viverem em regiões de climas semiárido e desértico (árido).

Na folha, o parênquima paliçádico está diretamente envolvido no processo de fotossíntese, pois a maioria dos cloroplastos estão concentrados nesse parênquima. Outro destaque nesse mesofilo, são os espaços intercelulares, pois aumenta a eficiência fotossintética, já que facilita as trocas gasosas. No caso do tecido esponjoso, pode variar na forma, podendo ser isodiamétricas ou alongadas em direção paralela à superfície da folha, e muitas vezes apresentar projeções braciformes, bem como cordões de fibro- escleroídes (Figura 4). Dependendo da disposição dos dois tipos de parênquima, podemos classificar a folha em: dorsiventral, isobilateral e homogênea

De acordo com Raven et al. (2014), no mesofilo da monocotiledônea e dicotiledônea, destaca a anatomia Kranz que é caracterizada, em corte transversal da folha, por uma camada de células do mesofilo, orientadas radialmente, envolvendo os feixes vasculares, formando uma espécie de coroa. Além dessa camada de células disposta em coroa, existe uma bainha de células em torno dos feixes vasculares, que possuem cloroplastos grandes, diferentes dos demais cloroplastos presentes no mesofilo. A anatomia Kranz facilita a fotossíntese C4, e este tipo de fotossíntese resulta na formação de um composto de quatro carbonos, e constitui uma vantagem para as plantas que a possui, pois muito mais energia pode ser produzida e armazenada.

Na fotossíntese C4 o CO2 é inicialmente fixado no citoplasma das células do mesofilo pela fosfoenolpiruvato carboxilase, formando um composto de quatro carbonos (oxaloacetato). Este, entra nos cloroplastídios das células do mesofilo, e onde é reduzido a malato ou aspartato. Esses compostos são transportados para as células da bainha do feixe, onde são descarboxilados e o CO2 imediatamente refixado através do ciclo de Calvin.

Figura 2. Aspecto geral das plantas C3 e C4.

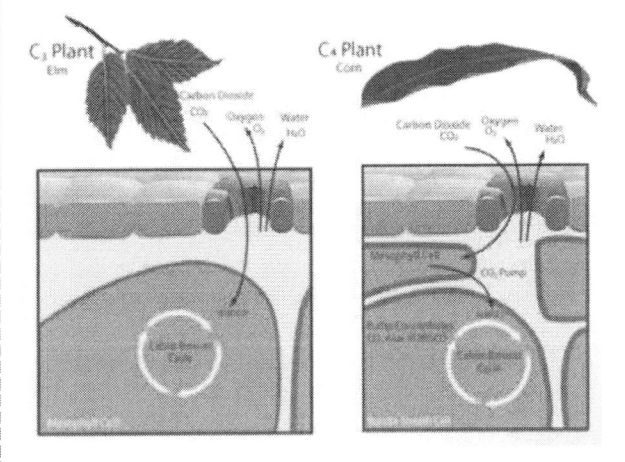

Fonte: https://pt.slideshare.net/joseannypereira/fotossntese-27514114. Acesso em: 20 de jun. 2020.

Dependendo da disposição dos dois tipos de parênquima, podemos classificar a folha em: dorsiventral, isobilateral e homogênea.

Quanto ao **sistema vascular** das dicotiledôneas, assim como monocotiledôneas, é formado exclusivamente de xilema e floema primários e periciclo, esse último apresenta-se como fibras.

Figura 3. Corte transversal do limbo, evidenciando o formato do parênquima paliçádico.

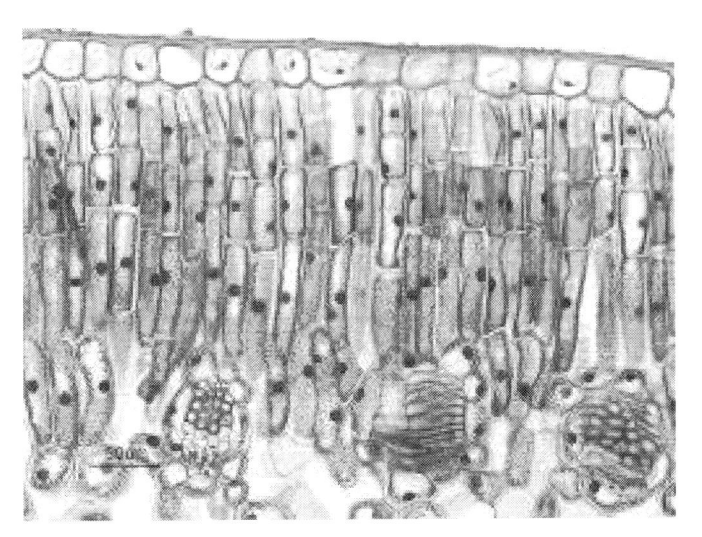

Fonte: https://www.casadasciencias.org/imagem/7003. Acesso em: 20 de jun. 2020.

Figura 4. Corte transversal do limbo, destacando o parênquima paliçádico e lacunoso.

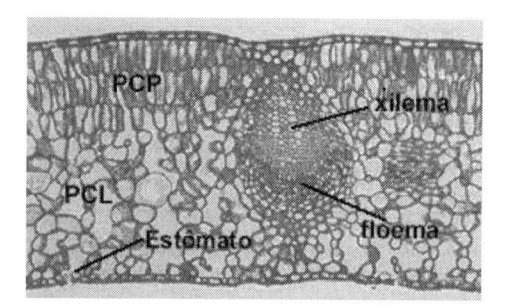

Fonte: http://www.anatomiavegetal.ib.ufu.br/folha_texto.htm. Acesso em: 20 de jun. 2020.

Figura 5. Corte transversal do limbo, destacando na seta vermelha as esclereídes.

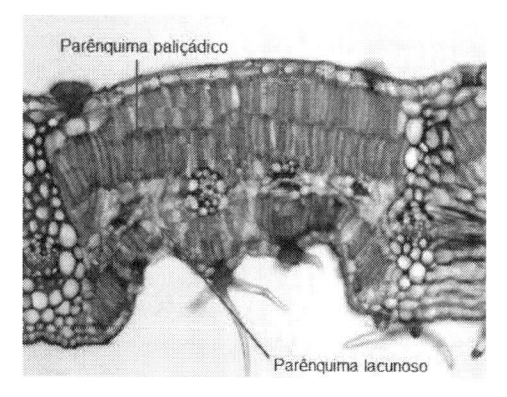

Fonte: http://www.conhecer.org.br/download. Acesso em: 20 de jun. 2020.

2 - Adaptações foliares

As folhas das angiospermas apresentam grande variação de estruturas, devido à disponibilidade ou não de água. Com base na sua necessidade de água e, por conseguinte, nas adaptações apresentadas, as plantas são comumente classificadas como:

a) Xerófitas: são plantas adaptadas para viverem em regiões com carência em água. As folhas dessas plantas são pequenas, espessas, coriáceas e compactadas, aumento no espessamento das paredes celulares, especialmente a parede tangencial externa, e da cutícula geralmente espessa. Apresenta inúmeros tricomas, estômatos, muitas vezes em sulcos. É comum a presença de estômatos nas duas superfícies, uma vez que estes apresentam mecanismos fisiológicos altamente eficientes. No meristema fundamental o parênquima é paliçádico em quantidade maior que o esponjoso, ou apenas presença de paliçádico. O mesófilo apresenta-se bastante diferenciado, podendo haver mais de uma camada de parênquima paliçádico, e é comum o parênquima aquífero. O sistema vascular bem desenvolvido e, às vezes, com grande quantidade de esclerênquima, tanto na forma de esclereídes quanto na de fribro-esclereídes.

De acordo com Franco et al. (2015), estudando a anatomia da lâmina foliar, das espécies lenhosas mais frequentes nas savanas de Roraima, confirmam a existência de uma marcada síndrome adaptativa a ambientes xéricos. Esta é caracterizada pela presença de uma cutícula espessa na face adaxial, densos indumentos, localização dos estômatos na face abaxial, a presença de hipoderme ou de uma epiderme estratificada e cristais na região das nervuras. Além disto, os autores observaram a extensão da bainha de feixes, que caracteriza nove das onze espécies estudadas, e, em oito espécies, há um investimento pronunciado em parênquima paliçádico em detrimento de lacunoso. Muitos destes caracteres exercem mais de uma função adaptativa, como tricomas e cristais, que, associados a compostos fenólicos presentes na maioria das espécies, oferecem uma proteção adicional contra a herbivoria ou ao ataque de patógenos.

b) Mesófitas: são plantas que vivem num ambiente que não pode ter demasiada quantidade de água, mas ao mesmo tempo também não sobrevive em ambientes com pouca quantidade. Tem por característica interessante, a predominância de estômatos na fase abaxial. Anatomicamente, apresentam parênquima clorofiliano diferenciado em parênquima paliçádico e parênquima esponjoso, portanto são folhas dorsiventrais.

c) Hidrófitas: são plantas adaptadas para viver no ambiente aquático. Na epiderme abaxial de algumas espécies de folhas flutuantes ocorrem hidropódios, estruturas secretoras que absorvem e eliminam sais.

Já nas folhas submersas e nas demais submersas de folhas flutuantes, a epiderme toma parte na absorção de nutrientes, pois apresenta paredes celulares e cutícula delgada, além de estômatos, que podem ser ausentes ou presentes. Em folhas flutuantes, os estômatos estão restritos a face adaxial. O mesofilo apresenta grandes espaços intercelulares, e é reduzido a poucas camadas de células, não há diferenciação de parênquima paliçádico e esponjoso. Geralmente, apresentam uma redução dos tecidos vasculares e de sustentação. Nesse tipo de planta o xilema encontra-se bastante reduzido.

Importante saber:

Diversos autores apontam que, levantar caracteres anatômicos foliares auxiliam na taxonomia dos gêneros das espécies, principalmente em espécies de Biomas, facilitando a distinção entre espécies semelhantes ou próximas, que são difíceis de serem diferenciadas pela morfologia externa.

De acordo com Castro et al. (2005), foram considerados de maior valor taxonômico, do ponto de vista da anatomia foliar, os seguintes caracteres: forma da nervura central em corte transversal, posição do feixe vascular mediano, número de feixes vasculares adjacentes ao mediano, forma das células fusóides, além da ocorrência, densidade e distribuição das papilas nas células longas da epiderme

Segundo Taiz e Zeiger (1998), plantas típicas de locais sombreados apresentam uma menor quantidade de camadas de parênquima clorofiliano, o que foi confirmado nas espécies estudadas. No entanto, as plantas que foram coletadas em áreas com maior exposição ao sol não apresentaram diferenças consideráveis em relação ao padrão anatômico observado nas demais amostras, coletadas exclusivamente na sombra. Deste modo, embora secundariamente expostas a condições extremas, e ainda que tenha sido observada uma evidente modificação macromorfológica nas plantas, especialmente no porte e outras dimensões vegetativas, a estrutura anatômica não foi alterada nos materiais analisados, quando comparadas lâminas de indivíduos coletados sob as duas diferentes condições.

Metcalfe (1960) destacou como taxonomicamente significativo para a família Poaceae, os tipos de feixes vasculares, os tricomas e apêndices epidérmicos, o padrão de distribuição do esclerênquima, as células silicosas e suberosas, e os tipos de estômatos.

Em se tratando das rotas fotossintéticas das plantas, a anatomia foliar apresenta relevância dos estudos de anatomia foliar na taxonomia de Poaceae, como citado por Voznesenskaya et al. (2006), as gramíneas podem apresentar padrão fotossintético C3 ou C4, e os mesmos estão, em geral, acompanhados por um conjunto típico de caracteres anatômicos e ultra-estruturais. Plantas com padrão fotossistético C3 apresentam anatomia não-Kranz, caracterizada pela disposição irregular das células do colênquima, presença de mais de quatro células de colênquima entre feixes vasculares adjacentes, presença de duas bainhas perivasculares, nenhuma das quais tipo Kranz, e formação de amido principalmente nas células do mesófilo

Retomando a aula

Parece que estamos indo bem. Então, para encerrar esta aula, vamos recordar:

1 - Estrutura anatômica da folha

Nessa seção, aprendemos que as folhas na maioria de dicotiledôneas têm uma nervura principal contínua com o pecíolo e nervuras secundárias, conhecida por reticulada. E a anatomia foliar apresenta os três sistemas: dérmico, fundamental e o vascular.

2 - Adaptações foliares

Nessa seção, vimos que as folhas das angiospermas apresentam grande variação de estrutura, devido à disponibilidade ou não de água. Com base na sua necessidade de água e, por conseguinte, nas adaptações apresentadas, as plantas são comumente classificadas.

Vale a pena

Vale a pena acessar,

Disponível em: https://anatoveg.webnode.com.br/downloads/apostila-de-anatomia-vegetal/. Acesso em: 19 de jun. 2020.

Disponível em: https://www.researchgate.net/figure/FIGURA-3-Anatomia-foliar-de-M-sellowiana-de-individuos-provenientes-de-Floresta_fig3_315451996. Acesso em: 20 de jun. 2020.

Disponível em: https://www.agrolink.com.br/fertilizantes/nutricao-via-folhas---anatomia-foliar_361454.html. Acesso em: 20 de jun. 2020.

Disponível em: https://www.researchgate.net/figure/Figura-9-Parametros-avaliados-nas-seccoes-transversais-de-folhas-de-cana-de-acucar-em_fig5_262626910. Acesso em: 20 de jun. 2020.

Disponível em: https://www.scielo.br/scielo.php?script=sci_arttext&pid=S0100-83582007000400001. Acesso em: 20 de jun. 2020.

Referências

AIDA, M.; BEIS, D.; HEIDSTRA, R.; WILLEMSEN, V.; BLILOU, I.; GALINHA, C., NUSSAUME, L., NOH, Y-S., AMASINO, R.; SCHERES, B. *The PLETHORA genes mediate patterning of the Arabidopsis root stem cell niche*. Cell 119: 109-120.2004.

APPEZZATO-DA-GLÓRIA, B. *Morfologia de sistemas subterrâneos:* histórico e evolução do conhecimento no Brasil. Ribeirão Preto: A. S. Pinto, 2003. 80 p.

APPEZZATO-da-GLORIA, B.; CARMELLO-GUERREIRO, S. M. (editoras) *Anatomia Vegetal*. 2ª edição. Editora da Universidade Federal de Viçosa. Viçosa-MG. 2006.

BEVERIDGE, C.A.; MATHESIUS, U.; ROSE, R.J.; GRESSHOFF, P.M. *Common regulatory themes in meristem development and whole-plant homeostasis*. Current Opinion in Plant Biology 10: 44-51, 2007.

BOGRE, L.; MAGYA, Z.; LÓPEZ-JUEZ, E. *New clues to organ size control in plants*. Genome Biology 9: 226, 2008.

BOLD, H.C. *O reino vegetal*. São Paulo, Editora Edigard Blucher Ltda. 1988.

BONA, C; BOEGER, M. R.; SANTOS, G. O. *Guia Ilustrado de Anatomia Vegetal*. Editora Holos. Ribeirão Preto-SP. 2004.

BURGER, L.M.; RICHTER, H.G. *Anatomia da Madeira*. Ed. Nobel. São Paulo. 1991.

CASTRO, M.M; KINOSHIRA, L.S.; RIO, M.C.S.; *Anatomia foliar como subsídio para a taxonomia de espécies de Forsteronia G. Mey. (Apocynaceae) dos cerrados paulistas*. Revista Brasil. Bot., v.28, n.4, p.713-726, out.-dez. 2005.

CHANDLER, J., NARDMANN, J.; WERR, W. *Plant development revolves around axes*. Trends in Plant Science 13: 78-84, 2008.

CUTLER; D. F.; BOTHA; T.; STEVENSON, D. W. M. *Anatomia Vegetal*. 1ª ed. Artmed. Porto Alegre. 2011.

CUTTER, E.G. *Anatomia Vegetal*, Parte I - Células e Tecidos. Liv. ROCA Ltda. São Paulo. 1986.

CUTTER, E.G. *Anatomia Vegetal*; Parte II - Órgãos - Experimentos e Interpretações. Liv. ROCA Ltda. São Paulo. 1987.

DICKISON, W. C. *Integrative Plant Anatomy*. Academic Press. California. 2000.

DINNENY, J.R.; BENFEY, P.N. *Plant stem cell niches:* standing the test of time. Cell 132: 553-557.2008

EAMES, A.J.; MCDANIELS, L.H. *An introduction to plant anatomy*. McGraw-Hill Book Company, New York, 1947.

ESAU, K. *Anatomia das Plantas com Semente*. Ed. Edgard Blucher Ltda. São Paulo. 1974.

EVERT, R. Y. *Esau's Planta Anatomy:* meristems, cells, and tisseus of the plant body – their structure, function, and development. 3ª edition. Copyright John Wiley & Sons. New Jersey. 2006.

FANH, A. *Anatomia Vegetal*. H. Blume Ediciones, Madrid. 1990.

FERRI, M.G; MENEZES, N. L.; MONTEIRO, W. R. *Glossário Ilustrado de Botânica*. Editora Nobel. São Paulo. 1992.

FILHO, T.C.; BORGES, J.D. *Ocorrência de raízes gemíferas em Tabebuia roseoalba (Ridl.)* Sandwith (BIGNONIACEAE, LAMIALES). Ciênc. Florest. v.28 n. 4 Santa Maria Oct./Dec. 2018.

FRANCO, A.C.; MELO, R.B.; OLIVEIRA, J.M.F., RIBEIRO, D.G.; CARMO, W.S.; FERREIRA, R.C.S. *Anatomia da lâmina foliar de onze espécies lenhosas dominantes nas savanas de Roraima*. Acta Amazonica, v. 45, n.4, 2015.

FRIML, J.; YANG, X.; MICHNIEWICZ, M.; WEIJERS, D.; QUINT, A.; TIETZ, O.; BENJAMINS, R.; OUWERKER, P.B.; LJUNG, K.; SANDBERG, G.; HOOYKAAS, P.J.; PALME, K.; OFFRINGA, R. A PINOID dependent binary switch in apical-basal PIN polar targeting directs auxin efflux. Science 306: 862-865. 2004.

HAYASHI, A. H. *Morfo-anatomia de sistemas subterrâneos de espécies herbáceo-subarbustivas e arbóreas, enfatizando a origem de gemas caulinares*. 2003. 143 f. Tese (Doutorado em Biologia Vegetal) - Universidade Estadual de Campinas, Campinas, 2003.

IAWA COMMITTEE. *Multilingual glossary of terms used in wood anatomy*. Konkordia, Winterthur. 1964.

JIANG, K.; FELDMAN, L.J. *Regulation of root apical meristem development*. Annual Review of Cell Developmental Biology 21: 485-509.2005.

LAUX, T., MAYER, K.F., BERGER, J.; JURGENS, G. *The WUSCHEL gene is required for shoot and floral meristem integrity in Arabidopsis*. Development 122: 87-96.1996.

MAUSETH, J.D. *Botany:* An introduction to plant biology. Saunders College Publishing, Philadelphia.1995.

MAUSETH, J.D. *Plant anatomy*. The Benjamin/Cummings Publishing Company, Menlo Park. 1988.

METCALFE, C. R.; L. CHALK. *Anatomy of the Dicotyledons*. v. I e II. Clarenton Press. Oxford.1950.

NABORS, M. W. *Introdução à Botânica*. Editora ROCA Ltda. São Paulo. 2012.

RAST, M.I.; SIMON, R. *The meristem-to-organ boundary:* more than an extremity of anything. Current Opinion in Genetics & Development 18: 287-294. 2008.

RAVEN, P.H.; EVERT, R.F.; EICHHORN, S.E. *Biologia Vegetal*. 7ª edição. Editora Guanabara/Koogan Rio de Janeiro. 2007.

RODRIGUES, M. A.; KERBAUY, G. B. *Meristemas:* fontes de juventude e plasticidade no desenvolvimento vegetal. Hoehnea, v.36, n.4, p.525-550, 2009.

SCOFIELD, S.; MURRAY, J.A.H. *The evolving concept of the meristem*. Plant Molecular Biology 60: v-vii.2006.

SUSSEX, I. *Plant meristems:* an historical overview. In: L. TAIZ.; E. ZEIGLER. Plant Physiology, 4 ed. Sinauer Associates, Sunderland. 2006.

TAIZ, L.; Zeiger, E. *Plant Phisiology*. Second edition. Sinauer Associates Inc. Publishers. Suderland, Massachusetts. p. 227-249, 1998.

TUCKER, M.R.; LAUX, T. *Connecting the paths in plant stem cell regulation*. Trends in Cell Biology 17: 403-410.2007.

VOZNESENSKAYA, E.V.; FRANCESCHI, V.R.;CHUONG, S.D.X.; EDWARDAS, G.E. *Functional characterization of phosphoenolpyruvate carboxykinase-type C4 leaf anatomy:* immuno-cytochemizcal and ultrastructural analyses. Annals of Botany 98: 77-91, 2006.

WANG, Y.; LI, J. *Molecular basis of plant architecture*. Annual Review of Plant Biology 59: 253-279. 2008.

WEIGEL, D.; ALVAREZ, J.; SMYTH, D.R.; YANOFSKY, M.F.; MEYEROWITZ, E.M. LEAFY *controls flower meristem identity in Arabidopsis*. Cell 69: 843-859. 1992.

Minhas anotações

Graduação a Distância
4º SEMESTRE

Ciências Biologicas

ECOLOGIA
DE ORGANISMOS

UNIGRAN - Centro Universitário da Grande Dourados

Rua Balbina de Matos, 2121 - CEP 79.824 - 9000
Jardim Universitário
Dourados - MS
Fone: (67) 3411-4141 / Fax: (67) 3411-4167

Os direitos de publicação desta obra são reservados ao Centro Universitário da Grande Dourados (UNIGRAN), sendo proibida a reprodução total ou parcial de acordo com a Lei 9.160/98.

Os artigos de sites e revistas indicados para a leitura foram registrados como nos originais.

Apresentação da Docente

Gisele Souza Rosa é graduada em Ciências Biológicas pela Socigran, atualmente Centro Universitário da Grande Dourados (UNIGRAN), mestre e doutora em Zoologia, pela Universidade Estadual Paulista, (UNESP) Botucatu. Realizou seu pós-doutorado na (UNESP) de Rio Claro, desenvolvendo sua pesquisa com Entomologia Forense. Ministrou aulas nos Cursos de Turismo e Ciências Biológicas na UEMS.

ROSA, Gisele Souza. **Ecologia de organismos**. Dourados: UNIGRAN, 2021.

58 p.: 23 cm.

1. Ecologia. 2. Comunidade.

Sumário

Conversa inicial 4

Aula 01
Níveis em ecologia 5

Aula 02
Fatores limitantes 11

Aula 03
Parâmetros demográficos 17

Aula 04
Modelo de crescimento populacional 25

Aula 05
Comunidades e suas estruturas 33

Aula 06
Nicho ecológico 41

Aula 07
populacionais na estrutura de comunidades 47

Aula 08
Sucessão ecológica 53

Referências 58

Conversa Inicial

Olá! Tudo bem com vocês? Iniciamos aqui a disciplina de Ecologia de Populações e Comunidades, onde iremos conhecer a respeito do uso de ferramentas analíticas de modelagem de populações e descrição de estruturas de comunidades, desenvolvidas através da matemática, e utilizadas para promover um maior conhecimento e entendimento da natureza.

Os conteúdos abordados neste material serão: níveis de ecologia (populações e comunidades), fatores limitantes que atuam na distribuição e abundância dos organismos, parâmetros demográficos, modelos de crescimento populacional. Nele também estão descritos os componentes estruturais e funcionais das comunidades, os a sobreposição e a diferenciação de nichos entre espécies coexistentes e a influência da competição, da predação e da perturbação na estrutura de comunidades, finalizando com a sucessão ecológica e seus modelos.

Assim, esperamos desenvolver o do senso crítico e analitico em relação à temática ecológica, despertando o aluno para discussões relacionadas conservação da biodiversidade e ao manejo de áreas protegidas.

Para que seu estudo tenha um maior aproveitamento, esta disciplina foi organizada em oito aulas, com temas e subtemas, que são divididos por seções, atendendo aos objetivos do processo de ensino-aprendizagem. A metodologia utilizada será a seguinte: atendimento pessoal de orientação e esclarecimentos de dúvidas no acompanhamento das atividades; atividades mediadas pelo professor no Ambiente de Aprendizagem Virtual (AVA); aulas dialogadas, ferramentas como Fóruns, chats, Vídeos e Quadro de Avisos e Devolutiva das atividades corrigidas. No decorrer da disciplina, se demonstrarem alguma dificuldade com o conteúdo, nos procurem, estaremos sempre dispostos a atendê-los para todos os esclarecimentos.

Uma ótima leitura e um bom aprendizado.

Aula 1º

Níveis em ecologia

Vamos dar início a primeira aula desta disciplina, em que iremos introduzir o estudo da Ecologia. O enfoque será nos variados níveis de organização (organismo, populações e comunidades) conceituando e abrangendo suas diferenças. Ao iniciarmos o estudo da Ecologia, entendemos que as interações podem determinar como será a distribuição e a abundância dos organismos através do tempo e, ao focarmos no estudo da Ecologia de Organismos, Populações e Comunidades, visamos oferecer uma abordagem em que se expliquem as interações existentes entre os organismos – em nível de populações – e como os fatores físicos e biológicos afetam e são afetados – em nível de comunidades.

Bons estudos!

Objetivos de aprendizagem

Ao término desta aula, vocês serão capazes de:
- compreender os níveis de organização;
- identificar um organismo, uma população e uma comunidade;
- identificar suas diferenças e suas relações ecológicas.

Seções de estudo

1 - Níveis de organização
2 - Populações
3 - Comunidades

1 - Níveis de organização

Você sabe corretamente qual a diferença entre indivíduo, organismo, população e comunidade? Para iniciarmos nosso conteúdo, precisamos esclarecer os termos abordados. Essas diferenças são importantes, pois são componentes de um ecossistema e vão representar os diferentes níveis ecológicos existentes. Você, seu gato de estimação, um urso polar, um coqueiro numa praia, um mico-leão-dourado, o que têm todos em comum? Todos são indivíduos, ou seja, um organismo e, ao tipo de organismo, denomina-se espécie, e cada tipo possui um nome científico, formado por duas partes, que o identificará como único. É através deste nome que claramente ficará demonstrado a qual tipo de organismo está se referindo.

Eunice aphroditois

Fonte: https://super.abril.com.br/wp-content uploads/2018/07/1_verme_1.jpg. Acesso em: 15 set. 2020.

Petroica rodinogaster

Fonte: https://cdn.download.ams.birds.cornell.edu/api/v1/asset/125905171/1200. Acesso em: 15 set. 2020.

Dasyprocta punctata

Fonte: https://live.staticflickr.com/6175/6183086895_ed7d062f88_c.jpg. Acesso em: 15 set. 2020.

Pronto, agora que já temos conhecimento do que é um indivíduo, podemos dizer que ele é a unidade fundamental em Ecologia, e que o conjunto de indivíduos ou organismos formam uma população, com características particulares. Então, o que é uma população? É todo conjunto de indivíduos da mesma espécie com distribuições geográficas variadas, com tamanhos variáveis, isto é, você pode se referir sobre a população humana, por exemplo, num bairro, cidade, estado ou país.

Portanto, uma população pode ser limitada, ou seja, sofrer influência pelo espaço geográfico que ela possui. Por exemplo, uma espécie encontrada somente em uma ilha, ou em um único riacho no mundo, sob a ótica da conservação, é uma espécie altamente vulnerável a extinção, pois qualquer perturbação que ocorra ela pode ser completamente perdida, ao contrário de uma que seja presente em várias regiões. Mas e essa população? Elas vivem sozinhas em um ambiente ou compartilham com populações de outras espécies? Sabemos que muito raramente uma espécie vive sozinha em um ambiente. Em geral, ela compartilha com outras espécies, formando assim uma comunidade ecológica, e é através do estudo das interações que acontecem em uma comunidade, que podemos inferir sobre coexistência, diversidade, padrões de distribuição de espécie e as interações, interespecíficas e intraespecíficas.

Fonte: https://queconceito.com.br/wp-content/uploads/2014/10/Ecossistema-Terrestre.jpg. Acesso em: 15 set. 2020.

2 - Populações

Nesta aula, já aprendemos que o conceito de população é o conjunto de organismos ou indivíduos de uma mesma espécie convivendo em um mesmo espaço ou área geográfica, e ela pode ser descrita pelo número de indivíduos, pela sua densidade, que é o espaço que ela ocupa em uma área, como também sua distribuição, ou seja, o quão espalhada ou agrupada ela se encontra. É a partir do estudo da ecologia de populações que poderemos determinar, também, quais os fatores que irão regular a sua sobrevivência e reprodução, ao longo do tempo.

Dentre os principais fatores que irão influenciar uma população podemos citar: nascimentos e mortes, que são diretamente afetados pela disponibilidade de alimento, predadores, locais para a reprodução, e os fatores ecológicos, ou seja, os fatores bióticos e abióticos. Em geral, na ecologia as principais escalas utilizadas para o estudo de uma população são o tempo e o espaço, em que o tempo pode ser contínuo (por ex. através da descendência, em que filhos convivem com pais) e o espaço é delimitado por uma região geográfica. Os outros itens que são considerados como atributos de uma população são:

- Tamanho populacional: é o número de indivíduos existentes em uma população em um dado momento. Para chegar ao resultado deste número, considera-se o número de indivíduos existente mais os nascimentos e imigração, destes são subtraídos as mortes e emigração em um período anterior.
- Densidade populacional ou demográfica: é dada através da razão entre o número de indivíduos existentes e a área ocupada pela população.
- Natalidade: é dada através da razão entre o número de nascimentos e o tempo.
- Mortalidade: é dada pela razão entre o número de mortes e o tempo.
- Fecundidade: é dada pela razão do número médio de descendentes por fêmea em um determinado período de tempo.
- Taxa de crescimento populacional: aqui se tem a variação do número de indivíduos da população em certo período, e ela pode ser positiva, quando há o aumento populacional, e negativa ocorrendo o contrário.
- Potencial biótico: capacidade reprodutiva máxima de uma população.
- Estrutura etária: distribuição dos indivíduos de uma população conforme suas faixas etárias, que serão consideradas segundo a espécie analisada.
- Curvas de sobrevivência: através delas se têm as informações sobre a sobrevivência (incluindo a mortalidade) nas diferentes classes etárias, como também a longevidade.
- Estrutura em tamanho: proporção de indivíduos em diferentes classes de tamanho em relação ao total de indivíduos na população.
- Distribuição espacial dos indivíduos: modo como os indivíduos de uma população estão distribuídos espacialmente no ambiente.

Ao analisarmos as estruturas etárias de uma população, podemos representá-las através de pirâmides. Nelas serão apresentadas as informações a respeito do número de indivíduos distribuídos pelas faixas etárias existentes, a razão sexual e o tamanho populacional, dessa maneira sendo possível fazer projeções sobre o crescimento populacional. Vejam o exemplo na figura:

Pirâmides Etárias Típicas

Países menos desenvolvidos	Países em desenvolvimento	Países desenvolvidos
Moçambique 2001	Islândia 2001	Benim 2001
❖Base muito larga e topo muito estreito; ❖Taxas de natalidade e fecundidade elevadas; ❖Esperança média de vida reduzida.	❖Base larga e topo alongado; ❖Redução das taxas de natalidade e fecundidade; ❖Aumento da esperança média de vida.	❖Base estreita e topo dilatado; ❖Taxas de natalidade e fecundidade reduzidas; ❖Esperança média de vida elevada.

Fonte: https://image.slidesharecdn.com/pirmidesetrias-170205165653/95/pirmides-etrias-geografia-2-638.jpg?cb=1486313883. Acesso em: 15 set. 2020.

Outra forma de analisarmos uma população é através das curvas de sobrevivência, e essas são de três tipos, sendo construídas por meio do número de indivíduos de nascidos em uma mesma época, ao longo do tempo, conforme figura a seguir:

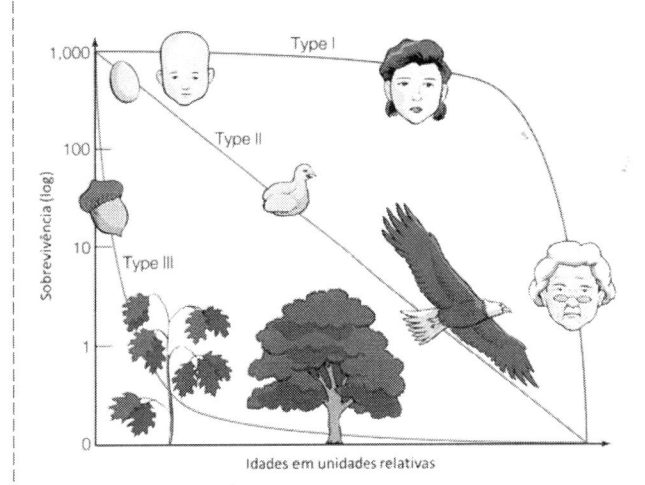

Imagem modificada: https://cmapspublic3.ihmc.us/rid=1LHFCJ4M0-T6FFR2-4S0L/curvas%20de%20sobrevivencia.jpg. Acesso em: 15 set. 2020.

Na figura acima estão representados os três tipos de curva de sobrevivência. Na curva do Tipo I, a sobrevivência é maior nas idades iniciais e ocorre o declínio com o passar da idade, ou seja, os indivíduos só morrem velhos, geralmente esse tipo de padrão se dá onde existe o cuidado parental. Na curva do Tipo II, a mortalidade é constante, independente da idade, jovens ou velhos. Já na curva do Tipo III, a maior taxa de mortalidade ocorre nas idades iniciais, jovens, é padrão característico de espécies em que a taxa de natalidade é alta, mas pouca sobrevivência até as fases seguintes.

Ao realizarmos um estudo populacional, podemos optar por três tipos de abordagens, sendo elas:

-Abordagem descritiva se baseia na descrição dos parâmetros e atributos populacionais, isto é, descreve o mundo natural. Um dos tipos de estudo aqui desenvolvido é a demografia, nela o foco se dá através dos tamanhos populacionais, densidade e distribuição.

-Abordagem funcional está ligada à dinâmica funcional das populações, ou seja, como os sistemas funcionam e como operam.

-Abordagem evolutiva, baseia-se nos mecanismos remotos que explicam o comportamento de uma população, como os fenômenos influenciam ao longo do tempo, dentro de uma população, e como as alterações, climáticas ou geográficas, influenciarão nas questões reprodutivas ou na sobrevivência dos indivíduos. Neste tipo de abordagem, leva-se muito em consideração o tipo de pergunta "por quê?". Por exemplo: por que populações da espécie A é mais ou menos abundante? Ao utilizar-se dessa abordagem, é essencial a integração dos princípios da Ecologia e de Evolução, dos organismos estudados.

Ao realizarmos um estudo de ecologia de populações, temos que ter claro em nossa mente que, o fato desta população ser numerosa não significa que ela seja viável, que irá persistir por várias gerações, pois vários fatores, como, isolamento, razão sexual, estrutura etária serão determinantes em sua permanência ou extinção ao longo do tempo. Uma população pode ser considerada como estável se, por exemplo, ao verificarmos sua estrutura etária, encontrarmos uma variação, entre jovens, adultos e idosos, mas, ao mesmo tempo, mesmo encontrando essa variabilidade em sua estrutura etária, se a razão sexual não for suficiente para a reprodução, esta possível estabilidade cai por terra.

3 - Comunidades

Fonte: https://2.bp.blogspot.com/-bXqJXMyw5Cg/T2f0Uthd89I/AAAAAAAAAAM/BuXrNLU6ObM/s1600/bosque2%5B1%5D.png. Acesso em: 15 set. 2020.

Na natureza, podemos observar que muitas espécies compartilham de um mesmo habitat, os indivíduos e as populações de espécies não sobrevivem isoladamente, elas coexistem em uma mesma área, isso é o que definimos como comunidade ecológica. Essas diferentes populações de espécies que convivem e compartilham de um mesmo espaço estabelecem suas relações ecológicas, e através da Ecologia de Comunidades é que se procura entender as interações que ali ocorrem, os padrões de coexistência, diversidade e distribuição.

Uma comunidade possui uma estrutura organizada de espécies que interagem entre si, influenciando na determinação de suas características, podendo uma espécie exercer maior influência do que outra, tanto pelo número de indivíduos, como pela sua produção ou atividade. Sua maior influência se dá na cadeia alimentar e no fluxo de energia, podendo atuar como produtora, macro consumidora e decompositora, conforme sua posição, dominará os níveis tróficos afetando o ambiente para todas as espécies presentes nesta comunidade. Ao passo que, se retirarmos uma espécie que é dominante, poderemos ter como resultado sensíveis alterações tanto na comunidade como no ambiente físico.

Um fator muito importante no estudo de comunidades é a diversidade de espécies que a compõem, quanto maior a diversidade, mais longas as cadeias alimentares e mais eficientes os mecanismos de realimentação e autorregulação e, ao mesmo tempo, quanto maior o número de espécie, menor será o número de indivíduos por espécie, a manutenção dessa densidade faz com que o ambiente permaneça estável para as condições de sobrevivência.

Um dos pontos mais importantes em uma comunidade é como ela está estruturada. Esta estrutura pode ser descrita por sua riqueza de espécie, o número de espécies (abundância numérica) presentes naquele ambiente, e pela sua diversidade, que é a variedade de organismos vivos presentes neste habitat, ou seja, quanto maior o número e abundância de uma espécie maior a diversidade. Sofrendo também uma grande influência dos fatores bióticos e abióticos, e pelo papel desempenhado por algumas espécies, como fundadoras e espécies-chave.

Espécies fundadoras e espécies-chave são aquelas que exercem um forte impacto na estrutura da comunidade. No caso das espécies fundadoras, como o próprio nome diz, ela irá desempenhar um papel-chave na definição e criação da comunidade, modificando o ambiente de tal formar a propiciar suporte para o estabelecimento dos outros organismos, um exemplo pode ser os castores, que modificam seu habitat, através das construções das barragens. Já as espécies-chave influenciam diretamente na estrutura, funcionamento ou produtividade do ambiente, ocasionando drásticas modificações no caso de sua retirada.

Nesta aula, vimos, então, qual é a composição de uma comunidade, e que através do seu estudo é que se podem identificar suas propriedades, como, por exemplo: a diversidade de espécies e as interações que ocorrem entre os organismos, deixando claro que, ao serem analisadas, faz-se necessário observar todas as espécies que as constituem.

O texto a seguir, escrito por Cassini (2005), explica a importância do estudo da ecologia de organismo, populações e comunidades, tema da nossa disciplina. Vale a pena a leitura:

A ecologia é uma ciência multidisciplinar, que envolve biologia vegetal e animal, taxonomia, fisiologia, genética, comportamento, meteorologia, pedologia, geologia, sociologia, antropologia, física, química, matemática e eletrônica. Quase sempre se torna difícil delinear a fronteira entre a ecologia e qualquer dessas ciências, pois todas têm influência sobre ela. A mesma situação existe dentro da própria ecologia. Na compreensão das interações entre o organismo e o meio ambiente ou entre organismos, é quase sempre difícil separar comportamento de dinâmica populacional, comportamento de fisiologia, adaptação de evolução e genética, e ecologia animal de ecologia vegetal. A ecologia se desenvolveu ao longo de duas vertentes: o estudo das plantas e o estudo dos animais. A ecologia vegetal aborda as relações das plantas entre si e com seu meio ambiente. A abordagem é altamente descritiva da composição vegetal e florística de uma área e normalmente ignora a influência dos animais sobre as plantas. A ecologia animal envolve o estudo da dinâmica, distribuição e comportamento das populações, e das inter-relações de animais com seu meio ambiente. Como os animais dependem das plantas para sua alimentação e abrigo, a ecologia animal não pode ser totalmente compreendida sem um conhecimento considerável de ecologia vegetal. Isso é verdade especialmente nas áreas aplicadas da ecologia, como manejo da vida selvagem. A ecologia vegetal e a animal podem ser vistas como o estudo das inter-relações de um organismo individual com seu ambiente (autoecologia), ou como o estudo de comunidades de organismos (sinecologia). A autoecologia, ou estudo clássico da ecologia, é experimental e indutiva. Por estar normalmente interessada no relacionamento de um organismo com uma ou mais variáveis, é facilmente quantificável e útil nas pesquisas de campo e de laboratório. Algumas de suas técnicas são tomadas de empréstimo da química, da física e da fisiologia. A autoecologia contribuiu com pelo menos dois importantes conceitos: a constância da interação entre um organismo e seu ambiente, e a adaptabilidade genética de populações às condições ambientais do local onde vivem. A sinecologia é filosófica e dedutiva. Largamente descritiva, não é facilmente quantificável e contém uma terminologia muito vasta. Apenas recentemente, com o advento da era eletrônica e atômica, a sinecologia desenvolveu os instrumentos para estudar sistemas complexos e dar início a sua fase experimental. Os conceitos importantes desenvolvidos pela sinecologia são aqueles ligados ao ciclo de nutrientes, reservas energéticas, e desenvolvimento dos ecossistemas. A sinecologia tem ligações estreitas com a pedologia, a geologia, a meteorologia e a antropologia cultural. A sinecologia pode ser subdividida de acordo com os tipos de ambiente, como terrestre ou aquático. A ecologia terrestre, que contém subdivisões para o estudo de florestas e desertos, por exemplo, abrange aspectos dos ecossistemas terrestres como microclimas, química dos solos, fauna dos solos, ciclos hidrológicos, ecogenética e produtividade. Os ecossistemas terrestres são mais influenciados por organismos e sujeitos a flutuações ambientais muito mais amplas do que os ecossistemas aquáticos. Esses últimos são mais afetados pelas condições da água e possuem resistência a variáveis ambientais, como temperatura. Por ser o ambiente físico tão importante no controle dos ecossistemas aquáticos, dá-se muita atenção às características físicas do ecossistema como as correntes e a composição química da água. Por convenção, a ecologia aquática, denominada limnologia, limita-se à ecologia de cursos d'água, que estuda a vida em águas correntes, e à ecologia dos lagos, que se detém sobre a vida em águas relativamente estáveis. A vida em mar aberto e estuários é objeto da ecologia marinha. Outras abordagens ecológicas se concentram em áreas especializadas. O estudo da distribuição geográfica das plantas e animais denomina-se geografia ecológica animal e vegetal. Crescimento populacional, mortalidade, natalidade, competição e relação predador-presa são abordados na ecologia populacional. O estudo da genética e a ecologia das raças locais e espécies distintas é a ecologia genética. As reações comportamentais dos animais a seu ambiente, e as interações sociais que afetam a dinâmica das populações são estudadas pela ecologia comportamental. As investigações de interações entre o meio ambiente físico e o organismo se incluem na ecoclimatologia e na ecologia fisiológica. A parte da ecologia que analisa e estuda a estrutura e a função dos ecossistemas pelo uso da matemática aplicada, modelos matemáticos e análise de sistemas é a ecologia dos sistemas. A análise de dados e resultados, feita pela ecologia dos sistemas, incentivou o rápido desenvolvimento da ecologia aplicada, que se ocupa da aplicação de princípios ecológicos ao manejo dos recursos naturais, produção agrícola, e problemas de poluição ambiental.

Retomando a aula

Chegamos assim, ao final da primeira aula. Espera-se que agora tenha ficado mais claro o entendimento de vocês sobre importância do estudo da ecologia de populações e comunidades, e todos os fatores que permeiam esse conteúdo que veremos nas próximas aulas. Vamos recordar:

1- Níveis de organização

Na seção 1, vimos as diferenças entre indivíduos, organismos, populações e comunidades, e a importância de cada um deles no sistema como um todo, e também sua organização.

2 - Populações

Na seção 2, definimos o conceito de população, como ela é estruturada e todos os fatores que atuam sobre sua perpetuação ou declínio.

3 - Comunidades

Na seção 3, aprendemos que através da Ecologia de Comunidades é que se procura entender as interações que ali ocorrem, os padrões de coexistência, diversidade e distribuição.

Vale a pena

Vale a pena acessar,

Discovery na Escola Elementos de Biologia Ecossistemas Discovery Channel. Disponível em: https://www.youtube.com/watch?v=5WVhItCdm-o. Acesso em: 15 set. 2020.

Minhas anotações

Aula 2º

Fatores limitantes

Nesta aula, discutiremos os principais fatores que podem limitar a distribuição e abundância dos organismos, como também os padrões existentes na natureza.

Bons estudos!

Objetivos de aprendizagem

Ao término desta aula, vocês serão capazes de:
- entender como os fatores bióticos podem limitar um organismo;
- saber identificar como está sendo a distribuição de um organismos;
- entender como os recursos agem nas populações.

Seções de estudo

1 - Limites de Tolerância
2 - Fatores Abióticos
3 - Recursos

1 - Limites de Tolerância

As interações que ocorrem entre os organismos e o ambiente onde ele se encontra tem influência direta sobre sua história de vida, ou seja, sua manutenção ou extinção é resultado do seu desempenho biológico, influenciado pelos fatores bióticos e abióticos. Vários são os fatores que nos levam a compreender a distribuição e abundância das espécies. Dentre eles, podemos destacar sua evolução, os recursos utilizados para sobrevivência e reprodução, natalidade e mortalidade, migração e, os tipos de interações que ocorrem entre os indivíduos, intracspccíficas e interespecíficas.

Os fatores abióticos e bióticos podem atuar de maneira a limitar uma população, sendo então chamados de fatores limitantes, podendo exercer influência sobre a sobrevivência ou reprodução de uma espécie. Entre os fatores limitantes abióticos, podemos citar a temperatura, umidade, o pH, salinidade, entre outros, necessários a compreensão das necessidades de um organismo e o quão tolerante ele pode ser, como também, seu ótimo desempenho, demonstrado através da sobrevivência e um maior número de descendentes, que do ponto de vista evolutivo, diz-se: o mais adaptado.

Mas realmente temos a dimensão do que é ser mais ou menos adaptado? No texto abaixo, Begon (2007), ao introduzir seu capítulo sobre Organismos em seus ambientes: o cenário evolutivo, assim descreve:

> .... Na linguagem comum, a frase mais habitualmente usada para descrever o ajuste entre organismos e ambiente é: "organismo X é adaptado a", seguida por uma descrição de onde o organismo é encontrado. Assim, com frequência ouvimos que "peixes são adaptados para viver na água" ou "cactos são adaptados a viver em condições de seca". ... A palavra "adaptado" empregada aqui não informa como as características foram adquiridas.
> Para um ecólogo ou biólogo evolucionista, no entanto, "X é adaptado a viver em Y" significa que o ambiente Y estabeleceu forças de seleção natural que afetaram a vida de ancestrais de X, e, assim, moldaram e especializaram a evolução de X". "Adaptação" significa que ocorreu mudança genética.

Ainda sobre a palavra adaptação, Begon (2007) diz que quando nos referimos a um organismo adaptado, geralmente entendemos que "este encontra-se moldado aos ambientes atuais, como se houvesse uma 'intenção' ou mesmo 'previsão', mas na verdade eles foram moldados (por seleção natural) por ambientes passados. Suas características refletem os sucessos e as falhas de ancestrais, se tornando aptos ao ambiente que vivem, porque estes se parecem com aqueles do passado".

Fonte: https://img.estadao.com.br/resources/jpg/0/0/1571920706200.jpg, Acesso em: 15 set. 2020.

2 - Fatores Abióticos

Vamos então conhecer sobre os fatores que influenciam nos organismos, iniciando pelos fatores abióticos, que atuam diretamente na distribuição das populações das espécies, indicando onde eles podem viver.

Temperatura - A temperatura é uma condição de suma importância para sobrevivência dos seres vivos, variando no tempo e no espaço com a altitude, sendo assim, tem influência na distribuição das espécies, no metabolismo, na fotossíntese, nas atividades sexuais, fecundidade e tantas outras.

Temperatura

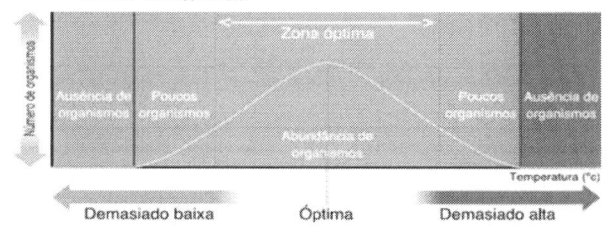

Figura 1. Fonte: https://slideplayer.com.br/slide/10572128/33/images/1/Temperatura+Compreender+o+significado+dos+limites+de+toler%C3%A2ncia+-de+uma+dada+esp%C3%A9cie%2C+em+rela%C3%A7%C3%A3o+%C3%A0+varia%-C3%A7%C3%A3o+da+temperatura%3A.jpg. Acesso em: 15 set. 2020.

O efeito da temperatura nos organismos pode se dar como demonstrado na Figura 1, em que nos extremos ocorre a ausência dos organismos e, no centro, a condição ótima. Lembrando que quando nos referimos aos extremos, essas condições são dadas para nós, conforme nossas características e tolerâncias fisiológicas. Em estudos ecológicos, o foco será como temperatura atua sobre as taxas de crescimentos, nas taxas de desenvolvimento (estágios de vida) e no tamanho corporal, como podemos observar nos gráficos da Figura 2.

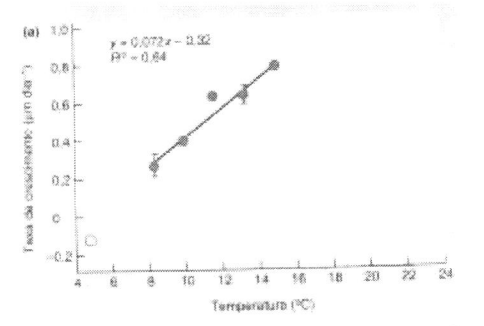

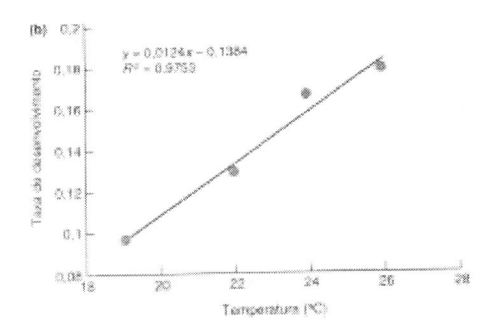

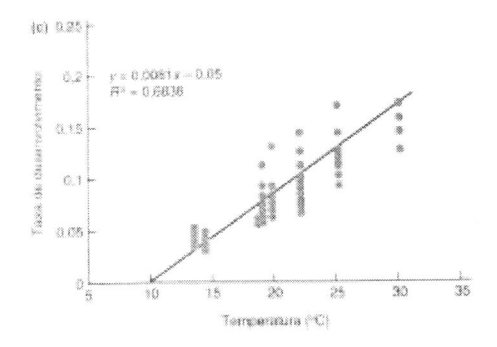

Figura 2. Relações efetivamente lineares entre as taxas de crescimento e de desenvolvimento e a temperatura. (a) Crescimento do protista Strombidinopsis multiauris (de MONTAGNES et al., 2003). (b) Desenvolvimento do ovo no besouro Oulema duftschmidi (de SEVERINI et al., 2003). (c) Desenvolvimento, do ovo ao indivíduo adulto, no ácaro Amblyseius californicus (de Hart et al., 2002). As escalas verticais em (b) e (c) representam a proporção do desenvolvimento total alcançado em um dia, em temperatura correspondente. (BEGON, 2007).

Através da Figura 2, pode-se observar que existe uma relação entre o tempo de desenvolvimento e a temperatura, o que muitas vezes é chamado de tempo fisiológico. Begon (2007) afirma que:

As taxas de crescimento e de desenvolvimento, juntas, determinam o tamanho final de um organismo. Por exemplo, para uma determinada taxa de crescimento, uma taxa mais rápida de desenvolvimento conduzirá a um tamanho final menor. Em consequência, se as respostas de crescimento e desenvolvimento a variações da temperatura não são as mesmas, a temperatura afetará também o tamanho final. Na realidade, em geral o desenvolvimento se processa mais rapidamente com a temperatura do que o crescimento, de forma que, para uma gama muito ampla de organismos, o tamanho final tende a decrescer com elevação da temperatura: "regra temperatura-tamanho".

A ação da temperatura é na limitação da distribuição, podendo ser alta, média ou baixa, o importante é saber qual delas poderá influenciar o desenvolvimento de uma espécie, e que cada espécie responderá de diferentes formas às variações ambientais. Cada uma exibe sua condição crítica ou extrema. É entendendo os possíveis efeitos da temperatura sobre os organismos que poderemos fazer predições a respeito do aquecimento global. Temos que nos lembrar que o efeito da temperatura não é sobre uma única espécie, ela também atua sobre a comunidade, ou seja, os competidores, predadores, presas etc. No caso de uma espécie predadora, se sua presa não tolerar uma variação de temperatura, ela sofrerá com isso. Ou também, seu efeito sobre doenças, podendo favorecer a dispersão de infecção.

Umidade, pH e Salinidade

A umidade relativa do ar é de suma importância para todas espécies terrestres, desempenhando um importante papel na determinação das taxas de perda de água, sendo difícil estabelecer um parâmetro entre o que é efeito da temperatura e o que é efeito da umidade relativa. Isso ocorre pelo fato de que, sempre que há um aumento da temperatura, aumenta-se a taxa de evaporação (ou perda de água). Vários são os organismos terrestres que tem sua distribuição diretamente ligada pela umidade, sendo dependentes deste fator para a manutenção do seu balanço hídrico. No planeta, dentre todos os organismos, podemos dizer que os artrópodes terrestres, de maneira especial os insetos, são os menos "influenciados" pela umidade.

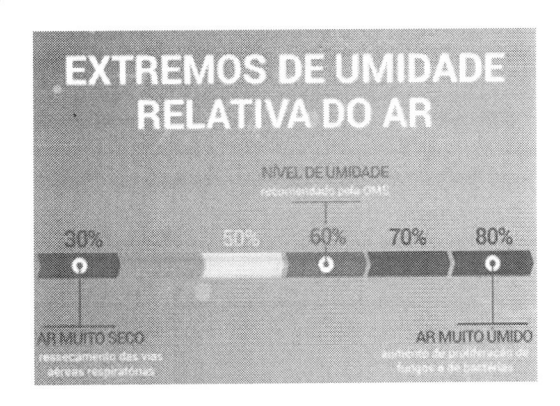

Figura 3. https://imagens.climatempo.com.br/climapress/galeria/2020/03/40e1b-40308d086a2232e5504d53ace25.jpg.
Acesso em: 15 set. 2020.

Outro fator responsável por exercer uma forte influência

sobre a distribuição e a abundâncias dos organismos, é o pH. No solo, ele interfere na disponibilidade de nutrientes, como também na concentração de toxinas. Um pH baixo (ácido) pode interferir diretamente na osmorregulação, na atividade enzimática e, nas trocas gasosas, indiretamente, ele interfere no aumento da concentração de metais pesados tóxicos, como também, na qualidade das fontes alimentares dos organismos. Em geral, a maioria dos organismos vivos não tolera pH abaixo de 3 ou acima de 9, e um pH acima de 7, tanto na água como no solo, tendem a ser o mais favorável a muitas espécies.

Figura 4. Fonte: https://imgsapp.em.com.br/app/noticia_127983242361/2019/12/12/1107526/20191212105911225127e.jpg.
Acesso em: 15 set. 2020.

O efeito da salinidade pode ser observado, tanto nos organismos de água doce como nos de água salgada, atuando também na distribuição e abundância dos organismos. No mar, a salinidade não se altera, deixando de ser neste ambiente, um fator limitante. Já nos estuários, nas costas, onde há uma diluição da água salgada, através de correntes de água doce, ela volta a ser um fator limitador. Já em plantas que se desenvolvem nas dunas e necessitam da ação do vento para a aquisição do sal, podem ser amplamente afetadas em sua distribuição. O efeito do sal em plantas que habitam ambientes salinos, as chamadas plantas halófitas, se parece ao da água congelada, dificultando a absorção, já que a variação na concentração de sal na água do solo acaba por criar uma resistência osmótica a absorção de água.

Vimos até aqui a influência da temperatura, do pH, umidade e salinidade, na distribuição dos organismos, mas existem também outros fatores que podem limitar e influenciar na vida das espécies. A luminosidade, por exemplo, pode interferir na distribuição de espécies de plantas, pois existem aquelas que necessitam de sombra, outras de luz direta, além de interferir diretamente no comportamento de alguns animais. A composição dos solos e sua fertilidade também é um fator que pode interferir na abundância e distribuição dos organismos.

O resultado das atividades humanas, através do acúmulo de lixo tóxicos, originando, por exemplo, a chuva ácida, o aumento do efeito estufa e o aquecimento solar, ao longo do tempo vem causando transformações no ambiente. Estudo dos efeitos ecológicos, projetam a elevação da temperatura da Terra, em 3 a 4º C nos próximos 100 anos, essa previsão mostra uma aceleração de 50 a 100 vezes mais rápida do que o aquecimento pós-glacial. Estudos como estes nos fazem acreditar que mudanças na distribuição, como também a extinção de espécies, devem ser esperadas.

Salinização do Solo

A salinização consiste no excessivo acúmulo de sais minerais solúveis em um determinado terreno, principalmente na forma de íons, como Na+, Ca2+, Mg2+ e K+, a ponto de se tornar prejudicial ao desenvolvimento das plantas. Esse problema pode se generalizar de tal forma, que regiões inteiras podem se tornar inférteis, acarretando em prejuízos para os produtores e para a economia como um todo, isso sem contar os danos ambientais gerados.

Basicamente, a salinização dos solos pode ocorrer em qualquer tipo de ambiente, no entanto sua procedência é mais comum em áreas de climas árido ou semiárido, em razão do baixo índice pluviométrico e da acentuada taxa de evaporação da água nesses locais. Assim sendo, produtores agrícolas que se encontram em regiões secas, precisam fazer recorrentes análises do solo para identificar o seu grau de salinidade, evitando que a quantidade de íons ultrapasse o normal.

O processo em questão pode ser motivado por três principais causas:

1. Salinização pela irrigação desmedida do solo

Nesse caso, o uso de uma grande quantidade de água em agriculturas localizadas em **climas secos faz** com que os sais minerais presentes se elevem na concentração do solo. Como a água evapora e os sais não, a tendência é uma acumulação cada vez maior, levando à salinização e a recorrente infertilidade. Para evitar esse problema, é preciso controlar a quantidade de água utilizada, o que se torna muito eficaz através de técnicas específicas, com destaque para o **gotejamento**, que raciona o volume de recursos hídricos na irrigação sem prejudicar o cultivo.

2. Subida do nível freático

Ocorre também em áreas de climas áridos, quando ambientes pouco irrigados sofrem com a subida do nível freático da água até à superfície ou próximo a ela. Assim sendo, os sais minerais também se acumulam em razão da evaporação. Trata-se de um processo menos comum.

3. Presença de água salgada

Aqui, temos a presença da água salgada tanto de mares quanto de lagos, que se acumula excessivamente nos solos. Esse processo se intensifica em áreas litorâneas onde a água doce subterrânea é superexplorada. Um caso emblemático, no entanto, é o do Mar Aral, na Ásia, um lado de água salgada que está gradativamente secando em razão da utilização dos cursos d'água que o abastecem. A região ao seu redor vem sofrendo com a salinização.

Por fim, é preciso destacar a **diferença entre salinização e sodização** dos solos. O segundo termo se refere especificamente ao excessivo acúmulo de Na+, fazendo que o solo afetado perca várias ou até todas as suas propriedades férteis, prejudicando a vegetação nele existente e a sua utilização para o cultivo.

Fonte: https://escolaeducacao.com.br/salinizacao-do-solo/. Acesso em: 15 set. 2020.

3 - Recursos

Agora, vamos tratar de um dos fatores necessários a todos os organismos, o recurso, com quantidades que podem ser reduzidas conforme sua utilização, existindo com isso, uma competição em sua aquisição. Não devemos pensar que o recurso é somente o alimento, ele é um fator indispensável para a manutenção de indivíduos de mesma e diferente espécies num mesmo ambiente, cada um utilizando da maneira que melhor lhe convém. Para entendermos melhor, podemos exemplificar através de fêmeas que já acasalaram e não estão mais disponíveis para outros machos, ou o néctar de uma flor que já foi visitada por um abelha antes de um beija-flor. Todos esses recursos são necessários a diferentes organismos, por isso, então, seu estoque é reduzido.

Uma planta necessita de vários elementos para o seu desenvolvimento, radiação solar, dióxido de carbono, água e nutrientes, todos esses, uma vez utilizado, mesmo que seja para a realização da fotossíntese em uma folha, o que foi consumido não estará mais disponível para outro consumidor. Conclusão: os organismos podem competir entre si para a conquista de sua porção no recurso limitado. A esta competição chamamos de intraespecífica e interespecífica.

Distribuições geográficas

Vimos, até aqui, vários fatores que podem determinar a distribuição e a manutenção dos organismos em um ambiente. A manutenção ou estabelecimento de uma população em um ambiente se dará principalmente pela presença ou ausência de habitats adequados e por barreiras de dispersão. Os aborígenes trouxeram cachorros para a Austrália, os polinésios distribuíram porcos e ratos nas pequenas ilhas do Pacífico, e, um exemplo bem recente, é a transposição de árvores de eucaliptos de crescimento rápido e pinheiros por todo o planeta para a exploração de madeira e combustível, esses exemplos demonstram que, se o novo hábitat for adequado, há um estabelecimento da população.

Dispersão

Para entendermos como estão distribuídos os indivíduos dentro de uma população, precisamos analisar sua dispersão, ou seja, os movimentos que ocorrem dentro das populações (imigração e emigração). É através dela que se pode verificar a distribuição ou padrão de população. Na abrangência geográfica de uma determinada população, os indivíduos não estão igualmente distribuídos. Geralmente eles vivem somente em um habitat adequado àquela população (RICKLEFS, 2002). Existem padrões de distribuição de uma população, que podem ser (Figura 5):

- **Agrupada:** na qual os indivíduos encontram-se próximos uns dos outros, aninhados em grupos distintos, com tendências da prole permanecer unida aos pais, podendo estes tipo de distribuição auxiliar na reprodução e sobrevivência (Figura 6).

- **Espaçada ou homogênea:** na qual cada vizinho mantém uma distância mínima entre si e seus vizinhos, em geral, neste padrão, ocorre a competição intra ou interespecífica (Figura 7).

- **Randômica:** os indivíduos estão distribuídos de forma homogênea pela área sem depender da proximidade com o outro. Este tipo ocorre quando um organismo tem a mesma probabilidade de outro de ocupar um ponto no espaço.

Figura 5. Os padrões de distribuição descrevem o espaçamento dos indivíduos.

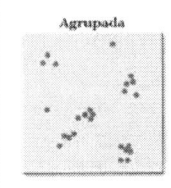

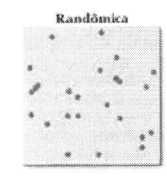

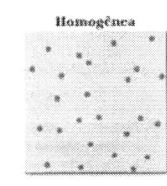

(Fonte: RICKLEFS, 2002).

Figura 6. Exemplo de distribuição agregada.

https://s2.glbimg.com/Q1k8_S-Y8taB87SJUt9v0MAHY-s=/e.glbimg.com/og/ed/f/original/2018/08/01/king_penguins2.0.jpg. Acesso em: 15 set. 2020.

Figura 7. Exemplo de distribuição homogênea

(Fonte: RICKLEFS, 2002).

O que determina o sucesso ou não da ocupação de uma

nova área?

Para responder essa questão, é necessário saber se o organismo consegue ou não chegar ao local, e se esse local oferece algum tipo de limitação. Para se investigar essas limitações, a grosso modo, podemos realizar pesquisas com indivíduos em locais onde não habitavam anteriormente, levando-se em consideração a estrutura do local antes da alocação. Se conseguirem sobreviver e reproduzir, o fator limitante é a dispersão, ao passo que, se não sobreviverem e não se reproduzirem, há, aí, indícios de que as limitações podem ser oferecidas pelas interações com outras espécies ou também por fatores físicos e químicos (Figura 8).

Figura 8. Cadeia de fatores que determina o porquê uma espécie está ausente ou presente num determinado local

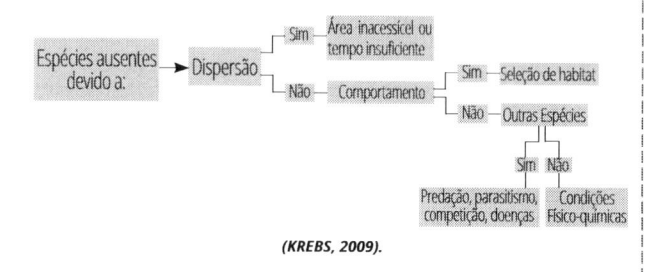

(KREBS, 2009).

Através da Figura 8, podemos observar uma cadeia de fatores que podem auxiliar na experimentação. Ela ajudará a entender como uma espécie está ausente em um determinado local.

Assim, encerramos a Aula 2 certos de esta etapa representa mais uma degrau em sua formação.

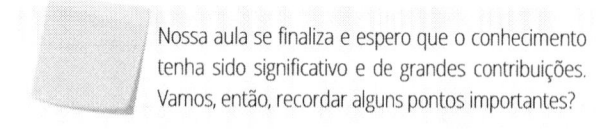

Retomando a aula

Nossa aula se finaliza e espero que o conhecimento tenha sido significativo e de grandes contribuições. Vamos, então, recordar alguns pontos importantes?

1 - Limites de Tolerância

Nessa seção, vimos que as interações que ocorrem entre os organismos e o ambiente onde ele se encontra tem influência direta sobre sua história de vida, ou seja, sua manutenção ou extinção é resultado do seu desempenho biológico, influenciado pelos fatores bióticos e abióticos. Vários são os fatores que nos levam a compreender a distribuição e abundância das espécies. Dentre eles, podemos destacar sua evolução, os recursos utilizados para sobrevivência e reprodução, natalidade e mortalidade, migração e, os tipos de interações que ocorrem entre os indivíduos, intraespecíficas e interespecíficas.

2 - Fatores Abióticos

Conhecemos aqui, os fatores que influenciam nos organismos, iniciando pelos abióticos, que atuam diretamente na distribuição das populações das espécies, indicando onde eles podem viver.

3 - Recursos

Estudamos aqui, um dos fatores necessários a todos os organismos, o recurso, com quantidades que podem ser reduzidas conforme sua utilização, existindo com isso, uma competição em sua aquisição. Não devemos pensar que o recurso é somente o alimento, ele é um fator indispensável para a manutenção de indivíduos de mesma e diferente espécies num mesmo ambiente, cada um utilizando da maneira que melhor lhe convém.

Para Investigar:

Você já se perguntou sobre quais seriam as consequências de um aumento médio de 2°C na temperatura global? Pesquise e pense sobre isso, com relação à região onde você mora.

Vale a pena

Vale a pena assistir

Nosso Planeta - Desertos e Geleiras, https://youtu.be/XmtXC_n6X6Q

Minhas anotações

Aula 3º

Parâmetros demográficos

Nesta aula, estudaremos como se dá o aumento e a diminuição das populações, ao longo do tempo, através dos parâmetros demográficos, veremos a importância desse conhecimento e também como aplicá-los.

Bons estudos!

Objetivos de aprendizagem

Ao término desta aula, vocês serão capazes de:
- analisar se uma determinada população está aumentando, decrescendo ou permanecendo constante ou estável numericamente, ao longo do tempo;
- conhecer sobre a distribuição etária;
- saber o que é densidade populacional;
- saber como se dá a distribuição de uma população no tempo e no espaço;
- entender as taxas de natalidade e de mortalidade.

Seções de estudo

1 - Estimativas Populacionais
2 - Crescimento Populacional
3 - Estrutura Etária

1 - Estimativas Populacionais

Como já vimos, o conceito de população é o conjunto de organismos de uma espécie vivendo em uma dada área e, para descrever essa população, podemos utilizar o seu tamanho, que seria a quantidade de indivíduos vivendo neste local. Ao nos referirmos a sua densidade, estamos falando sobre quantos indivíduos estão presentes por unidades de área, e quando queremos falar de como é sua distribuição, estamos falando se estão agrupados ou espalhados pela área.

Fonte: https://www.coladaweb.com/wp-content/uploads/2014/12/20180202-teorias-demograficas.jpg. Acesso em: 15 set. 2020.

Os dados levantados sobre uma população, tais como: faixa etária, sexo, nascimentos, mortes, tamanho, emigração e imigração etc., são dados estudados pela demografia. Através destes dados podemos saber, por exemplo, como a população interage entre si e com seu ambiente, como também na presença ou ausência de outras espécies. Esses mesmos dados, utilizados ao longo do tempo, são capazes de fazer previsões a respeito de uma espécie, monitorar a estrutura de uma população, trabalhar com a conservação da diversidade, e assim por diante.

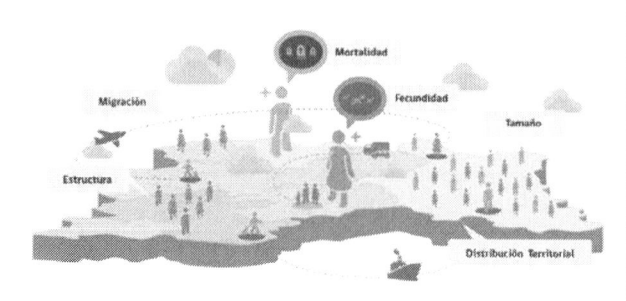

Mas então como fazemos a contagem de uma população para saber se ela está aumentando ou não num período de tempo? Vamos contar um a um? De uma maneira ideal seria, mas imagine você contando, uma a uma, as minhocas existentes em um jardim? O tempo e o dinheiro investidos talvez não fosse viável ou até mesmo possível! Para esta análise utilizamos alguns parâmetros populacionais:

- ✓ Distribuição etária;
- ✓ Densidade populacional;
- ✓ Distribuição de população no tempo e espaço; e
- ✓ Natalidade e mortalidade.

Fonte: https://www.ine.cl/images/default-source/ineciudadano/definiciones-estadisticas/image_demografia_dimensiones.svg. Acesso em: 15 set. 2020.

Para se estimar o tamanho populacional, podemos trabalhar com algumas medidas de referência: o tamanho ou N (contagem total), que é o número de indivíduos de uma população; e a outra, a densidade populacional, que pode ser também estimada de duas formas: densidade absoluta, que é medida através do número de indivíduos por área ou volume do ambiente. Ex: a densidade de 8 bois/hectare é uma densidade absoluta. Em geral, a densidade absoluta é utilizada em estudos que relacionam a densidade com taxas de natalidade, mortalidade, e outras, taxas com estatísticas de vida. A outra forma de estimar a densidade é através da densidade relativa, em que a densidade de uma população é relativa a outra.

Em populações com ampla distribuição, podemos optar por trabalhar com uma parte da população ou, uma amostra que seja representativa, para se fazer inferências sobre a população como um todo. Existem vários métodos que podem ser utilizados, nesta aula, veremos os dois principais: quadrante e marcação e recaptura.

Quadrante (plots) – Geralmente é utilizado em ecologia vegetal ou para organismos muito pequenos e lentos. Cada quadrante com a mesma área (pode ser outra forma) é chamado de parcela ou unidades amostral. Define-se o tamanho de cada quadrante e o número para estabelecê-los no campo. Os quadrantes podem ser marcados com a utilização de um quadro de madeira, plástico ou mesmo utilizar-se de cordões, colocados no chão, conforme figura abaixo.

Fonte: https://upload.wikimedia.org/wikipedia/commons/4/4b/Cientista_utilizando_m%C3%A9todo_de_amostragem_com_a_ajuda_de_um_quadrante.jpg. Acesso em: 15 set. 2020.

Os dados serão obtidos através da contagem do número de indivíduos. Ao utilizar deste tipo de amostragem é necessário seguir alguns critérios, tais como: a população dentro de cada unidade amostral tem que ser estimada exatamente; e a área de cada unidade tem que ser precisa e não deve variar. A seguir, temos um exemplo de como utilizar a amostragem por quadrantes.

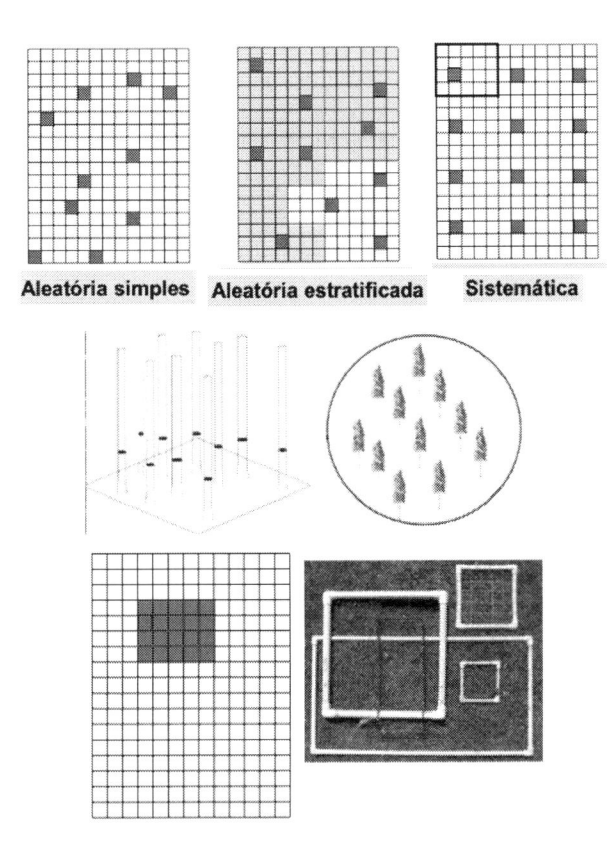

Fonte: http://paginapessoal.utfpr.edu.br/patricialobo/ecossistemas/aulas%20 3%20e%204.pdf/at_download/file. Acesso em: 15 set. 2020.

Método Marcação e recaptura – Este método geralmente é utilizado para se determinar o tamanho populacional de organismos que se movimentam, como, por exemplo, mamíferos, aves, répteis, entre outros. Os animais são capturados, marcados através de anilhas, chips, etiquetas, pinturas, brincagem e devolvidos ao ambiente de origem. Ele foi desenvolvido em 1898, por C. G. J. Petersen, de uma maneira mais simples, e utilizado, pela primeira vez, em 1930, por F. C. Lincoln, ficando conhecido então como método Lincoln & Pertersen. Sua metodologia envolve a captura, marcação, soltura, e recaptura, e o intervalo de tempo entre a captura e recaptura deve ser curto. Ao utilizar este método, assume-se que a população foco do estudo é fechada, não podendo, então, haver mortes, nascimentos ou migrações.

Calculando, então, o tamanho populacional (N) através deste método, são utilizadas três premissas:

M = número de indivíduos marcados na primeira amostragem;

C = número de indivíduos capturados na segunda amostragem;

R = número de indivíduos com marcas na segunda amostragem.

Podemos então compor uma fórmula que envolve todos esses parâmetros:

N/M = C/R, logo, N= (CxM)/ R

Exemplo:

Você está investigando uma população nativa de Cervo-do-pantanal, no Parque Estadual Aguapeí. Suponhamos que você já tenha capturado e marcado 30 cervos e liberando-os de volta ao Parque. Uma nova captura é realizada após algum tempo (tempo esse, necessário para que seja permitido que aqueles cervos capturados se misturem, bem com o restante da população), e são capturas 50 cervos, e desses 20 já estavam marcados (Figura 1). Logo, qual o tamanho (N) da população de cervos-do-pantanal no Parque Estadual Aguapeí?

Primeira amostragem M = 30, todos os cervos são marcados

Indivíduos marcados e soltos.

Segunda amostragem, C = 50 Indivíduos com marcas R = 20

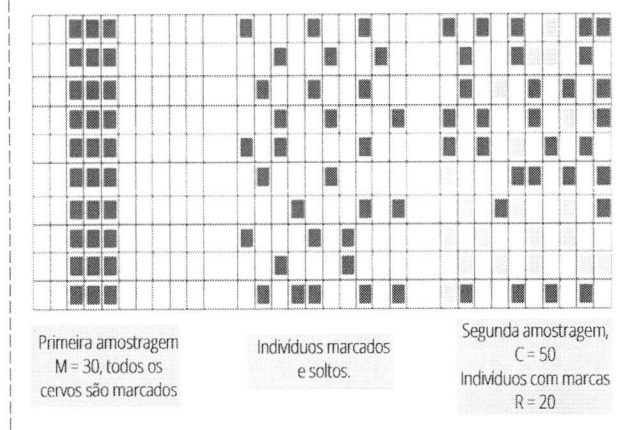

Figura 1 – Representação esquemática do modelo amostral usado no exemplo hipotético dos cervos. Cada quadrado em azul representa um indivíduo que foi marcado uma vez (M). Os quadrados marcados em amarelo representam aqueles que foram marcados e recapturados na segunda amostragem (R).

Ao substituirmos os valores hipotéticos na fórmula, obtém-se o tamanho da população:

$$N = (30 \times 50)/20 = 75$$

Podemos dizer, então, que, se os dados amostrados fossem reais, a população de cervos-do-pantanal seria de 75 indivíduos. Para se trabalhar com esta estimativa, não se pode esquecer de algumas premissas importantes: a população precisa ser fechada; todos os animais precisam ter a mesma chance de captura e recaptura; e, eles não podem perder suas marcações entre os períodos amostrais. Ao se determinar um tamanho populacional, podemos entender como uma população varia ao longo do tempo, e, podemos saber mais a respeito de sua dinâmica populacional, principalmente se, a este dado, acrescentarmos a natalidade, mortalidade, imigração e emigração e utilizarmos um modelo de crescimento populacional ao longo do tempo.

2 - Crescimento Populacional

Fonte: https://realizeeducacao.com.br/wp-content/uploads/2019/09/ representacao-da-dinamica-populacional.svg. Acesso em: 15 set. 2020.

A quantidade de indivíduos e os processos envolvidos nas mudanças numéricas deles vão determinar o número de indivíduos de uma espécie que ocupa um local. Para demonstrarmos isso matematicamente podemos utilizar da seguinte equação:

$N_{agora} = N_{anterior} + B - D + I - E$, onde
$N_{anterior}$ = número prévio de indivíduos
B = número de nascimentos do momento anterior e o atual
D = número de mortos
I = número de imigrantes
E = número de emigrantes

Segundo Begon (2007), essa equação define o principal objetivo da ecologia: descrever, explicar e entender a distribuição e a abundância dos organismos através dos processos que modificam o tamanho populacional – natalidade, mortalidade e os movimentos de dispersão (emigração e imigração), e os modos pelos quais esses processos demográficos são influenciados pelos fatores ambientais.

Natalidade – número de indivíduos nascidos em uma população, em um período de tempo.

Mortalidade – número de indivíduos mortos em uma população, em um período de tempo.

Curvas de crescimento populacional

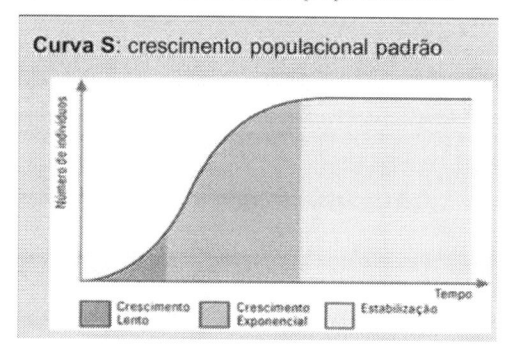

Figura 2. https://slideplayer.com.br/slide/338683/1/images/4/Curvas+de+crescimento+populacional.jpg

A natalidade e a mortalidade, em números, não traz conhecimento significativo a respeito de uma população. Para que isso ocorra, é necessário trabalharmos com taxas, que vão nos dar respostas mais concretas a respeito do tamanho populacional, pois as taxas refletirão uma proporção, que, em geral, é dada por indivíduo por unidade de tempo.

Quando temos uma alta de taxa de natalidade, e a de mortalidade baixa, a população está crescendo, o índice de crescimento é maior que 1. Quando a taxa de mortalidade é maior que a da natalidade, há um decréscimo populacional, e o índice é menor que 1. O índice de crescimento populacional é demonstrado por uma curva sigmoide, que tem início lento, vai aumentando de forma exponencial e depois há uma estabilização, tudo dependente dos limites dos recursos disponíveis, ou seja, o crescimento populacional é dependente da capacidade suporte do ambiente (Figura 2).

Imigração e Emigração – considera-se crescimento populacional quando indivíduos novos se juntam a uma população por imigração, e esta mesma diminui quando indivíduos a deixam, pelo processo de emigração.

Da mesma forma que acontece com a natalidade e mortalidade, tanto a emigração e imigração vão nos mostrar seu crescimento populacional se utilizarmos a proporção.

Nem todos os indivíduos são iguais, suas formas de crescimento e seus ciclos de vidas são diferentes, por isso, considerar a densidade ao invés do tamanho populacional é mais conveniente. Cada espécie terá seu padrão de desenvolvimento, que incluirão tabelas de vida, curvas de sobrevivência e os padrões de fecundidade.

3 - Estrutura etária

A estimativa de parâmetros demográficos, tais como taxa de natalidade e mortalidade, é essencial para a compreensão da dinâmica populacional de insetos (PITTS and WALL, 2004). Entretanto, quantificar estas taxas em populações naturais não é um procedimento trivial, particularmente, para organismos como insetos, que em sua maioria possuem ciclo de vida curto, alta mobilidade e tamanho corpóreo pequeno (PITTS and WALL, 2004). Para minimizar estes problemas e avaliar performance em termos de crescimento populacional, estimativas de parâmetros são obtidas em laboratório ou em condições seminaturais, na tentativa de se controlar os principais fatores capazes de influenciar a dinâmica da população (PRINKILLA and HANSKI, 1995; BONSALL and HASSELL, 2005).

Um importante atributo das espécies, é a existência de classes etárias e estágios de vida. Dentro de cada classe etária, indivíduos de uma mesma espécie comportam-se diferentemente, possuem diferentes tipos de dependência ambiental e necessidades de recursos (DILÃO, 2004). A estrutura etária de uma população refere-se à proporção de indivíduos de várias idades, a qual pode ser expressa em dias, meses, anos, categorias pré-reprodutivas, reprodutivas e pós-reprodutivas (BREWER, 1994; AKÇAKAYA et al., 1999).

Quando uma população passa a ter crescimento ou declínio constante dentro de classes ou estágios de vida, o padrão de distribuição etária é estável, o número de indivíduos por classe sofre consideráveis flutuações, principalmente se a reprodução for concentrada em uma ou duas classes etárias (AKÇAKAYA et al., 1999). Se a taxa de crescimento for zero, a distribuição etária estável é chamada de distribuição etária estacionária.

A investigação de padrões de estrutura etária, bem como da dinâmica da população, vem sendo realizada pela análise de tabelas de vidas, nas quais a idade de um inseto é determinada e utilizada para avaliar a estrutura etária da população. Como requisito básico para a análise, estimativas das taxas de mortalidade e fecundidade são obtidas (TAYLOR, 1979; THOMAZ and CHEN, 1990; SPRADBERY and VOGT, 1993).

A estrutura etária em populações biológicas tem sido intensamente investigada utilizando-se tabelas de vida, sobretudo em populações de insetos (CAREY, 1993; VON ZUBEN et al., 1996). Em muitos casos, curvas de sobrevivência são utilizadas para descrever padrões demográficos em populações biológicas (CAREY, 1993; BREWER, 1994). Como parte disso, a entropia pode ser emprega para descrever os padrões de distribuição de mortalidade populacional em função da idade (CAREY, 1993; VON ZUBEN et al., 1996).

O conceito de entropia foi adaptado por demógrafos a partir da mecânica estatística para medir a variabilidade da distribuição de mortalidade em tabelas de vida (GOLDMAN & LORD, 1986). Esta medida de variabilidade também descreve a convexidade da tabela de vida, ou seja, o desvio da linearidade da variação do número de sobreviventes, em função da idade, através da caracterização quantitativa do padrão da curva de sobrevivência, característica de cada espécie (DEMETRIUS, 1978).

A estrutura etária de uma população é geralmente analisada pela obtenção de dados experimentais gerados em tabela de vida (CAREY, 1993). Entretanto, em alguns sistemas a estimativa dos dados pode ser inviável ou não revelar resultados satisfatórios, dada a sua complexidade. Além disso, algumas estimativas, tais como, taxa de sobrevivência e fecundidade durante determinados períodos do ciclo do organismo, não são de fácil obtenção, já que nem sempre é possível realizar censo populacional em gerações subsequentes.

Tabelas de Vida

Análises demográficas clássicas são realizadas através das taxas de sobrevivência e reprodução específica por idade, conhecidas como tabela de vida. É nela que contém as estatísticas de vida, como a probabilidade de um indivíduo sobreviver e se reproduzir. Nelas serão reproduzidas, através das taxas de mortalidade, os índices de sobrevivência de uma idade para outra ali instituída, neste caso, em populações estruturadas por idade.

O estudo através da tabela de vida pode ser realizado por dois caminhos:

✓ Tabela de vida dinâmica ou horizontal (acompanhamento de coortes fixo) – para isso, o nascimento deve ser conhecido, todos os nascidos daquele momento até sua morte (certificada) são acompanhados. Como exemplo, podemos citar as gramíneas.

Coorte - é um conjunto indivíduos (de mesma espécie) que tem em comum um evento que se deu no mesmo período;

✓ Tabela de vida estática ou verticais (assumem uma estrutura estável) – acompanhamento ao longo do tempo de todos os indivíduos que morrem e nascem e uma população, neste caso, sendo primordial a definição da idade de cada um deles. Aqui, os indivíduos diferem em gerações e ciclos reprodutivos.

Tabelas de vida de coorte fixa

Onde os organismos nascem todos num determinado momento, ou seja, não possuem sobreposição de gerações (pais convivendo com filhos) e morrem num intervalo de um ano, por exemplo, são os mais fáceis de ser estudados por este tipo de tabela. Nela se registrará a sobrevivência dos seus indivíduos amostrados ao longo do tempo, até a morte do último.

Para realizar este estudo de maneira segura determina-se o grupo, em que todos são nascidos no mesmo intervalo de tempo, após, determina-se o intervalo de idade (x) que será investigada. Neste ponto, é necessário conhecer o ciclo de vida do organismo, para poder se determinar corretamente o tempo de observação. Por exemplo, ao estudarmos o homem, um período de 25 anos, seria o mais razoável, ao passo que, se o foco do estudo for ratos, esse intervalo de tempo será muito menor. Na figura 3, podemos observar uma tabela-de-vida de coorte.

Tabela-de-vida de coorte para a gramínea anual de pradaria *Poa annua*

Idade (x)*	Número de vivos	Sobrevivenciamento (lx)	Taxa de Mortalidade (mx)	Taxa de Sobrevivência (Sx)	Fecundidade (bx)
0	843	1.000	0.143	0.857	0
1	722	0.857	0.271	0.729	300
2	527	0.625	0.400	0.600	620
3	316	0.375	0.544	0.456	430
4	144	0.171	0.626	0.374	210
5	54	0.064	0.722	0.278	60
6	15	0.018	0.800	0.200	30
7	3	0.004	1.000	0.000	31
8	0	0.000			

* Número de trimestres, ou seja, 3 = 9 meses

- Das 843 plantas vivas no tempo 0 (germinação), 722 ou 85.7% estavam vivas em nove meses
- S_0 e l3 meses são iguais a 0.857

- A probabilidade de morrer cresceu com a idade

- A fecundidade subiu até um máximo de 620 sementes aos 6 meses de idade e então declinou (considerando o intervalo de 3 meses ao longo do estudo)

Fonte: https://slideplayer.com.br/slide/7100437/22/images/7/Tabela-de-vida+de+coorte+para+a+gram%C3%ADnea+anual+de+pradaria+Poa+annua.jpg. Acesso em: 15 set. 2020.

Tabela de vida estática

Como nem sempre é possível acompanhar a longevidades de alguns animais, especialmente os móveis, mas é possível determinar claramente suas idades, pode-se utilizar de um único momento, para descrever sobre os sobreviventes de idades diferentes, utilizando então, a tabela de vida estática. Ela funciona como uma "foto instantânea da população", em que você consegue obter os dados necessários, mas os dados referentes a natalidade, mortalidade em cada idade, são constantes. Neste tipo de tabela, o coorte é imaginário, a premissa é que a população é estacionária.

Este tipo de tabela foi o utilizado para o carneiro-montês-Dall. Sua idade é determinada pelo chifre, que cresce continuamente durante a vida, obtendo-se assim uma estimativa da idade na hora da morte. Olaus Murie construiu a tabela de vida durante 30 anos. De 608 de restos de esqueletos coletados, 121 deveriam ter menos de 1 ano quando morrem, 7 tinham entre 1 a 2 nos, 8 tinha de 2 a 3 anos, e assim por diante.

Intervalo de idade (x) (anos)	Número de mortes durante o intervalo de idade x	Número de vivos no começo do intervalo de idade x. (n_x)	Sobrevivência, ou fração que os sobreviventes no começo do intervalo de idade x representam em relação aos neonatos (neonatos são os indivíduos no intervalo etário inicial, 0-1 anos) (l_x)
0-1	121	608	1,000
1-2	7	487	0,801
2-3	8	480	0,789
3-4	7	472	0,776
4-5	18	465	0,764
5-6	28	447	0,734
6-7	29	419	0,688
7-8	42	390	0,640
8-9	80	348	0,571
9-10	114	268	0,439
10-11	95	154	0,252
11-12	55	59	0,096
12-13	2	4	0,006
13-14	2	2	0,003
14-15	0	0	0,000

Fonte: https://edisciplinas.usp.br/pluginfile.php/1699938/course/section/431018/Aula% 202%20-%20Din%C3%A2mica%20populacional%20II.pdf. Acesso em: 15 set. 2020.

Através da utilização das tabelas que foram descobertos modelos e padrões de nascimento e mortalidade, que são comuns a vários organismos em várias circunstâncias, nos deixando inferir sobre propriedades comuns em organismos diferentes. Estamos falando das curvas de sobrevivência. Utilizando a coluna dos valores da taxa de sobrevivência das classes etárias (lx) no eixo y, numa escala logarítmica, e as classes etárias no eixo x, podemos produzir gráficos que ilustram três comportamentos padronizados, que podemos utilizar para entender o comportamento relativo a sobrevivência ou a mortalidade de uma população, conforme figura abaixo.

Curva De Sobrevivência

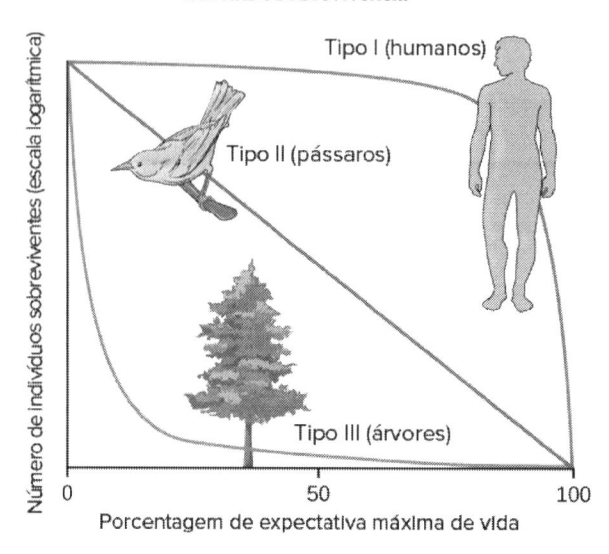

Fonte: https://cdn.kastatic.org/ka-perseus-images/2aae3b383328faa 6f3d1a974069ab832bec26bc3.png. Acesso em: 15 set. 2020.

Ficou estabelecido três curvas como Tipos I, II e III.

✓ "Tipo I" - Seres humanos e a maioria dos primatas possuem uma curva de sobrevivência Tipo I. Nesta, os organismos têm uma tendência a morrer quando se tornam velhos. As espécies com curva do Tipo I geralmente mostram um número pequeno de descendentes e fornecem muito cuidado parental para garantir a sobrevivência dos descendentes.

✓ "Tipo II" - Característica de aves. Em uma curva Tipo II, organismos morrem mais ou menos igualmente em cada faixa etária. Organismos com esse tipo de curva de sobrevivência também tendem a ter prole relativamente pequena e fornecem cuidado parental significativo.

✓ "Tipo III" - Os organismos que representam este tipo de curva em geral são árvores, invertebrados marinhos e a maioria dos peixes. Aqui, pouquíssimos organismos sobrevivem aos anos iniciais. Se conseguirem sobreviver até a juventude, tem maior probabilidade de longevidade. Espécies com esse tipo de curva geralmente têm proles numerosas a cada vez—como as árvores que liberam milhares de sementes—mas não tem cuidado parental.

Retomando a aula

Chegamos ao final de uma aula, viram só quanta coisa importante vimos até aqui?
Vamos relembrar?

1 - Estimativas Populacionais

Nessa seção, vimos quais os parâmetros utilizados para se estimar uma população, e sua importância. Os dados levantados sobre uma população, tais como: faixa etária, sexo, nascimentos, mortes, tamanho, emigração e imigração etc., são dados estudados pela demografia. Através destes dados podemos saber, por exemplo, como a população interage entre si e com seu ambiente, como também na presença ou ausência de outras espécies. Esses mesmos dados, utilizados ao longo do tempo, são capazes de fazer previsões a respeito de uma espécie, monitorar a estrutura de uma população, trabalhar com a conservação da diversidade, e assim por diante.

2 - Crescimento Populacional

Vimos que, para entendermos como se comporta uma população, é preciso fazer o estudo do crescimento populacional. Através deste dado, tem-se a ideia do que está acontecendo, se ela está aumentando ou diminuindo, podendo correlacionar com outros fatores, como clima, alimento etc. A taxa de crescimento de uma população é a variação do número de indivíduos num determinado espaço de tempo.

3 - Estrutura etária

Estudamos que a estimativa de parâmetros demográficos, tais como taxa de natalidade e mortalidade, é essencial para a compreensão da dinâmica populacional de insetos. Entretanto, quantificar estas taxas em populações naturais não é um procedimento trivial, particularmente para organismos como insetos, que, em sua maioria, possuem ciclo de vida curto, alta mobilidade e tamanho corpóreo pequeno. Para minimizar estes problemas e avaliar performance em termos de crescimento populacional, estimativas de parâmetros são obtidas em laboratório ou em condições seminaturais, na tentativa de se controlar os principais fatores capazes de influenciar a dinâmica da população.

Vale a pena

Vale a pena assistir

Overpopulation or Overconsumption? superpopulação ou Super consumo? https://youtu.be/HrEimAzxYzo

Minhas anotações

Minhas anotações

Aula 4º

Modelo de crescimento populacional

Nesta aula, estudaremos os fatores que influenciam na determinação de densidade e os modelos de crescimento populacional, que são usados para projeção do crescimento futuro e comportamento.

Bons estudos!

Objetivos de aprendizagem

Ao término desta aula, vocês serão capazes de:
- entender como se dá o crescimento exponencial, e como a taxa de crescimento per capita de uma população independente não se modifica, independente do tamanho da população;
- identificar a influência dos recursos na natureza;
- entender como se dá o crescimento logístico, influenciado pelos recursos limitantes;
- identificar os tipos de curva que os modelos de crescimento produzem.

Seções de estudo

1 - Modelos de Crescimento Populacional
2 - Modelo de Crescimento Exponencial
3 - Modelo de Crescimento Logístico

Se pensarmos em todos os organismos, todas as espécies de animais existentes no planeta, qualquer um deles poderiam dominar a Terra apenas pela reprodução. Lógico que isso, teoricamente. Pense nisso, com uma espécie que tem uma alta taxa de reprodução ou se reproduz rapidamente! E, por que isso não acontece?

A resposta é só uma! Somos todos limitados pelo recurso que utilizamos. E uma população só pode crescer até onde haja sua disponibilidade. Lembrando que, como já vimos em outra aula, o recurso não é só o alimento, mas sim tudo que está a sua volta, influenciando no seu habitat, na sua manutenção ou no seu estabelecimento.

Partes da ecologia de populações são fundamentalmente quantitativa, e tenta descrever o que acontece com as populações a partir da demografia. Com isso, os modelos matemáticos são utilizados para demonstrar, de maneira mais simples, a realidade com premissas generalistas. É através de um modelo matemático que conseguimos fazer previsões com espécies que estão em extinção ou a beira, sem causar nenhum dano real.

1 - Modelo de Crescimento Populacional

Taxas de Crescimento:

Já estudamos que, se queremos determinar a taxa de natalidade de uma população ao longo de um período, devemos contar o número de nascimentos ocorridos divididos pelo tempo. Para fixarmos melhor, temos as seguintes fórmulas neste tipo de estudo:

Δ (delta) = abreviação de mudança
N = número de organismos
t = representa o tempo
ΔN = mudança no número de organismos

Equação:

$\frac{\Delta N}{\Delta t}$ = taxa média de mudança do número de organismos em relação ao tempo (Equação 1.1)

Essa é a taxa de crescimento da população.

Ao adicionarmos na equação 1, um valor para o número de indivíduos (N) e resolvermos essa equação, teremos a taxa de crescimento específico.

Equação:

$\frac{\Delta N}{N\Delta t}$ = taxa média de mudança do número de organismos em relação ao tempo (Equação 1.2)

Essa é a taxa de crescimento específico.

Já nas curvas de crescimento, a taxa de crescimento será representada pela inclinação da curva, e o ponto de inflexão (Figura 1) é o ponto no qual a taxa de crescimento é máxima.

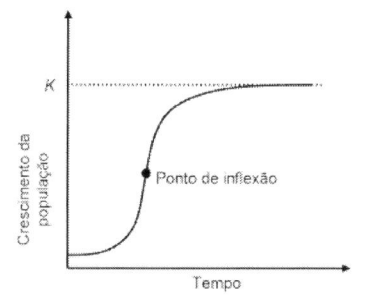

Figura 1. https://s3.amazonaws.com/qcon-assets-production/images/provas/66678/a9d30655231e58b3dae1.png. Acesso em: 17 set. 2020.

Para calcular as taxas instantâneas em intervalos de tempo particulares, ou seja, quando se deseja calcular a taxa daquele momento, temos:

d = derivada

$\frac{dN}{Ndt}$ = taxa de variação no número de organismos por tempo em um dado instante;

Taxa intrínseca de crescimento

A taxa intrínseca de crescimento nada mais é do que o potencial biótico, ou seja, a taxa máxima de crescimento de uma população que não sofre nenhuma restrição. Para isso, seus recursos devem ser ilimitados, não sofrer nenhum tipo de predação e competição, tanto intra ou interespecífica. Sendo assim, este valor é um valor teórico.

Nos modelos matemáticos, essa taxa é um parâmetro indicado pela letra r, e seu valor representa o quanto uma população poderia crescer sem as limitações. Nas espécies em que o valor de r é alto, normalmente, a reprodução se dá em idades precoces, com tempo de geração curto, taxa de reprodução elevada e com elevado número de descendentes em cada prole.

Tipos de crescimento populacional

São dois os padrões básicos de crescimento populacional, o exponencial e o logístico. No crescimento exponencial, independente do tamanho de uma população, sua taxa de crescimento individual não muda, ela cresce mais e mais, e somente é interrompido quando algum tipo de fator limitante atua. Para exemplificar este tipo de crescimento, podemos citar as algas e alguns insetos, que por um período de sua história de vida, assim permanecem, até serem limitadas por algum tipo de recurso.

No crescimento logístico, conforme a população se aproxima dos recursos que a limitam, suas taxas de crescimento per capita diminuem cada vez mais. Ao observarmos a figura 2, verificamos que no estágio inicial, o crescimento é lento, ocorrendo um aumento significativo num próximo período, entrando novamente em desaceleração no momento em que a capacidade suporte começa atuar.

O crescimento exponencial produz uma **curva em forma de J**, enquanto o crescimento logístico produz uma **curva em forma de S**.

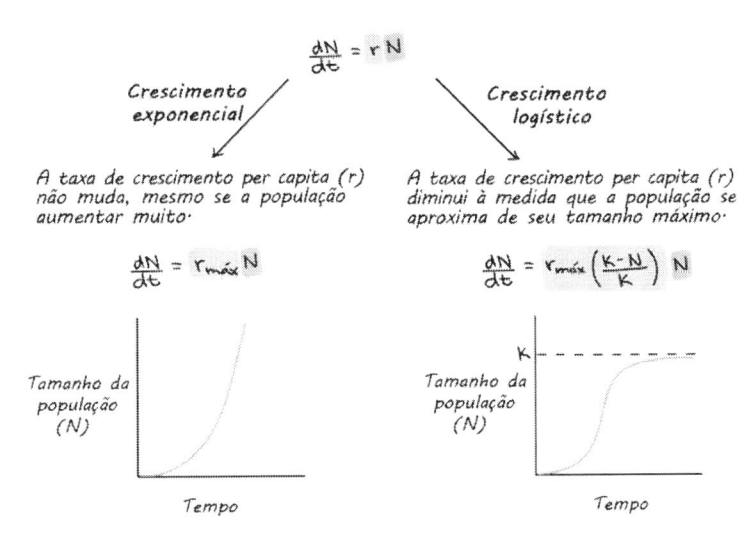

Figura 2. https://cdn.kastatic.org/ka-perseus-images/d9a7c4a6837c9c5718a9b91f695fae7626f72370.png. Acesso em: 17 set. 2020.

Capacidade Suporte

Conceitualmente, capacidade suporte é a densidade populacional, ou seja, o quanto aquele ambiente consegue se manter estável com aquela população. Na figura 3, podemos observar que quando a densidade populacional encontra-se abaixo de K (capacidade suporte), a taxa de natalidade apresenta uma tendência de superar a mortalidade, aumentando assim seu tamanho, ao ultrapassar K, a mortalidade excede os nascimentos, diminuindo a população.

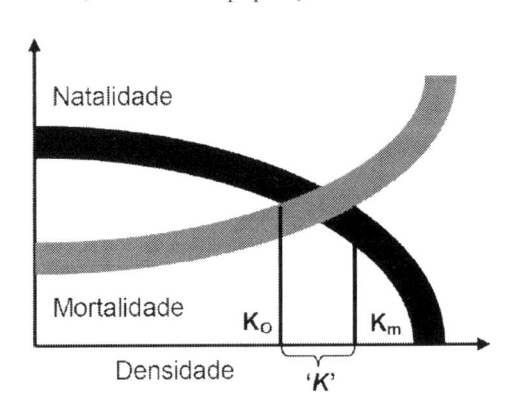

Figura 3. https://encrypted-tbn0.gstatic.com/images?q=tbn%3AANd9GcTnbHj-i5ZJ UiMiDslEPVEvrGJkuimuqrc04g&usqp=CAU. Acesso em: 17 set. 2020.

Como vimos, os tipos de crescimento são bem diferentes, no crescimento exponencial o recurso não é limitado, e o potencial biótico é utilizado ao máximo, ao contrário do que acontece no crescimento logístico, em que temos uma limitação de recursos e de crescimento. Esta limitação de recursos é o fator mais importante dos modelos, é sua diferença principal, pois ela dá uma resistência ambiental ao crescimento da população, interferindo em suas taxas.

Olhando para os dois tipos de modelos, observamos que os organismos apresentam um padrão de crescimento que é intermediário, ou seja, está entre o crescimento exponencial e logístico, conforme notamos na figura 4:

Figura 4. Curvas de crescimento exponencial e logístico teóricas, e crescimento intermediário. Em cinza, a área demarcada por diferentes tipos de crescimentos intermediários dos organismos.

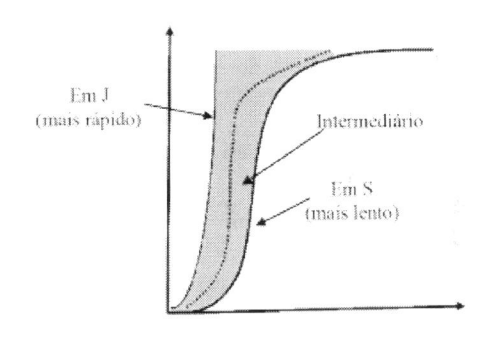

https://encrypted-tbn0.gstatic.com/images?q=tbn%3AANd9GcT0CRi4gToQQyo qq07J8uC_ENFaaxBSZbiNqQ&usqp=CAU. Acesso em: 17 set. 2020.

2 - Modelo de Crescimento exponencial

Neste modelo, assumimos como premissas que a população investigada é única e seu crescimento se dá num ambiente simples e que, também, seu crescimento é independente da densidade, ou seja, ela não sofre as consequências pelo seu tamanho (densidade) populacional.

Aqui, a variável N corresponde ao tamanho da população, o índice t equivale ao tempo t, que pode ser qualquer tempo. Assim, N será o número de indivíduos da população no tempo t. Em geral, os modelos consideram um t = 0 (tempo inicial), esse fator pode ser variável, conforme o organismo estudado, podendo ser minutos, horas, dias, meses, anos e décadas. As mudanças no tamanho populacional são influenciadas por 4 fatores: natalidade, mortalidade, imigração e emigração. Assim, todos esses fatores foram incorporados numa expressão matemática do crescimento populacional, sendo ela:

$$N_{t=1} = N + B - D + I - E$$

Onde, B = nascimentos, D = mortes, E = emigração e I = imigração. Lembrando que estamos investigando uma população única, isolada. Dessa forma, tanto E quanto I serão iguais a zero, podendo ser eliminados da equação, resultando na expressão abaixo:

$$N_{t+1} = N_t + B - D$$

E para avaliarmos a mudança no tamanho populacional, ela será representada pela diferença entre N_{t+1} e N_t:

$$N_{t+1} - N_t = B - D$$

Levando em conta que $N_{t+1} - N_t$ expressa uma mudança, vamos representá-la através do ΔN, que equivale a mudança no número de indivíduos. Podemos também utilizar o Δ (delta), para corresponder as mudanças entre o tempo $t = 0$ e $t = 1$, ou seja, $0t$ e $1t$, Δt. Levando em conta essas mudanças, tanto a do número de indivíduos (ΔN) e da variação de tempo (Δt), poderemos agora calcular a taxa média de variação no número de organismos por tempo, ou seja, dividir as duas taxas de mudança, $\Delta N / \Delta t$.

O resultado dessa equação é uma média, mas se quiséssemos saber qual seria a possível taxa instantânea de crescimento, ou seja, quando Δt é tão pequeno que na teoria, obteríamos um valor de crescimento em qualquer período da história de vida da população investigada. Determinamos, então, que o crescimento da população é contínuo e que queremos descobrir um valor dentro de um pequeno intervalo de tempo: isso significa que o intervalo de tempo entre Nt e Nt+1 é infinitamente pequeno. Para fazer isso matematicamente, é preciso derivar a equação acima e substituir o símbolo Δ pela letra "d", o que equivale a dizer:

$$\frac{dN}{dt} = B - D$$

Olharemos então para B e D, que representam, respectivamente, a taxa de natalidade e de mortalidade, durante um intervalo de tempo. E os fatores controladores dessas taxas são os tamanhos populacionais. Para representarmos as taxas de nascimentos e mortalidades instantâneas, utilizaremos as letras minúsculas b e d, estas unidades medirão as taxas per capita, ou seja, por indivíduo, num intervalo curto de tempo. E assumindo que essas duas taxas são constantes, determinamos assim as relações em substituição dos valores de B e D:

$$\frac{dN}{dt} = B - D = \frac{dN}{dt} = (b - d)N$$

Essa parte da expressão acima que está entre parênteses (b − d) vamos chamar de r:

$$r = b - d, \ - r = \text{ taxa de crescimento intrínseca ou instantânea.}$$

Curiosidade:

Teoria Malthusiana

Teoria Malthusiana foi elaborada por Thomas Robert Malthus e diz que o crescimento populacional superaria a oferta de alimentos, gerando fome e miséria no mundo todo.

A Teoria Malthusiana, ou Malthusianismo, foi elaborada por Thomas Robert Malthus no ano de 1798 e defendia que a população cresceria em ritmo acelerado, superando a oferta de alimentos, o que resultaria em problemas como a fome e a miséria. Malthus – pastor da Igreja Anglicana e professor de História Moderna – escreveu uma das mais importantes obras sobre o crescimento demográfico: Ensaio sobre o Princípio da População.

Contexto histórico

A Revolução Industrial, no século XVIII, trouxe grandes mudanças ao cenário mundial. Uma delas foi o acelerado crescimento populacional, visto que a industrialização transformou as relações entre o homem e o meio. O cenário industrial aumentou o ritmo da produção, modernizou o campo e as práticas agropecuárias e transformou as relações de trabalho, fazendo com que as pessoas deixassem o meio rural e seguissem para o meio urbano à procura de oferta de emprego, iniciando o processo de urbanização. As tecnologias aplicadas à medicina também influenciaram o crescimento populacional, pois possibilitaram que a população tivesse maior acesso a vacinas e medicamentos, aumentando a expectativa de vida e diminuindo as taxas de mortalidade infantil.

A Grã-Bretanha, precursora da Revolução Industrial, tinha um contingente populacional com pouco mais de 5 milhões de habitantes por volta de 1750. Meio século depois, a população já passava dos 20 milhões. Esse crescimento acelerado da população impulsionado pela Revolução Industrial passou a ser visto em todo o mundo. Desde então, teorias demográficas passaram a ser elaboradas na tentativa de se fazer um estudo sobre a dinâmica do crescimento da população.

Malthusianismo

Em sua obra Ensaio sobre o Princípio da População, Malthus deixou evidente seu pessimismo quanto ao desenvolvimento humano. Ele acreditava que a pobreza fazia parte do destino da humanidade, baseado na premissa de que a população possuía potencial de crescimento ilimitado, ao contrário da produção de alimentos.

Malthus concluiu que, se o crescimento populacional não fosse contido, a população cresceria segundo uma progressão geométrica (2,4,8,16,32), e a produção de alimentos cresceria segundo uma progressão aritmética (2,4,6,8,10,12). Malthus considerava que a população dobraria a cada 25 anos.

Teoria Malthusiana e a fome no mundo

Se a teoria se confirmasse e houvesse esse descompasso entre o aumento da população e a falta de alimentos, o resultado seria uma população mundial faminta, vivendo em situação de miséria, o que causaria uma desestruturação na vida social. Portanto, o aumento da população seria a causa, e a miséria, a consequência.

Para conter o ritmo acelerado do crescimento populacional, Malthus, pautado na sua formação religiosa, acreditava na necessidade de um controle de natalidade, que chamou de "controle moral". Esse controle não deveria ser feito pelo uso de métodos contraceptivos, mas pela abstinência sexual ou adiamento de casamentos. Vale ressaltar que esse controle foi sugerido apenas para a população mais pobre. Segundo ele, era necessário forçar a população mais carente a diminuir o número de filhos.

Por que a teoria de Malthus não se concretizou?

Malthus enganou-se. Como ele fez sua análise do crescimento populacional em um espaço geográfico limitado, com uma população predominantemente rural, ele atribuiu a todo o mundo a mesma dinâmica. Contudo, Malthus não previu que a Revolução Industrial seria capaz de mudar todo o cenário mundial, inserindo no meio rural novas técnicas, as quais impulsionariam a produção agrícola e consequentemente aumentariam a oferta de alimentos. A população não cresceu em ritmo de progressão geométrica, portanto, não dobrou a cada 25 anos. A modernização tecnológica conseguiu ampliar o desenvolvimento do cultivo das terras, fazendo com que a produção de alimentos fosse suficiente, chegando então a uma progressão geométrica. Assim, a fome e a miséria não poderiam ser atribuídas à incapacidade produtiva de alimentos, como Malthus acreditava, mas sim a sua má distribuição.

Críticas à Teoria Malthusiana

A Teoria Malthusiana foi bastante criticada por ser considerada pessimista e cruel, pois Malthus acreditava que a humanidade estava fadada a viver na miséria. Também acreditava que era necessário dar fim aos programas de assistencialismo, visto que essa ajuda amenizaria os problemas enfrentados pelas camadas mais pobres e estimularia o aumento da natalidade. Era preciso também, de acordo com Malthus, que fosse controlada a reprodução das camadas da população mais carentes por meio de abstinência sexual e casamentos tardios.

Essas ideias começaram a ser refutadas em meio a um fenômeno que ficou conhecido como explosão demográfica. Os países desenvolvidos começaram a apresentar elevadas taxas de natalidade, aumentando então os estudos a respeito desse fenômeno. Assim, outras teorias demográficas surgiram, reavivando, reformulando ou refutando a teoria malthusiana. As principais foram a Teoria Reformista e a Teoria Neomalthusiana.

A Teoria Neomalthusiana foi desenvolvida no início do século 20 e baseou-se no Malthusianismo. Os neomalthusianos demonstravam receio em relação ao crescimento acelerado da população nos países desenvolvidos, visto que, para eles, esse crescimento causaria impacto direto na renda per capita do país. Isso acarretaria problemas socioeconômicos, miséria e falta de emprego. Acreditavam também que esses países deveriam investir em educação, saúde e também no controle da natalidade. Diferente da Teoria Malthusiana, a Teoria Neomalthusiana era a favor do uso de anticoncepcionais. Os neomalthusianos apresentavam ideias alarmistas, afirmando que, se o crescimento populacional não fosse contido, os recursos naturais na Terra seriam esgotados.

Teoria Reformista

Os reformistas foram os principais críticos à Teoria Neomalthusiana. As ideias desses pensadores seguiam caminho oposto às ideias de Malthus. Para os reformistas, o aumento das taxas de natalidade era resultado do subdesenvolvimento, e não a causa. De acordo com essa teoria, a pobreza existia porque havia déficit na educação, saúde e saneamento básico. Se o acesso às políticas públicas para a educação e atendimento médico fossem eficazes, o controle do crescimento populacional seria possível.

Fonte: https://mundoeducacao.uol.com.br/geografia/teoria-malthusiana.htm. Acesso em: 17 set. 2020.

Ao inserirmos o r na expressão $\frac{dN}{dt} = (b-d)N$, temos o primeiro modelo de crescimento populacional, ficando assim descrito:

$$\frac{dN}{dt} = rN$$

Ele irá descrever o crescimento exponencial de uma população, sem sofrer com a densidade ou tamanho populacional. É a partir do r que podemos definir, que tipo de crescimento terá aquela população, podendo ser:

- ✓ Exponencial, quando o $r > 0$;
- ✓ Constante, quando o $r = 0$;
- ✓ Diminuir até a extinção, quando $r < 0$.

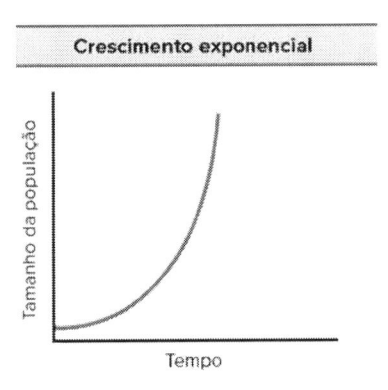

Crescimento exponencial

(Tamanho da população × Tempo)

O resultado da equação do crescimento exponencial mostra como populações naturais crescem sem limites, ou seja, exponencialmente, conforme podemos observar na figura 4.

Com a equação anterior, só conseguimos medir a taxa de crescimento, mas não o tamanho populacional. Para isso, precisamos utilizar um cálculo diferencial e integral, assim ficando expressa a equação de crescimento populacional:

$$N_t = N_0 e^{rt}$$

Nesta equação, N_0 é o tamanho da população inicial, N_t é o tamanho da população em um dado tempo *t* e *e* é uma constante, base do logaritmo neperiano (aproximadamente igual a 2,717). Aqui nesse modelo, o crescimento populacional é indefinido, pois não sofre os efeitos da dependência da densidade, ou seja, não há aqui limitações de recursos para o crescimento populacional, não há também competição intraespecífica.

3 - Modelo de Crescimento Logístico

Sabemos que na natureza uma população não tem seu crescimento ilimitado, ou seja, não crescem exponencialmente, elas sofrem a ação dos fatores que a limitam, como, por exemplo, os recursos para o crescimento e reprodução. Sendo assim, as taxas de natalidade e mortalidade são dependentes do tamanho populacional. O modelo de crescimento logístico deriva da já conhecida equação de crescimento, a diferença será demonstrada através das constantes b' e d' em que apresentam a dependência da densidade e respondem a superlotação. Essas constantes (b e d) foram modificadas pelas constantes a e c, em que a mede a força da dependência da densidade, e c mede o aumento da taxa de mortalidade devido a dependência da densidade

$$\frac{dN}{dt} = (b' - d') N$$

A partir de agora, a taxa de natalidade per capita diminuirá conforme o crescimento populacional, devido a falta de comida e recursos para a reprodução, e a taxa de mortalidade per capita deverá aumentar na mesma proporção que se dá o crescimento populacional, devemos assumir também, que essas mudanças são lineares.

$$b'=b-aN \text{ e } d'=d+cN$$

Inserindo b'=b−aNe m'=m+cN na equação de crescimento exponencial, podemos definir uma constante K, que é igual a (b − m) / (a + c). Nossa equação ficará então a seguinte:

$$\frac{dN}{dt} = r N$$

Aqui, fica demonstrado que o tamanho (ou densidade) populacional aumenta até alcançar um limite máximo, relativamente estável, ou seja, atingiu sua capacidade suporte, que é medida pelo fator K. Essa equação ficou conhecida como equação de crescimento logístico. Vejamos sua representação gráfica:

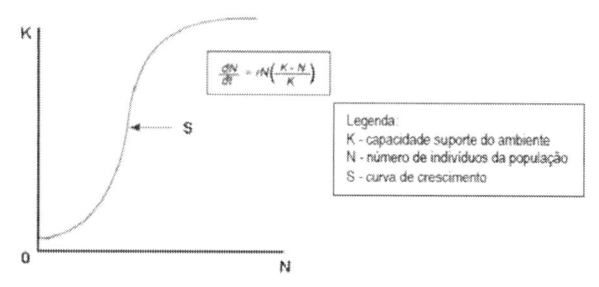

Figura 5. Curva do crescimento logístico. https://questoes.grancursosonline.com.br/sistema/public/imagens_provas/21579/20.gif. Acesso em: 17 set. 2020.

Dentre as equações utilizadas para descrever o crescimento populacional, esta é a mais simples, servindo de base para outras modelagens em ecologia. Sendo bem semelhante a exponencial, nela houve a inclusão da multiplicação de (1 − N/K), que representa a parte que não foi utilizada da capacidade suporte. Segundo Krebs (1985), fazendo uma analogia, deveríamos pensar na capacidade suporte como uma moldura quadrada onde cabe um determinado número de azulejos, que são os indivíduos. Se a população chegar a exceder a capacidade de suporte, teremos mais azulejos do que espaço na moldura. Quando não há excesso, a porção não utilizada da capacidade de suporte é a percentagem da área da moldura que fica vazia.

Este modelo de crescimento logístico pode ser aplicado para situações simples, em que o crescimento populacional sofra a interferência da competição interespecífica e da dependência da densidade. Em populações naturais ocorrem flutuações populacionais que não são previstas, muitos são os fatores que interferem em seu desenvolvimento. A capacidade suporte de um ambiente é equiparada muito mais a uma faixa de valores do que a um único valor numérico. Acreditamos que na maioria das populações reais, o padrão de crescimento seja intermediário, pois as pressões sofridas são variáveis, conforme a figura 6:

Curva de crescimento exponencial e logístico considerando a parte sombreada que representa a área dentro da qual recaem as formas de crescimento da maioria das populações

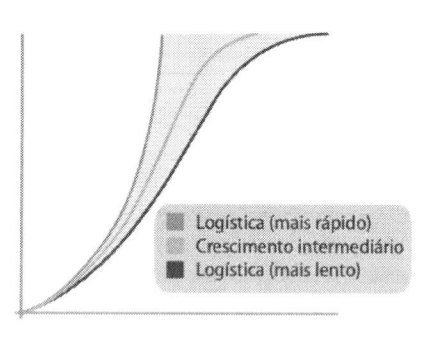

(ODUM; BARRET, 2007).

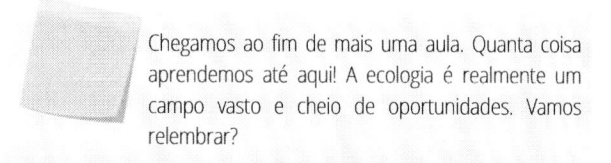

Retomando a aula

Chegamos ao fim de mais uma aula. Quanta coisa aprendemos até aqui! A ecologia é realmente um campo vasto e cheio de oportunidades. Vamos relembrar?

1 - Modelos de Crescimento Populacional

Nessa seção, vimos que são dois os padrões básicos de crescimento populacional, o exponencial e o logístico. No crescimento exponencial, independente do tamanho de uma população, sua taxa de crescimento individual não muda, ela cresce mais e mais, e somente é interrompido quando algum tipo de fator limitante atua. Para exemplificar este tipo de crescimento, podemos citar as algas e alguns insetos, que por um período de sua história de vida, assim permanecem, até serem limitadas por algum tipo de recurso.

2 - Modelo de Crescimento exponencial

Neste modelo assumimos como premissas que a população investigada é única e seu crescimento se dá num ambiente simples e que, também, seu crescimento é independente da densidade, ou seja, ela não sofre as consequências pelo seu tamanho (densidade) populacional.

3 - Modelo de Crescimento logístico

Nessa seção, estudamos que no crescimento logístico, a população tem um aumento lento no início (fase de aceleração positiva), depois com maior velocidade (aproximando-se de uma fase logarítmica). Após este período, há uma desaceleração no exato momento em que a resistência ambiental começa a atuar. Em seguida, ocorre a estabilização da curva. O instante máximo que estas curvas atingem está relacionado ao K, ou seja, a capacidade suporte do ambiente. K constitui-se, no caso do crescimento logístico, a assíntota superior da curva sigmoidal (em forma de S).

Vale a pena

Vale a pena acessar

Neste link podemos "brincar" de modelagem. Disponível em: https://m3.ime.unicamp.br/media/software/1244/introducao.html. Acesso em: 17 set. 2020.

Minhas anotações

Minhas anotações

Aula 5º

Comunidades e suas estruturas

Nesta aula, iremos estudar como uma comunidade está estruturada em relação a abundância de indivíduos, riqueza de espécie e os índices de diversidade. Veremos também, as influências dos fatores bióticos e abióticos na diversidade.

Bons estudos!

Objetivos de aprendizagem

Ao término desta aula, vocês serão capazes de:
- diferenciar a composição de uma comunidade e a estrutura de uma comunidade;
- comparar comunidades, utilizando medidas de similaridade;
- observar quais são os fatores que afetam a riqueza de espécies;
- entender a importância desses fatores no desafio da conservação de espécies em vias de extinção.

Seções de estudo

1 - Comunidades e suas características
2 - Medidas de diversidade
3 - Padrões de diversidade

1 - Comunidades e suas características

Podemos definir comunidade como sendo uma reunião de populações de espécie que ocorrem no mesmo espaço e tempo. É através de seu estudo que tentamos entender como essas espécies agrupadas estão distribuídas pela natureza e como os fatores bióticos e abióticos interferem na sua coexistência. Geralmente, as espécies que vivem em comunidades sofrem restrições ambientais e possuem propriedades coletivas, como exemplo disso, podemos destacar a diversidade e a biomassa.

Já vimos nas aulas anteriores, que não há uma distribuição uniforme dos organismos no planeta, mas por que isso ocorre? O que influencia a distribuição das espécies? Já estudamos que a presença ou ausência de uma espécie depende de alguns aspectos, como, por exemplo, sua capacidade de alcançar certos lugares, e depois estabelecer sua manutenção neste local, a partir da disposição dos recursos necessários e o encontro com o seu predador ou competidor. Dessa forma, se estas três características ocorrerem, no momento de uma colonização, suas chances de se estabelecer aumenta ou diminui. Outro indicador de uma comunidade é a riqueza de espécie, que nada mais é que o número de espécies presentes num habitat, sendo este número também dependente dos recursos disponíveis. A abundância de espécie também sofre variações, tudo dependerá do quão numerosa ela é, definindo-a como comum ou rara.

O termo biodiversidade - ou diversidade biológica - descreve a riqueza e a variedade do mundo natural, sendo essas todas as formas de vida, desde os genes contidos em cada indivíduo, até suas inter-relações.

Reconhecer e conservar os recursos biológicos mundiais é tarefa cada vez mais importante. Para conservar a biodiversidade, devemos entender por que a riqueza em espécies varia nos diferentes locais da Terra. O número de espécies em uma comunidade é referido como a sua riqueza em espécies. Contar ou listar esse número pode parecer simples, mas na prática é uma tarefa exaustiva, difícil. O número de espécies depende do número de amostras que serão colhidos ou do volume (tamanho) do habitat que está sendo explorado (PINTO; COELHO, 2000; TOWNSEND et al., 2006).

Existem fatores que podem influenciar essa riqueza, sendo eles os espaciais e os temporais: Fatores espaciais são influenciados pela produtividade e riqueza de recursos, na qual a riqueza muitas vezes aumenta com a riqueza de recursos disponíveis, assim como a produtividade, embora em alguns casos o oposto possa ser observado; a intensidade de predação, a predação pode excluir certas espécies de presas e reduzir a riqueza ou pode permitir uma maior sobreposição de nichos e uma maior riqueza; heterogeneidade espacial, em ambientes mais heterogêneos espacialmente, muitas vezes acomodam mais espécies, porque eles possibilitam uma maior variedade de micro hábitats, de microclimas, mais refúgios, e assim por diante; e adversidades ambientais são ambientes dominados por um fator abiótico extremo (TOWNSEND et al., 2006).

Fatores temporais são influenciados pela variação climática. Em ambientes previsíveis e sazonais, diferentes espécies podem encontrar condições adequadas em tempos diferentes do ano. Distúrbios, aqui sugere-se que ambientes que experimentam distúrbios muito frequentes mantêm muitas áreas em estágios iniciais de sucessão (onde há poucas espécies), porém, ambientes com eventos raros de distúrbios possibilitam a dominância de espécies competitivamente fortes (onde também diminui a riqueza); tempo evolutivo, aqui tem sido sugerido que as comunidades podem diferir na riqueza em espécies, porque algumas estão mais próximas de um estágio de saturação e equilíbrio do que outras (TOWNSEND et al., 2006).

Figura 1.

https://player.slideplayer.com.br/2/346004/data/images/img5.png. Acesso em: set. 2020.

Na ilustração (Figura 1) (extraída de MAGURRAM, 1996, p. 8), quando comparadas as áreas A e B, a área B seria mais diversa, porque possui três espécies de mariposas enquanto A tem apenas uma. Numa segunda situação, não existe qualquer diferença entre o número total de espécies entre as áreas C e D. O sítio C possui quatro espécies sendo que cada uma delas aparece com três indivíduos. A área D também possui quatro espécies sendo que uma delas é particularmente abundante, tendo nove indivíduos e as demais com apenas uma ocorrência. Dessa forma, embora as áreas C e D tenham a mesma riqueza em espécies de mariposas, a maior equitatividade observada em C faz dessa área uma área mais diversa. Embora o exemplo seja simples, ele ilustra o tipo de quantificação que será feita nos modelos a serem discutidos aqui.

O texto a seguir, escrito por Vilas Boas & Dias (2010), descreve sobre a importância da biodiversidade.

Na relação meio ambiente e turismo, um dos aspectos mais importantes a serem considerados em qualquer abordagem, é a diversidade biológica, que na sua concorrência com o ser humano na ocupação dos espaços naturais, vem correndo o risco da perda de numerosas espécies. Nesse sentido, na necessidade que o olhar em relação à natureza seja mais criterioso, principalmente sobre a importância da compreensão do significado da diversidade biológica. Esta biodiversidade, em toda a sua complexidade, ainda é desconhecida por diversas áreas da ciência. O termo diversidade biológica, ou ainda biodiversidade, já foi definido por diversos autores e entidades. Segundo a *Worldwide Fund for Nature* (WWF)/Fundo Mundial para a Natureza (FMN) a diversidade biológica significa os milhões de animais e plantas, microrganismos, todos os genes que eles possuem e os complexos ecossistemas que eles ajudam a construir no ambiente, ou seja, toda a riqueza da vida na Terra (WWF; FMN, 2008). Para Primack e Rodrigues (2002), a diversidade biológica deverá sempre ser analisada segundo três níveis: em nível de espécies, que inclui todos os seres vivos do planeta, em nível de variação genética dentre as espécies, e em nível de comunidades/ecossistemas biológicos. Segundo WWF - Brasil biodiversidade descreve a riqueza e a variedade do mundo natural sendo que, esta diversidade biológica deve ser entendida segundo dois níveis, onde um dá enfoque aos genes contidos em todas as formas viventes, e o outro focaliza as inter-relações, ou ecossistemas, nos quais a existência de uma espécie afeta diretamente a vida de muitas outras. Biodiversidade é ainda definida como uma somatória de todas as espécies, ecossistemas e processos ecológicos que sustentam a vida no planeta Terra. A perda das espécies existentes na Terra - ou seja, a destruição da biodiversidade - através de processos como: poluição de todos os tipos, crescimento populacional, e aumento de consumo desenfreado têm levado a prejuízos inigualáveis, pois nada pode ser feito para recuperar espécies que foram levadas à extinção e que eram fundamentais para a sobrevivência de ecossistemas naturais. Por isso é muito importante manter áreas que possam pelo menos garantir o que foi formado ao longo de bilhões de anos, na história evolutiva do planeta (MILLER JR., 2007). Segundo o especialista em biodiversidade Edward Wilson: "o mundo natural está desaparecendo em todas as partes diante de nossos olhos – picotado, ceifado, destruído, devorado, substituído por artefatos humanos."(WILSON, 1988 apud MILLER JR., 2007). Pesquisadores da biodiversidade defendem que se deve agir para preservar a biodiversidade da Terra, pois seus genes, espécies, ecossistemas e processos ecológicos apresentam dois tipos de valor, segundo Miller Jr. (2007, p. 172) "existe um valor intrínseco, pois os componentes de biodiversidade existem independentemente de sua utilidade para nós e um valor instrumental, em razão de sua utilidade para nós."

2 - Medidas de diversidade

Para medirmos a diversidade de uma comunidade faz-se necessário encontrar medidas que descrevam a complexidade das interações existentes entre os organismos, como, por exemplo, as variações espaciais e temporais. Outra maneira seria através da listagem das espécies ali presentes, o que traz uma grande dificuldade, porque nem todos os organismos são conhecidos taxonomicamente. Como podemos destacar o caso dos insetos, os quais existem muitas espécies desconhecidas. Outro caminho é através da riqueza de espécies, realizada através de uma amostragem bem feita, confirmada a partir das curvas de acumulação de espécies. Conforme demonstrado na figura 2:

Curva de acumulação de espécie

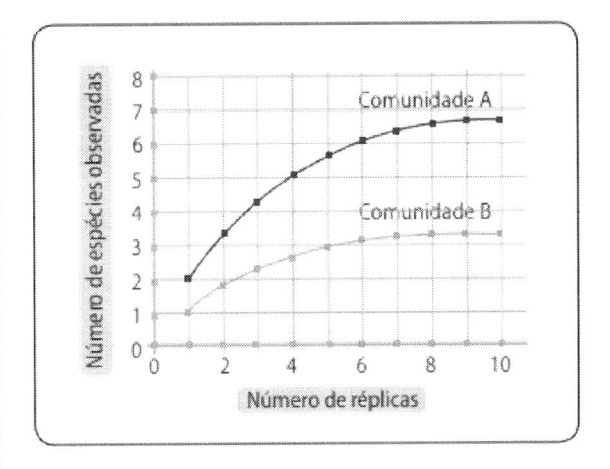

Figura 2. http://professor.ufop.br/sites/default/files/roberthfagundes/files/ecocom_aula02.pdf. Acesso em: 17 set. 2020.

Através do gráfico, podemos observar o acúmulo de espécies em dois hábitats diferentes, em que na comunidade A perfaz um total de 7 espécies e na comunidade B, um total de 3, sendo o número amostral de 10 réplicas. Outro fato a se observar é que conforme os números de repetições vão sendo amostrado, o número de espécies vão aumentando. Neste tipo de coleta, as espécies mais comuns e abundantes são as primeiras a aparecerem, sendo as mais raras verificadas após as repetições. Sendo assim, só podemos comparar a diferença entre a riqueza de espécies em comunidades diferentes, se a amostragem for feita da mesma maneira. Essa amostragem deve ser realizada até que a espécie atinja um valor constante, conforme podemos verificar na figura através da comunidade B.

Não podemos inferir sobre estrutura de uma comunidade, somente a partir do número de espécies, sem levar em conta como estão distribuídas em números de indivíduos, se poucos ou muitos. Para isso, podemos utilizar o índice de riqueza, em que se tem o número de espécies em relação ao total de indivíduos amostrados – abundância total. Conforme esta relação, este índice aumenta, na proporção em que o número de espécies é maior em relação ao número total de indivíduos em um hábitat determinado.

Índices de riqueza de espécies
Índice de Margalef: $D = (S - 1) / \ln N$
Índice de Menhinick: $D = S / \sqrt{N}$
onde S é o número de espécies e N é o número total de indivíduos.

Outro fator estrutural de grande importância em uma comunidade é sobre sua composição, sendo, muitas vezes, descrita somente pelo número de espécies presentes em relação a sua abundância total. É preciso levar em conta que existem as espécies abundantes e as raras. Por isso, é necessário que se faça análise que irá complementar essas informações, através de diagramas de distribuição de abundância, levando em conta a abundância relativa de cada espécie, a área coberta por indivíduos sésseis ou da contribuição que cada espécie oferece para a constituição da biomassa, conforme podemos verificar nas figuras 3 e 4:

Distribuição de abundância de pássaros de florestas

- Poucos pássaros são raros
- A maioria dos pássaros na comunidade é moderadamente abundante.
- Poucos pássaros são comuns.

Abundância absoluta

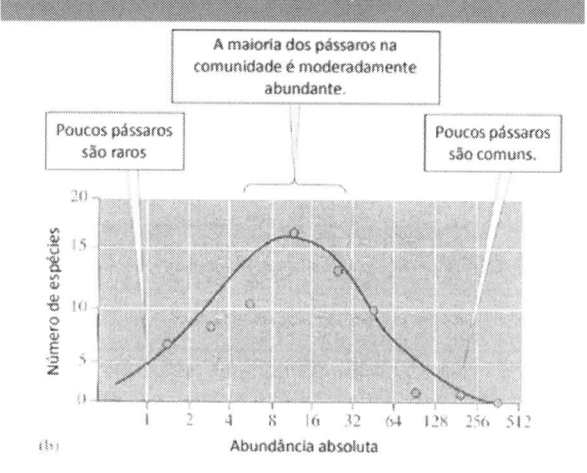

Figura 3. http://professor.ufop.br/sites/default/files/roberthfagundes/files/tema16estruturacomunidades_aulas1a4.pdf. Acesso em: 17 set. 2020.

Distribuição de abundância de plantas no deserto

- poucas plantas tem baixa cobertura
- maioria das espécies tem cobertura moderada
- poucas plantas tem alta cobertura

Porcentagem da cobertura

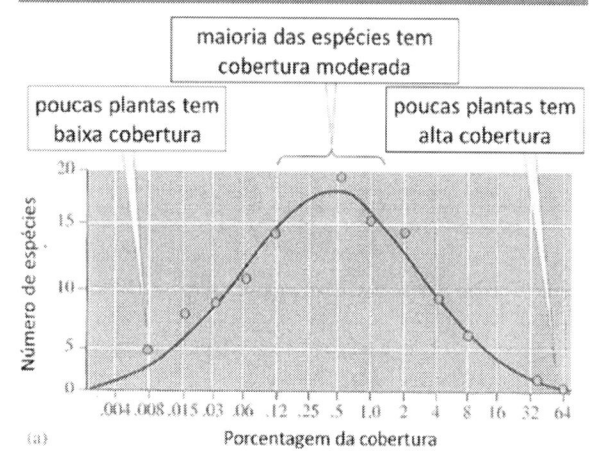

Figura 4. http://professor.ufop.br/sites/default/files/roberthfagundes/files/tema16estruturacomunidades_aulas1a4.pdf. Acesso em: 17 set. 2020.

Outra forma que podemos medir a diversidade é a utilização de índices de diversidade. Através dele combinam-se dois atributos de uma comunidade: riqueza de espécies e equitabilidade, ou seja, abundância relativa de cada espécie na amostra. Os índices de diversidade mais utilizados são aqueles que incorporam o índice de Simpson e o índice de Shannon-Wiener, sendo que, o de Simpson é mais sensível a mudanças nas espécies mais abundantes e o de Shannon-Wiener é mais sensível a mudanças nas espécies raras da comunidade.

Na década de 1960, através dos estudos feitos por Robert Whittaker, foi proposto três níveis de diversidade, sendo eles:

- diversidade alfa α (diversidade local) – é o número de espécies numa área pequena de habitat homogêneo;
- diversidade beta β – é a diferença ou substituição das espécies de um habitat para outro, então, quanto maior for a variação de espécies entre os hábitats, maior a diversidade;
- diversidade gama ϒ (diversidade regional) – é o número total de espécies observadas e, todos os habitats dentro de uma área geográfica, sendo que não haja fronteiras que possam limitar as dispersões.

Sabe-se que a diversidade local está suscetível a delimitações dos hábitats, e como são amostrados uma comunidade. Por esta razão, a definição da biodiversidade de uma região dependerá dos organismos considerados. Se todas as espécies fossem presentes em todos os habitats, numa dada área, não haveriam diferenças entre as diversidades locais e regionais. Ao passo que, se cada habitat tem sua flora e fauna de maneira única, a diversidade regional será a somatória das diversidades locais de todos os hábitats da região.

Com isso, para avaliar o quanto uma comunidade é similar a outra, utilizam-se as medidas de similaridade, que analisam a β diversidade. Isto por que as medidas de diversidade alfa α, somente comparam as diferenças entre as comunidades, mas nos aspectos de diversidade ou riqueza, eles não conseguem descrevem as distinções (ou similaridades) que ocorrem em termos de composição de espécies, por isso, a utilização da diversidade beta β, pois ela consegue medir a variedade, como também a abundância, que há entre as comunidades.

As medidas de similaridades são realizadas aos pares, através de grandezas numéricas que irão quantificar o grau de associação ou semelhança. Essas medidas são denominadas de índice de similaridade. Elas independem do tamanho da amostra, e do número de espécies, e vão desde um número mínimo fixo (zero, em que não há nenhuma similaridade) até o máximo (um ou cem, similaridade total), que representa que as duas comunidades avaliadas são iguais. Para notação, a abundância não precisa ser registrada, os índices podem ser binários, em que incluem somente dados de presença/ausência de espécies, espécies raras ou comuns, ou também, podem ser quantitativos. Desta forma, haverá a inclusão da abundância relativa das espécies.

3 - Padrões de Diversidade

Nesta aula, o tema central foi a riqueza de espécies, e a partir de tudo que foi discutido até aqui, tentamos responder algumas questões, como, por exemplo, o porquê de algumas comunidades conterem mais espécies do que outras? Quais os padrões ou gradientes de riqueza em espécies? E existindo esses padrões, quais são as razões de sua existência? O que podemos dizer é que muitos são os fatores utilizados para explicar os gradientes de riquezas de espécies existentes e suas correlações com o tamanho da área e isolamento, latitude, altitude, profundidade,

> **Binários**
>
> Coeficientes de Jaccard: $S_j = a/(a+b+c)$
> Coeficiente de Sorensen: $S_s = 2a/(2a+b+c)$ onde,
>
> • a é número de espécies em comum, que existem nas comunidades analisadas (1 e 2);
>
> • b é o número de espécies que existem na amostra 1 e que não existem na amostra 2;
>
> • c é o número de espécies que existem na amostra 2 e que não existem na amostra 1.
>
> Esses índices variam de 0 (sem similaridade) a 1 (iguais).

> Quantitativos
>
> Porcentagem de similaridade:
> P=∑ mínimo(P_{1i} | | ,P_{2i}) onde,
> - P = % de similaridade entre amostra 1 e 2;
> - P1i = % da espécie i, na amostra 1 da comunidade;
> - P2i = % da espécie i, na amostra 2 da comunidade.
>
> Esse índice varia de zero (sem similaridade) a 100 (iguais) e é muito utilizado.
>
> Cada comunidade é padronizada em porcentagem, as abundâncias relativas somam 100% em cada amostra.

interações interespecíficas, como a predação, heterogeneidade espacial etc.

Os **gradientes latitudinais** demonstram um aumento na riqueza de espécies que vai dos polos para os trópicos, é observado através da grande variedade de grupos taxonômicos existentes, como podemos observar através da figura 5. E o que influencia essa riqueza nas comunidades tropicais pode ser a maior intensidade de predação e predadores mais especializados, a luz, a temperatura e os regimes hídricos dos trópicos, que levam a uma grande produção de biomassa. Ainda não existe nenhuma comprovação ou explicação que seja convincente em relação ao padrão relacionado com os gradientes latitudinais, a não ser a defesa por alguns teóricos, apesar dos contrastes existentes.

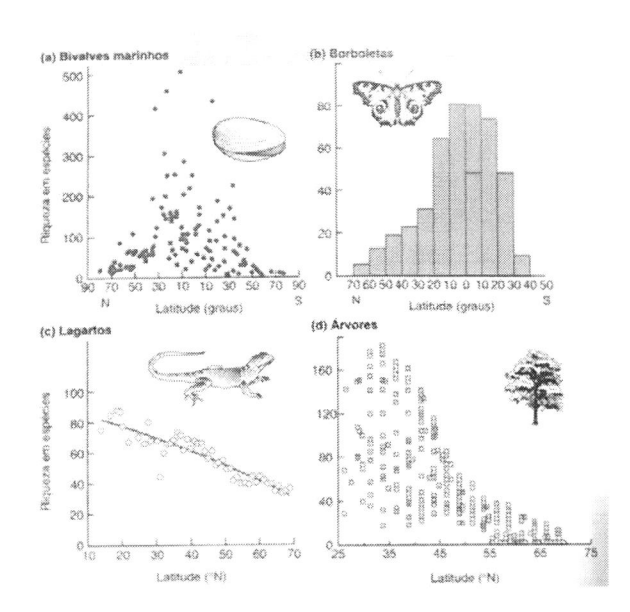

Figura 5. Padrões latitudinais de riqueza em espécies: (a) bivalves marinhos (segundo Flessa e Jablonski, 19995); (b) borboleta da gmilia Papilionidae (segundo Sutton e Collins, 1991); (c) mamíferos quadrúpedes na América do Norte (segundo Rosenzweig e Sandlin, 1997); e (d) árvores na América do Norte (segundo Currie e Paquin, 1987). (BEGON et al., 2007).

Os gradientes altitudinais em geral, demonstram um decréscimo da riqueza de espécies com o aumento da altitude, o que pode ser explicado através dos fatores climáticos (diminuição da temperatura), como através da disponibilidade de recursos, já que em regiões elevadas as áreas que as espécies ocupam são menores e mais isoladas, conforme podemos observar na figura 6:

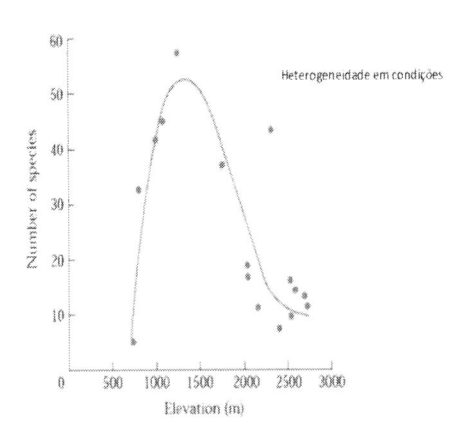

Figura 6. https://image.slidesharecdn.com/comunidadesepadresderiqueza-130325075347-phpapp02/95/comunidades-e-padres-de-riqueza-19-638.jpg?cb=1364198099. Acesso em: 17 set. 2020.

Gradientes de profundidade é semelhante ao que acontece com a riqueza de espécies em relação a altitude, ou seja, ocorre uma diminuição, como, por exemplo, em ambientes aquáticos. Em lagos maiores, as profundidades abissais frias, escuras e pobres de oxigênio, apresentam menos espécies do que em águas rasas, sendo equivalente, em habitats marinhos, onde encontramos somente uma variedade de animais bizarros, que vivem apenas no fundo dos oceanos. Curiosamente, em regiões costeiras, o efeito da profundidade sobre a riqueza de espécies em animais bentônicos produz um pico de riqueza, como podemos observar na figura 7:

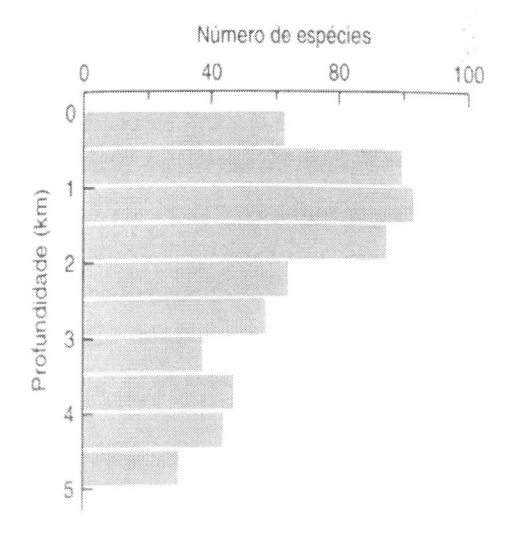

Figura 7. Gradiente de profundidade na riqueza em espécies do megabentos (peixes, decápodes, holotúrias e estrelas-do-mar) na costa sudoeste da Irlanda (segunda Ange, 1994). (BEGON et al., 2007).

Os fatores bióticos desempenham uma forte influência sobre a quantidade de espécies de um determinado habitat, e esses fatores podem estar relacionados com a disponibilidade de recursos, maior especialização; sobreposição de nichos. A heterogeneidade espacial tem influenciado na riqueza de espécies animais à diversidade estrutural das plantas do ambiente em que estes vivem. Acredita-se que em ambientes de maior heterogeneidade irão conter mais espécies, pois eles propiciam uma maior variedade de micro-habitats, microclimas, maiores refúgios etc. Outra influência está na disponibilidade de recursos, pois quanto maior a heterogeneidade ambiental, maior será a sua distribuição.

Um fator importante a ser levado em consideração é que, a relação que existe entre a riqueza de espécies e a área de hábitat é um dos mais consistentes padrões ecológicos. Já está estabelecido que o número de espécies que habitam uma ilha decresce conforme as áreas delas diminuem. Temos que ter em mente que ilhas não são somente pedaços de terras, cercados por água marinha, os lagos também podem ser assim considerados, clareira em uma floresta e assim por diante. Em 1967, MacArthur e Wilson realizaram um estudo para propor algumas explicações para o padrão observado de riqueza de espécies em ilhas. O trabalho intitulado como Teoria do equilíbrio da biogeografia de ilhas fez as seguintes proposições (BEGON, 2007):

- O tamanho das ilhas e o grau de isolamento exercem papéis importantes – que o número de espécies em uma ilha é determinado por balanço entre imigração e extinção;
- Que esse balanço é dinâmico, com espécies continuamente se extinguindo e sendo substituídas (através da imigração) pelas mesmas espécies ou por outras; e
- Que as taxas de imigração e extinção podem variar com o tamanho da ilha e o isolamento.

Através destas proposições, entendemos que haverá um aumento na taxa de imigração se uma ilha estiver vazia, pois qualquer indivíduo que chegar será considerado como uma nova espécie. A partir do momento que todas as espécies encontradas no continente estiverem presentes na ilha, esta taxa será zerada (figura 8 (a)). Em relação a taxa de extinção, ela será menor quanto menor for a riqueza, pois não havendo espécies na ilha, essa taxa é próxima a zero (figura 8 (b)). Aumentando a riqueza proporcionalmente aumentará a taxa de extinção, tem-se a partir daí como resultado o aumento da exclusão competitiva. Assim sendo, a taxa de extinção é maior em ilhas pequenas, pois as populações serão menores.

A partir da teoria de biogeografia de ilhas, podemos estimar que a riqueza de espécies obtém um equilíbrio dinâmico onde as curvas se sobrepõem (S*) (figura 8 (c)). Abaixo deste ponto de equilíbrio S*, a riqueza aumenta, já que a imigração excede a extinção, e acima de S* a riqueza diminui, uma vez que a extinção excede a imigração.

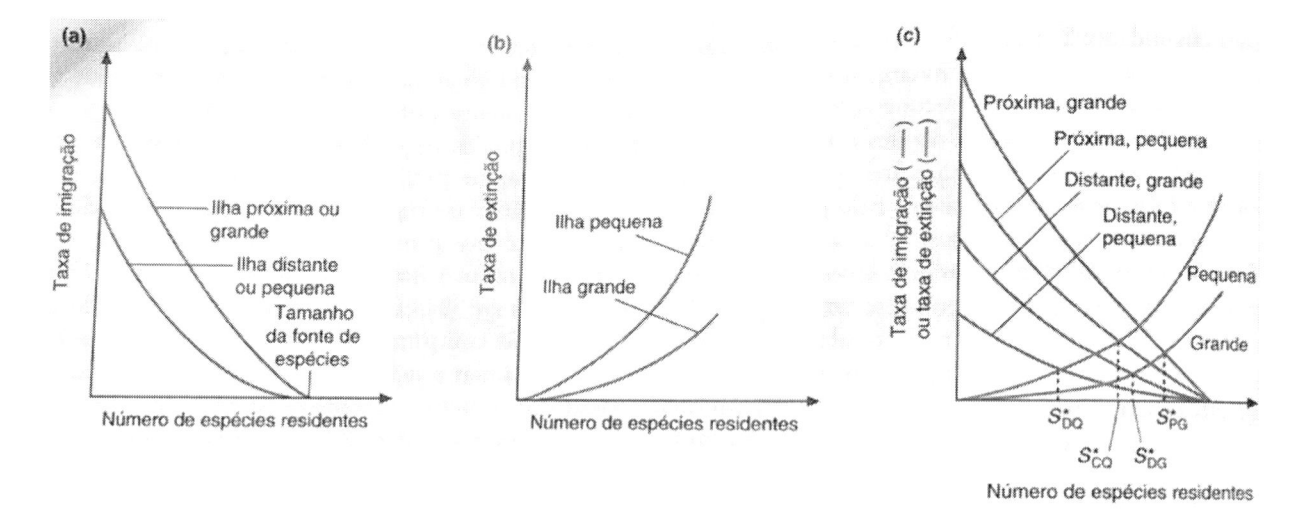

Figura 8: (a) Relação entre a taxa de imigração e a riqueza de espécies em ilhas de tamanho pequeno (ou distantes) e de tamanho grande (ou próximas ao continente). (b) Relação entre a taxa de extinção e a riqueza de espécies em ilhas de tamanho pequeno (ou distantes) e de tamanho grande (ou próximas ao continente). (c) Teoria de biogeografia de ilhas, mostrando os pontos de equilíbrio do número de espécies residentes em ilhas pequenas e grandes. (Modificado de: TOWNSEND; BEGON; HARPER, 2006).

As previsões propostas pela teoria são as seguintes (BEGON, 2007):

1. O número de espécies de uma ilha com o passar do tempo será sempre mais ou menos constante.
2. Como resultado desta constante será o movimento de renovação contínua das espécies, umas extinguindo outras imigrando.
3. Deve haver maior número de espécies em ilhas maiores do que nas menores.
4. Diminuição no número de espécies de uma ilha, com o seu grau de isolamento.

Através da biodiversidade é que se procura abranger e integrar todos organismos vivos, nos mais diferentes níveis participantes de um ecossistema. É de suma importância se conhecer a maneira de como eles vivem, suas organizações, interações e componentes. Também, como se dão os processos entre os organismos, as populações, as comunidades e os ecossistemas para preservação de suas estruturas.

Retomando a aula

Chegamos assim, ao final da aula. Espero que tenha ficado claro os assuntos aqui abordados. Vamos relembrar?

1 - Comunidades e suas características

Na seção 1, pudemos definir comunidade como sendo uma reunião de populações de espécie que ocorrem no mesmo espaço e tempo. É através de seu estudo que tentamos entender como essas espécies agrupadas estão distribuídas pela natureza e como os fatores bióticos e abióticos interferem na sua coexistência. Geralmente, as espécies que vivem em comunidades sofrem restrições ambientais, e possuem propriedades coletivas, como exemplo disso, podemos destacar a diversidade e a biomassa.

2 - Medidas de diversidade

Na seção 2, vimos que para medirmos a diversidade de uma comunidade faz-se necessário encontrar medidas que descrevam a complexidade das interações existentes entre os organismos, como, por exemplo, as variações espaciais e temporais. Outra maneira seria através da listagem das espécies ali presentes, o que traz uma grande dificuldade, porque nem todos os organismos são conhecidos taxonomicamente.

3 - Padrões de Diversidade

Quais os padrões ou gradientes de riqueza em espécies? E existindo esses padrões, quais são as razões de sua existência? O que podemos dizer é que muitos são os fatores utilizados para explicar os gradientes de riquezas de espécies existentes e suas correlações com o tamanho da área e isolamento, latitude, altitude, profundidade, interações interespecíficas, como a predação, heterogeneidade espacial etc.

Vale a pena

Vale a pena assistir,

Nosso Planeta. Disponível em: https://youtu.be/JkaxUblCGz0. Acesso em: 17 set. 2020.

Minhas anotações

Minhas anotações

Aula 6º

Nicho ecológico

Nesta aula, vamos aprender sobre nicho ecológico, e nosso objetivo será definir os termos, diferenciar conceitos, além de tratarmos sobre a diferenciação que existe entre o nicho das espécies que coexistem, possibilitando um aumento da diversidade nas comunidades.

Bons estudos!

Objetivos de aprendizagem

Ao término desta aula, vocês serão capazes de:
- entender o conceito de nicho ecológico de uma espécie e suas interpelações;
- conhecer as diferenças de nicho entre espécies que vivem juntas;
- saber que a diferenciação de nichos entre espécies pode ocorrer a partir do compartilhamento de recursos;
- entender que quanto maior for a diversidade de espécies maior será a diversidade de nichos.

Seções de estudo

1 - Conceituando nicho
2 - Nicho fundamental e efetivo
3 - Sobreposição e diferenciação de nichos entre espécies coexistentes

1 - Conceituando Nicho

Foi a partir da década de 20 que o conceito nicho foi adotado na ecologia, por Grinnel. Ele definiu, em 1924, que nicho ecológico ou ambiental seria a distribuição geográfica de uma espécie ou população, mas mesmo antes da realização deste trabalho, já havia essa ideia, só não havia ainda a terminologia. Para Grinell, nicho seria a associação das propriedades físicas e climáticas do ambiente, que permitiria a ocorrência de uma espécie sem levar em conta as possíveis interações com outras espécies.

Charles Elton, em 1927, ao conceituar nicho ecológico, baseou-se nos hábitos alimentares das espécies, definindo, então, como sendo o lugar de uma espécie ou organismo no ambiente, considerando as relações existentes com o alimento e os inimigos. Dessa forma, para Elton, nicho era o status ou posicionamento de uma espécie dentro do seu ambiente, incluindo aí, as interações bióticas e abióticas. Foi ele o primeiro a considerar que o nicho real de um organismo pode ser diferente do seu potencial.

Somente em 1957, após os trabalhos realizados por Evelyn Hutchinson, que houve uma mudança na conceituação de nicho, definindo como sendo um hipervolume, ou seja, um "espaço multidimensional", resultado das características físicas e biológicas do ambiente, condicionando a existência de uma determinada espécie. Para ele, cada ponto neste "espaço" seria correspondente a um estado de uma característica que permite a presença daquela espécie, ou, na qual a espécie teria um crescimento positivo, sendo este hipervolume, chamado por ele, de nicho fundamental. Hutchinson estabeleceu que haveria o nicho fundamental ou potencial, e nicho realizado ou efetivo.

Nicho fundamental ou potencial, é o conjunto de várias características do habitat, permitindo a presença de um organismo ou espécie. Já no nicho realizado ou efetivo, considera também o conjunto das características físicas do ambiente e a presença de outras espécies e suas interações, possibilitando a ocorrência de um organismo determinado. O nicho efetivo é o "espaço" real onde se encontra o organismo.

Com o passar do tempo, vários conceitos foram surgindo, sendo o conceito de sobreposição de nicho o mais discutido. A sobreposição de nichos já havia sido levada em conta por Grinell, e também foi ressaltada por Hutchinson, que sugestionou que talvez duas espécies de nichos idênticos não poderiam se estabelecer no mesmo local (HUTCHINSON 1957), expondo que "duas espécies simpátricas de um mesmo gênero ou subfamília sempre terão diferenças ecológicas". Já MacArthur (1958), fez vários apontamentos, sugerindo que tempo de atividade, o período de atividade, a época reprodutiva; os hábitos alimentares, o local de alimentação, a forma de forrageio e a preferência alimentar; além da localização do ninho, poderiam ser fatores importantes para a sobreposição de nicho entre cinco espécies de aves.

Não podemos deixar de considerar o que foi publicado por Hutchinson (1957), onde diz que o nicho multidimensional é uma medida estática, feita num dado momento, e é impossível quantificar todos os fatores que interferem na ocorrência ou não de um organismo, ou seja, jamais conseguiremos acessar de forma completa o nicho fundamental de um organismo ou espécie. Só teremos ideia das relações que ali acontecem, sem a dimensão exata.

> Begon et al. 2007, assim definem: nicho ecológico de um organismo pode ser definido como "o conjunto de suas tolerâncias e necessidades", ou simplesmente como o modo de vida daquele organismo.

O texto abaixo, descrito por Begon et al. (2007), descreve através da figura 1 uma ótima explicação do que seria o "conjunto de suas tolerâncias e necessidades":

> ... A temperatura, por exemplo, limita o crescimento e a reprodução de todos os organismos, mas organismos distintos toleram faixas diferentes de temperatura. Essa faixa é uma dimensão de um nicho ecológico do organismo. A figura 1(a) mostra como espécies de plantas variam nessa dimensão do seu nicho: como elas variam na faixa de temperaturas em que podem sobreviver. Porém, existem muitas dimensões do nicho de uma espécie – sua tolerância a várias outras condições (umidade relativa, pH, velocidade do vento, fluxo da água, etc) e sua necessidade de recursos variados. Evidentemente, o nicho real de uma espécie deve ser **multidimensional**.
> É fácil visualizar os estágios iniciais de construção de um nicho multidimensional. A figura 2(b) ilustra o modo pelo qual duas dimensões de um nicho (temperatura e salinidade) juntas definem uma área, que é a parte do nicho de um camarão-da-areia. Três dimensões, como temperatura, pH e disponibilidade de um determinado alimento, podem definir um nicho com um volume (Figura 2(c)). Na realidade, considera-se um nicho como um hipervolume n-dimensional, em que n é o número de dimensões que o constituem. É difícil imaginar (e impossível delinear) um diagrama de um nicho mais realista. Contudo, a versão tridimensional simplificada capta a idéia do nicho ecológico de uma espécie. Ela é definida pelos limites onde pode viver, crescer e se reproduzir, ficando claro que o nicho é um conceito, em vez de um local. /esse conceito tornou-se um dos pilares do pensamento ecológico.

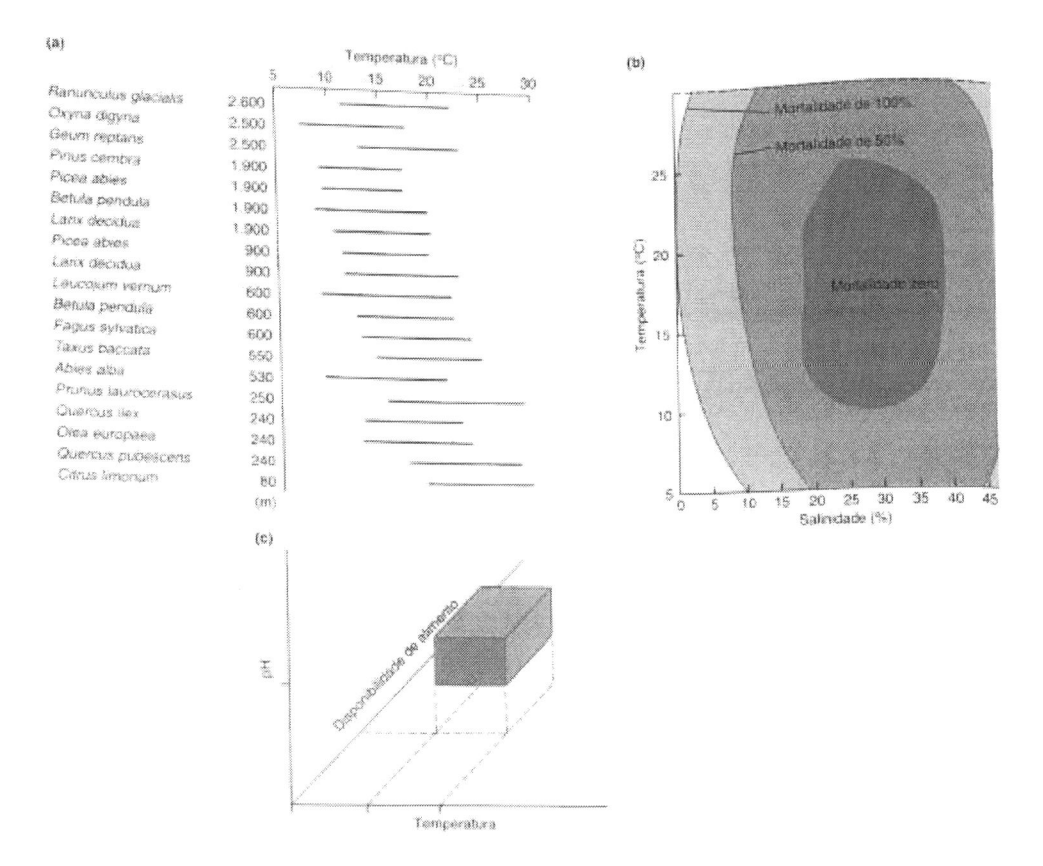

Figura 1. (a) Nicho de uma dimensão. Faixa de temperatura na qual diversas espécies vegetais nos Alpes Europeus podem atingir a fotossíntese líquida com baixas intensidades de radiação (70 Wm⁻²) (de Pisek et al., 1973). (b) Nicho em duas dimensões para o camarão-da-areia (Crangon septe,spinosa), mostrando o destino de fêmeas portando ovos em água aerada, em uma faixa de temperaturas e salinidades (de Haefner, 1970). (c) Nicho diagramático em três dimensões para um organismo aquático, mostrando um volume definido pela temperatura, pelo pH e pela disponibilidade de alimento. (BEGON et al., 2007).

2 - Nicho fundamental e efetivo

Nicho fundamental é a combinação das condições e recursos que permitam que uma espécie exista, cresça e reproduza-se, em isolamento, sem a interferência de nenhuma outra espécie. Em nicho efetivo, também há a combinação de condições e recursos que permitam a existência de uma espécie, crescendo e reproduzindo-se, mas na presença de outras que possam lhe trazer algum prejuízo a sua existência – em especial a competição interespecífica. Observe o gráfico na figura 2.

Para que uma espécie se estabeleça em um hábitat, antes de tudo ela precisa ser capaz de chegar até ele, podendo ser através da imigração ou colonização, e pelo menos no início de seu estabelecimento ela não pode sofrer ação das interações interespecíficas, competição ou predação. Ocorrendo a coexistência de duas espécies, ou seja, a sobreposição de nichos, há uma grande possibilidade de haver uma competição, principalmente nas dimensões que correspondem aos recursos, e se essa sobreposição for correspondente as dimensões dos recursos, é bem possível que ocorra uma competição, com isso, há um estreitamento do nicho fundamental de uma ou de ambas espécies, passando a ser denominado como nicho efetivo.

Nicho fundamental e nicho realizado

Fundamental: conjunto de ótimos fisiológicos
Real, realizado ou efetivo: conjuntos de ótimos ecológicos

Figura 2. Interações de espécies e sua influência nos nichos de ambas. Os gráficos acima mostram os nichos fundamentais de duas espécies isoladas. Já os gráficos abaixo mostram o deslocamento desses nichos quando há uma interação dessas espécies com sobreposição dos nichos.

Fonte: http://midia.atp.usp.br/imagens/redefor/EnsinoBiologia/Ecolo/top02_fig09w.jpg. Acesso em: 21 set. 2020.

Já sabemos que duas espécies distintas não sobrevivem no mesmo nicho, a competição pelo mesmo recurso pode leva-los a extinção de um ou outro. Mas, as espécies que se sobrepõem parcialmente, podem coexistir. Como foi comprovado pelo trabalho realizado por MacArthur (1958), com as 5 espécies de aves que convivem no mesmo hábitat, todas as espécies possuem bicos curtos, seus alimentos são encontrados principalmente em folhas e galhos, todas se alimentam de insetos ao longo do ano, bem como de sementes no inverno; e todas nidificam em cavidades, geralmente árvores.

Essa coexistência consiste em uma exceção à regra, pois acredita-se que as espécies em geral são limitadas por diferentes fatores ou pela diferença no habitat, ou também, em sua extensão. Verificou-se que as espécies com alto grau de relacionamento e com semelhanças ecológicas podem coexistir, pois desenvolveram um mecanismo de recursos compartilhados, evitando a extinção de uma delas através da competição existente entre elas.

Sabe-se que quanto melhor for a compreensão dos mecanismos de compartilhamento de recursos entre espécies, melhor será para prever ou projetar, ao longo do tempo, o impacto que a extinção de uma espécie pode causar em comunidades ou ecossistemas inteiros. Então, temos que ter claro que a coexistência de espécies e seus comportamentos são extremamente afetados pelos espaços e os fatores ecológicos fundamentais, como por exemplo, a disponibilidade de recursos e como é feito o compartilhamento (LARA et al., 2015).

Fazemos então o seguinte questionamento, em quais condições espécies que coexistem são levadas a exclusão competitiva? Essa resposta vem através do "Princípio da Exclusão Competitiva" ou "Princípio de Gause", que diz: quando duas espécies competidoras coexistem em um ambiente estável, elas coexistem por causa da diferenciação dos nichos, isto é, da diferenciação dos seus nichos efetivos. Mas, não ocorrendo essa diferenciação, ou mesmo se o habitat a impede, uma espécie eliminará a outra. Dessa forma, fica estabelecido que a exclusão competitiva ocorre quando o nicho efetivo de um competidor superior invade parte ou por completo do nicho fundamental do competidor inferior.

Para exemplificar descrevemos o estudo realizado em laboratório com espécies de diatomáceas, seus nichos fundamentais foram providos em condições laboratoriais (as duas espécies desenvolveram-se cultivadas separadamente), mas quando competiram, *Synedra ulna* contava com um nicho efetivo e *Asterionella formosa* não: havendo sua exclusão competitiva. Este resultado também foi encontrado por Gause (Figura 3), quando P. *aurelia* e P. *caudatum* competiam; P. *caudatum* não possuía um nicho realizado então foi excluída. Contudo, quando P. *caudatum* e P. *bursaria* competem, as duas tem seus nichos efetivos, mas visivelmente diferentes: P. caudatum vivia e se alimentava de bactérias no meio de cultura, e P. bursaria se concentrava nas células de levedura no fundo do tubo. Portanto, esta coexistência está associada a uma diferenciação dos nichos efetivos ou a uma "partição" de recursos.

O Princípio da Exclusão Competitiva é totalmente aceito pelos motivos abaixo:

✓ boas e numerosas evidências que a confirmam;
✓ intuitivamente lógico;
✓ fundamentada teoricamente (Modelo de Lotka-Volterra);

Figura 3. *Paramecium aurelia* e *Paramecium caudatum* crescendo individualmente, mas quando eles competem pelos recursos P. *aurelia* exclui P. *caudatum*.

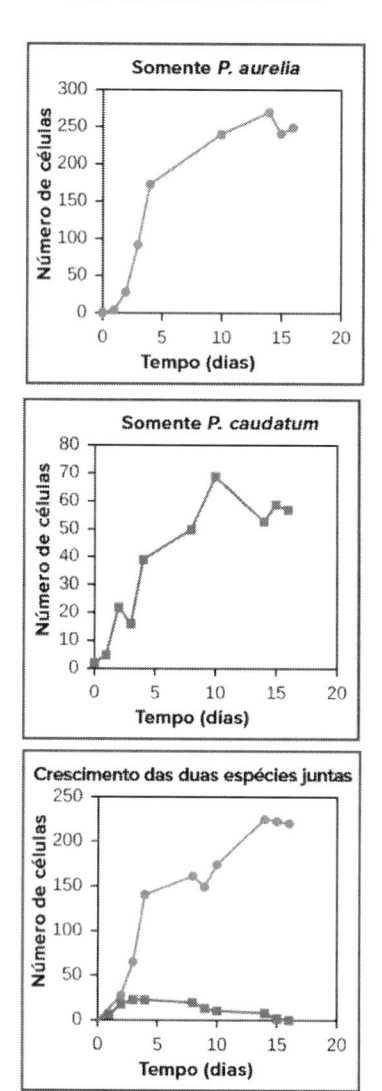

Fonte: https://cdn.kastatic.org/ka-perseus-images/39fe4731c9badb8690c834df4e4495ce8a185eff.png. Acesso em: 21 set. 2020.

Evidências de competição em padrões morfológicos

A diferenciação de nichos pode ser demonstrada através das diferenças morfológicas entre espécies pertencentes a uma guilda. Mas, o que são guildas? Em um estudo realizado por Root (1967), ficou definido como sendo guilda "um grupo de espécies que exploram a mesma classe de recursos ambientais de modo similar". Sendo assim, as espécies são agrupadas em unidades funcionais, descartando suas relações taxinômicas, mas que tenham sobreposição de nichos. As guildas são definidas de forma independente da composição das espécies. A maioria dos estudos ecológicos realizados, fazem a interligação das guildas com as fontes alimentares compartilhadas e exploradas pelas espécies.

Na guilda em que os organismos competem fortemente ao longo de uma única dimensão do nicho, em geral, essas diferenças exibidas são relacionadas ao tamanho corpóreo, que facilitam a partição de recursos entre elas. Como exemplo, podemos citar as espécies de felinos que coexistem na Mata Atlântica, o tamanho do corpo é diferente entre as espécies, e os tipos de recursos utilizados para sua alimentação também são diferentes. Outra variação que pode ocorrer entre as espécies que coexistem é no tamanho do aparato alimentar, como é o caso das espécies de aves, havendo assim, uma a partição de recursos.

Vários são os casos de partição de recursos comprovados experimentalmente, mas existem estudos que demonstram que a partição de recursos pode não apresentar uma grande interferência na estruturação das comunidades. O pesquisador Strong (1982), realizou um trabalho com besouros da família Chrysomelidae em ambientes tropicais, os resultados revelaram que 14 espécies coexistem como adultos em folhas da planta Heliconia, se alimentam do mesmo alimento e vivem no mesmo habitat, sem haver indícios de segregação. Não ocorreu entre as espécies algum tipo de comportamento agressivo, especificidade de hospedeiro e limitação alimentar, mesmo assim, há predação e parasitismo!

Sabemos que os ambientes nem sempre são favoráveis e nem tão desfavoráveis aos organismos, ocorrendo uma variação ao longo do tempo. Dessa mesma forma, acontece com a competição interespecífica entre duas espécies, ela também passará por variações, que farão com que a exclusão competitiva nem sempre aconteça. Os sistemas nem sempre alcançam o equilíbrio necessário e os competidores superiores nem sempre dispõem de tempo para excluir os competidores inferiores, demonstrado assim, que a competição interespecífica também sofre influências da inconstância ambiental.

3 - Sobreposição e diferenciação de nichos entre espécies coexistentes

A partir do Princípio da Exclusão Competitiva, ficou indicado que qualquer grau de diferenciação dos nichos permitiria a coexistência estável dos competidores. Em 1940, a pergunta que os ecólogos gostariam de responder era se essa afirmativa era verdadeira. Eles questionavam se realmente era necessário haver a diferença para coexistir de forma estável. Hoje em dia, já se sabe que existe uma aparente associação a um certo grau de diferenciação, e que todas as espécies que coexistem são diferentes. MacArthur e Levins (1967) e May (1973) reformularam o questionamento para: "existe um grau mínimo de diferenciação dos nichos que deva ser superado para a ocorrência de uma coexistência estável?", ou seja, existe um limite para a semelhança de espécies coexistentes?

O modelo de sobreposição foi assim descrito (BEGON et al., 2007):

Imaginemos três espécies competindo por um recurso unidimensional e de distribuição contínua; o tamanho do alimento é um exemplo claro disso. Cada espécie possui seu nicho efetivo próprio nessa dimensão única, que pode ser representado por uma curva de utilização de recursos (Figura 4). A taxa de consumo de cada espécies é máxima no centro do seu nicho e cai até zero em ambas as extremidades, e quanto mais as curvas de utilização das espécies adjacentes se sobrepõem, tanto mais tais espécies competem. Na verdade, admitindo que as curvas sejam distribuições "normais" (no sentido estatístico) e que as espécies diferentes tenham curvas de forma similar, o coeficiente de competição (aplicável a ambas as espécies adjacentes) pode ser expresso pela seguinte fórmula:

$$\alpha = e^{-d^2/4w^2}$$

em que w é o desvio-padrão (ou, aproximadamente, a "largura relativa") das curvas e d é a distância entre os picos adjacentes. Assim, α é muito pequena quando existe uma separação considerável entre as curvas adjacentes ($d/w>>1$; Figura 4(a)) e fica perto da unidade a medida que as curvas se aproximam da outra ($d/w<1$; Figura 4(b)).

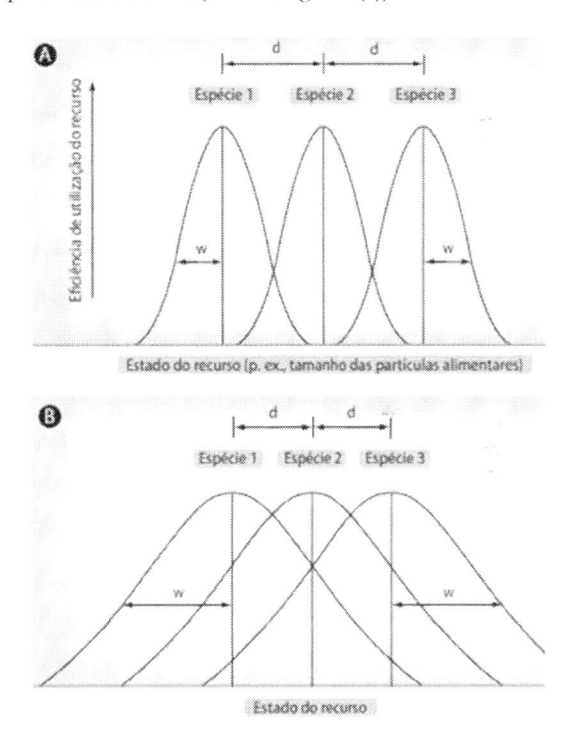

Figura 4. – Curvas de utilização do recurso para três espécies que coexistem ao longo de um espectro unidimensional de um recurso. "d" é a distância entre os picos de curvas adjacentes e o "w" é o desvio padrão das curvas. (a) Nichos estreitos com pouca sobreposição (d>w), isto é, com uma competição interespecífica relativamente pequena. (b) Nichos mais amplos, com maior sobreposição (d < w), ou seja, com uma competição interespecífica relativamente intensa.

A resposta do modelo é que existe um limite para a semelhança dos competidores coexistentes e qual limite é estabelecido pela condição d/w > 1. Mas isso não pode ser regra, por que a heterogeneidade espacial, a competição de exploração e a diferenciação de nicho não constituem toda a história quando se trata de coexistência entre competidores. A diferenciação de nichos pode acontecer de muitas maneiras, como por exemplo, através da partição de recursos ou até mesmo na utilização preferencial dos recursos por parte de uma espécie. De mais a mais, os recursos utilizados por espécies ecologicamente similares podem ter diferenciação de micro-habitat ou na distribuição geográfica; esta disponibilidade de recursos também pode ser separada no tempo (horas do dia ou estações do ano) como também pelas condições ambientais.

As relações existentes entre os nichos das espécies resultam em uma informação de como está a organização estrutural das comunidades. Cada comunidade pode ser vista como um espaço de nicho total, em que os organismos devem se ajustar, o acréscimo ou a remoção de espécies geram consequências, já que os nichos das espécies podem se expandir ou comprimir. Para exemplificar, podemos utilizar das espécies invasoras, que trazem consigo uma forte desestruturação das comunidades devido às suas vantagens competitivas, podendo utilizar o nicho de espécies nativas, e através daí levá-las à extinção. A expressão "oportunidade de nicho" demonstra o sucesso desta espécie invasora. A diversidade de espécies e a diversidade de nichos desempenham uma estreita relação. Uma comunidade com maior diversidade de espécies geralmente reflete uma maior diversidade de nichos e maior variedade de papéis ecológicos das espécies (ou funções).

Retomando a aula

Chegamos assim, ao final da aula. Espero que tenha ficado claro os assuntos aqui abordados. Vamos relembrar?

1 - Conceituando Nicho

Begon (et al., 2007) definiram que nicho ecológico de um organismo pode ser definido como "o conjunto de suas tolerâncias e necessidades", ou simplesmente como o modo de vida daquele organismo.

2 - Nicho fundamental e efetivo

Estudamos nessa seção, que nicho fundamental é a combinação das condições e recursos que permitem que uma espécie exista, cresça e reproduza-se, em isolamento, sem a interferência de nenhuma outra espécie. E que em nicho efetivo, também há a combinação de condições e recursos que permitam a existência de uma espécie, crescendo e reproduzindo-se, mas na presença de outras que possam lhe trazer algum prejuízo a sua existência – em especial a competição interespecífica.

3 - Sobreposição e diferenciação de nichos entre espécies coexistentes

Na seção 3, aprendemos que a partir do Princípio da Exclusão Competitiva ficou indicado que qualquer grau de diferenciação dos nichos permitiria a coexistência estável dos competidores. As relações existentes entre os nichos das espécies resultam em uma informação de como está a organização estrutural das comunidades. Cada comunidade pode ser vista como um espaço de nicho total em que os organismos devem se ajustar, o acréscimo ou a remoção de espécies geram consequências, já que os nichos das espécies podem se expandir ou comprimir.

Vale a pena

Vale a pena assistir

Como os lobos mudam os rios. Disponível em: https://youtu.be/fVfB4N_tvlE. Acesso em: 21 set. 2020.

Minhas anotações

Aula 7º

Influência das interações populacionais na estrutura de comunidades

Todo o conteúdo que vimos até aqui, já nos permitiu saber que uma única espécie tem influência de formas variadas na estrutura de toda comunidade. E que existem espécies que são responsáveis no provimento do recurso de seus predadores e parasitos, e outras podem fornecer recursos para um grande número de espécies consumidoras. Outro papel desempenhado pelas espécies é na determinação da composição e diversidade de comunidades. Nesta aula, abordaremos os processos populacionais que influenciam nas estruturas de comunidade, tais como as interações interespecíficas e, como eles se incorporam nas teorias de complexidade e estabilidades dentro das comunidades.

Bons estudos!

Objetivos de aprendizagem

Ao término desta aula, vocês serão capazes de:
- compreender a importância das interações entre as espécies na estrutura de comunidades;
- entender como a predação pode influenciar na riqueza de espécies de uma comunidade;
- saber sobre a importância das espécies-chave dentro de uma comunidade;
- conhecer a influências de todas as interações na complexidade e na estabilidade das comunidades.

Seções de estudo

1 - Influência da competição na estrutura de comunidades
2 - Influência da predação na estrutura de comunidades
3 - Influência da perturbação na estrutura de comunidades
4 - Complexidade e estabilidade de comunidades

1 - Influência da competição na estrutura de comunidades

O princípio da exclusão competitiva fez com que a competição interespecífica fosse vista como o principal fator na acomodação de comunidades. Uma visão mais profunda deste princípio sugere que existe um limite à similaridade de espécies competidoras. Desta forma, há um limite de espécies que podem permanece naquela comunidade, antes da completa saturação dos nichos. A competição interespecífica é capaz de excluir determinadas espécies de uma comunidade, como também determinar quais podem coexistir.

Diante de vários estudos realizados a respeito da competição interespecífica, já se chegou a um consenso que, as vezes a competição pode interferir na estrutura da comunidade como também nem sempre ela pode ser o fator principal. Podem existir outros fatores, tais como densidade e reversão periódica da superioridade competitiva e, mesmo assim, a competição ainda ser intensa. As espécies envolvidas podem coexistir, se possuírem distribuições agregadas, com cada uma das espécies distribuídas independentemente de outras.

A diferenciação de nichos no tempo e espaço focado na utilização dos recursos são coerentes com o papel desempenhado pela competição, na determinação da composição de comunidades, mas pautar-se somente nas diferenças entre as espécies é insuficiente. As estruturas de uma comunidade não são baseadas apenas por um único processo biológico e o papel de consumidores nessa estruturação pode ser dependente das condições abióticas. Para as comunidades, os efeitos dos fatores abióticos podem ser muito mais severos que os bióticos.

Os estudos realizados por Hutchinson (1961) com comunidades de fitoplanctônicas mostraram que, em geral, elas são muito diversas, mesmo com o grau de compartilhamento de recurso baixo, sugerindo que sutis oscilações na temperatura ou luz, impedem a ocorrência da exclusão competitiva, permitindo aumento da diversidade, conforme podemos observar na Figura 1.

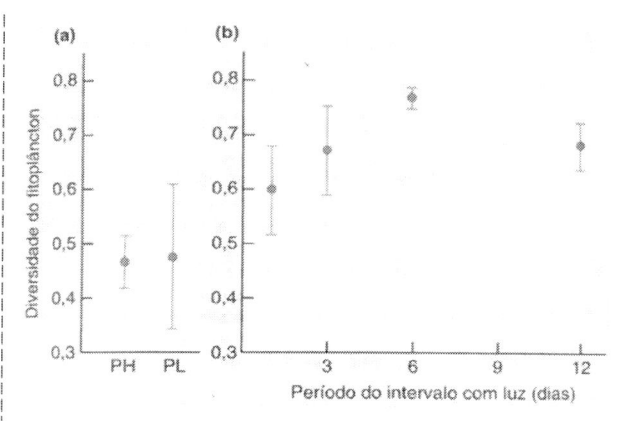

Figura 1. Diversidade média do fitoplâncton ao fim de 49 dias de experimentos. (a) com condições constantes de luz e (b) com condições flutuantes de intensidade de luz. (Modificado de BEGON et al., 2007).

2 - Influência da predação na estrutura de comunidades

Predadores herbívoros e seus efeitos

Predadores herbívoros podem ser aparadores, ou seja, predadores não seletivos, no habitat onde eles se alimentam a vegetação é rente ao solo. Já os animais pastadores, em geral, são seletivos, como é caso dos coelhos, em torno de suas tocas existem plantas que por características físicas ou químicas não fazem parte da sua dieta. A composição da comunidade de plantas será dependente do regime de pastejo das espécies predadoras. E na falta de um ou de outro, essa comunidade se alterará.

Quando a predação permite a coexistência, seja na ausência da predação ou da exclusão competitiva, é denominado coexistência mediada por consumo. Esse tipo de coexistência pode ser visualizado na Figura 2. Sabe-se, então, que a riqueza de espécies de plantas será em resposta ao pastejo, variando entre a intensidade desta atividade, sua história evolutiva, características particulares e produtividade do ecossistema. O aumento da riqueza de espécies, relacionado ao pastejo, será em resposta do pastejo das espécies competidoras dominantes e, o contrário, uma perda na riqueza será em resposta a uma alimentação baseada nos competidores inferiores.

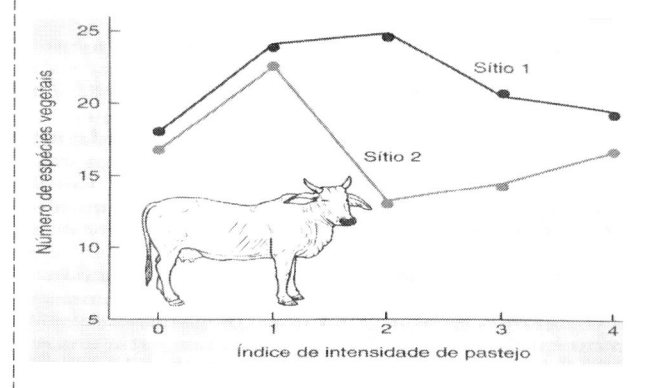

Figura 2. Médias de riqueza em espécies vegetais de pastagens em parcelas sujeitas a diferentes níveis de pastejo por gado. 0 = sem pastejo; 1 = pastejo leve; 2 = pastejo

moderado; 3 = pastejo intenso; 4 = pastejo muito intenso (Modificado de BEGON et al., 2007).

Predadores carnívoros e seus efeitos

O resultado da predação por carnívoros na estrutura da comunidade será o mesmo dos predadores herbívoros. A riqueza de espécie será modificada conforme a intensidade da predação, da produtividade dos ecossistemas e das características particulares das espécies. E a variação na riqueza também será dependente do tipo preferencial de presa, se competidora dominante ou inferior.

O efeito da predação também é refletido na comunidade de presas, a partir do comportamento de seleção de presas. O consumo não é feito sem nenhuma seleção, ou seja, o predador consome a presa até que entre em extinção, passando então a predação de outra espécie de presa. Esta seleção é modulada através do tempo ou energia que será consumida na procura pela presa preferida. Predadores carnívoros podem possuir uma dieta mista, como também podem trocar de uma espécie presa por outra, consumindo de maneira desproporcional.

Como resultado destas trocas de presas, teoricamente, isso levaria a coexistência de um grande número de espécies relativamente raras, ou seja, a coexistência seria mediada pelo consumo do tipo dependente de frequência, mas essa seleção não é uma regra geral e pode não ser comum. Há predadores que são tão especializados que não existe a opção de troca de dieta, como é o caso dos pandas gigantes. Sua alimentação é estritamente feita através de brotos de bambus. E há casos em que o predador se alimente de um tipo de presa e preda outros tipos.

Parasitismo e seus efeitos

O parasitismo pode determinar a ocorrência ou não de uma espécie hospedeira. É provável que o maior rompimento na estrutura de uma comunidade foi por um parasita. A castanheira era uma espécie que dominava várias áreas de florestas norte-americanas, até que ocorreu a introdução de um patógeno, o Endothia parasítica, e a destruiu.

Do mesmo modo que acontece com os pastadores e carnívoros, os efeitos dos parasitos também podem ser sutis. Em ecossistemas terrestres, a coexistência também pode ser mediada pelos parasitos. Como exemplo, o parasito transmissor da malária, ele infecta duas espécies de lagarto do gênero Anolis no Caribe. Sendo que uma delas é dominante, e bem distribuída pela ilha, mas é mais sensível à infecção pelo parasito, para que as duas espécies de lagarto coexistam, o parasito precisa estar presente.

Por vezes, podem influenciar na composição da comunidade, não por alterar o resultado de interações competitivas, mas pelo impacto sobre importantes espécies da comunidade.

3 - Influência da predação na estrutura de comunidades

Os efeitos de animais sobre a comunidade está além dos predadores e suas presas, alguns são capazes de criar perturbações, modificar e manter a estrutura física do ambiente. Eles são chamados de "engenheiros ecológicos", e suas atividades podem alterar a abundância de um grande número de plantas e animais, como também, fazer uma modificação na biodiversidade de espécies. Como sabemos, quase todos os organismos afetam de uma alguma maneira o ambiente físico, então, seria incoerente chamar todos de "engenheiros do ecossistema". Reichman e Seablom sugeriram que esta terminologia fosse dada somente a espécie-chave, como, por exemplo, o castor e a lagarta, espécies que constrói abrigos.

Em 1994, Jones et al. propuseram dois tipos diferentes de engenheiros do ecossistema físico: halogênicos, que são aqueles que modificam o ambiente através de materiais viventes e não viventes, de um estado físico para outro através de meios mecânicos ou outros. Para exemplificar, temos os castores, que utilizam as árvores vivas ou mortas para represar água; autogênicos, estes fazem alterações no ambiente físico através de suas próprias estruturas físicas, isto é, seus tecidos vivos e mortos, criando assim habitats sobre ou dentro de outros organismos. Como exemplo, temos as epífitas, espécies de plantas que se desenvolvem em troncos de árvores vivas ou mortas.

4 - Complexidade e estabilidade de comunidades

Nesta aula, podemos discutir as interações entre as populações e como elas podem modelar as comunidades, através das interações entre as espécies de mesmo nível trófico, por meio das competições, como também entre as espécies de diferentes níveis tróficos, ou seja, através das interações interespecíficas de pastejo, predação e parasitismo.

Sendo assim, os efeitos de um predador carnívoro sobre sua presa herbívora podem ter reflexos que são sentidos por:

1. qualquer população vegetal que seja consumida pelo herbívoro;
2. por outros predadores e parasitos do herbívoro;
3. por outros consumidores da planta;
4. pelos competidores do herbívoro;
5. pelos competidores da planta;
6. e pela infinidade de espécies conectadas na teia alimentar!

Efeitos indiretos nas teias alimentares

Através das cadeias alimentares podemos ter uma clara imagem dos níveis tróficos, ou seja, quem come quem! Mas, se quisermos descrever comunidades ecológicas inteiras através das cadeias, alguns problemas se tornam evidentes. Então, para essa representação ser mais precisa, utilizamos a teia alimentar. A partir dela, conseguimos ter uma visão mais completa das interações tróficas entre as espécies de um ecossistema. Na Figura 3, podemos visualizá-la.

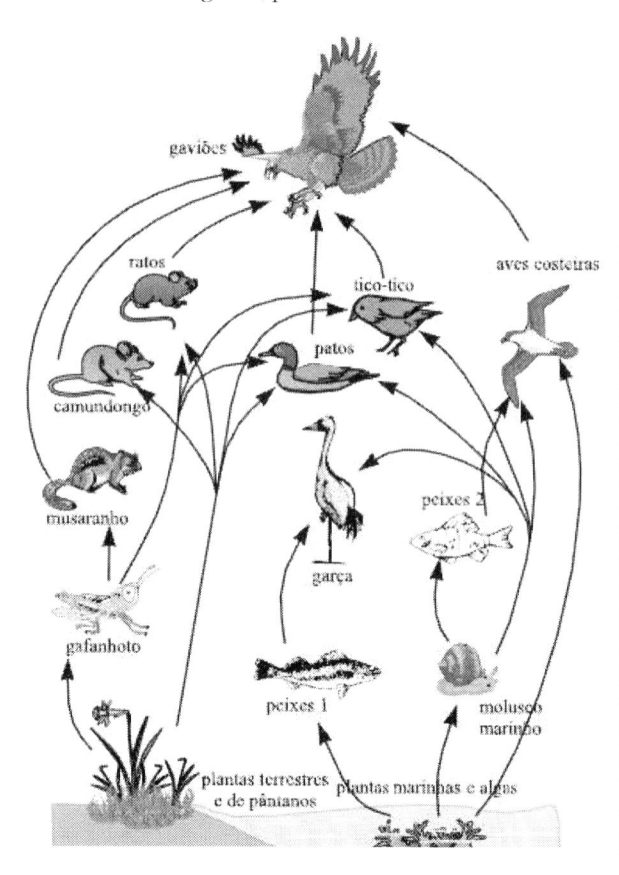

Figura 3. Teia alimentar. https://i.pinimg.com/474x/28/0d/b0/280db01203bb199781065710d8118ffc.jpg. Acesso em: 21 set. 2020.

Em teias alimentares, as setas apontam de um organismo que é comido para o organismo que o come. Como verificamos na imagem acima, algumas espécies podem comer organismos de mais de um nível trófico. Em estudos experimentais, efeitos inesperados foram apresentados a partir da remoção de uma espécie, revelando a complexidade do funcionamento de uma teia.

Através da Figura 4 é exemplificado as interações dentro de uma teia alimentar em ilhar, com a interação de três espécies: gatos (superpredadores, ou predadores de topo, alimentando-se tanto dos ratos como dos filhotes das aves), ratos (predadores de ovos das aves) e aves (presas). Quando as três espécies estão presentes, podem coexistir, mas sem o predador de topo, a presa se extingue.

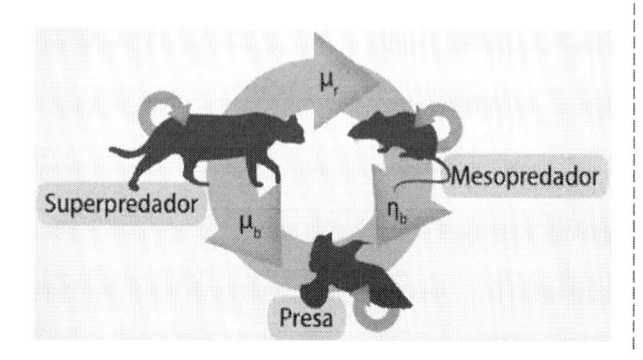

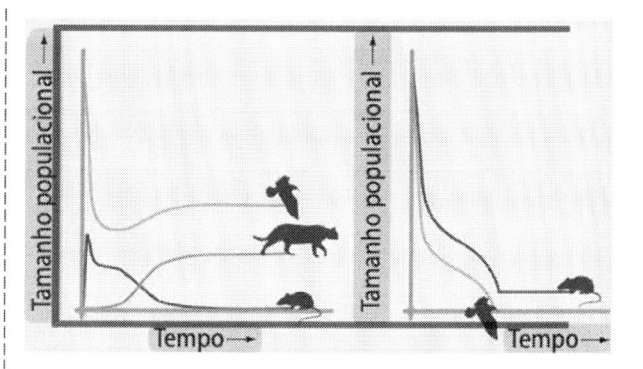

Figura 4. Representação de um modelo de interação em que um predador de topo (gatos) preda mesopredadores (ratos) e presas (aves) dentro de uma teia alimentar em ilhas. As três espécies coexistem, mas sem o predador de topo, as aves se extinguem. (Modificado de COURCHAMP et al., 1999).

Cascatas Tróficas

As cascatas tróficas ocorrem quando, através de um predador, há a redução na abundância da sua presa, resultando num efeito cascata no nível trófico abaixo, ou seja, propagação do efeito perturbador em um determinado nível trófico para os demais níveis da cadeia. Os efeitos na abundância na biomassa e na diversidade dos níveis tróficos inferiores irão depender dos consumidores; assim, os recursos das presas (em geral plantas) aumentam em abundância. Quando um predador de topo reduz a abundância de um predador intermediário, esta redução interferirá num herbívoro aumentando sua abundância, ocasionando uma diminuição na abundância vegetal.

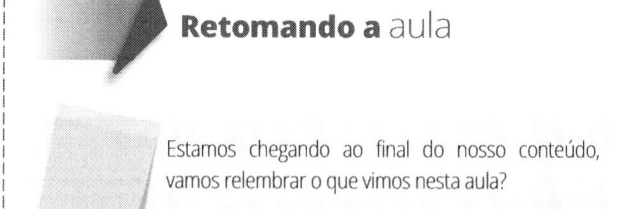

Retomando a aula

Estamos chegando ao final do nosso conteúdo, vamos relembrar o que vimos nesta aula?

1 - Influência da competição na estrutura de comunidades

Na seção 1, vimos que diante de vários estudos realizados a respeito da competição interespecífica, já se chegou a um consenso de que a as vezes a competição pode interferir na estrutura da comunidade, como também nem sempre ela pode ser o fator principal. Temos outros fatores, tais como, densidade e reversão periódica da superioridade competitiva, e mesmo assim, a competição ainda pode ser intensa, as espécies envolvidas podem coexistir, se possuírem distribuições agregadas, com cada uma das espécies distribuídas independentemente de outras.

2 - Influência da predação na estrutura de comunidades

Na seção 2, estudamos que predadores herbívoros

podem ser aparadores, ou seja, predadores não-seletivos: no habitat onde eles se alimentam a vegetação é rente ao solo. Já os animais pastadores, em geral, são seletivos, como é caso dos coelhos. Em torno de suas tocas existem plantas que, por características físicas ou químicas, não fazem parte da sua dieta. A composição da comunidade de plantas será dependente do regime de pastejo das espécies predadoras. E, na falta de um ou de outro, essa comunidade se alterará.

3 - Influência da perturbação na estrutura de comunidades

Na seção 3, aprendemos que os efeitos de animais sobre a comunidade está além dos predadores e suas presas, alguns são capazes de criar perturbações, modificar e manter a estrutura física do ambiente. Eles são chamados de "engenheiros ecológicos", e suas atividades podem alterar a abundância de um grande número de plantas e animais, como também fazer uma modificação na biodiversidade de espécies.

4 - Complexidade e estabilidade de comunidades

Na seção 4, descobrimos as interações entre as populações e como elas podem modelar as comunidades através das interações entre as espécies de mesmo nível trófico, por meio das competições, como também entre as espécies de diferentes níveis tróficos, ou seja, através das interações interespecíficas de pastejo, predação e parasitismo. Sendo assim, os efeitos de um predador carnívoro sobre sua presa herbívora podem ter vários reflexos.

Vale a pena

Vale a pena assistir,

Robôs registram a cadeia alimentar no fundo do mar. Disponível em: https://youtu.be/CaV5dXxdbZ4. Acesso em: 21 set. 2020.
Criaturas das Trevas. Disponível em: https://youtu.be/Kr_rLfCCgYQ. Acesso em: 21 set. 2020.

Minhas anotações

Minhas anotações

Aula 8º

Sucessão ecológica

Nesta aula, vamos aprender sobre os mecanismos que estão envolvidos na sucessão ecológica, juntamente com as respostas das comunidades em relações as perturbações.

Bons estudos!

Objetivos de aprendizagem

Ao término desta aula, vocês serão capazes de:
- saber que existem comunidades fortemente controladas por "fundação" e comunidades controladas por "dominância";
- saber que algumas espécies são superiores a outras em termos competitivos em algum momento da sucessão;
- entender que a riqueza de espécies em geral aumenta com o tempo de sucessão;
- conhecer sobre a teoria da dinâmica de manchas, a qual sugere que a comunidade é sempre um mosaico de sucessões, levando em conta que a composição de espécies muda tanto espacialmente como temporalmente.

Seções de estudo

1 - Padrões de comunidade no tempo
2 - Mecanismos biológicos envolvidos em sucessões
3 - Dinâmica das manchas

1 - Padrões de comunidade no tempo

A importância de uma espécie é relativa ao espaço que ela ocupa. Assim, como a sua abundância pode ser variável com o tempo, mas já é sabido, uma espécie só permanece e se desenvolve quando: é capaz de chegar num local; existirem recursos e condições adequadas; e não houver impedimentos por competidores, predadores e parasitos. As perturbações, por mais discretas que sejam, acontecem em todos os tipos de comunidades, gerando padrões de mudanças.

As perturbações geradas em uma comunidade podem resultar em dois tipos de respostas, conforme as relações competitivas:

- Comunidades controladas por fundação: referente à capacidade de diferentes espécies colonizarem uma clareira resultante de uma perturbação.

- Comunidades controladas por dominância: referente um colonizador inicial de uma clareia aberta resultante de uma perturbação, não conseguem se manter mesmo sendo competidor superior.

Comunidades controladas por fundação:

Em comunidades controladas por fundação, as espécies são boas colonizadoras e possuem a mesma capacidade competitiva, fazendo com que a colonização de uma clareira seja imprevisível. Pelo fato dessas espécies serem bem semelhantes competitivamente, a probabilidade de haver exclusão competitiva é bem reduzida. E com essas precisões, é bem possível prever como será as ocupações ao longo do tempo. Cada vez que um organismo morre ou é morto, a clareia se abre para invasão e todas as substituições são possíveis, a riqueza de espécies é alta, conforme podemos observar na Figura 1. Um exemplo de comunidades controladas por fundação são as comunidades de peixes recifais nos trópicos, com uma alta riqueza de espécies onde o espaço livre parece ser o fator limitante.

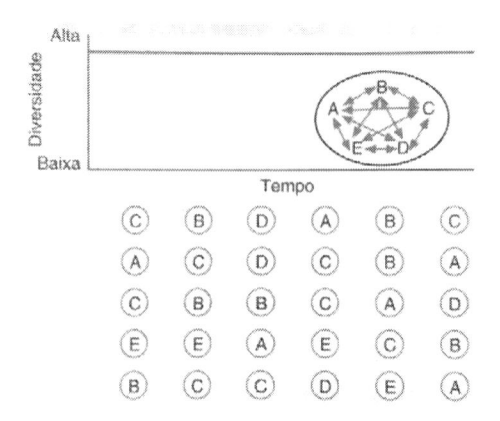

Figura 1. Loteria competitiva hipotética: ocupação de clareiras que periodicamente se tornam disponíveis. Cada umas das espécies A a E possui a mesma probabilidade de ocupar uma clareira, independentemente da identidade do ocupante anterior. A riqueza em espécies permanece alta e relativamente constante (BEGON et al., 2007).

Comunidades controladas por dominância:

As comunidades controladas por dominância são aquelas formadas por espécies competitivamente superiores a outras, e o efeito da perturbação sofrida é trazer a comunidade de volta ao estágio inicial da sucessão (Figura 2). Inicialmente, a clareira é colonizada por grupos de espécies oportunistas, caracterizando, assim, o início do processo de sucessão, por conseguinte, aparecem as espécies com pouca capacidade de dispersão. Estas, após o amadurecimento, dominam o estágio intermediário da sucessão, e as pioneiras são extintas. Quando os competidores mais eficientes eliminam seus vizinhos, a comunidade atinge o estágio de clímax.

A diversidade dessa comunidade também se altera conforme os estágios mudam. Inicialmente ela é baixa, aumenta no estágio intermediário e depois no estágio clímax ela é reduzida.

Uma queimada em uma área grande de floresta pode destruir uma boa parte de comunidade clímax, mas ao se reconstruir, será praticamente com uma sucessão em sincronia, com a diversidade aumentando no início e depois diminuindo por causa da exclusão competitiva, conforme o clímax é atingido. Em perturbações menores, elas produzem um mosaico de manchas de hábitats, e, se essas perturbações não são sincrônicas, a nova comunidade é formada por mosaicos de manchas em estágios diferentes. Nesses mosaicos, a riqueza de espécies é maior, comparada a uma grande área que não tenha sofrido perturbações.

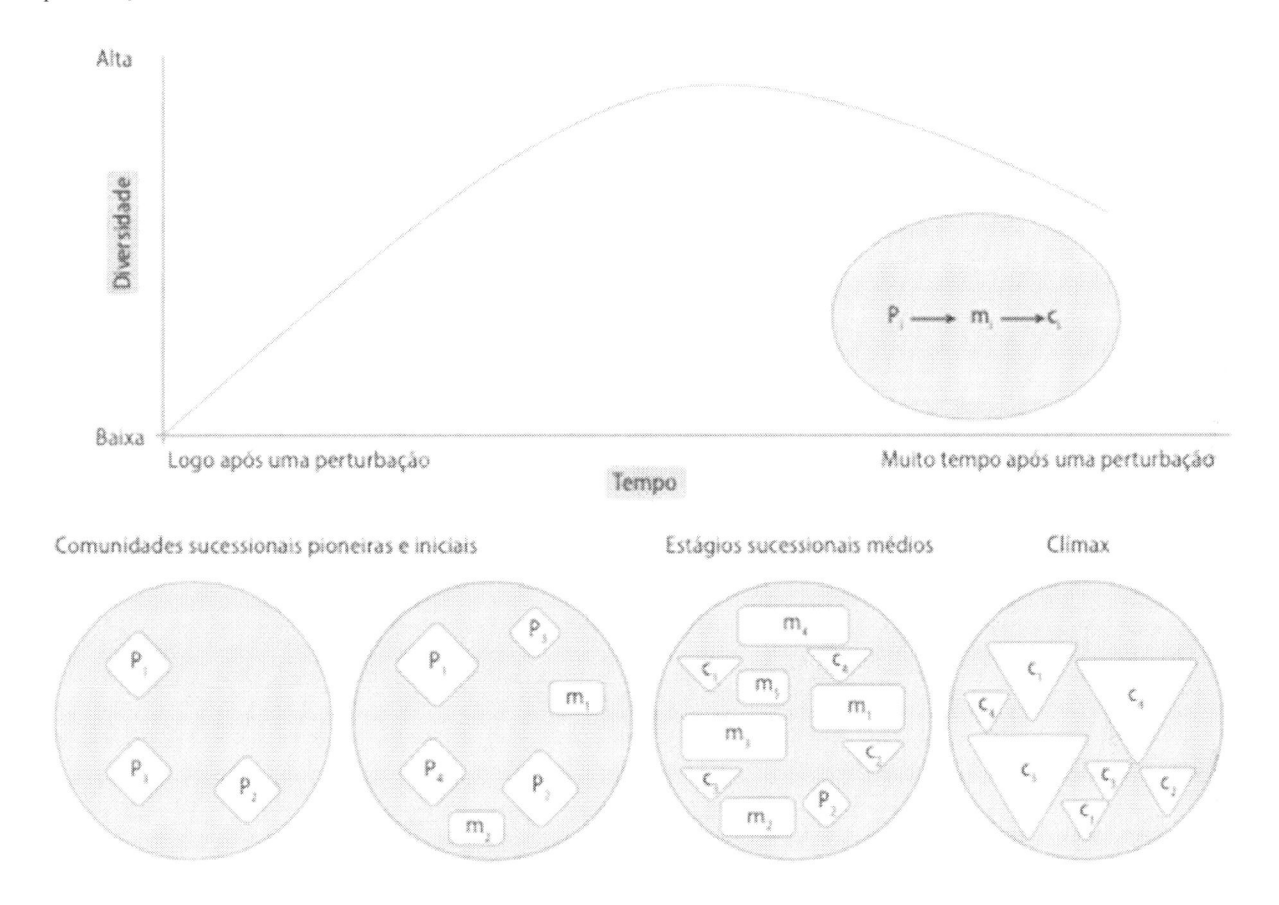

Figura 2. Minissucessão hipotética em uma clareira, mostrando a maior riqueza de espécies nos estágios intermediários de sucessão, quando coexistem espécies pioneiras e climácicas. (Modificada de BEGON et al., 2007).

Sucessão primária e secundária

Já sabemos que os processos que atuam na formação de uma comunidade são complexos e permitem a diversidade, e, que para ela estar no estágio em que se encontram, processos graduais de mudanças se deram ao longo do tempo. Em muitos casos, uma comunidade que surge em uma área perturbada sofre uma série de mudanças progressivas na composição das espécies, muitas vezes ao longo do curso de muitos anos. Esta série de mudanças é chamada de sucessão ecológica, fazendo com que uma comunidade, com baixa diversidade e pouca estabilidade, progrida para uma comunidade com índice de diversidade mais alto e também mais estável, sem que isso se torne uma regra geral.

Se uma área exposta não havia sido anteriormente influenciada por comunidades, a essa ordem de espécies é denominada de sucessão primária. Como exemplo, podemos citar substratos expostos após o retraimento de geleiras. Já em áreas em que a vegetação foi parcial ou completamente removida, mas no solo, ainda permanecem sementes e esporos viáveis. A essa ordem de espécies que se sucede é chamada de sucessão secundária. A essas áreas, damos o nome de fragmentos, e a escala espacial dos fragmentos varia com o tipo de distúrbio, criando mosaicos com fragmentos de diferentes estágios de recuperação.

Um modelo de sucessão de espécies foi desenvolvido por Horn (1981), para prever mudanças na composição de árvores, considerando dois aspectos: primeiro, conhecer a probabilidade num intervalo de tempo, de que cada espécie de árvores seria substituída por outra de mesma ou diferente espécie e, segundo, admitir uma composição inicial. Os resultados desta modelagem podem ser observados na Figura 3 abaixo.

Um dos aspectos mais interessantes deste modelo ficou conhecido como cadeia de Markov, em que, a partir de um tempo, a composição de espécies converge para um estado estacionário, independente da composição inicial. O resultado final é independente das espécies que iniciaram o processo. A partir destes modelos podem ser feitas previsões acuradas, úteis no planejamento de manejo de florestas, apesar da simplicidade dos modelos.

Porcentagens de composição em espécies previstas para uma floresta constituída inicialmente por 100% de bétula cinzenta (segundo Horn, 1981)

Espécie	\multicolumn{6}{c}{Idade da floresta (anos)}	Dados da floresta antiga
	0	50	100	150	200	∞	
Bétula cinzenta	100	5	1	0	0	0	0
Blackgum	0	36	29	23	18	5	3
Bordo vermelho	0	50	39	30	24	9	4
Faia	0	9	31	47	58	86	93

Figura 3. Tabela de composição de espécie. (Adaptado de BEGON et al. 2007)

2 - Mecanismos biológicos envolvidos em sucessões

Modelos simples, como de Markov, que demonstram a sucessão, não servem apenas para previsões, mas também para nos fazer compreender os acontecimentos. Para isto, é preciso considerar algumas bases biológicas dos valores que são substituídos no modelo.

As plantas que iniciam o processo de sucessão, em geral, trazem consigo várias características correlacionadas, como por exemplo: alta fecundidade, boa capacidade de dispersão, crescimento rápido ou lento, sobrevivência alta ou baixa, dependendo da abundância de recursos. Já as espécies tardias, possuem características opostas, se dão melhor em situações de escassez de recursos. Em ausência de perturbações essas espécies baixam os níveis dos recursos para excluir as espécies iniciais, através da competição. A manutenção de espécies iniciais se dá por duas razões: capacidade de dispersão e fecundidade alta, auxiliando na colonização e estabelecimento em locais que passaram por recentes perturbações; crescimento rápido, aproveitando a alta disponibilidade de recursos, o que possibilita, temporariamente, a exclusão competitiva de espécies tardias, mesmo que se estabeleçam ao mesmo tempo. Essas razões foram chamadas de mecanismos por Rees e colaboradores, assim sendo, o primeiro mecanismo é o de balanço competição-colonização e o segundo de nicho sucessional.

O balanço competição-colonização se fortalece através de um aspecto fisiológico, em que a produção de sementes (per capita) entre espécies de plantas é bem diferente, inversamente correlacionada com o tamanho das sementes; plantas com sementes menores, em geral, produzem muito mais sementes dos que as que produzem sementes grandes. A partir desta premissa, ficou ressaltado que as espécies com sementes pequenas são boas propagadoras, mas competidoras fracas (menor quantidade de recurso alimentar nas sementes), ao contrário das espécies com produção de sementes grandes.

Facilitação

Acredita-se que cada estágio na sucessão atua no auxílio do próximo. As espécies iniciais podem fazer alterações no ambiente abiótico de tal forma que facilitam o estabelecimento de espécies tardias. Exemplos: aumento de nitrogênio no solo através de raízes.

Interações com inimigos

As espécies podem fazer alterações no ambiente de modo a torná-lo inadequado para outras espécies. Uma espécie pode inibir outra através da predação; por redução dos recursos, aumentando assim a competição; por produção de químicos nocivos; por comportamento antagonista. Na sucessão, as espécies climácicas inibem as espécies pioneiras, as quais só conseguem invadir após uma perturbação. Para exemplificar, citamos a monopolização dos espaços pelas cracas.

Tolerância

Os primeiros colonizadores não influenciam na colonização de espécies tardias. A invasão de uma espécie em um novo hábitat se estabelece independente da presença ou ausência de outras espécies. Sua dependência é somente da sua própria capacidade de dispersão e das condições abióticas. Na sucessão, os estágios iniciais são dominados por espécies de ciclo de vida curto, que se estabelecem rapidamente.

Conceito de Clímax

A sucessão chega a um fim?

Segundo Frederic Clements (1916), um clímax único irá predominar em uma dada região climática, sendo este, o ponto final de toda sucessão, não importando onde se iniciou o processo de sucessão. Em geral, é muito difícil identificar uma comunidade climácica no campo. No máximo, podemos dizer que as mudanças que estão ocorrendo são ínfimas. A sucessão em campos abandonados pode levar de 100 a 500 anos até se obter o clímax, mas se durante este período ocorrer queimadas ou furacões (grande probabilidade), o processo de sucessão não chega a se completar. Precisamos nos lembrar que as comunidades tropicais ainda estão em processos de recuperação da última glaciação, nos levando então ao questionamento, se realmente as vegetações consigam atingir o clímax na natureza.

3 - Dinâmica das manchas

O conceito de dinâmica de machas de comunidades vê o hábitat como um mosaico, com manchas sendo perturbados e recolonizados por indivíduos de diferentes espécies. Nas discussões sobre dinâmica de manchas já está implícito a importância das perturbações como um mecanismo de reinicialização. Em um sistema fechado, que é aquele que não é afetado por migração, qualquer extinção gerada através de uma perturbação é permanente, o que não acontece em sistemas abertos. As extinções ali ocorridas não representam necessariamente o fim da história, este ambiente está aberto a reinvasão oriundas de outras manchas.

Segundo Begon et al. (2009):

> Fundamental para a perspectiva de dinâmica de manchas é o reconhecimento da importância da migração entre machas de hábitats. Isso pode envolver indivíduos adultos, mas em geral o principal processo é realizado através da dispersão de propágulos de imaturos (sementes, esporos, larvas) e seu recrutamento em populações dentro de machas de hábitats. A ordem de chegada e o nível relativo de recrutamento de espécies individuais podem determina ou modificar a natureza e o resultado de interações interespecíficas da comunidade.

Existem dois tipos de situações dentro das comunidades: aquelas em que algumas espécies são competidores muito superiores e são controladas por dominância e, as que possuem habilidade competitivas equivalentes, que são controladas por fundação - estes dois tipos estudamos no item anterior.

Retomando a aula

Chegamos ao fim da nossa disciplina, muita coisa aprendemos até aqui, e muito ainda precisa ser estudado. Vamos relembrar?

1 - Padrões de comunidade no tempo

Na seção 1, vimos que, a importância de uma espécie é relativa ao espaço que ela ocupa, assim como a sua abundância pode ser variável com o tempo, mas já é sabido que uma espécie só permanece e se desenvolve quando: é capaz de chegar num local; existirem recursos e condições adequadas, e não houver impedimentos por competidores, predadores e parasitas. As perturbações, por mais discretas que sejam, acontecem em todos os tipos de comunidades, gerando padrões de mudanças.

2 - Mecanismos biológicos envolvidos em sucessões

Na seção 2, estudamos que, o balanço competição-colonização se fortalece através de um aspecto fisiológico, em que a produção de sementes (per capita) entre espécies de plantas é bem diferente, inversamente correlacionada com o tamanho das sementes; plantas com sementes menores, em geral, produzem muito mais sementes dos que as que produzem sementes grandes. A partir desta premissa, ficou ressaltado que as espécies com sementes pequenas são boas propagadoras, mas competidoras fracas (menor quantidade de recurso alimentar nas sementes), ao contrário das espécies com produção de sementes grandes.

3 - Dinâmica das manchas

Na seção 3, aprendemos que, o conceito de dinâmica de machas de comunidades vê o hábitat como um mosaico, com manchas sendo perturbados e recolonizados por indivíduos de diferentes espécies. Nas discussões sobre dinâmica de manchas já está implícito a importância das perturbações como um mecanismo de reinicialização.

Vale a pena

Vale a pena assistir

Novos começos. Disponível em: https://youtu.be/izk6hX2Gv5U. Acesso em: 22 set. 2020.

Minhas anotações

Referências

BEGON, M.; C.R. TOWNSEND, E; HARPER, J. L. *Ecologia*: de indivíduos a ecossistemas. 4. ed. Artmed. Porto Alegre. 2007.

BEGON, M. M.; TOWNSEND, C. R. HARPER, J. *Ecologia*. Artmed, 2007.

CLEMENTS, F. E. *Nature and structure of the climax*. Journal of Ecology, 24: 252-284.1936.

CLEMENTS, F. E. *Plant Succession*: analysis of the development of vegetation. Carnegie Institute of Washington Publication, 1916.

ELTON. "*e Ecology of Animals*. Methuen, London. 1933.

ELTON, C.S. "e *Ecology of Invasion by Animals and Plants*. Methuen, London. 1958.

HUTCHINSON. *Concluding Remarks*. Cold Spring Harbour Symposium on Qunatitative Biology, 22: 415-427. 1957.

HUTCHINSON. *Homage to Santa Rosalia, or why are there so many kinds of animals? American Naturalist*, 93: 137-145. 1959.

KOHLER, S.L. *Competition and the structure of a benthic stream community*. Ecol. Monogr, 62:165-188. 1992.

KREBS, C.J. Ecology: *the experimental analysis of distribution and abundance*. 6. ed. Benjamin Cummings, San Francisco. 2009. 655 pp.

KREBS, C. J. Ecology: *the experimental analysis of distribution and abundance*. San Francisco: Pearson, 2000.

MACARTHUR, R.H.; LEVINS, R. #e limiting similarity, convergence and divergence of coexisting species. American Naturalist, 101: 377-385. 1967.

MACARTHUR, R. H. Fluctuations of animal populations and a measure of community stability. Ecology, 36: 533-536. 1955.

MACARTHUR, R. H.; WILSON, E. O. "e theory of island. biogeography. Princeton, New Jersey: Princeton University Press. 1967.

MAY, R.M. Will a large complex system be stable? Nature, 238: 413-414. 1972.

ODUM, E. P.; BARRET, G. W. *Fundamentos de ecologia*. São Paulo: #omson Learning, 2007.

RICKLEFS, R. E. *A economia da natureza*. 5. ed. Rio de Janeiro: Guanabara Koogan, 2003.

Minhas anotações

Graduação a Distância

4º SEMESTRE

Ciências Biológicas

ZOOLOGIA II

UNIGRAN - Centro Universitário da Grande Dourados

Rua Balbina de Matos, 2121 - CEP 79.824 - 9000
Jardim Universitário
Dourados - MS
Fone: (67) 3411-4141 / Fax: (67) 3411-4167

Os direitos de publicação desta obra são reservados ao Centro Universitário da Grande Dourados (UNIGRAN), sendo proibida a reprodução total ou parcial de acordo com a Lei 9.160/98.

Os artigos de sites e revistas indicados para a leitura foram registrados como nos originais.

Apresentação do Docente

Alexa Gabriela Santana é graduada em Ciências Biológicas pela Universidade Federal do Mato Grosso do Sul e em Tecnologia do Agronegócio pela UNIGRAN. Mestre em Entomologia pela Universidade Federal de Viçosa e doutora em Ciências/Entomologia pela Universidade Federal de Lavras. Atou como Pesquisadora Bolsista DCR, junto à Embrapa, com desenvolvimento de atividades como: coordenadora de laboratório, gerenciamento de contas, experimentação em campo, laboratório e casa de vegetação, dentro das áreas de manejo de pragas, controle biológico, biologia de insetos e plantas transgênicas. Atuou no CABI como pesquisadora em projetos de pesquisas e desenvolvimento que promovem soluções de problemas na agricultura e o meio ambiente. Na Bayer, atuou como coordenadora do laboratório de diagnose de ferrugem da soja. Tem experiência como professora de Ciências na rede de Educação Estadual no ensino fundamental II, professora de Biologia no Ensino Médio e Técnico, e atividades de planejamento e elaboração de aula seguindo as diretrizes curriculares e pedagógicas.

SANTANA, Alexa Gabriela. Zoologia II. Dourados: UNIGRAN, 2021.

58 p.: 23 cm.

1. Peixes. 2. Anfíbios.

Sumário

Conversa inicial 4

Aula 01
Filo Arthropoda 5

Aula 02
Filo Chordata 13

Aula 03
Peixes I - Ostracodermos 19

Aula 04
Peixes II - Gnathostomata 25

Aula 05
Anfíbios - Classe Amphibia 33

Aula 06
Répteis Classe Reptilia 39

Aula 07
Aves 45

Aula 08
Mamíferos Classe Mammalia 51

Referências 57

Conversa Inicial

Caros(as) alunos(as), sejam bem-vindos(as) à disciplina de Zoologia II – Vertebrados, do curso de Ciências Biológicas da UNIGRAN EaD, que tem como objetivo compreender e desenvolver conhecimentos sobre a evolução e a organização funcional dos grupos durante o desenvolvimento dos estudos, permitindo uma visão geral e contribuindo com informações que ressaltam a importância da Zoologia, as interações e conservação desses grupos de animais. Ampliando o conhecimento estudando a Zoologia, conhecemos mais sobre o mundo animal, que incorpora estudos científicos de séculos de observações, incluindo documentos e trabalhos complexos de milhares de cientistas do mundo inteiro. Destacando ainda mais a importância do conhecimento biológico, bem como a evolução das espécies e a relação dos seres vivos com o ambiente em que vivemos.

Para que o estudo seja proveitoso e prazeroso, esta disciplina, com carga horária de 80 horas, foi organizada em oito aulas, com os principais temas, por sua vez, subdivididos em seções, atendendo aos objetivos de ensino-aprendizagem.

Desta maneira, a aula 1 trata do último conteúdo da disciplina de Zoologia I, Filo Arthropoda que está inserido nos estudos da Zoologia de Invertebrados, que aborda a importância e os principais grupos. A aula 2, em diante, trata da Zoologia II - Vertebrados, a importância, evolução e os principais grupos do Filo Cordados. Nas aulas 3 e 4, detalhamos toda organização, filogenia, morfologia, fisiologia, reprodução dos peixes. Já as aulas 5, 6, 7 e 8, relatam sobre as características gerais e biologia dos: Anfíbios, Répteis, Aves e Mamíferos, respectivamente. Abordaremos o conteúdo de maneira simples e didática, a fim de aprofundar os conhecimentos adquiridos e ampliar a capacidade crítica, analítica e ética para a formação e futura atuação profissional na área de Ciências Biológicas.

Devemos enfatizar que a proposta desse estudo é subsidiar a aquisição de conhecimento teóricos e práticos que instiguem os alunos na busca de novos saberes, levando vocês a serem protagonistas na sua formação. Desejo a todos um bom proveito do material disponibilizado e os recursos oferecidos na nossa plataforma de ensino. Caso tenham dúvidas, estamos à disposição para esclarecê-las.

"Para ser um bom observador é preciso ser um bom teórico" (Charles Darwin).

Bons estudos!! Sucesso!!

Aula 1º

Filo Arthropoda

"Há biologia em tudo, mesmo quando você está se sentindo espiritual" (Helen Fisher).

Prezados alunos(as), sejam bem-vindos(a) a nossa primeira aula. Esta aula, tem como objetivo apresentar ao estudante do curso de Ciências Biológicas, a diversidade de espécies existentes dentro do Filo Arthropoda, as características gerais dos principais grupos de animais e a interação destes com o ambiente. Muitos artrópodes são espécies comuns e familiares como as aranhas, escorpiões, caranguejos, camarões, insetos, lacraias, imbuás e centopeias, entre uma vasta gama de animais segmentados que apresentam exoesqueleto e apêndices articulados. Cerca de 82% de todas as espécies animais conhecidas são artrópodes. Assim, esses conhecimentos permitirão a compreensão as relações entre os animais, a natureza e o homem, possibilitando uma visão crítica, com uma atuação eficiente como profissional e atuando em prol da conservação e da diversidade biológica.

Bons estudos!

Objetivos de aprendizagem

Ao término desta aula, vocês serão capazes de:

- identificar e analisar de maneira crítica as principais características morfo-anatomo-fisiológicas dos principais grupos do Filo Arthropoda;
- caracterizar os Arthropodas e reconhecer seus principais representantes e sua importância;
- compreender o grande processo de irradiação adaptativa dos artrópodes.

Seções de estudo

1- Introdução e características gerais do Filo Arthropoda
2- Características principais dos grupos: Subfilos: Trilobita, Crustácea, Hexapoda, Myriapoda e Chelicerata

1- Introdução e características gerais do Filo Arthropoda

De acordo com Brusca *et al.* (2018), os artrópodes representam 81,5% de todas as espécies vivas de animais descritos. Esses animais são tão abundantes, diversificados, e desempenham papéis importantes em todos os ambientes do planeta. Com mais de um milhão de espécies vivas descritas e um número entre 3 e 100 vezes maior de membros que ainda não foram descritos, o filo Arthropoda é inigualável em sua diversidade.

Existem cinco grupos claramente diferenciáveis de artrópodes, que geralmente são reconhecidos como subfilos: Trilobita (trilobitas e seus parentes, com registro fóssil desde o início do período Cambriano até o final do Permiano); Crustácea (caranguejos, camarões etc.); Hexápode (insetos e seus parentes); Miriápode (centípedes, miriápodes e seus parentes); e Chelicerata (caranguejos-ferradura, eurípterídos, aracnídeos e picnogonídeos).

Hoje em dia, os artrópodes são encontrados em quase todos os ambientes do planeta, nos mais variados tipos de ambientes, explorando todos os estilos de vida imagináveis e, desde as mais altas montanhas até as maiores profundidades nas fossas abissais oceânicas. Nos incontáveis *habitat*s que ocupam vivem livremente ou associados a fungos, plantas e à maioria dos outros grupos animais.

Os artrópodes têm feito parte da história da humanidade desde os seus primórdios. São conhecidos como pragas, vetores de doenças transmitidas a humanos, plantas e animais, mas também pelo papel que desempenham como polinizadores, proteção natural contra pragas – inclusive na proteção contra outros artrópodes – recursos alimentares e fonte de matéria-prima para a indústria e medicina (FRANSOZO; NEGREIROS - FRANSOZO, 2016).

Os animais pertencentes ao filo **Arthropoda** são invertebrados, triblásticos e celomados, ou seja, três folhetos embrionários (ectoderme, mesoderme e endorme) e cavidade corporal. Possuem simetria bilateral, exoesqueleto, corpo segmentado (metameria) e apêndices articulados, o que justifica o nome do filo (*artro* = articulação; *podos* = patas). A característica distinguível dos artrópodes é o exoesqueleto quitinoso ou cutícula, que recobre todo seu corpo (Ruppert; Barnes, 2005).

O exoesqueleto, ou cutícula, é uma característica que define os artrópodes e sua presença resultou em efeitos profundos na anatomia, fisiologia, ecologia e comportamento desses animais. A cutícula é composta de proteínas e polímeros de α-quitina. A quitina é um polissacarídeo formado por monômeros repetidos de N-acetilglicosamina que é composta de glicosamina, uma molécula de glicose com um grupo amina.

Características gerais do filo :

- Corpo segmentado, tanto interna quanto externamente; os segmentos formam-se por crescimento teloblástico (mostrando expressão do gene *en*);
- Corpo dividido, cabeça, tórax e abdome; comumente com mais especialização regional do corpo ou tagmose; nos casos típicos, há um escudo cefálico ou carapaça cobrindo os segmentos cefálicos fundidos;
- Cabeça com labro (ou clipeolabro) (mostrando a expressão do gene *Distalless*) e com ácron não segmentado;
- A cutícula forma o exoesqueleto bem-desenvolvido, geralmente com placas esclerotizadas espessas (escleritos), que consistem em tergitos dorsais, pleuritos laterais e esternitos ventrais; a cutícula do exoesqueleto consiste em quitina e proteínas (incluindo resilina) com graus variados de calcificação; não tem colágeno;
- Cada segmento corporal verdadeiro tem primitivamente um par de apêndices segmentados (articulados) fixados ventralmente, mostrando grande variação de especializações entre os diversos táxons; os apêndices são formados por um protopodito proximal e um telopodito distal (ambos multiarticulados); os componentes do protopodito podem ter enditos mediais ou exitos laterais;
- Céfalo com um par de olhos facetados laterais (compostos) e um ou vários ocelos medianos simples; os olhos compostos, os ocelos ou ambos foram perdidos por vários grupos;
- Celoma reduzido às regiões dos sistemas reprodutivo e excretor; a cavidade principal do corpo é uma hemocele aberta (= mixocele); o sistema circulatório é amplamente aberto; o coração dorsal é uma bomba muscular com óstios laterais para retorno do sangue;
- O trato digestivo é complexo e altamente regionalizado, com estomodeu e proctodeu abertos e bem-desenvolvidos; o material digestivo (e comumente também as fezes) é encapsulado por uma membrana peritrófica quitinosa;
- Sistema nervoso com gânglios (supraentéricos) dorsais (= gânglios cerebrais), conectivos circum-entéricos (circum-esofágico) e cordões nervosos ventrais pareados com gânglios – esses últimos geralmente fundidos até certo ponto;
- Crescimento por "muda" mediada pelo ecdisona (ecdise); com glândulas ecdisiais cefálicas;
- Músculos dispostos metamericamente, estriados e agrupados em faixas intersegmentares isoladas; musculatura longitudinal dorsal e ventral presente; há um sistema de tendões intersegmentares; sem musculatura somática circular;
- A maioria é gonocorística e tem desenvolvimento direto, indireto ou misto;
- algumas espécies são partenogenéticas (BRUSCA, *et al.*, 2018).

2- Características principais dos grupos: Subfilos: Trilobita, Crustácea, Hexapoda, Myriapoda e Chelicerata

2.1. SUBFILO TRILOBITA

O subfilo Trilobita ou Trilobitomorha (do latim *trilobito*, "com três lobos"; do grego, *morphé*, "forma"), grupo mais primitivo, inclui mais de 15.000 espécies de artrópodes conhecidos apenas do registro fóssil (Figura 1A). Esses animais estavam restritos e eram típicos dos oceanos da era Paleozoica. Os trilobitas predominam no registro fóssil dos períodos Cambriano e Ordoviciano (551 a 444 Ma) e continuam a ser componentes importantes das comunidades marinhas até a extinção em massa do período Permo-triássico, que marcou o fim da era Paleozoica. Em razão dos seus exoesqueletos rígidos (feitos de quitina e carbonato de cálcio, como ocorre nos crustáceos e caranguejos-ferradura atuais), da abundância enorme e da distribuição ampla, os trilobitas deixaram um registro fóssil rico, e hoje sabemos mais sobre eles do que sobre a maioria dos outros táxons extintos.

A maior parte das regiões terrestres do mundo atual estava submersa durante várias partes da era Paleozoica, de modo que os trilobitas são encontrados nas rochas sedimentares marinhas de todo o planeta.

O corpo dos trilobitas eram divididos em três tagmas (*tagmata*): céfalo, tórax e pigídio (abdome). Os segmentos do céfalo e do abdome eram fundidos, enquanto os torácicos eram livres. O corpo era demarcado por dois sulcos longitudinais em um lobo mediano e dois lobos laterais ("trilobitas"). O céfalo tinha um par de antenas pré-orais; todos os outros apêndices eram pós-orais e mais ou menos semelhantes entre si, com um telopodito locomotor robusto, que estava ligado à base de um ramo filamentar longo (considerada saída do protopodito). A maioria parecia ter olhos compostos (Figura 1B).

Embora os trilobitas fossem exclusivamente marinhos, animais pequenos também exploravam vários hábitats e estilos de vida. A maioria era bentônica, rastejadora sobre o fundo ou "aradora" sobre a camada superior do sedimento. As espécies bentônicas provavelmente eram saprófagas ou se alimentavam do sedimento como os anelídeos atuais. As brânquias ramificadas talvez fossem usadas para realizar algum tipo de filtração de partículas orgânicas.

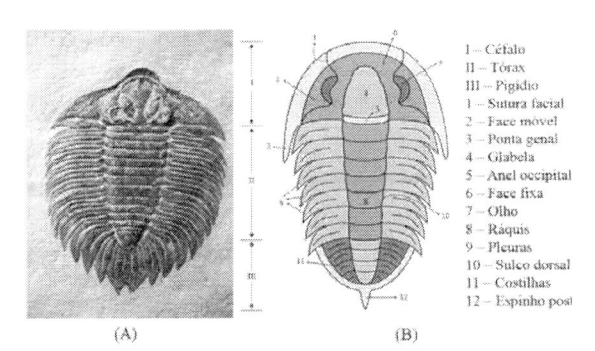

Figura 1(A). Fóssil de um trilobita. Foto: Dinoton; Shutterstock.com https://www.infoescola.com/geografia/era-paleozoica/. Acesso em:17/04/2020. (B) Vista dorsal Trilobita.

2.2. SUBFILO CRUSTACEA

Os crustáceos apresentam grande importância ecológica e econômica, cerca de 70.000 espécies vivas descritas, exibem uma grande diversidade de forma, irradiação adaptativa, hábitats (praticamente todos os ambientes marinhos, alguns podem ocorrer em água doce) e dimensões. Muitas espécies de crustáceos como o *krill* e os copépodos geralmente são os organismos mais abundantes do zooplâncton marinho, servindo como alimento a diversos animais da cadeia alimentar.

Por outro lado, lagostas, camarões e caranguejos são importantes itens na alimentação humana e seu comércio envolve cifras consideráveis (Figura 2A).

Corpo dividido e dois tagmas mais ou menos bem definidos: cefalotórax e abdome, em quase todos os crustáceos, apêndices unirremes ou birremes adaptação para avarias funções; 2 pares de antenas, 1 par de mandíbulas, 2 pares maxilares; possuem brânquias (troca gasosa aquosa); gânglios cerebrais tripartites (com deutocérebro); olhos compostos, mediano e dorsal, composto de três ou quatro ocelos situados bem próximos, e o olho náuplio, característico da larva dos crustáceos, não persiste no adulto de muitos grupos (Figura 2B).

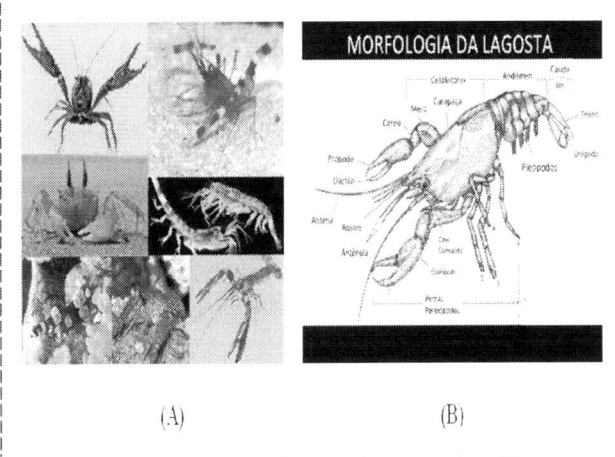

Figura 2(A). Diferentes espécies de crustáceos. Fonte: https://www.mundoecologia.com.br/animais/crustaceos-classificacoes-inferiores-subfilo-e-nome-cientifico. Acesso em: 17/04/2020. (B) Morfologia externa de um crustáceo: lagostim (Malacostraca, Astacidea) (BRUSCA, et al., 2018).

Os crustáceos apresentam dieta e mecanismos de alimentação muito variados, os apêndices posteriores da cabeça (mandíbulas, maxílulas e maxilas) e os anteriores do tronco (maxilípedes) são adaptados para a alimentação. A boca dos crustáceos localiza-se na região ventral da cabeça e o trato digestório é geralmente reto com uma dobra ventral no final da porção anterior, conferindo-lhe uma forma semelhante à letra J ou L. O trato digestório anterior geralmente consiste em um esôfago e um estômago.

Os crustáceos pequenos realizam as trocas gasosas por simples difusão cutânea.

Entretanto, a maioria dos crustáceos maiores apresenta brânquias, representam diversas formas de modificações dos apêndices, as brânquias fornecem uma ampla área de superfície, geralmente delgadas e ricamente banhadas pela hemolinfa responsável pelo transporte de oxigênio.

A excreção dos crustáceos é feita por nefrídios denominados glândulas antenais (=glândulas verdes) e/ou glândulas maxilares, semelhantes às glândulas coxais dos aracnídeos.

O sistema nervoso apresenta o padrão típico de artrópodes com um cérebro dorsal anterior, formado pela fusão de gânglios (proto, deuto e tritocérebro) e um cordão nervoso ventral com um par de gânglios por segmento.

Reprodução dioica (sexos separados fêmeas e machos), mas existem espécies hermafroditas, copulação típica. O sistema genital geralmente é simples e a incubação dos ovos é muito comum. A larva náuplio é o primeiro estágio de eclosão e possui um olho de náuplio mediano e apenas e os primeiros três pares de apêndices do copo. Hoje se sabe que os crustáceos constituem um grupo parafilético, porque os hexápodes originaram-se desse subfilo.

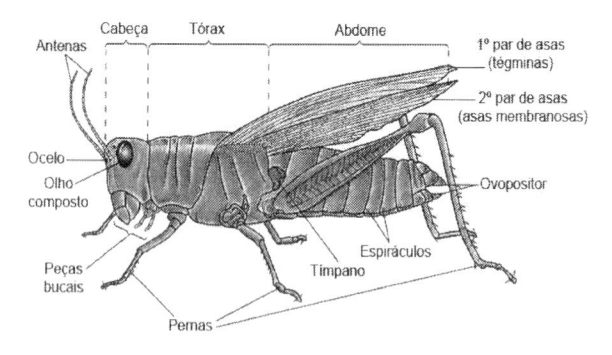

A classificação dos crustáceos reconhece 11 classes, verificarem: Invertebrados (BRUSCA et al., 2018).

2.3. SUBFILO HEXAPODA

Os hexápodes destacam-se de todos os outros invertebrados porque, sem sombra de dúvida, constituem o grupo mais diversificado de animais da Terra, os únicos invertebrados que voam e os únicos invertebrados terrestres que passam por desenvolvimento indireto ou metamorfose completa. As vantagens adaptativas conferidas pela artropodização, destacadas na introdução aos artrópodes, foram notadamente expressadas nos insetos.

Os insetos foram os hexápodes que apresentaram a maior irradiação adaptativa no ambiente terrestre que se conhece. Vivem em praticamente todos os lugares e hábitats, apresentando diversidade e adaptações espetaculares. Não se sabe quantas espécies de insetos existem precisamente, ou quantas já foram descritas e quantas ainda são desconhecidas, mas estima-se que já são mais de 1.000.000 de espécies descritas.

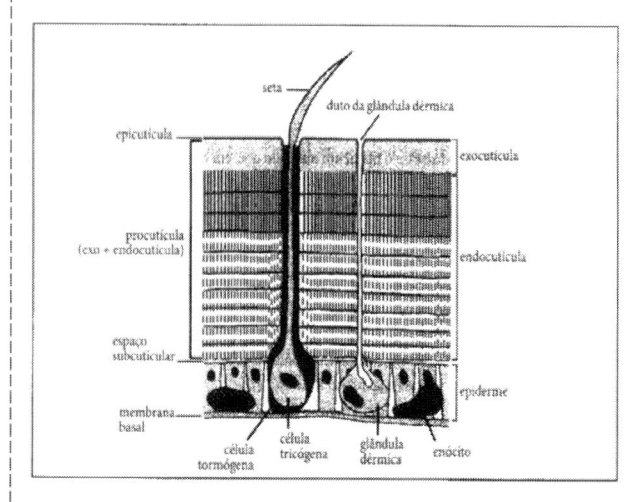

Os insetos mais comuns são conhecidos popularmente como baratas, besouros, borboletas, formigas, percevejos, entre outros nomes, eles têm importância socioeconômica muito grande devido à diversidade e à abundância em ecossistemas naturais e antrópicos. Embora geralmente vistos como nocivos, especialmente como pragas e transmissores de agentes patogênicos causadores de doenças, muitas espécies são conhecidas pelas ações benéficas ao homem. Destacam-se a polinização das plantas, o controle biológico de insetos praga e a ação sobre os processos de decomposição da matéria orgânica, reciclagem de nutrientes e manutenção da fertilidade dos solos, além de fonte de alimento para o homem.

Os hexápodes formam um grupo monofilético, facilmente reconhecido pela divisão do corpo pois são distinguidos dos outros artrópodes por possuírem três tagmas: cabeça, tórax e abdômen distintos bem definidos; adultos com três pares de pernas torácicas (do grego, *Hexa* = seis + *podos* = pernas); dois pares de asas, localizadas na região média ou torácica do corpo; com quatro pares de apêndices cefálicos: antenas, mandíbulas, maxilas e lábios (segundas maxilas fundidas); tórax com três segmentos e pernas unirremes; gânglio cerebral tripartite (com deutocérebro); olhos compostos com cone cristalino tetrapartite; troca gasosa por meio dos espiráculos e da traqueia; com túbulos de Malpighi derivados da ectoderme (proctodeu); os gonóporos abrem-se sobre o segmento abdominal 7, 8 ou 9 (Figura 3).

Muitas características anatômicas dos apêndices, em especial das peças bucais, pernas, asas e o ápice abdominal, são importantes para o reconhecimento de grandes grupos nos hexápodes, incluindo as ordens, famílias e gêneros dos insetos.

Figura 3. Morfologia externa de inseto (gafanhoto). (Fonte: AMABIS; MRTHO, 2016).

A cutícula é a principal contribuinte para o sucesso dos Insecta. É material secretado pelas células epidérmicas e depositado na superfície externa, onde se solidifica para formar o exoesqueleto. A cutícula é dividida em duas camadas: epicutícula ou cutícula não quitinosa (externa) e procutícula ou cutícula quitinosa (interna) (Figura 4).

Essa camada inerte produz o forte exoesqueleto do corpo e dos membros, os apodemas (suportes internos e fixação da musculatura), e as asas, além de atuar como uma barreira entre os tecidos vivos e o meio ambiente. Internamente, a cutícula reveste as tubas traqueais alguns dutos glandulares e o estomodeu e o mesenteron do trato digestivo. A cutícula pode variar desde rígida e parecida com uma armadura, como a encontrada na maioria dos besouros adultos, até fina e flexível, como encontrada em muitas larvas. A restrição a perda de água e uma função crucial da cutícula, imprescindíveis ao sucesso dos insetos no ambiente terrestre (GULLAN; CRANSTON, 2012).

Figura 4. Estrutura básica da cutícula do inseto (Fonte: ALMEIDA et al., 2011).

O trato digestório dos hexápodes é semelhante ao de outros artrópodes, é um tubo reto, apresentando uma boca ventral localizada na cabeça e um ânus geralmente localizado no télson ou no segmento anterior, ou seja, tubo digestório completo. Apresenta um estomodeu (origem ectodérmica) contendo a faringe, esôfago, papo e proventrículo, os hexápodes não apresentam grandes modificações no padrão básico do sistema cardiovascular dos artrópodes (Figura 5).

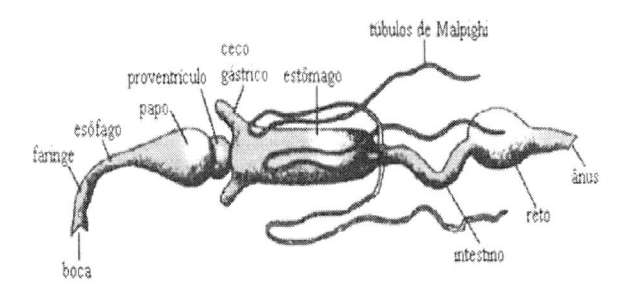

Figura 5. Sistema digestório de um inseto. Fonte: https://www.sobiologia.com.br/conteudos/Reinos3/bioartropodes2.php. Acesso em: 05/04/2020.

A circulação e as trocas gasosas estão associadas ao desenvolvimento do exoesqueleto e da consequente ausência de um celoma segmentado, os artrópodes apresentam um sistema cardiovascular aberto. A hemolinfa é bombeada em direção à cabeça por um coração dorsal, e banha os tecidos diretamente e retorna pela região ventral até o seio pericárdico.

Há um coração dorsal com ostíolos pares que geralmente se estende pelos nove segmentos abdominais. Na base das asas pode haver órgãos pulsáteis que funcionam como bombas acessórias. A maior modificação dos hexápodes ocorreu no sistema de trocas gasosas, devido à necessidade de adaptação ao ambiente terrestre. O sistema traqueal é composto pelas traqueias que são invaginações em forma de tubo da cutícula.

Os Hexápodes apresentam evaginações da parede do tubo digestório entre o intestino médio e o proctodeu. Essas centenas de evaginações não ramificadas e de fundo cego, banhadas pela hemolinfa, são os túbulos de Malpighi. O produto de excreção é ácido úrico que evita a perda de água e glândulas retais, localizadas no reto, realizam absorção de água e nutrientes.

O sistema nervoso central dos hexápodes é semelhante ao dos crustáceos maiores com uma tendência similar à fusão de gânglios, o gânglio cerebral está dividido em protocérebro, deutocérebro e tritocérebro que na verdade representam gânglios coalescidos.

Os hexápodes são dióicos e a maioria é ovípara, embora existam espécies ovovivíparas e também partenogenéticas (ovos não fecundados que se desenvolvem). A maioria apresenta fertilização interna, primitivamente através de espermatóforos. Tipicamente existe um par de ovários ou testículos no abdômen e glândulas acessórias. As fêmeas possuem uma espermateca para armazenar os espermatozoides e frequentemente a cópula ocorre em voo.

Atualmente, os hexápodes estão divididos em 33 ordens, verificar em: Zoologia dos Invertebrados, Fransozo e Negreiros-Fransozo, 2017. Porém, Brusca *et al.* 2018, ressalta que são 31 ordens reconhecidas.

2.4. SUBFILO MYRIAPODA

Os Miriápodes (que significa milhares de pernas) agrupam as Classes Chilopoda (lacraias e centopeias), Diplopoda (imbuás, piolhos-de-cobra, e milípedes), Pauropoda (paurópodes) e Symphyla (sínfilos). São terrestres, embora existam fósseis marinhos, e possuem cerca de 12.000 espécies viventes.

Corpo dividido em dois tagmas: cabeça (céfalo) e tronco longo multissegmentado homônimo; quatro pares de apêndices cefálicos (um par antenas, um par mandíbulas, dois pares maxilas); primeiras maxilas livres ou coalescidas; segundas maxilas podendo estar tanto ausentes quanto parcial ou totalmente fundidas; todos os apêndices unirremes. O tronco é pouco diferenciado, contendo segmentos homônomos e os apêndices locomotores. Essas unidades segmentares do seu tronco é formada por **diplossegmentos** contendo dois pares de pernas cada.

Os milípedes são detritívoros que se movimentam lentamente e, em geral, passam sua vida cavando o solo ou o folhiço, consumindo restos de plantas e convertendo matéria vegetal em húmus. Nos ambientes tropicais, nos quais as minhocas comumente são escassas, os milípedes podem ser os principais animais formadores do solo. São incapazes de morder com força e, à primeira vista, parecem depender apenas de sua cutícula calcificada e de sua capacidade de enrolar como mecanismo de defesa, mas a maioria desses artrópodes possui glândulas repugnatórias com orifícios laterais (**ozóporos**), que secretam líquidos tóxicos voláteis.

Além dos tagmas e apêndices cefálicos, outras características dos miriápodes são: os apêndices são unirremes e articulados; de modo geral apresentam a cutícula com pouca cera, sendo restritos a ambientes úmidos; possuem túbulos de Malpighi e traqueias (talvez de evolução independente daqueles dos hexápodes); possuem apenas olhos simples, sem olhos compostos; o trato digestório é simples, sem cecos; são dioicos, com transferência indireta de espermatozoides através de espermatóforos, e o desenvolvimento é direto. O sistema nervoso e órgãos dos sentidos segue o padrão típico dos artrópodes. Como novidade, muitas centopeias e imbuás apresentam pequenos discos perfurados na cutícula associados com uma célula nervosa sensorial, localizados na base das antenas. Essas estruturas, denominadas órgãos de Tömösvary, têm função desconhecida. Especula-se que sejam quimiorreceptores, detectores de pressão, umidade ou audição (som e vibrações). A última hipótese parece ser a mais provável, embora ainda seja questionado se o tipo de estímulo captado são vibrações do ar (som) ou vibrações do solo.

2.5. SUBFILO CHELICERATA

O subfilo Chelicerata apresenta cerca de 113.000 espécies vivas descritas, existem incontáveis formas encontradas no registro fóssil (cerca de 2.000 espécies), como os escorpiões aquáticos gigantes da era Paleozoica (euriptérides), alguns dos quais chegavam a medir quase 3 metros de comprimento. Os quelicerados surgiram nos mares do período Cambriano (BRUSCA *et al.*, 2018). Estão divididos em: a classe Pycnogonida são conhecidos geralmente como aranhas-do-mar, em razão de sua semelhança aparente com as aranhas terrestres verdadeiras. Existem cerca de 1.330 espécies de picnogonídeos vivos, classificadas em cerca de 100 gêneros, com muitos ainda por ser descobertos. Todos da classe Euchelicerata são extintos, provavelmente, estão relacionados à origem dos escorpiões atuais através de um ancestral comum.

Na subclasse Merostomata, está incluída a ordem Xiphosura, os membros atuais os caranguejos-ferradura, são considerados "fósseis vivos" e, evidentemente, são muito mais conhecidos que seus parentes extintos. *Iimulus polyphemus* é uma espécie particularmente bem-estudada.

Na subclasse Arachnida quase todos são animais terrestres; mais de 110.00 espécies divididas em 16 ordens. Estão incluídos os representantes: aranhas (Ordem Aranea), escorpiões (Ordem Scorpiones), e na Superordens Parasitiformes, os ácaros e carrapatos.

Os Cheliceriformes compartilham as caraterísticas de todos os artrópodes, como simetria bilateral, segmentação, celoma, triblástico, protostômio, apêndices articulados e presenças de exoesqueleto. Apresentam, além das características comuns aos artrópodes, o corpo dividido em duas regiões (tagmas): um cefalotórax (= prossoma anterior, com seis somitos, cada qual com um par de apêndices unirremes (quelíceras, pedipalpos e quatro pares de pernas), ou seja cabeça fundida ao tórax. É possível observar a presença de olhos simples (medianos) e olhos compostos nas laterais. E um abdômen (= opistossoma posterior, com até 12 segmentos). O primeiro par de apêndices do cefalotórax são as quelíceras (estruturas para alimentação, geralmente possuem pinças nas extremidades ou glândula peçonhenta e uma garra terminal nas aranha) e o segunda por representado pelos pedipalpos (modificados para executar diversas funções nas diferentes classes, como captura e alimentação pela maioria dos quelicerados, podendo eventualmente ser usado para ataque e defesa, em algumas espécies, ele é modificado durante a época reprodutiva, apresentando uma espécie de bulbo que auxilia na transferência do espermatóforo). Os demais pares de apêndices são patas ambulacrais.

Além disso, o cefalotórax possui quatro pares de pernas. Geralmente, o cefalotórax está coberto por uma carapaça rígida, sem uma cabeça definida. Os queliceriformes não tem mandíbulas e são o único grupo de artrópodes que não possuem antena. São animais dioicos e muitas espécies terrestres apresentam rituais de acasalamento elaborados, transferência direta de espermatozoides ou espermatóforos.

A subclasse Arachnida constituem a maior e, do ponto de vista humano, a mais importante das classes de quelicerados. São dotados de apêndices cefálicos representados por um par de quelíceras e um par de palpos, que nada mais são do que mandíbulas e maxilas, respectivamente. Pelas quelíceras podem ou não passar dutos provenientes das glândulas de peçonha, de acordo com a espécie. Entre os representantes dos aracnídeos estão incluídas muitas formas comuns e familiares, tais como: aranhas, escorpiões, ácaros e carrapatos como citado acima (Figura 6.)

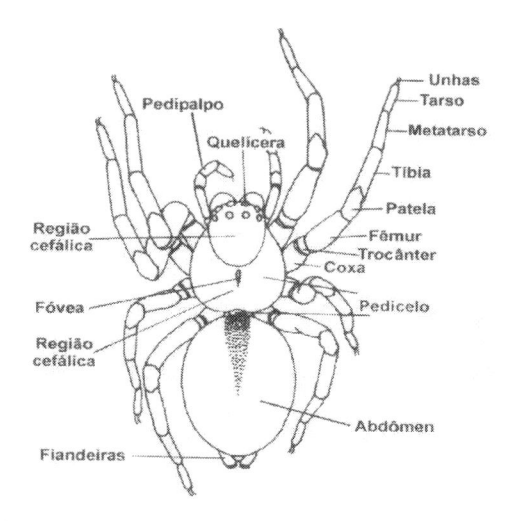

Figura 6. Morfologia externa, subclasse Arachnida. Fonte: https://www.mundoecologia.com.br/. Acesso em: 17/04/2020.

Os Arachnidas são um grupo antigo. Os representantes fósseis de todas as ordens datam do período Carbonífero, e foram encontrados escorpiões fósseis que datam do Siluriano. Uma das conquistas evolutivas foi a migração de um ambiente aquático para um terrestre exigiu determinadas alterações morfológicas e fisiológicas fundamentais. A epicutícula se tornou cérea, reproduzindo a perda de água. As brânquias laminares se modificaram para o uso no ar, resultando no desenvolvimento dos pulmões laminares e das traqueias dos aracnídeos. Além disso, os apêndices se adaptaram melhor a locomoção terrestre. Uma vez estabelecida a existência terrestre, muitas inovações exclusivas evoluíram independentemente ao longo de linhagens diferentes. O desenvolvimento da seda nas aranhas, pseudoescorpiões e em alguns ácaros, e as glândulas de veneno nos escorpiões e aranhas.

A maioria dos aracnídeos é carnívora e a digestão ocorre parcialmente fora do corpo. Enquanto a presa é morta pelas quelíceras e pedipalpos, enzimas secretadas pelo intestino médio são lançadas nos tecidos dilacerados da presa. O caldo parcialmente digerido é ingerido, passando pela boca, faringe, esôfago, intestino anterior, intestino médio com divertículos laterais que se enchem com o caldo alimentar.

O produto excretado mais importante é a guanina. Os órgãos excretores são as glândulas coxais e os túbulos de Malpighi. As glândulas coxais são sacos esféricos situados ao longo do prossomo, que coletam detritos do sangue circundante e são lançados ao exterior por poros que se abrem na coxa dos apêndices. O cérebro é uma massa ganglionar anterior situada acima do esôfago. Contêm os centros ópticos e os destinados às quelíceras. O restante do sistema nervoso consta de nervos e gânglios localizados no abdome e tórax. Os órgãos sensoriais são frequentemente os pêlos sensoriais, olho e órgãos sensoriais em fenda (detecção de vibrações sonoras).

Os aracnídeos possuem pulmões foliáceos, traqueias ou ambos. Os pulmões foliáceos são menos derivados e provavelmente são uma modificação das brânquias foliáceas, associadas à ocupação do ambiente terrestre. O coração está no abdome, de onde sai a aorta anterior que irriga o prossomo, e a aorta posterior que dirige-se à metade posterior do abdome (figura 7). São dioicos, com fecundação interna e desenvolvimento direto nas aranhas e escorpiões, e indireto nos carrapatos.

Meriáopodes: corpo dividido em dois tagmas: cabeça (céfalo) e tronco longo multissegmentado homônimo.

Chelicerados: o corpo dividido em duas regiões (tagmas): cefalotórax e abdome (quelíceras, pedipalpos e quatro pares de pernas).

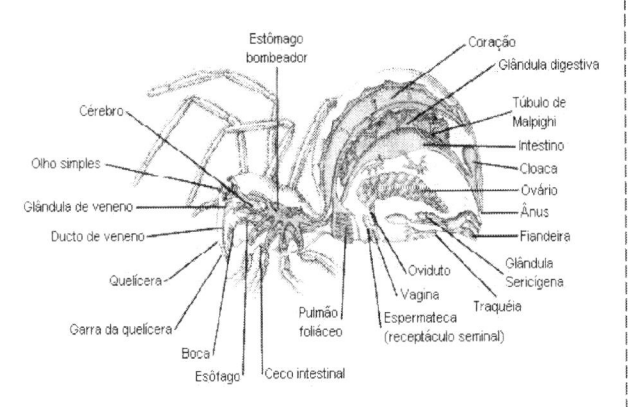

Figura 7. Morfologia externa subclasse Arachnida, Fonte: http://www.geocities.ws/apotecionegro/arac.html: Acesso em: 17/04/2020.

Retomando a aula

Vamos agora relembrar os pontos principais que estudamos!

1- Introdução e características gerais do Filo Arthropoda

Existem cinco grupos claramente diferenciáveis de artrópodes, que geralmente são reconhecidos como subfilos: Trilobita (extinto); Crustácea (caranguejos, camarões etc.); Hexápode (insetos e seus parentes); Miriápode (centípedes, miriápodes e seus parentes); e Chelicerata (caranguejos-ferradura, euriptéridos, aracnídeos e picnogonídeos).

Os artrópodes são encontrados em quase todos os ambientes do planeta, nos mais variados tipos de ambientes.

Possuem simetria bilateral, exoesqueleto, corpo segmentado e apêndices articulados, o que justifica o nome do filo. A característica distinguível dos artrópodes é o exoesqueleto quitinoso ou cutícula, que recobre todo seu corpo.

2- Características principais dos grupos: Subfilos: Trilobita, Crustácea, Hexapoda, Myriapoda e Chelicerata

Trilobitas – registro fóssil (extinto): o corpo dos trilobitas eram divididos em três tagmas (*tagmata*): céfalo, tórax e pigídio (abdome).

Crustáceos: o corpo é dividido em dois tagmas: cefalotórax (cabeça e tórax fundido) e abdome.

Hexápodas: facilmente reconhecido pela divisão do corpo pois são distinguidos dos outros artrópodes por possuírem três tagmas: cabeça, tórax e abdômen distintos; adultos com três pares de pernas torácicas.

Vale a pena

Vale a pena ler,

Fujihara, R. T.; Forti, L. C.; Almeida, M. C.; Baldin, E. L. L. *Insetos de importância econômica*: guia ilustrado para identificação de famílias. 1 Edição. Botucatu, SP: Editora FEPAF, 391 p., 2011.

https://www.researchgate.net/publication/260226325_Morfologia_interna.

https://www.fcav.unesp.br/Home/departamentos/biologia/MARIACELIAPORTELLA/6a-aula--introducao-arthropoda-09.pdf.

https://www.researchgate.net/publication/303289974_Capitulo_8_Filo_Arthropoda_Subfilo_Crustacea.

Vale a pena acessar,

Disponível em: http://www.biologico.sp.gov.br/.
Disponível em: https://www.bbc.com/portuguese/topicos/nature.
Disponível em: https://www.bbcearth.com/channel/.

Vale a pena assistir,

Documentário: https://www.youtube.com/watch?v=mJ8Z8MPGasQ.
Entomofagia: https://www.youtube.com/watch?v=RSYEjaG2GZg.
Entomofagia: https://www.bbc.com/portuguese/geral-45634248; https://foodsafetybrazil.org/analise-de-risco-da-entomofagia/.

Minhas anotações

Aula 2º

Filo Chordata

Vertebrados são, frequentemente, componentes numerosos e conspícuos da experiência das pessoas sobre o mundo natural. Vertebrados também são muito diversificados. Há mais de 57 mil espécies de vertebrados, número relativamente pequeno comparado ao, digamos, um milhão de espécies de insetos sobre a Terra. Mas, o que falta aos vertebrados em número de espécies, eles apresentam em disparidade, variando enormemente em características como a massa corporal, e os comportamentos dos vertebrados são tão diversos e complexos quanto suas formas. Assim, esta aula, tem como objetivo apresentar ao estudante do curso de Ciências Biológicas, a caracterização dos aspectos morfológicos, fisiológicos, filogenéticos, sistemáticos, ecológicos e evolutivos dos animais representantes do Filo Chordata.

Bons estudos!

Objetivos de aprendizagem

Ao término desta aula, vocês serão capazes de:

- reconhecer a importância do conhecimento das características gerais destes animais em todos os aspectos;
- identificar os diferentes grupos de animais, aspectos ecológicos e evolutivos;
- conhecer as diferenças e semelhanças entre os animais de diferentes grupos;
- reconhecer os filos dos animais estudados, explicando as principais características de cada grupo.

Seções de estudo

1- Introdução e características gerais Filo Chordata
2- Características principais dos grupos

1- Introdução e características gerais Filo Chordata

A zoologia (zoo = animal e logia = estudo) é o estudo científico dos animais, os organismos pertencentes ao Reino Animalia e uma parte da biologia, o estudo científico da vida. Os animais e a matéria viva em geral podem ser identificados pelos atributos adquiridos durante a sua longa história evolutiva. Os atributos mais notáveis da vida compreendem: unicidade química, complexidade e organização hierárquica, reprodução, posse de um programa genético, metabolismo, desenvolvimento, interação com o ambiente e movimento.

Com o intuito de facilitar o estudo dos animais, é comum estes organismos serem agrupados em dois grupos gerais: Invertebrados e Vertebrados. Os Invertebrados são os animais que não possuem coluna vertebral dorsal (estudados na disciplina anterior, Zoologia I). Enquanto os Vertebrados são os animais que apresentam a coluna vertebral dorsal, esta proteção é fundamental, pois envolve a medula que realiza a comunicação do encéfalo com as demais estruturas do corpo.

O filo Chordata pertence ao ramo Deuterostomia do Reino Animal. Os cordados apresentam algumas características distintas, como a notocorda, o cordão nervoso dorsal oco, as fendas faríngeas (branquiais) e a cauda pós-anal. Estas estruturas estão presentes em, pelo menos, alguma fase do desenvolvimento do animal.

A corda dorsal, **notocorda** ou notocórdio (do grego *notos*: dorso, costas + latim *chorda*: corda), é uma estrutura de sustentação, semelhante a um bastão fino formado por células, que se forma durante o desenvolvimento embrionário e se estende por todo o corpo para fortalecê-lo, pois serve de base para a fixação de músculos, e está presente, pelo menos em uma fase da vida, em todos os cordados. O **tubo nervoso dorsal** ou cordão nervoso é uma estrutura sólida parcialmente oca que passa por cima da notocorda formada por dobras da ectoderme.

O tubo dá origem ao sistema nervoso dorsal, especificamente a ponta anterior do tubo dá origem ao encéfalo que é protegido pelo crânio. As **fendas faríngeas** (branquiais) são aberturas que existem nos dois lados da faringe dos embriões de cordados. Nos peixes, essas fendas dão origem as brânquias que têm função respiratória, por isso também recebem o nome de fendas branquiais. **Cauda pós-anal** é uma extensão da notocorda, ou seja, em todo embrião de cordado apresenta essa região do corpo que se prolonga para além do ânus, a cauda. Em algumas espécies, larvas de peixes e anfíbios, ela tem função de sustentação e locomoção. O desenvolvimento e a função da cauda variam nos diferentes grupos de cordados (Figura 1).

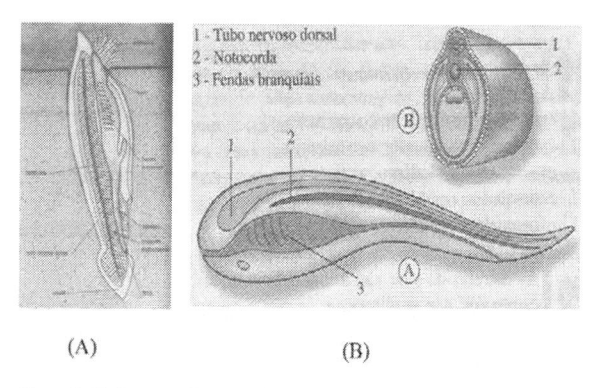

Figura 1. (A) Esquema de um cordado, para observação de notocorda, fendas faríngeas, todo nervoso e cauda pós-anal; (B) Vistas longitudinal e transversal Fonte: http://segundoanobiologia.blogspot.com/2013/10/cordados.html. Acesso em: 17/04/2020.

Características Gerais dos Chordata

- Bilateralmente simétricos, deuterostômios celomados (celoma grandemente reduzido em alguns grupos).
- Fendas branquiais faríngeas presentes em algum estágio; usadas para alimentação em Cephalochordata e Urochordata.
- Notocorda dorsal derivada da mesoderme presente em algum estágio do desenvolvimento; a notocorda localiza-se dorsalmente ao tubo digestivo e ventralmente ao neural.
- Corda nervosa oca dorsal, ao menos em um estágio da história de vida; compartimentada anteriormente e, em Vertebrata, dando origem ao cérebro.
- Cauda pós-anal locomotora e muscular em algum estágio do desenvolvimento.
- Com um endóstilo faríngeo endodérmico (Urochordata, Cephalochordata) ou glândula tireoide (Vertebrata).
- Trato digestivo completo e especializado regionalmente.
- Sistema circulatório com um vaso sanguíneo contrátil (ou coração). As trocas gasosas ocorrem através da parede corporal ou dos tecidos epiteliais.
- Gonocorísticos ou hermafroditas; desenvolvimento variável. Clivagem radial, holoblástica, subigual ou levemente desigual. Um estágio de girino é expresso e algum ponto da história de vida de todos os táxons. (BRUSCA *et al.*, 2016).

2- Características principais dos grupos

2.1 Subfilo Cephalochordata Anfioxos

Esse nome (do grego *cephala*, "cabeça"; *chordata*, "corda") originou-se da extensão única da notocorda além do cordão nervoso para dentro da cabeça do animal. Em geral, esses animais vivem em posição semi-vertical, em galerias, ou descansam lateralmente nas superfícies.

Os anfioxos podem nadar e nadam, e a locomoção é importante para seus hábitos de dispersão e cruzamento.

Contudo, eles tendem a nadar erraticamente e sem orientação dorsoventral clara. Embora existam descritas cerca de 50 espécies de cefalocordados na literatura, apenas 20 a 30 delas provavelmente continuam válidas (ainda que as diferenças entre algumas espécies e as relações filogenéticas entre as espécies ainda não estejam estabelecidas).

Esses representante são Cordados diminutos (até 7 cm) semelhantes a peixes com notocorda, fendas branquiais, cordão nervoso dorsal, um órgão da roda único e cauda pós-anal presentes nos adultos, mas sem coluna vertebral ou estrutura esquelética cranial e celoma verdadeiro, gônadas numerosas (25 a 38) e organizadas em série (Figura 2A). Encontrados nos ambientes marinhos e de água salobra, geralmente associados a sedimentos de areia ou cascalho limpos, nos quais se enterram (p. ex., *Asymmetron, Branchiostoma, Epigonichthyes*).

O corpo dos cefalocordados é inteiramente recoberto por epiderme de epitélio colunar simples, apoiada em uma fina derme de tecido conjuntivo. A notocorda também desempenha um papel principal na locomoção dos anfioxos. Em consequência da ação dos miótomos segmentares, a natação dos cefalocordados é muito semelhante a dos peixes e consiste basicamente em ondulações laterais do corpo, que dirigem água para trás de forma a produzir um empuxo para frente.

Os cefalocordados são comedores mucociliares de material em suspensão e empregam um mecanismo de obtenção de alimento muito semelhante ao dos tunicados. A água é dirigida para dentro da boca e da faringe pelos cílios da **câmara branquial**, que forma a chamada **bomba branquial**, mas sai pelas fendas branquiais faríngeas e entra no **átrio** circundante; por fim, a água sai do corpo por um **atrióporo** ventral. A alimentação dos anfioxos por filtração consiste em reter o alimento (basicamente, fitoplâncton) da água que entra no corpo, combinado com as atividades complexas de manuseio e separação, as quais ocorrem antes que a água entre na boca (Figura 2B).

O sistema circulatório dos anfioxos consiste em um conjunto de vasos fechados, através dos quais o sangue flui em um padrão semelhante ao dos vertebrados primitivos (p. ex., peixes), embora não exista um coração.

Sistema nervoso central dos cefalocordados é muito simples. Um cordão nervoso dorsal estende-se pela maior parte do comprimento do corpo e é, em geral, levemente expandido como uma vesícula cerebral na base do capuz oral.

Os cefalocordados são gonocorísticos, mas os sexos são estruturalmente muito semelhantes. Fileiras de 25 a 38 pares de gônadas estão dispostas em série ao longo do corpo, de cada lado do átrio.

2.2. Subfilo Urochordata (= Tunicata) Tunicados

Estudos moleculares recentes indicam que os **tunicados** são mais estreitamente relacionados aos outros cordados do que são os anfioxos. Os caracteres de cordados dos tunicados são mais aparentes durante seu estágio larval, que pode durar apenas alguns minutos. Em muitas espécies, a larva utiliza seus músculos caudais e a notocorda para nadar pela água, em busca de um substrato adequado no qual possa se fixar, guiada por pistas que recebe de células sensíveis à luz e à gravidade. Uma vez estabelecido sobre um substrato, um tunicado passa por uma metamorfose radical em que muitos de seus caracteres de cordado desaparecem.

Os tunicados são bilateralmente simétricos, ao menos durante os estágios iniciais do seu desenvolvimento. A forma corporal do adulto varia, mas o corpo é geralmente coberto por uma túnica grossa ou fina (testa), composta de um polissacarídio semelhante à celulose. Os indivíduos não têm tecidos ósseos; a notocorda está limitada à cauda e geralmente é encontrada apenas no estágio larval (e nos apendiculários adultos).

A maioria utiliza **fendas branquiais faríngeas (= estigmata)** recobertas de muco para realizar suspensivoria. A água circula para dentro da boca e da faringe por meio de um **sifão oral** (**branquial**) inalante (embora modificado nos apendiculários), passa pelas fendas branquiais faríngeas, entra em um átrio espaçoso cheio de água (**cloaca**) e, por fim, sai por um **sifão atrial** exalante.

O tubo digestivo é simples e tem formato de "U", com o ânus abrindo-se para dentro do fluxo exalante de água, à medida que ela sai do corpo, o celoma pouco desenvolvido e o cordão nervoso dorsal presente nos estágios larvais.

Em razão da diferença profunda da forma corporal em relação a dos cordados mais conhecidos, a orientação geral do corpo dos urocordados não é imediatamente evidente, podendo ser, solitários, sociais e coloniais são implantados sobre pedúnculos e ficam elevados do substrato, embora as formas compostas geralmente cresçam como lâminas finas ou grossas, que se conformam à topografia da superfície onde vivem.

Em algumas dessas das formas como as ascídias compostas, os zooides ficam dispostos em rosetas regulares e compartilham a mesma câmara atrial, que leva a um sifão exalante comum dentro da parede corporal externa, ou túnica (Figura 3).

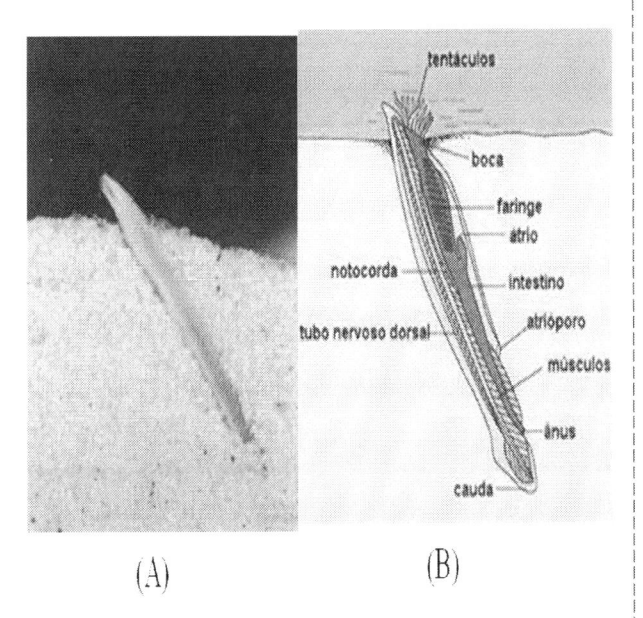

Figura 2: Vista externa, Anfioxo (A); Vista interna (B) Fonte: https://www.sobiologia.com.br/conteudos/Reinos3/bioanimal2.php. Acesso em: 28/04/2020.

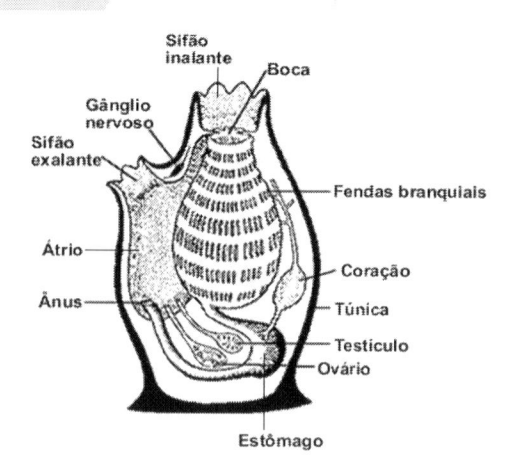

Figura 3. Esquema de Tunicato adulto. Fonte: https://brasilescola.uol.com.br/biologia/urochordata.htm. Acesso em: 20/05/2020.

A parede corporal dos tunicados inclui um epitélio simples recoberto por uma túnica secretada com espessura e consistência variáveis, os músculos circulares do esfíncter fecham os orifícios sifonais. O controle neural fino desses músculos é parte do desenvolvimento que ocorre durante a transição do estágio larval móvel para a forma adulta séssil. Esse controle permite que os animais que se alimentam por filtração reajam rapidamente às partículas indesejáveis ou aos predadores situados perto dos orifícios sifonais.

Os tunicados têm celoma extremamente reduzido ou inexistente, segundo alguns autores; a cavidade do corpo foi perdida durante a evolução das grandes faringe e câmara cloacal. A cloaca é uma estrutura em forma de saco derivada da ectoderme, que está em continuidade com a epiderme do sifão atrial. A maioria desses animais é suspensívora e utiliza vários tipos de redes mucosas para filtrar plâncton e detritos orgânicos da água do mar.

O sistema circulatório dos urocordados é pouco desenvolvido, especialmente nos taliáceos e apendiculários. Esse sistema foi mais bem-estudado nas ascídias, que têm um coração tubular curto e sem válvulas localizado em posição posteroventral no corpo, perto do estômago e atrás da câmara faríngea

O coração é circundado por um saco pericárdico, também referido como vestígios do celoma (nas ascídias). Os vasos sanguíneos estendem-se nas direções anterior e posterior, abrindo-se nos espaços existentes ao redor dos órgãos internos e fornecendo também irrigação sanguínea à túnica.

Nos tunicados, as trocas gasosas ocorrem através da parede corporal, especialmente dos revestimentos da faringe e da câmara cloacal. Existem poucas informações sobre a fisiologia respiratória desses animais. Embora o sistema nervoso dos tunicados seja reduzido, talvez em razão de seus estilos de vida relativamente inativos planctônico flutuante e séssil, ele recentemente tem recebido atenção, uma vez que pode conter precursores dos elementos neurais considerados inovações dos invertebrados, inclusive placódios e crista neural.

Possuem reprodução assexuada (brotamento) e sexuada. Na sexuada os tunicados são hermafroditas e têm sistemas reprodutivos relativamente simples. Em geral, o ovário e o testículo únicos estão localizados perto da alça do tubo digestivo, na parte posterior do corpo e, na maioria dos casos, comunicam-se com a câmara cloacal situada perto do ânus por um espermoducto e um oviduto independente.

2.3. Subfilo Vertebrata (= Craniata). Craniados

O termo *vertebrado* é obviamente derivado das vértebras arranjadas em série para formar a coluna vertebral. Em nós mesmos, assim como em outros vertebrados terrestres, as vértebras formam-se em torno da notocorda durante o desenvolvimento e também circundam o tubo nervoso.

A coluna vertebral óssea substitui a notocorda original após o período embrionário. Em muitos peixes, as vértebras são constituídas por cartilagem em vez de osso. Todos os vertebrados apresentam o caráter peculiar e derivado, um **crânio,** que é uma estrutura óssea, cartilaginosa ou fibrosa circundando o encéfalo.

Os Cordados com envoltório esquelético para o cérebro e, exceto Agnatha, com mandíbulas e uma coluna vertebral (coluna dorsal), formando o eixo do esqueleto corporal; a maioria tem apêndices pareados. Em geral, existem várias classes reconhecidas, embora nem todas sejam estritamente monofiléticas: as classes Myxini e Cephalaspidomorphi são os peixes-bruxa e as lampreias, respectivamente (reunidos como peixes ágnatos, ou sem mandíbulas); Chondrichthyes são tubarões, raias e seus parentes; Osteichthyes são os peixes ósseos (p. ex., truta, atum, perca); Amphibia inclui salamandras, sapos, rãs, cecílias. O grupo Reptilia (parafilético) tradicionalmente incluía tartarugas, serpentes, lagartos e crocodilos, mas as classificações modernas reúnem aves e répteis em Reptilomorpha (ou Sauropsida). A classe Mammalia inclui os mamíferos.

Os vertebrados existentes compartilham um conjunto de caracteres derivados que os distinguem dos outros cordados. Como consequência de uma duplicação gênica, os vertebrados possuem dois ou mais conjuntos de genes *Hox* (os anfioxos e os tunicados têm apenas um). Outras famílias importantes de genes que produzem fatores de transcrição e moléculas de sinalização também são duplicadas em vertebrados. A complexidade genética adicional resultante pode estar associada com inovações no sistema nervoso de vertebrados e no esqueleto, incluindo o desenvolvimento de um crânio e uma coluna vertebral composta de vértebras.

Em alguns vertebrados, as vértebras são pouco mais do que pequenas pontas de cartilagem dispostas dorsalmente ao longo da notocorda. Na maioria dos vertebrados, entretanto, as vértebras envolvem a medula espinal e assumem os papéis mecânicos da notocorda.

Ao longo do tempo, barbatanas dorsais, ventrais e anais, fortalecidas por estruturas ósseas chamadas de barbatanas raiadas, evoluíram em vertebrados aquáticos. As barbatanas proporcionam propulsão e controle da direção quando vertebrados aquáticos nadam atrás de presas ou fogem de predadores. O nado mais rápido foi sustentado por outras adaptações, incluindo um sistema mais eficiente de trocas gasosas nas brânquias.

As modificações das estruturas esqueléticas e dos

músculos permitiram aumentar a velocidade e a mobilidade. O nível de atividade mais alto e o tamanho dos vertebrados também requereram estruturas especializadas para localização, captura e digestão do alimento, além de adaptações destinadas a suportar uma alta taxa metabólica.

Os vertebrados caracterizam-se como um grupo por: uma cabeça bem desenvolvida, seu grande tamanho relativo, alto grau de mobilidade e um projeto corporal distinto, com muitas características peculiares que permitiram a irradiação adaptativa excepcional.

Entre estas, os mais importantes são: o endoesqueleto vivo, que permite um crescimento contínuo e fornece uma estrutura robusta para a eficiente fixação e ação muscular; faringe muscular perfurada com fendas e brânquias (perdida ou amplamente modificada nos vertebrados terrestres), com amplo aumento da eficiência respiratória; tubo digestivo com musculatura; coração com câmaras, que atende a mais altas demandas metabólicas; e um sistema nervoso avançado, com cérebro diferenciado e órgãos sensoriais duplicados.

Glossário:
- **Triblásticos**: Na fase embrionária, após o desenvolvimento do zigoto, **três folhetos embrionários são gerados** (ectoderma, mesoderma, endoderma) e a partir desses folhetos são gerados todos os demais tecidos e órgãos do organismo;
- **Celomados**: Também no desenvolvimento embrionário, uma cavidade de nome **celoma** é formada e é nessa cavidade que órgãos posteriormente formados serão depositados. O celoma também é conhecido como local de depósito das vísceras de um organismo;
- **Metamerizados:** Possuem o corpo dividido em segmentos. Assim como os Anelídeos e os Artrópodes, os cordados possuem o corpo e órgãos segmentados;
- **Deuterostômios:** Assim como os Equinodermos, os Cordados possuem diversas características marcantes na fase embrionária, mas resumidamente, animais deuterostômios são aqueles em que, na fase embrionária, o ânus é formado primeiro que a boca;
- **Simetria bilateral:** possuem apenas um eixo de simetria, ou seja, só possui uma forma de separar esses indivíduos em duas partes iguais.

Retomando a aula

Vamos retomar alguns itens importantes da aula 02:

1- Introdução e características gerais Filo Chordata

O filo Chordata pertence ao ramo Deuterostomia do Reino Animal. Os cordados apresentam algumas características distintas, como a notocorda, o cordão nervoso dorsal oco, as fendas faríngeas (branquiais) e a cauda pós-anal. Estas estruturas estão presentes em, pelo menos, alguma fase do desenvolvimento do animal.

A corda dorsal, **notocorda** ou notocórdio, é uma estrutura de sustentação, semelhante a um bastão fino formado por células, que se forma durante o desenvolvimento embrionário e se estende por todo o corpo para fortalecê-lo, pois serve de base para a fixação de músculos, e está presente, pelo menos em uma fase da vida, em todos os cordados.

2 - Características principais dos grupos

Subfilo Cephalochordata. Anfioxos. Esses representante são Cordados diminutos (até 7 cm) semelhantes a peixes com notocorda, fendas branquiais, cordão nervoso dorsal, um órgão da roda único e cauda pós-anal presentes nos adultos, mas sem coluna vertebral ou estrutura esquelética cranial e celoma verdadeiro, gônadas numerosas (25 a 38) e organizadas em série. Encontrados nos ambientes marinhos e de água salobra, geralmente associados a sedimentos de areia ou cascalho limpos, nos quais se enterram.

Subfilo Urochordata. Tunicados são mais estreitamente relacionados aos outros cordados do que são os anfioxos. Os caracteres de cordados dos tunicados são mais aparentes durante seu estágio larval, que pode durar apenas alguns minutos. Em muitas espécies, a larva utiliza seus músculos caudais e a notocorda para nadar pela água, em busca de um substrato adequado no qual possa se fixar, guiada por pistas que recebe de células sensíveis à luz e à gravidade. Uma vez estabelecido sobre um substrato, um tunicado passa por uma metamorfose radical em que muitos de seus caracteres de cordado desaparecem.

Subfilo Vertebrata. Craniados. A coluna vertebral óssea substitui a notocorda original após o período embrionário. Em muitos peixes, as vértebras são constituídas por cartilagem em vez de osso. Todos os vertebrados apresentam o caráter peculiar e derivado, um **crânio,** que é uma estrutura óssea, cartilaginosa ou fibrosa circundando o encéfalo;

A complexidade genética adicional resultante pode estar associada com inovações no sistema nervoso de vertebrados e no esqueleto, incluindo o desenvolvimento de um crânio e uma coluna vertebral composta de vértebras.

Vale a pena

Vale a pena ler,

https://edisciplinas.usp.br/pluginfile.php/3500796/mod_resource/content/1/Os%20Cordados_Material%20Extra.pdf.

https://www.fcav.unesp.br/Home/departamentos/biologia/MARIACELIAPORTELLA/10t.-chordata-2014.pdf.

Vale a pena **acessar**,

Disponível em: https://www.biologianet.com/zoologia/filo-chordata.htm.

Disponível em: https://netnature.wordpress.com/2018/03/06/cefalocordados-tunicados-e-vertebrados/.

Minhas anotações

Aula 3º

Peixes I - Ostracodermos

Os peixes constituem um vasto conjunto de vertebrados aquáticos distantemente aparentados, com nadadeiras e que respiram por brânquias. Eles são os mais antigos e mais diversificados dentro do clado Vertebrata, constituindo 5 das 9 classes de vertebrados atuais e cerca de metade das aproximadamente 58.000 espécies de vertebrados. Os peixes são de uma linhagem antiga, descendentes de um protocordado ancestral livre-nadante desconhecido há cerca de 550 milhões de anos.

Os primeiros vertebrados eram um grupo de peixes agnatos (sem mandíbulas), incluindo os Ostracodermes, as feiticeiras (peixes bruxas) e lampreias atuais, peixes saprófagos ou parasitos. Assim, esta aula, tem como objetivo apresentar ao estudante do curso de Ciências Biológicas, a caracterização dos aspectos morfológicos, fisiológicos, filogenéticos, sistemáticos e evolutivos dos peixes.

Bons estudos!

Objetivos de aprendizagem

Ao término desta aula, vocês serão capazes de:

- reconhecer e identificar os cordados vertebrados pertencentes aos grupos dos peixes agnatas;
- descrever as características evolutivas, sistemáticas, morfológicas, anatômicas, comportamentais e de cada um dos principais grupos.

Seções de estudo

1- Introdução e características gerais do vertebrata agnatos Ostracodermes
2- Características principais dos grupos: Myxinoidea (Feiticeiras) e Petromyzontoidea (Lampreias)

1- Introdução e características gerais do vertebrata agnatos Ostracodermes

Os peixes atuais sem mandíbulas são representados por 108 espécies divididas entre duas classes: Myxini (feiticeiras ou peixe-bruxa) (Figura 1), com cerca de 70 espécies e Petromyzontida (lampreias) (Figura 2), com 38 espécies. Os representantes de ambos os grupos não têm mandíbulas, ossificação interna, escamas e nadadeiras pares, e os dois grupos compartilham aberturas branquiais em forma de poros e corpo anguiliforme

Figura 1. Feiticeira (peixe-bruxa). Fonte: https://www.bbc.com/portuguese/vert-earth-37413268. Acesso em: 05/05/2020.

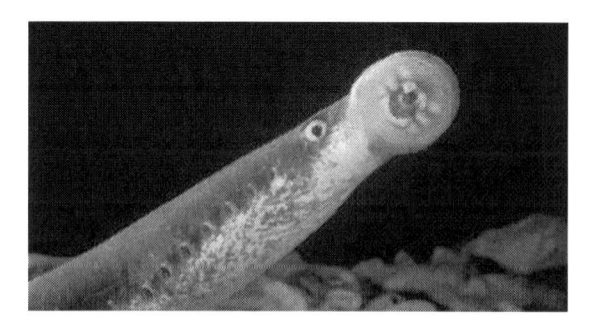

Figura 2. Lampreia. Fonte: https://www.bbc.com/portuguese/noticias/2015/11/151107_vert_earth_lampreia_fd. Acesso em: 05/05/2020.

Com base nessa similaridade morfológica, esses dois grupos foram previamente unidos sob o nome "Cyclostomata", um agrupamento que se mostrou parafilético quando os caracteres morfológicos foram analisados por meio da metodologia cladística. As lampreias apresentam muitos caracteres, incluindo vértebras, músculos extrínsecos dos olhos, pelo menos dois canais semicirculares e cerebelo, que são compartilhados exclusivamente com os gnatostomados.

Por outro lado, as evidências moleculares recentes sugerem nitidamente que as feiticeiras e lampreias formam um grupo monofilético. Esse agrupamento, inconsistente com os dados morfológicos, é controverso e necessita de testes adicionais. Se a hipótese molecular for verdadeira, então as vértebras e muitas outras características dos vertebrados foram perdidas durante a evolução das feiticeiras. Tendo em vista essa incerteza, mostramos a relação das feiticeiras, lampreias e gnatostomados como uma politomia.

Os vertebrata agnatos atuais - feiticeiras e lampreias – durante muito tempo foram classificados junto com os ostracodermes na classe "Agnatha" porque não possuem as características dos gnatostomados, as maxilas e dois conjuntos de nadadeiras pares. Eles também tem outras características primitivas.

Em particular não possuem dutos reprodutivos especializados; óvulos e espermatozoides são liberados no interior do celoma, e contrações da parede do corpo expelem as células sexuais através de poros que se abrem na porção caudal do dueto arquinéfrico (dueto que drena do rim). Tanto feiticeiras como lampreias tem fecundação externa. No entanto, os sistematas filogenéticos não mais agrupam organismos com base em caracteres primitivos compartilhados e agora está claro que os "Agnatha" constituem um grupo parafilético. Os agnatos atuais muitas vezes têm sido reunidos como **ciclóstomos** porque possuem boca circular e sem maxilas.

Lampreias e feiticeiras são animais alongados, desprovidos de membros e escamas, viscosos, e sem a presença de tecidos internos duros. São necrófagos ou parasitas e apresentam especializações para estes papéis (Figura 3).

Classe Agnatha

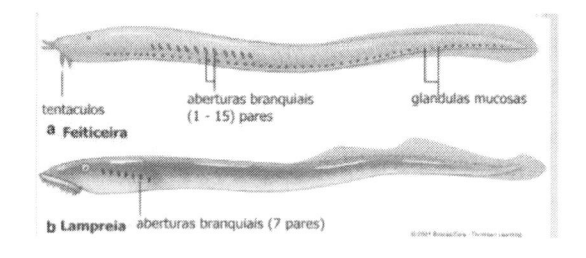

Figura 3. Morfologia externa. Feiticeiras (A) e Lampreias (B). fonte: http://www.biozoomer.com/2011/07/cyclostomata-general-characters.html. Acesso em: 06/05/2020.

Feiticeiras e lampreias são únicas entre os vertebrados atuais, uma vez que carecem de maxilas; este aspecto toma-as importantes no estudo da evolução dos vertebrados. Lampreias e feiticeiras têm sido tradicionalmente reunidas como agnatas (Grego *a* = **sem**, *gnathos* = **maxila**) ou **ciclóstomos** (Grego *cyclos* = circular, *stoma* = boca), mas provavelmente não intimamente relacionadas entre si, e sim ao contrário, representam duas linhagens evolutivas independentes. As Feiticeiras (peixes-bruxa - Myxini) e as lampreias (Petromyzontida) são as únicas linhagens de vertebrados existentes cujos membros não possuem mandíbulas. Diferente da maioria dos vertebrados, as lampreias e os peixes-bruxa também não têm coluna vertebral.

Em contrapartida, acreditou-se que as Feiticeira (peixes-bruxa) não tinham vértebras também; portanto, eles foram classificados como cordados invertebrados estreitamente relacionados aos vertebrados. Nos últimos anos, entretanto, essa interpretação mudou. Pesquisas recentes mostraram que as Feiticeiras (peixes-bruxa), assim como as lampreias, têm vértebras rudimentares. Além disso, uma série de estudos filogenéticos sustentou a hipótese de que as feiticeiras (peixes-bruxa) são vertebrados. Análises filogenéticas também indicaram que as feiticeiras (peixes-bruxa) e as lampreias são grupos-irmãos.

Características principais
- Corpo delgado, anguiliforme; sem apêndices pares;
- Com pele nua (sem escamas);
- Esqueleto fibroso e cartilaginoso; notocorda persistente; vértebras reduzidas ou ausentes;
- Mandíbulas ausentes; boca com placas queratinizadas (feiticeiras) ou dentes (lampreias), sem estômago distinto;
- Encéfalo pequeno, mas distinto; 10 pares de nervos cranianos;
- Olhos pouco desenvolvidos (feiticeiras) ou moderadamente desenvolvidos (lampreias), um par (feiticeiras) ou dois pares (lampreias) de canais semicirculares;
- Sexos separados; fertilização externa ovos grandes e nenhum estágio larval nas feiticeiras; ovos pequenos e um longo estágio larval (amocete) nas lampreias;
- Sistema excretor de rins pronéfricos e mesonéfricos (feiticeiras) ou opistonéfricos; os rins drenam pelo ducto arquinéfrico para a cloaca; amônia, principal resíduo nitrogenado;
- Feiticeiras com 5 a 16 pares de brânquias;
- Lampreias com 7 pares de brânquias;
- Coração com seio venoso, átrio e ventrículo; circulação única; corações acessórios nas feiticeiras (HICKMAM *et al.*, 2013).

2- Características principais dos grupos: Myxinoidea (Feiticeiras) e Petromyzontoidea (Lampreias)

2.1. Myxinoidea (Feiticeiras ou Peixes-bruxa)

As feiticeiras constituem um grupo inteiramente marinho que se alimenta de anelídeos, moluscos, crustáceos e animais mortos ou moribundos. Desse modo, elas não são parasitas como as lampreias, mas sapráfagas e predadoras. Existem cerca de 70 espécies de feiticeiras das quais as mais conhecidas na América do Norte são a feiticeira do Atlântico, *Myxine glutinosa* (Gr. *Myxa*, muco) e vivem na plataforma continental e no mar aberto até profundidades de 100 metros ou mais.

Os peixes-bruxa são vertebrados sem mandíbulas com vértebras altamente reduzidas e crânio feito de cartilagem. Eles nadam em uma forma parecida com uma serpente usando seus músculos segmentares para exercer força contra sua notocorda, a qual eles retêm na idade adulta como um forte bastão flexível de cartilagem. Os peixes-bruxa têm cérebros pequenos, olhos, orelhas e uma abertura nasal que se conecta com a faringe (Figura 4). Suas bocas contêm formações semelhantes a dentes feitas da proteína queratina.

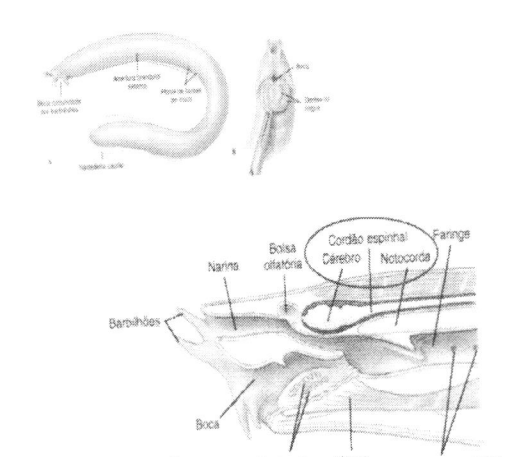

Figura 4. Feiticeira do Atlântico, Myxine glutinosa (classe Myxini). A. Anatomia externa. B. Vista ventral da cabeça mostrando dentes queratinizados usados para segurar o alimento durante a alimentação. C. Corte sagital da região da cabeça (note a posição retraída da língua raspadora e aberturas internas para uma fileira de bolsas branquiais) (Fonte: HICKMAN, 2013, p. 829).

Embora quase completamente cegas, as feiticeiras são rapidamente atraídas por alimento, especialmente peixes mortos ou moribundos, devido aos sentidos olfatório e tátil bem desenvolvidos. Uma baleia que morre e vai para o fundo do oceano atrai milhares de feiticeiras, que se alimentam da carcaça por vários anos. Uma feiticeira penetra no animal morto ou moribundo através de um orifício ou cavando. Utilizando duas placas queratinizadas com dentes, situadas na sua língua, que se movem como um torquês, a feiticeira raspa, retirando pedaços de carne da presa.

Para aumentar a força de alavanca, a feiticeira frequentemente faz um nó em sua cauda e o transfere anteriormente até que esteja pressionado firmemente contra o corpo da presa.

Séries de glândulas de muco sobre os flancos de um peixe-bruxa secretam uma substância que absorve água, formando um muco que pode repelir outros necrófagos quando o animal está se alimentando. Quando atacado por um predador, um peixe-bruxa pode produzir vários litros de muco em menos de um minuto. O muco cobre as brânquias do peixe agressor, fazendo recuar ou mesmo o sufocando.

Diferentemente de qualquer outro vertebrado, os fluidos corporais das feiticeiras estão em equilíbrio osmótico com a água do mar, como os fluidos corporais da maioria dos invertebrados marinhos. As feiticeiras têm várias outras peculiaridades anatômicas e fisiológicas, incluindo um sistema circulatório de baixa pressão servido por três corações acessórios, além do coração principal situado logo atrás das brânquias.

A reprodução tem sido muito pouco documentada; nesses casos, as fêmeas produzem um número reduzido de ovos surpreendentemente grandes, que levam 5 meses para chocar. Aparentemente, não há estágio larval. Pouco se sabe sobre períodos, locais e comportamentos de desova e idade de maturidade

2.2. Petromyzontoidea (Lampreias)

As lampreias pertencem à família Petromyzontidae (Gr. *petros*, pedra + *myzon*, sugador). O nome do grupo refere-se ao hábito da lampreia de agarrar-se a uma pedra com a boca para manter sua posição em uma correnteza.

O segundo grupo de vertebrados existentes sem mandíbulas, as lampreias, consiste em aproximadamente 35 espécies habitando vários ambientes marinhos e de águas doces.

A maioria é parasita que se alimenta aderindo sua boca redonda sem mandíbula sobre o flanco de um peixe vivo, seu "hospedeiro". As lampreias usam suas bocas ásperas e língua para penetrar na pele do peixe e ingerir o sangue e outros tecidos dele.

Quando são larvas, as lampreias vivem em cursos de água doce. A larva que se alimenta de partículas em suspensão é parecida com um anfioxo e gasta boa parte de seu tempo parcialmente enterrada no sedimento. Algumas espécies de lampreias se alimentam somente de larvas; passando vários anos em cursos de água, elas amadurecem sexualmente, se reproduzem e morrem dentro de poucos dias. A maioria das lampreias, entretanto, migra para o mar ou lagos quando se tornam adultos maduros

As lampreias possuem vértebras rudimentares, bem como muitos outros caracteres que compartilham com os vertebrados com maxilas. A condição agnata, tanto de feiticeiras como de lampreias, entretanto, é ancestral.

Todavia, as lampreias foram tradicionalmente classificadas como vertebrados, uma vez que elas têm vértebras rudimentares (compostas de cartilagem, não de ossos).

As lampreias usam suas bocas ásperas e língua para penetrar na pele do peixe e ingerir o sangue e outros tecidos dele. Quando são larvas, as lampreias vivem em cursos de água doce. A larva que se alimenta de partículas em suspensão é parecida com um anfioxo e gasta boa parte de seu tempo parcialmente enterrada no sedimento. Algumas espécies de lampreias se alimentam somente como larvas; passando vários anos em cursos de água, elas amadurecem sexualmente, se reproduzem e morrem dentro de poucos dias. A maioria das lampreias, entretanto, migra para o mar ou lagos quando se tornam adultos maduros. As lampreias marinhas (*Pretomyzon marinus*) invadiram os Grandes Lagos durante os últimos 170 anos e devastaram numerosas indústrias de pesca.

Todas as lampreias sobem rios para se reproduzir. As formas marinhas são **anádromas** (Gr. *anadromos*, que corre para cima); isto é, elas saem do mar, onde passam a vida adulta, para subir os rios para desovar. Na América do Norte, todas as lampreias desovam no inverno ou na primavera. Os machos iniciam a construção de um ninho e são posteriormente auxiliados pelas fêmeas. Utilizando seus discos orais para levantar pedras e seixos e vigorosas vibrações do corpo para afastar detritos leves, eles formam uma depressão oval.

Durante a desova, com a fêmea fixa a uma rocha para manter sua posição sobre o ninho, o macho agarra-se ao lado dorsal da cabeça dela. À medida que os ovos são depositados no ninho, eles são fertilizados pelo macho. Os ovos pegajosos aderem aos seixos no ninho e são levemente cobertos por areia. Os adultos morrem logo após a desova.

Os ovos eclodem em aproximadamente 2 semanas, liberando pequenas larvas chamadas **amocetes**, que são tão distintas de seus pais que biólogos no passado pensaram tratar-se de uma outra espécie. A larva tem uma semelhança marcante com um anfioxo e as características básicas dos cordados, em uma forma tão simplificada e facilmente perceptível, que chegou a ser considerada um arquétipo dos cordados.

O esqueleto das lampreias é feito de cartilagem. Diferente da cartilagem encontrada na maioria dos vertebrados, a cartilagem das lampreias não contém colágeno. Em vez disso, ela é uma matriz rígida de outras proteínas. A notocorda das lampreias persiste como o principal esqueleto axial no adulto, como em peixes-bruxa. Entretanto, as lampreias também têm uma bainha flexível em torno da notocorda semelhante a um bastão. Ao longo do comprimento de sua bainha, pares de projeções cartilaginosas relacionadas a vértebras se estendem dorsalmente, envolvendo parcialmente o cordão nervoso (Figura 5) (REECE *et al.*, s. d).

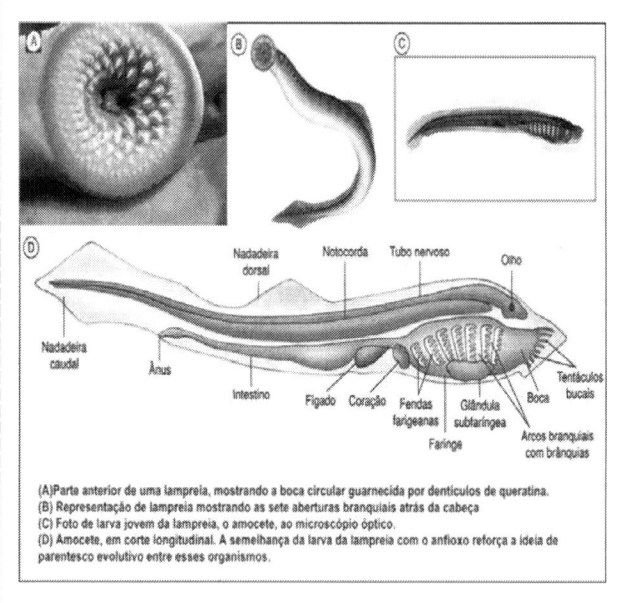

Figura 5. Morfologia externa e interna da Lampreia. Fonte: http://wesleibio.blogspot.com/2016/10/cordados-peixes-agnatos.html. Acesso em: 10/05/2020.

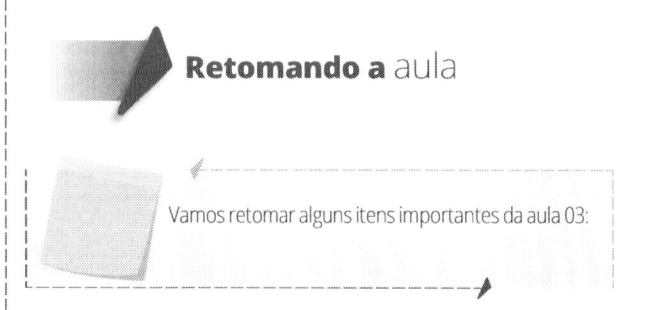

Retomando a aula

Vamos retomar alguns itens importantes da aula 03:

1- Características principais agnatos ostracodermos

Os peixes atuais sem mandíbulas são representados por duas classes: Myxini (feiticeiras ou peixe bruxa) e Petromyzontida (lampreias). Os representantes de ambos os grupos não têm mandíbulas, ossificação interna, escamas e nadadeiras pares, e os dois grupos compartilham aberturas branquiais em forma de poros e corpo anguiliforme.

Lampreias e feiticeiras são animais alongados, desprovidos de membros e escamas, viscosos, e sem a presença de tecidos internos duros. São necrófagos ou parasitas e apresentam especializações para estes papéis. Têm vértebras rudimentares.

2- Características principais dos grupos: Myxinoidea (Feiticeiras) e Petromyzontoidea (Lampreias)

As feiticeiras constituem um grupo inteiramente marinho que se alimenta de anelídeos, moluscos, crustáceos e animais mortos ou moribundos. Desse modo, elas não são parasitas como as lampreias, mas saprófagas e predadoras.

Os peixes-bruxa são vertebrados sem mandíbulas com vértebras altamente reduzidas e crânio feito de cartilagem.

Petromyzontoidea (lampreias)

A maioria é parasita que se alimenta aderindo sua boca redonda sem mandíbula sobre o flanco de um peixe vivo, seu "hospedeiro". As lampreias usam suas bocas ásperas e língua para penetrar na pele do peixe e ingerir o sangue e outros tecidos dele.

As lampreias possuem vértebras rudimentares, bem como muitos outros caracteres que compartilham com os vertebrados com maxilas.

O esqueleto das lampreias é feito de cartilagem. Diferente da cartilagem encontrada na maioria dos vertebrados, a cartilagem das lampreias não contém colágeno. Em vez disso, ela é uma matriz rígida de outras proteínas.

Vale a pena

Vale a pena ler

Cordados: http://professor.pucgoias.edu.br/SiteDocente/admin/arquivosUpload/10102/material/Agnatha.pdf.

Cordados https://www.cesadufs.com.br/ORBI/public/uploadCatalago/09270627022012Cordados_II_Aula_3.pdf.

http://portal.virtual.ufpb.br/biologia/novo_site/Biblioteca/Livro_4/4-Vetebrados.pdf.

Vale a pena assistir

Lampreias: https://www.youtube.com/watch?v=lee3wpZ4rZ4.

Minhas anotações

Aula 4º

Peixes II - Gnathostomata

O termo peixes refere-se a um grupo de vertebrados aquáticos, com respiração predominantemente branquial e corpo geralmente hidrodinâmico. Os peixes formam o grupo mais numeroso e mais diversificado entre os vertebrados. Apresentam tamanhos e formas variados e toleram grandes variações de temperatura, sendo que algumas espécies podem sobreviver em fontes termais de 42°C enquanto outras podem viver em ambientes com temperaturas próximas a do congelamento.

A enorme diversidade de peixes tal como conhecemos hoje, com grande variedade de formas, cores, dimensões e estratégias de vida, passou por diversas fases, durante as quais continentes e clima se modificavam, ao mesmo tempo em que ocorriam extinções em massa e transformações profundas da fauna e flora que moldaram a face do planeta. Desta forma, será apresentado aos alunos do curso de Ciências Biológicas nesse capítulo o grupo dos Gnathostomata (vertebrados com maxilas).

Bons estudos!

Objetivos de aprendizagem

Ao término desta aula, vocês serão capazes de:

- reconhecer a importância do conhecimento das características gerais destes animais em todos os aspectos;
- descrever as características evolutivas, sistemáticas, morfológicas, anatômicas, comportamentais de cada um dos principais grupos;
- reconhecer e diferenciar as características dos cartilaginosos e dos peixes ósseos.

Seções de estudo

1- Introdução e características gerais Gnathostomata (vertebrados com maxilas)
2- Característica principal do grupo: Classe Chondrichthyes
3- Característica principal do grupo: Classe Osteichthyes

1- Introdução e características gerais Gnathostomata (vertebrados com maxilas)

A vida na água cria desafios aos vertebrados, mas oferece muitas oportunidades. A diversidade de peixes e de habitats nos quais vivem ofereceram uma gama, sem paralelos, para as variações da história da vida. Os peixes se adaptaram a todos estes habitats e existem mais do que 27.000 espécies de peixes, cartilaginosos e ósseos.

O aparecimento das maxilas com suportes internos e apêndices pareados foram os maiores eventos da história dos Vertebrata. A diversidade de especializações predatórias, disponível a um vertebrado com maxilas, e o direcionamento preciso destas são ótimos, e a aparição destes caracteres sinalizou uma nova radiação de vertebrados. Os peixes cartilaginosos (tubarões, raias e quimeras) são os descendentes de um clado dessa radiação, combinando traços derivados, tais como o esqueleto cartilaginoso, com uma anatomia geralmente primitiva. Os tubarões passaram por três grandes radiações, as quais podem ser associadas em grande parte com a crescente especialização dos mecanismos para a alimentação, e os tubarões e as raias viventes são um grupo diverso e bem sucedido de peixes.

Juntamente com as maxilas, estabelece-se no padrão estrutural dos vertebrados a presença de dois pares de nadadeiras (peitoral e pélvico) sustentadas por elementos esqueléticos internos (cintura peitoral e pélvica, respectivamente) e uma série de outras características que são sinapomorfias do grupo.

O Devoniano é conhecido como a "Era dos Peixes" porque todas as principais linhagens de peixes, vivas e extintas, coexistiram em águas marinhas e doces do planeta ao longo de 48 milhões de anos.

A maioria dos grupos de peixes gnatostomados apareceu, ou se diversificou, durante esse Período. Entre eles estava a linhagem mais rica em espécies e mais diversificada de todos os Vertebrata, os Osteichthyes, ou peixes ósseos. A vasta maioria dos vertebrados pertence ao clado dos gnatostômios chamado Osteichthyes (peixes ósseos). Diferente dos Chondrichthyes (peixes cartilaginosos) aproximadamente todos os osteíctes têm um endoesqueleto ossificado (ossos) com uma dura matriz de fosfato de cálcio.

Os Vertebrata ocupam habitats desde latitudes polares frias até os desertos quentes. Para apreciar tal adaptabilidade, precisamos considerar como a temperatura afeta um vertebrado como no caso de um peixe, que possui pouca capacidade de manter uma diferença entre sua temperatura corpórea e a temperatura da água a sua volta, denominados pecilotérmicos, essa classificação dos vertebrados vem do Grego *poikilo* = variável e *therm* = calor.

O Cladograma dos peixes, apresentado na Figura 1, por Hickman *et al.* (2013), mostra as relações prováveis dos principais táxons. Os grupos Agnatha e Osteichthyes, apesar de serem grados estruturais parafiléticos, considerados indesejáveis na classificação cladística, são às vezes usados em sistemática, pois compartilham padrões estruturais e funcionais amplos de organização.

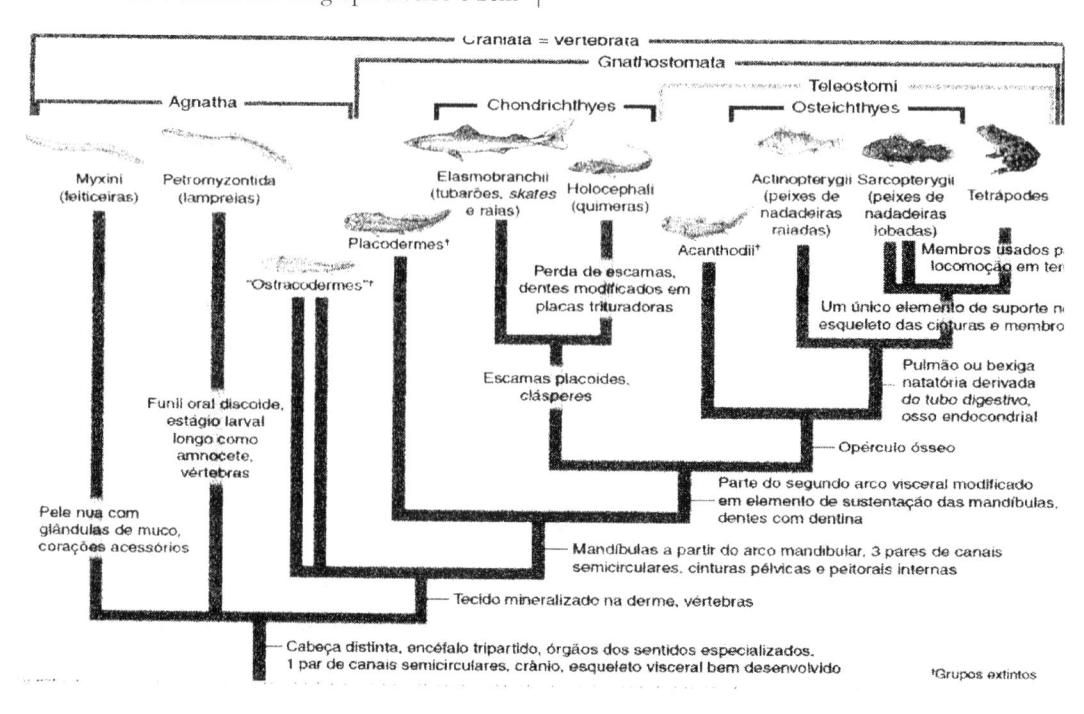

Figura 1. Cladograma dos peixes (Fonte: HICKMAN et al., 2013).

2- Característica principal do grupo: Classe Chondrichthyes

2.1 Classe Chondrichthyes - Peixes Cartilaginosos Tubarões, Raias e Quimeras

O nome Chondrichthyes (Grego *chondros* = cartilagem e *ichthyes* = peixe) refere-se ao esqueleto cartilaginoso destes peixes.

Os primeiros representantes da radiação moderna de elasmobrânquios surgiram, ao menos, no início do Triássico. No Jurássico, tubarões de aparência moderna tinham evoluído, e um número surpreendente de gêneros, do Jurássico e do Cretáceo, ainda vive. A diferença mais conspícua entre a maioria dos membros das primeiras radiações e os tubarões viventes, é o rosto, ou focinho, o qual sobressai à boca, posicionada ventralmente, em boa parte das formas viventes.

Menos óbvio, mas de grande importância, foi o desenvolvimento de vértebras, sólidas e calcificadas com porções de notocorda e, em algumas espécies, a notocorda era substituída. Uma terceira inovação dos elasmobrânquios viventes é o material, mais espesso e mais complexo estruturalmente, semelhante ao esmalte, sobre os dentes, do que o observado nos primeiros grupos.

TUBARÕES:

Tubarões e raias formam um grupo chamado Elasmobranchii, (Grego *elasmos* = placa e *branchi* = brânquia), mas esses dois tipos de elasmobrânquios diferem na forma do corpo e hábitos.

Os tubarões têm uma reputação de ferocidade que a maioria das 400 espécies atuais teria dificuldade em manter. Muitos tubarões são pequenos (15 centímetros, ou menos), e a maior espécie, o tubarão-baleia - que atinge mais de 10 metros de comprimento - é um filtrador que subsiste do plâncton que retira da água.

A maioria dos tubarões tem um corpo aerodinâmico e nada com rapidez, mas não manobra muito bem. Potentes movimentos do tronco e da barbatana caudal os impulsionam para frente. As barbatanas dorsais funcionam principalmente como estabilizadores e as barbatanas peitorais (na frente) e pélvicas (atrás) são importantes para manobrar (Figura 2). Embora tenha capacidade de flutuar pelo armazenamento de uma grande quantidade de óleo em seu fígado imenso, o tubarão ainda é mais denso do que a água e, se parar de nadar, ele afundará. A natação contínua também assegura que a água flua para dentro da boca do tubarão e pelas brânquias, onde as trocas gasosas ocorrem. Entretanto, alguns tubarões e muitas raias passam uma boa parte do tempo repousando no fundo do mar. Quando descansam, eles utilizam os músculos de suas mandíbulas e faringes para bombear água sobre as brânquias (POUGH *et al.*, 2006).

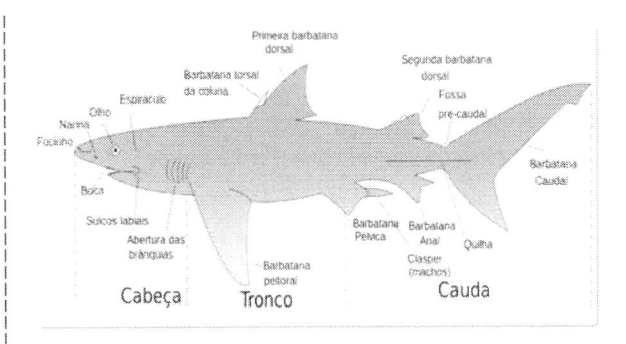

Figura 2. Morfologia externa dos tubarões. Fonte: http://biologiadodraven.blogspot.com/2016/04/os-poderosos-tubaroes.html. Acesso em: 30/04/2020.

Os maiores tubarões e raias são organismos que se alimentam de partículas em suspensão que consomem plâncton. A maioria dos tubarões, entretanto, é carnívora que engole sua presa inteira ou usa suas poderosas mandíbulas e dentes afiados para rasgar a carne de animais muito grandes e, então, engolir de uma vez só.

Os tubarões têm várias fileiras de dentes que se mudam gradualmente para a frente da boca enquanto os dentes velhos são perdidos.

O trato digestório de muitos tubarões é proporcionalmente mais curto do que o de muitos outros vertebrados.

Dentro do intestino dos tubarões há uma *válvula espiral*, um septo em forma de saca-rolha que aumenta a área de superfície e prolonga a passagem do alimento pelo trato digestório.

Sentidos aguçados são adaptações que acompanham o estilo de vida ativo e carnívoro dos tubarões. Os tubarões têm visão aguçada, mas não conseguem distinguir cores. As narinas dos tubarões, assim como aquelas da maioria dos vertebrados aquáticos, se abrem em cápsulas cegas. Elas funcionam apenas para a olfação, não tendo função respiratória.

Assim como os outros vertebrados, os tubarões têm um par de regiões na pele de sua cabeça que pode detectar campos elétricos gerados por contrações musculares de animais próximos.

Os vertebrados aquáticos (não mamíferos), os tubarões não têm tímpanos, estruturas que os vertebrados terrestres usam para transmitir ondas sonoras no ar para os órgãos auditivos. Os sons alcançam um tubarão através da água, e o corpo inteiro do animal transmite o som para os órgãos auditivos da orelha interna.

Os ovos dos tubarões são fertilizados internamente. O macho tem um par de órgãos, conhecidos como *claspers*, em suas barbatanas pélvicas que transferem o espermatozoide para o trato reprodutivo feminino. Algumas espécies de tubarões são **ovíparas**; elas põem ovos que incubam fora do corpo da mãe. Esses tubarões liberam seus ovos fertilizados após envolvê-los em uma cobertura protetora. Outras espécies são **ovovivíparas**; elas retêm os ovos fertilizados no oviduto. Nutridos pela gema do ovo, os embriões se desenvolvem em juvenis que nascem após a incubação dentro do ovário. Poucas espécies são **vivíparas**; o juvenil se desenvolve dentro do útero e obtém a nutrição antes do nascimento, recebendo nutrientes do sangue da mãe por uma placenta tipo saco vitelino, absorvendo um líquido nutritivo produzido pelo útero ou ingerindo outros ovos. O trato reprodutivo do tubarão desemboca junto com o sistema excretor e o trato digestório em uma **cloaca**, uma câmara comum que tem uma única abertura para o exterior (Figura 3).

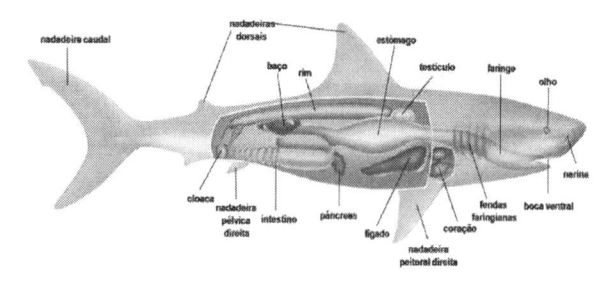

Figura 3. Morfologia interna dos tubarões. https://tubaroes.wordpress.com/anatomia/ Acesso em: 20/04/2020.

A amônia é um resíduo metabólico. Ela é tóxica, mas muito solúvel na água, sendo facilmente excretada pelos vertebrados aquáticos. A ureia e o ácido úrico são compostos menos tóxicos que os Vertebratas utilizam para se livrar do nitrogênio.

Características gerais da Classe Chondrichthyes:
- Corpo fusiforme ou comprimido dorsoventralmente, com uma nadadeira caudal heterocerca (tubarões e raias) ou dificerca (quimeras; nadadeiras duplicadas, peitorais e pélvicas;
- Pele com escamas placoides de origem dérmica ou nua;
- Esqueleto cartilaginoso; notocorda presente, mas reduzida; vértebras distintas;
- Mandíbulas presentes com dentes polifiodontes; estômago grande (ausente nas quimeras); intestino com válvula espiral; fígado normalmente grande e preenchido por óleo;
- Encéfalo bem desenvolvido: 10 pares de nervos cranianos;
- Sentidos de olfato, recepção de vibração (sistema da linha lateral), visão e eletrorrecepção bem-desenvolvidos; três pares de canais semicirculares;
- Sexos separados; fecundação interna com cláspers, Ovíparo ou vivíparo; embrião da espécie de vivíparo nutrido pela placenta, saco vitelino (ovoviviparidade) ou canibalismo; nenhum estágio larval;
- Sistema excretor de rins opistonéfricos, que drenam via o ducto arquinéfrico para a cloaca; alta concentração de ureia e óxido de trimetilamina no sangue; glândula retal presente;
- Cinco a sete pares de brânquias levando a fendas branquiais nas raias e nos tubarões ou cobertas por um opérculo na quimeras; sem bexiga natatória ou pulmão;
- Coração com seio venoso, átrio, ventrículo e cone arterial; circulação única.

RAIAS:
Os Elasmobranchii Hipotremata (Grego *hypo* = abaixo e *trenta* = fenda) - as raias - são mais diversificadas que os tubarões. Aproximadamente 456 espécies viventes de raias são atualmente reconhecidas. O conjunto de especializações, características das raias, relaciona-se com a antiga adoção de hábitos bentônicos, e durofágicos (Latim *dum* = duro e Grego *phagus* = comer). Praticamente todos os dentes são compostos por coroas achatadas, que formam placas dentígeras. Geralmente, a boca é protraída muito rapidamente fornecendo uma sucção poderosa, utilizada para desalojar os invertebrados com conchas do substrato (Disponível em: https://www.euquerobiologia.com.br/2012/09/raias-saiba-tudo-sobre-estes-incriveishtml).

As raias são achatadas dorsoventralmente, frequentemente de hábitos bentônicos, que nadam por meio de ondulações de suas nadadeiras peitorais extremamente amplas. Embora as raias sejam estreitamente relacionadas aos tubarões, elas adotaram um estilo de vida muito diferente. A maioria das raias é habitante do fundo oceânico e se alimenta usando suas mandíbulas para triturar moluscos e crustáceos. Elas têm uma forma achatada e usam suas barbatanas peitorais grandemente alargadas como asas aquáticas para impulsioná-las pela água. A cauda de muitas raias é semelhante a um chicote e, em algumas espécies, tem espinhos venenosos que atuam na defesa.

A dentição de muitas raias bentônicas é sexualmente dimórfica. Dentições distintas, associadas com o tamanho geralmente maior das fêmeas, pode reduzir a competição por recursos alimentares entre os sexos, mas não foram encontradas diferenças nos conteúdos estomacais. Já que um macho utiliza os dentes para segurar, ou para estimular, a fêmea antes e durante a cópula, a seleção sexual pode entrar em ação. Machos da raia *Dasyatis sabina* apresentam dentes fortes, tais como os das fêmeas, durante boa parte do ano, mas durante o período reprodutivo, os machos desenvolvem dentes com cúspides afiadas, usados na corte (Disponível em: https://www.euquerobiologia.com.br/2012/09/raias-saiba-tudo-sobre-estes-incriveishtml).

QUIMERAS:
Há aproximadamente 30 espécies do segundo grupo de condrictes, as quimeras. O nome do grupo Holocephalii, (Grego *holos* = inteiro e *chephalus* = cabeça), refere-se a uma cobertura branquial única que se estende por todas as quatro aberturas branquiais. Esses são peixes marinhos bizarros com caudas longas e delgadas, e faces com características que lembram coelhos. Eles vivem no fundo oceânico e se alimentam de presas com conchas duras, tais como crustáceos e moluscos (POUGH *et al.*, 2006).

Anatomicamente, as quimeras têm muitas características unindo-as aos elasmobrânquios, mas elas também têm um conjunto de caracteres únicos. Em vez de dentes distintos, suas mandíbulas exibem grandes placas achatadas. A maxila é completamente fundida ao crânio, uma característica mais incomum nos peixes. Suas brânquias são cobertas por um opérculo cartilaginoso, criando uma abertura respiratória externa única. Seu alimento inclui moluscos, equinodermos, crustáceos e peixes – uma dieta surpreendentemente variada para uma dentição especializada para trituração. As quimeras não são espécies comerciais e são raramente capturadas. Apesar de sua aparência bizarra, elas são lindamente coloridas com uma iridescência perolada.

3- Característica principal do grupo: Classe Osteichthyes

Do início ao médio período Siluriano, uma linhagem de peixes com endoesqueleto ósseo deu origem a um clado de vertebrados que contém 96% dos peixes e todos os tetrápodes atuais. Os peixes desse clado têm sido tradicionalmente chamados de "peixes ósseos" (**Osteichthyes**). Os peixes ósseos e tetrápodes são unidos pela presença de **osso endocondral** (osso que substitui a cartilagem durante o desenvolvimento, presença de pulmões ou uma bexiga natatória derivados do tubo digestivo, e diversos caracteres cranianos e dentários. Ao contrário, ele é usado como um termo de conveniência para descrever os vertebrados com osso endocondral que são convencionalmente denominados "peixes ósseos.

Por volta do Devoniano Médio, os peixes ósseos já haviam se diversificado extensivamente em dois grupos principais, com adaptações que os ajustavam para todos os *habitats* aquáticos, exceto os mais inóspitos. Um desses grupos, os peixes de **nadadeiras raiadas (classe Actinopterygii)**, inclui os peixes ósseos modernos, o grupo de vertebrados atuais mais rico em espécies.

Um segundo grupo, os peixes de **nadadeiras lobadas (classe Sarcopterygii)**, é representado atualmente por somente oito vertebrados semelhantes aos peixes, os peixes pulmonados e os celacantos; contudo, ele inclui o grupo-irmão dos vertebrados terrestres (tetrápodes).

Várias adaptações-chave contribuíram para a diversificação dos peixes ósseos. Eles têm um **opérculo** sobre as brânquias composto por placas ósseas ligadas a uma série de músculos. Essa característica aumenta a eficiência respiratória, pois a rotação do opérculo para fora cria uma pressão negativa, que impulsiona a água através das brânquias, bem como através da bomba bucal. Um divertículo do esôfago, preenchido por gás, fornece um modo adicional de troca gasosa em águas hipóxicas e um modo eficiente para atingir a flutuabilidade neutra. Nos peixes que usam essas bolsas primariamente para troca gasosa, elas são denominadas pulmões, enquanto, nos peixes que usam essas bolsas primariamente para flutuação, elas são chamadas bexigas natatórias.

3.1. Peixes com Nadadeiras Raiadas (Actinopterygii)

Os peixes de nadadeiras raiadas constituem um enorme conjunto que contém todos os nossos familiares peixes ósseos – mais de 27.000 espécies, que têm esse nome devido aos raios ósseos que sustentam suas nadadeiras – se originaram durante o período Siluriano (há 444-416 milhões de anos).

O grupo se diversificou bastante desde aquele tempo, resultando em numerosas espécies e muitas modificações na forma corporal e na estrutura das nadadeiras que afetam a manobrabilidade, a defesa e outras funções. Podemos verificar a morfologia externa e interna, nas figuras 4 e 5, respectivamente. Os peixes com nadadeiras raiadas servem de importante fonte de proteína para os seres humanos, que os pescam há milhares de anos (cascudo, bagre, atum e salmão).

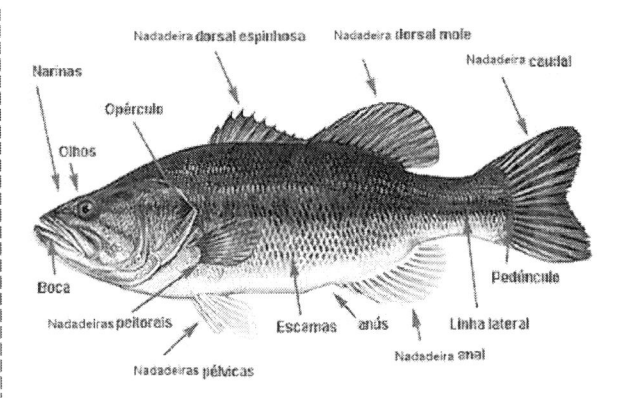

Figura 4. http://esalqpiscicultura.blogspot.com/2011/02/anatomia-externa-de-peixes-osseos.html. Acesso em: 10/06/2020.

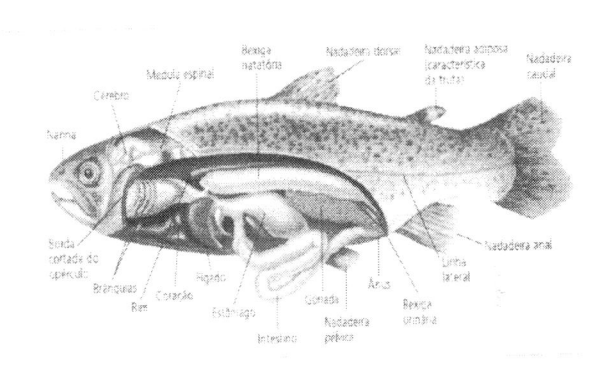

Figura 5. Morfologia interna (truta) peixes de nadadeiras raiadas (classe Actinopterygii). Fonte: HICKMAN et al., 2013).

Entretanto, as operações de pesca em escala industrial parecem ter direcionado algumas das maiores indústrias de pescado ao colapso. Por exemplo, após décadas de safras abundantes, na década de 1990, a captura do bacalhau (*Gadus morhua*) no noroeste do Atlântico despencou para apenas 5% de seu máximo histórico, quase levando à interrupção da pesca naquele local. Apesar das graduais restrições à pesca, as populações de bacalhau ainda têm de recuperar os níveis sustentáveis.

Peixes com nadadeiras raiadas também enfrentam outras pressões dos seres humanos, como a mudança no curso de rios por barragens. A mudança nos padrões do fluxo de água pode dificultar a capacidade para obter alimento e interfere com os padrões migratórios e as áreas de desova (REECE *et al.*, 2015).

Tradicionalmente, foram reconhecidos quatro grupos de Actinopterygii: Chondrostei, Cladistia, Holostei e Teleostei (ou teleósteos). Quase todos os peixes vivos são teleósteos. Para ver classificação acesse: https://pt.wikipedia.org/wiki/Actinopterygii.

Características da Classe Actinopterygii:
- Nadadeira caudal heterocerca (condição ancestral) ou homocercal; nadadeiras pélvicas e peitorais duplicadas normalmente presentes, sustentadas por raios ósseos; músculos que controlam o movimento da nadadeira dentro do corpo;
- Pele com escamas cicloides, ctenoides ou ganoides de origem dérmica ou nua;

- Esqueleto com osso; notocorda presente, mas reduzida; vértebras distintas;
- Mandíbulas presentes, normalmente com dentes polifiodontes, enameloides; válvula espiral presente (estado ancestral) ou ausente;
- Encéfalo bem desenvolvido, mas relativamente pequeno; 10 pares de nervos cranianos;
- Desenvolvimento de sentidos variável; três pares de canais semicirculares;
- Sexos normalmente separados; muitos hermafroditas; alguns se reproduzem assexuadamente por partenogênese; fertilização normalmente externa e interna em alguns;
- Ovíparos ou vivíparos; embriões das espécies vivíparas nutridos pela placenta ou saco vitelino (oviviparidade); estágio larval normalmente muito diferente do adulto;
- Sistema excretor com rins opistonéfricos; que drenam pelo ducto arquinéfrico para a cloaca; amônia, principal resíduo nitrogenado;
- Brânquias cobertas por um opérculo ósseo; bexiga natatória presente normalmente funcionando para flutuação, em outras usada para respiração;
- Coração com um seio venoso, átrio e ventrículo; circulação única; glóbulos vermelhos nucleados.

3.2. Peixes com Nadadeiras Lobadas (Sarcopterygii)

Assim como os peixes de nadadeiras raiadas, a outra principal linhagem de osteíctes) também se originaram durante o período Siluriano. O caráter fundamental derivado de peixes com nadadeiras lobadas é a presença de ossos em forma de bastão envolvidos por uma espessa camada muscular em suas nadadeiras peitorais e pélvicas.

Durante o Devoniano (há 416-359 milhões de anos), muitos peixes com nadadeiras lobadas viveram em águas salobras, como em áreas úmidas costeiras. Ali eles podem ter usado suas nadadeiras lobadas para nadar e "caminhar" embaixo da água pelo substrato (como fazem alguns peixes com nadadeiras lobadas atuais). Alguns peixes com nadadeiras lobadas do Devoniano eram predadores gigantes. Não é incomum encontrar fósseis de dentes pontudos, de peixes com nadadeiras lobadas do Devoniano, do tamanho do seu polegar.

Ao fim do período Devoniano, a diversidade de peixes com nadadeiras lobadas foi diminuindo e hoje somente três linhagens sobrevivem. Acreditava-se que uma linhagem, a dos celacantos (Actinistia), havia sido extinta há 75 milhões de anos.

A segunda linhagem de peixes com nadadeiras lobadas atuais, os peixes pulmonados (Dipnoi), hoje é representada por três espécies em três gêneros, todos encontrados no Hemisfério Sul. Os peixes pulmonados surgiram no oceano, mas hoje são encontrados apenas em águas doces, geralmente em lagos de água estagnada e pântanos. Eles vão à superfície para engolir ar em seus pulmões conectados à faringe. Os peixes pulmonados também têm brânquias, que são os principais órgãos para as trocas gasosas nas espécies pulmonadas australianas. Quando as lagoas diminuem de tamanho na estação seca, alguns peixes pulmonados podem cavar no lodo e ficar em estado de dormência (REECE, et al, 2015).

Características da Classe Sarcopterygii:
- Nadadeira caudal heterocerca (formas fósseis) ou dificerca nas formas vivas; nadadeiras pélvicas e peitorais duplicadas normalmente presentes sustentadas por raios ósseos e ossos fortes; músculos que controlam o movimento da nadadeira dentro da nadadeira;
- Pele com escamas dérmicas compostas de duas camadas de osso, uma camada de cosmina (forma de dentina) e uma camada fina de esmalte em espécies fósseis;
- Esqueleto ósseo; vértebras distintas;
- Mandíbulas presentes, normalmente com dentes polifiodontes cobertos por esmalte verdadeiro que são tipicamente placas trituradoras restritas ao palato; intestino com válvula espiral;
- Encéfalo bem desenvolvido, mas relativamente pequeno; 10 pares de nervos cranianos;
- Desenvolvimento de sentidos variável; três pares de canais semicirculares;
- Sexos separados; fertilização externa (peixes pulmonados) ou interna (celacantos);
- Ovíparos;
- Sistema excretor com rins opistonéfricos, que drenam pelo ducto arquinéfrico para a cloaca; amônia e ureia são os principais resíduos nitrogenados;
- Brânquias cobertas por um opérculo ósseo; bexiga natatória presente, usada principalmente para respiração (preenchida por gordura nos celacantos);
- Coração com um seio venoso, átrio e ventrículo parcialmente dividido, e um cone arterial; circuitos sistêmicos e pulmonares incompletamente separados; células vermelhas do sangue nucleadas.

Os peixes de nadadeiras lobadas da classe Sarcopterygii, representados atualmente por peixes pulmonados e celacantos, formam um grupo parafilético se os tetrápodes forem excluídos, como é feito em classificações tradicionais. Os vertebrados terrestres surgiram de uma linhagem desse grupo. O segundo é composto pelos peixes de nadadeiras raiadas (classe Actinopterygii), um agrupamento moderno, imenso e diversificado, que contém quase todos os familiares peixes de água doce e marinhos.

O sucesso desse grupo pode estar relacionado com as adaptações dos sistemas esquelético e muscular e de flutuação, que aumentaram a eficiência locomotora e de alimentação.

Os peixes ósseos modernos (teleósteos) diversificaram-se em aproximadamente 27.000 espécies que revelam uma enorme diversidade de adaptações, formato de corpo, comportamento e preferência de *habitat*. A maioria dos peixes nada através de contrações ondulatórias dos músculos do corpo, que geram impulso (força propulsiva) e força lateral.

Os peixes anguiliformes oscilam o corpo todo, mas, em nadadores mais rápidos, as ondulações limitam-se à região caudal ou só à nadadeira caudal. A maioria dos peixes pelágicos consegue atingir a flutuabilidade neutra em água utilizando uma bexiga natatória por gás, o dispositivo secretor de gás mais eficiente conhecido no reino animal. A sensibilidade a sons é incrementada pelos ossículos de Weber, que transmitem sons da bexiga natatória para a orelha interna.

As brânquias dos peixes, que apresentam um fluxo de contracorrente eficiente entre a água e o sangue, facilitam as altas taxas de troca de oxigênio. Todos os peixes têm regulação osmótica e iônica bem desenvolvidas, conseguida principalmente pelos rins e brânquias.

Com exceção dos agnatos, todos os peixes têm mandíbulas e dentes que são modificados de forma variada para hábitos alimentares carnívoros, herbívoros, planctívoros e outros. Muitos peixes são migradores, e alguns, como as enguias de água doce catádromas e os salmões anádromos, realizam migrações notáveis e de grande distância e precisão. Os peixes exibem uma amplitude de estratégias sexuais reprodutivas extraordinária.

A maioria dos peixes é ovípara, mas peixes ovovivíparos e vivíparos não são incomuns. O investimento reprodutivo pode ser em grandes números de ovos com baixa sobrevivência (muitos peixes marinhos) ou em menos ovos com cuidado parental maior para melhor sobrevivência.

Retomando a aula

Vamos relembrar os pontos mais importâncias da aula 04:

1- Introdução e características gerais Gnathostomata (vertebrados com maxilas)

O aparecimento das maxilas com suportes internos e apêndices pareados foram os maiores eventos da história dos Vertebrata.

Juntamente com as maxilas, estabelece-se no padrão estrutural dos vertebrados a presença de dois pares de nadadeiras (peitoral e pélvico) sustentadas por elementos esqueléticos internos (cintura peitoral e pélvica, respectivamente) e uma série de outras características.

Dois principais grupos: Chondrichthyes (peixes cartilaginosos) e Osteichthyes (peixes ósseos).

2- Característica principal do grupo: Classe Chondrichthyes

Tubarões e raias formam um grupo chamado Elasmobranchii.

Corpo aerodinâmico, as barbatanas dorsais funcionam principalmente como estabilizadores e as barbatanas peitorais (na frente) e pélvicas (atrás) são importantes para manobrar;

As raias são achatadas dorsoventralmente, frequentemente de hábitos bentônicos, que nadam por meio de ondulações de suas nadadeiras peitorais extremamente amplas;

A cauda de muitas raias é semelhante a um chicote e, em algumas espécies, tem espinhos venenosos que atuam na defesa.

As quimeras são peixes marinhos bizarros com caudas longas e delgadas. Eles vivem no fundo oceânico e se alimentam de presas com conchas duras, tais como crustáceos e moluscos.

3- Característica principal do grupo: Classe Osteichthyes

Os peixes ósseos e tetrápodes são unidos pela presença de **osso endocondral** (osso que substitui a cartilagem durante o desenvolvimento, presença de pulmões ou uma bexiga natatória derivados do tubo digestivo, e diversos caracteres cranianos e dentários.

Peixes de **nadadeiras raiadas (classe Actinopterygii)**, inclui os peixes ósseos modernos, o grupo de vertebrados atuais mais rico em espécies.

Peixes de **nadadeiras lobadas (classe Sarcopterygii).**

Vale a pena

Vale a pena ler,

https://www.euquerobiologia.com.br/site/wp-content/uploads/2016/01/3-Osteichthyes-Actinopterygii.pdf.

https://www.icmbio.gov.br/portal/images/stories/biodiversidade/fauna-brasileira/livro-vermelho/volumeII/Peixes.pdf.

https://www.researchgate.net/publication/242331096_Peixes_Morfologia_e_Adaptacoes.

Vale a pena acessar,

Classificação: https://pt.wikipedia.org/wiki/Actinopterygii.
Enciclopédia Britânica: https://www.britannica.com/science/swim-bladder.
Dicovery : https://www.discoverybrasil.com/.

Vale a pena assistir,

Tubarões: https://www.youtube.com/watch?v=eW7UxSGBaNM.

Minhas anotações

Aula 5º

Anfíbios - Classe Amphibia

O caráter mais significativo dos tetrápodes dá ao grupo o seu nome, que significa "quatro pés" em grego. No lugar de nadadeiras peitorais e pélvicas, os tetrápodes têm membros com dedos. Os membros suportam o peso de um tetrápode sobre a terra, enquanto os pés com os dedos transmitem de maneira eficiente as forças geradas pelos músculos para o terreno enquanto ele caminha.

Os anfíbios incluem os únicos vertebrados vivos que têm uma transição da água para a terra tanto em sua ontogenia quanto em sua filogenia. Mesmo depois de 350 milhões de anos de evolução, os anfíbios não chegaram a atingir uma existência plenamente terrestre e permanecem transitando entre ambientes aquáticos e terrestres. Essa vida dupla está expressa em seu nome. Mesmo os anfíbios melhores adaptados à vida terrestre não podem afastar-se muito de condições mínimas de umidade. Muitos, entretanto, desenvolveram formas de manter seus ovos na água, onde suas larvas estariam expostas a inimigos. Assim, caros(as) alunos(as) esta aula permitirá o conhecimento mais aprofundado sobre os anfíbios.

Bons estudos!

Objetivos de aprendizagem

Ao término desta aula, vocês serão capazes de:

- reconhecer e identificar os cordados vertebrados pertencentes aos grupos dos anfíbios;
- descrever as características evolutivas, sistemáticas, morfológicas, anatômicas, comportamentais dos principais grupos.

Seções de estudo

1- Introdução e características gerais dos Amphibia
2- Características principais dos grupos: Anura (sapos, rãs e pererecas), Urodela (salamandras e tritões) e Gymnophiona (cecílias ou apodes)

1- Introdução e características gerais dos Amphibia

As três linhagens de anfíbios atuais (salamandras, rãs e Cecilia) possuem formas corporais bastante diferentes, mas são identificadas como uma linhagem evolutiva monofilética devido a vários caracteres derivados compartilhados. Alguns desses caracteres — especialmente, o tegumento permeável e úmido — conduziram a evolução das três linhagens em direções similares.

De acordo com Hickman *et al.* (2013), as três ordens de anfíbios atuais compreendem mais de 6.770 espécies. A maioria compartilha adaptações à vida na terra, incluindo um esqueleto reforçado. As larvas de anfíbios, bem como algumas salamandras adultas, utilizam o sistema ancestral de linha lateral para fins sensoriais, mas adultos metamorfoseados utilizam um epitélio olfatório remodelado para o olfato e ouvidos para distinguir sons.

Os Amphibia atuais, ou Lissamphibia, são tetrápodes com tegumento úmido e sem escamas. O grupo: Anura (sapos, rãs e pererecas), Urodela (salamandras e tritões) e Gymnophiona (cecílias ou apodes). A maioria dos Amphibia tem quatro patas bem desenvolvidas, embora algumas salamandras e todas as cecílias sejam apodes (POUGH *et al.*, 2008).

Ancestralmente, na história natural dos anfíbios, os ovos são aquáticos e eclodem dando origem a uma larva aquática que utiliza brânquias para sua respiração. Uma metamorfose se segue, quando as brânquias se perdem. Os anfíbios metamorfoseados utilizam respiração cutânea, em terra, e muitos têm pulmões que existem durante a fase larval, sendo ativados para respiração aérea na metamorfose.

Muitos anfíbios retêm esse padrão geral, mas exceções importantes incluem algumas salamandras que não sofrem metamorfose completa e mantêm uma morfologia larval, permanentemente aquática ao longo de toda a vida. Algumas cecílias, algumas rãs e outras salamandras vivem integralmente na terra e não apresentam uma fase larval aquática. Ambas as alternativas são condições evolutivamente derivadas. Algumas rãs, salamandras e cecílias que passam por metamorfose completa podem permanecer aquáticas quando adultas, em vez de se tornarem gradativamente terrestres durante a metamorfose.

Mesmo os anfíbios mais adaptados ao ambiente terrestre permanecem dependentes de ambientes muito úmidos. Sua pele é delgada e requer umidade como forma de proteção contra a dessecação decorrente da exposição ao ar. Os anfíbios também requerem ambientes moderadamente frescos. Como são animais ectotérmicos, sua temperatura corporal varia de acordo com a temperatura ambiental e é determinada por ela, restringindo muito os lugares onde podem viver. Os ambientes úmidos e frescos são especialmente importantes para a reprodução. Os ovos não são bem protegidos contra a dessecação e podem ser depositados diretamente na água ou em superfícies terrestres úmidas.

Uma grande variedade de substâncias farmacologicamente ativas foi encontrada no tegumento dos Amphibia. Algumas dessas substâncias são extremamente tóxicas e outras são menos tóxicas, mas ainda capazes de produzir sensações desagradáveis quando o predador morde o anfíbio. Embora as secreções das glândulas mucosas de algumas espécies de anfíbios sejam irritantes ou tóxicas para os predadores, o sistema primário de defesa química dos Amphibia está localizado nas suas glândulas de veneno. Essas glândulas estão concentradas na superfície dorsal do animal e, tanto nos anuros como nas salamandras, as posturas de defesa apresentam as áreas glandulares aos predadores potenciais. (CONCEIÇÃO, 2017).

Em muitos aspectos, a biologia dos anfíbios é determinada pelas propriedades de seu tegumento. As glândulas hedônicas são elementos-chave dos comportamentos reprodutivos, as glândulas de veneno protegem o animal contra predadores e as glândulas mucosas mantêm a pele umedecida, facilitando as trocas gasosas.

Acima de tudo, a permeabilidade do tegumento à água limita a maioria dos anfíbios a micro-habitats onde possam controlar ganho e perda de água. A estrutura e a função do tegumento podem ser características primárias que modelaram a evolução e a ecologia dos anfíbios e talvez sejam também responsáveis por alguns aspectos de sua suscetibilidade à poluição. No mundo todo, populações de anfíbios estão desaparecendo em ritmo alarmante. Algumas dessas extinções podem ser causadas pelos efeitos regionais ou globais das atividades humanas, que provavelmente também afetam outros organismos.

Características dos anfíbios modernos

- Geralmente quatro membros (quadrúpedes) organizados em dois pares com ombro/cintura pélvica associados, embora algumas salamandras apresentem apenas membros anteriores e as cecílias não apresentem quaisquer membros; sem unhas verdadeiras; pés normalmente membranosos; membros anteriores geralmente com quatro dígitos e membros posteriores com cinco.
- Esqueleto em grande parte ossificado, com número variável de vértebras; salamandras normalmente têm cabeça, pescoço, tronco e cauda bem delimitados; as rãs adultas têm cabeça e tronco em forma de fuso e normalmente não têm cauda; as cecílias têm tronco alongado, não fortemente demarcado a partir da cabeça, e um ânus terminal (Figura 1); ectodérmico.
- Pele lisa, úmida e glandular; tegumento modificado para respiração cutânea; células pigmentares (cromatóforos) comuns e variáveis; glândulas granulares associadas à secreção de compostos defensivos.
- Crânio relativamente mais leve, menos ossificado, achatado de perfil e com menos ossos do que os vertebrados.

- Boca geralmente grande com pequenos dentes na maxila e/ou na mandíbula e no vômer/palato.
- Cérebro tripartido inclui o prosencéfalo (telencéfalo) coordenando o olfato, o mesencéfalo coordenando a visão e o rombencéfalo coordenando a audição e o equilíbrio; dez pares de nervos cranianos.
- Ouvido com membrana timpânica (tímpano) e columela para transmissão de vibrações à orelha interna; para visão no ar, a córnea em vez do cristalino é a principal superfície de refração da luz; pálpebras e glândulas lacrimais protegem e lubrificam os olhos; narinas internas duplicadas se abrem em uma cavidade nasal revestida de epitélio olfatório na parte anterior da cavidade bucal.
- Sexos separados; fertilização externa na maioria das rãs, mas interna na maioria das salamandras e cecílias por meio de um espermatóforo; predominantemente ovíparos, alguns ovovivíparos ou vivíparos.
- Ovos com quantidade moderada de vitelo (mesolécitos) recobertos por membrana gelatinosa; larva aquática normalmente presente com metamorfose para uma forma adulta mais terrestre.
- Sistema excretor composto por um par de rins mesonéfricos ou opistonéfricos; ureia é a principal excreta nitrogenada.
- Respiração cutânea e em algumas formas branquial e/ou pulmonar; a presença de brânquias e pulmões varia entre as espécies e de acordo com o estágio de desenvolvimento de algumas espécies; formas de rãs com larvas aquáticas perdem as brânquias durante a metamorfose; muitas salamandras retêm as brânquias e um habitat aquático ao longo de toda a vida; narinas duplicadas possibilitam a respiração pelos pulmões; cordas vocais presentes entre os pulmões e as vesículas vocais, principalmente em rãs.
- Coração com um seio venoso, dois átrios, um ventrículo, um cone arterial; circulação dupla, em que as veias e artérias pulmonares irrigam os pulmões (quando presentes) e retornam sangue oxigenado ao coração; pele fartamente irrigada por vasos sanguíneos (HICKMAN *et al.*, 2013)

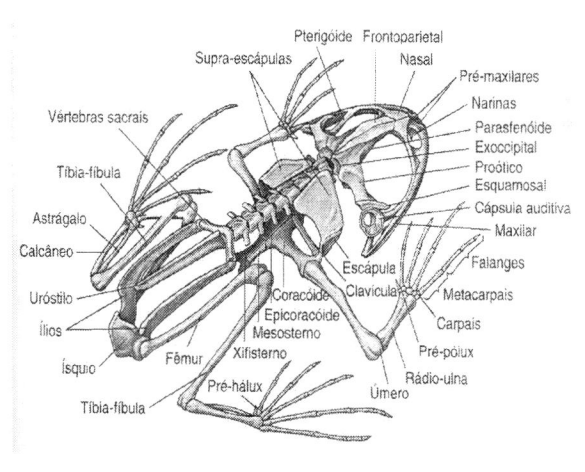

Figura 1. Representação óssea de uma rã. Fonte HICKMAN et al., 2013.

2- Características principais dos grupos: Anura (sapos, rãs e pererecas), Urodela (salamandras e tritões) e Gymnophiona (cecilias ou apodes)

2.1. Salamandras - Ordem Urodela (Caudata)

A ordem Urodela (do grego *oura*, cauda, + *delos*, evidente) compreende os anfíbios com cauda, aproximadamente 620 espécies de salamandras(lista das famílias está disponível em: https://amphibiaweb.org/lists/index.shtml).

Algumas são inteiramente aquáticas, mas outras vivem no ambiente terrestre quando adultos ou ao longo de toda a vida, ou seja, ocorrem em quase todas as regiões temperadas do Hemisfério Norte, sendo abundantes e diversas na América do Norte. Elas também ocorrem em áreas tropicais da América Central e do norte da América do Sul.

A maioria das salamandras que vivem na terra caminha dobrando o corpo em movimentos bilaterais alternados, característica também encontrada nos primeiros tetrápodes terrestres. A pedomorfose é comum entre salamandras aquáticas; o axolotle, por exemplo, retém as características larvais mesmo quando está sexualmente maduro.

As salamandras são tipicamente pequenas; a maioria das espécies norte-americanas tem comprimento menor do que 15 cm. Algumas formas aquáticas são consideravelmente maiores, como as salamandras gigantes japonesas, que chegam a comprimentos maiores que 1,5 m.

A maioria tem membros anteriores e posteriores de tamanhos semelhantes e posicionados em ângulos retos em relação ao tronco. Em algumas formas aquáticas e fossoriais, os membros são rudimentares ou ausentes.

As salamandras são carnívoras, tanto na fase larval quanto na fase adulta, capturando minhocas, pequenos artrópodes e moluscos. Uma vez que seu alimento é rico em proteínas, elas não armazenam grandes quantidades de gordura ou glicogênio.

Como todos os anfíbios, as salamandras são ectotérmicas e apresentam baixa taxa metabólica.

Ciclo de vida das salamandras é metamórfica, incluindo as larvas aquáticas e os adultos terrestres que ocupam locais úmidos sob rochas e troncos em putrefação. Os ovos da maioria das salamandras são fertilizados internamente; a fêmea captura com sua cloaca um pacote de esperma (**espermatóforo**) previamente depositado por um macho sobre uma folha ou um ramo da vegetação. As espécies aquáticas depositam seus ovos em massas filamentosas na água. Seus ovos eclodem produzindo uma larva aquática, com brânquias externas e uma cauda em forma de nadadeira. As espécies terrestres apresentam **desenvolvimento direto**: elas simplesmente não passam pelo estágio larval e eclodem como miniaturas dos pais.

As salamandras (Figura 2) demonstram uma diversidade incomum de mecanismos respiratórios. Elas compartilham a condição geral dos anfíbios de apresentarem uma extensa rede de vascularização na pele que provê trocas respiratórias de oxigênio e dióxido de carbono, variando seus sistemas de acordo com a espécie.

Figura 2. Salamandra de fogo. Foto: Marek R. Swadzba / Shutterstock.com. Fonte: https://www.infoescola.com/anfibios/salamandras/. Acesso em: 01/05/2020.

A existência de animais impalatáveis que detêm os predadores com suas cores e comportamentos aposemáticos, oferece uma oportunidade para que outras espécies sem qualidades tóxicas tirem vantagem dos predadores que aprenderam, por experiência, a evitar as espécies aposemáticas. Nesse fenômeno, conhecido como mimetismo batesiano, alguns dos casos mais conhecidos de mimetismo entre os vertebrados envolvem as salamandras.

2.2. Sapos e rãs - Ordem Anura (Salientia)

As aproximadamente 5.970 espécies de sapos e rãs que compõem a ordem Anura (do grego *an*, sem, + *oura*, cauda) são, para a maioria das pessoas, os anfíbios mais familiares. Anura é um grupo antigo, conhecido do período Jurássico, cerca de 190 milhões de anos atrás.

Os sapos e rãs ocupam uma grande diversidade de *habitats*. Entretanto, sua reprodução aquática e sua pele permeável os impedem de se afastar muito das fontes de água, e sua ectotermia os restringe de *habitats* polares e subárticos. O nome da ordem, Anura, denota uma característica óbvia do grupo, que é a ausência da cauda nos adultos. Embora todos tenham um estágio larval com cauda durante o desenvolvimento embrionário ou larval, apenas o gênero *Ascaphus* tem estrutura similar a uma cauda na vida adulta.

Os sapos e as rãs são especializados à movimentação aos saltos, como sugere o nome alternativo da ordem, Salientia, que significa saltar. Podemos observar mais diferenças entre as ordens Anura e Caudata na aparência e nos hábitos de suas larvas.

Os ovos da maioria das rãs eclodem na forma de um girino que tem uma cauda longa e em formato de nadadeira, brânquias internas e externas, ausência de membros, partes da boca especializadas à dieta herbívora (larvas e alguns girinos de salamandras são carnívoros) e uma anatomia interna altamente especializada. Elas se assemelham muito pouco às rãs adultas. A metamorfose de um girino em uma rã adulta é um evento notável.

Os taxonomistas reconhecem 49 famílias de sapos e rãs. As mais conhecidas na América do Norte são as famílias Ranidae, que contém a maioria das rãs que conhecemos. (A lista das famílias está disponível em: https://amphibiaweb.org/lists/index.shtml).

As rãs adultas usam suas potentes patas traseiras para saltar sobre o terreno. Embora geralmente distintos na aparência, os animais conhecidos como "sapos" são meras rãs, com pele semelhante a couro ou outras adaptações para a vida no ambiente terrestre.

Uma rã apanha insetos e outras presas lançando sua longa língua pegajosa, que é unida à parte anterior da boca. As rãs exibem uma grande diversidade de adaptações que as auxiliam a evitar a predação por animais maiores.

Suas glândulas na pele secretam muco desagradável ou mesmo venenoso. Muitas espécies venenosas têm padrões de cores que as camuflam ou exibem coloração brilhante, que os predadores parecem associar ao perigo.

Os anfíbios utilizam três superfícies respiratórias para realizar trocas gasosas no ar: a pele (respiração cutânea), a boca (respiração bucal) e os pulmões. Os sapos e rãs são mais dependentes da respiração pulmonar do que as salamandras; não obstante, a pele fornece um importante complemento durante as trocas gasosas dos anuros, especialmente durante a hibernação, no inverno. Mesmo quando a respiração pulmonar predomina, o dióxido de carbono é eliminado principalmente através da pele, enquanto o oxigênio é primariamente absorvido pelos pulmões.

As **cordas vocais**, localizadas na **laringe**, ou caixa vocal, são muito mais desenvolvidas nos machos do que nas fêmeas. Uma rã produz som por meio da passagem de ar para frente e para trás através das cordas vocais, localizadas entre os pulmões e um par de grandes sacos vocais no assoalho da boca. Estes últimos também atuam como caixas de ressonância nos machos, que se utilizam da voz para atrair parceiras. A maioria das espécies tem padrões de som exclusivos.

A circulação dos anfíbios é um sistema fechado de artérias e veias que servem uma vasta rede periférica de capilares, por meio da qual o sangue é propelido por uma única bomba, o coração (Figura 3).

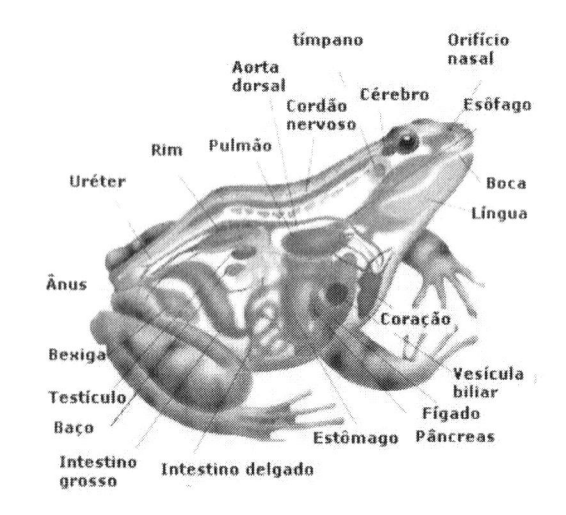

Figura 3. Morfologia interna. Fonte: https://pt.slideshare.net/paolabio/apresentao-1o-a-peixes-e-anfbios. Acesso em: 01/05/2020.

Como a maioria dos anfíbios, as rãs adultas são carnívoras, alimentando-se de insetos, aranhas, minhocas, lesmas, caramujos, centopeias e tudo mais que se movimente e seja pequeno o suficiente para ser engolido inteiro.

Como os sapos e as rãs são animais ectotérmicos, eles se reproduzem, se alimentam e crescem somente durante as estações quentes. Um dos primeiros instintos após o período de dormência é a reprodução. Na primavera, os machos vocalizam de forma intensa e ruidosa para atrair as fêmeas. Quando seus ovos estão maduros, as fêmeas entram na água e são agarradas pelos machos em um processo denominado **amplexo**, em que os ovos são fertilizados externamente (após serem expelidos pela fêmea). Enquanto a fêmea libera os ovos, o macho expele esperma sobre eles para fertilizá-los (Figura 4). Após a fertilização, as camadas gelatinosas absorvem água e incham. Os ovos são depositados em grandes massas, que geralmente permanecem ancoradas na vegetação.

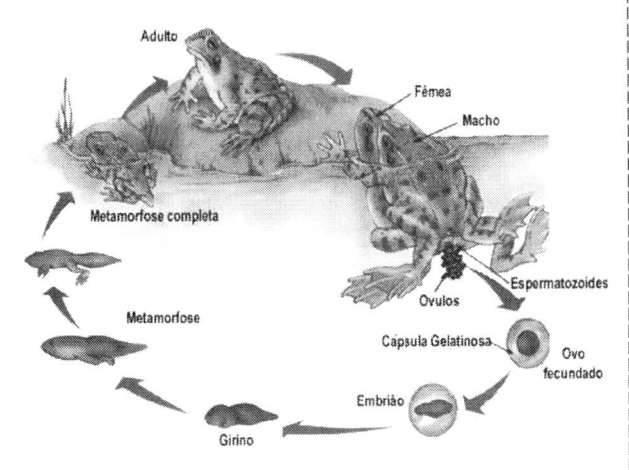

Figura 4. Ciclo de desenvolvimento dos Anuros (sapos e rãs). Fonte: https://www2.ibb.unesp.br/Museu_Escola/Ensino_Fundamental/Origami/Documentos/Anfibios.htm Acesso em: 01/05/2020.

2.3. Cecílias - Ordem Gymnophiona (Apoda)

A ordem Gymnophiona (do grego *gymnos*, nu, + *opineos*, de cobra) contém aproximadamente 190 espécies de animais alongados, sem patas e fossoriais, comumente chamados de **cecílias**. São quase cegas e parecidas com as minhocas. A ausência de patas é uma adaptação secundária, uma vez que elas evoluíram de um ancestral com patas. (A lista das famílias está disponível em: https://amphibiaweb.org/lists/index.shtml).

Elas ocorrem em florestas tropicais da América do Sul (sua principal área de distribuição), em que a maioria das espécies cava no solo úmido da floresta. África, Índia e Sudeste Asiático.

As cecílias não tinham membros, mas sim um corpo longo e esguio, muitas vértebras, costelas longas e um ânus terminal; algumas tinham pequenas escamas dérmicas na pele.

Os olhos são pequenos e as formas adultas de muitas espécies são totalmente cegas. Os tentáculos sensoriais especiais estão presentes no focinho. Por serem quase totalmente fossoriais ou aquáticas, as cecílias raramente são observadas.

Seu alimento consiste predominantemente em minhocas e pequenos invertebrados encontrados em galerias.

A fecundação é interna, e os machos têm um órgão de cópula eversivo. As cecílias, frequentemente, depositam seus ovos no solo úmido, próximo à água. Algumas espécies têm larvas aquáticas; em outras espécies, o desenvolvimento da larva ocorre todo dentro do ovo. Algumas cecílias protegem seus ovos cuidadosamente em dobras do próprio corpo. A viviparidade também é comum em algumas cecílias, nas quais os embriões obtêm nutrientes consumindo a parede do oviduto.

Retomando a aula

Vamos retomar alguns pontos importantes da aula 05:

1- Introdução e características gerais dos Amphibia

Os Amphibia atuais, ou Lissamphibia, são tetrápodes com tegumento úmido e sem escamas. O grupo: Anura (sapos, rãs e pererecas), Urodela (salamandras e tritões) e Gymnophiona (cecílias ou apodes).

A maioria dos Amphibia tem quatro patas bem desenvolvidas, embora algumas salamandras e todas as cecílias sejam apodes.

Mesmo os anfíbios mais adaptados ao ambiente terrestre permanecem dependentes de ambientes muito úmidos;

Apresentam metamorfose, e são ectodérmicos.

2- Características principais dos grupos: Anura (sapos, rãs e pererecas), Urodela (salamandras e tritões) e Gymnophiona (cecílias ou apodes)

Urudela (salamandras)
- Anfíbios com cauda;
- Algumas são inteiramente aquáticas, mas outras vivem no ambiente terrestre quando adultos ou ao longo de toda a vida;
- São pequenas, carnívoras;
- Ciclo de vida – metamorfose;
- Mimetismo.

Anura (sapos, rãs e pererecas)
- Ausência da cauda nos adultos;
- Os sapos e as rãs são especializados à movimentação aos saltos;
- Glândulas na pele secretam muco desagradável ou mesmo venenoso;
- Como a maioria dos anfíbios, as rãs adultas são carnívoras, alimentando-se de insetos, aranhas, minhocas, lesmas, caramujos;
- Fecundação interna.

Ordem Gymnophiona (cecílias)
- Animais alongados, sem patas e fossoriais, comumente chamados de **cecílias**;
- São quase cegas e parecidas com as minhocas;
- Ocorrem em florestas tropicais;
- Se alimentam de pequenos invertebrados;
- Fecundação interna.

Vale a pena

Vale a pena **ler**

Anfíbios:
https://www.icmbio.gov.br/portal/images/stories/biodiversidade/fauna-brasileira/livro-vermelho/volumeII/Anfibios.pdf.
https://www.fcav.unesp.br/Home/departamentos/biologia/projeto_parte_anfibios.pdf.
https://www.researchgate.net/publication/269697878_Anfibios.
https://docplayer.com.br/47531983-Lissamphibia-anfibios-atuais.html.

Vale a pena **acessar**

Disponível em: http://darwin-online.org.uk/

Vale a pena **assistir**

Salamandras: https://www.youtube.com/watch?v=SEejivHRIbE.
Anfíbios: https://www.youtube.com/watch?v=Qd5KcP-bbrI.

Minhas anotações

Aula 6º

Répteis
Classe Reptilia

Os répteis apresentaram um grande passo evolutivo, que foi o desenvolvimento do ovo amniótico, que lhes possibilitou uma independência da água, permitindo que estes invadissem o habitat terrestre. Finalmente, após milhares de anos, os vertebrados conquistavam a Terra. São capazes de viver em ambientes mais secos que os anfíbios e muitos podem ser encontrados em desertos.

A classe Reptilia é constituída das subclasses Anapsida, Diapsida e Synapsida que são extintas. A subclasse Anapsida é representada, atualmente, pela ordem Testudines, que compreende as tartarugas, os cágados e os jabutis, animais facilmente reconhecidos pela presença da carapaça que os recobre. A subclasse Diapsida é formada, atualmente, por indivíduos da ordem Squamata, representada pelos lagartos, serpentes e anfisbenas ou cobras-de-duas-cabeças; pela ordem Sphenodonta, cujo único representante é o tuatara; e pela ordem Crocodylia, que engloba os crocodilos, os jacarés e os gaviais.

Desta forma, caros alunos, iremos tratar nesse capítulo com mais detalhes as Ordens: Testudines, Squamata, Crocodylia.

Bons estudos!

Objetivos de aprendizagem

Ao término desta aula, vocês serão capazes de:

- estudar a origem e evolução dos répteis;
- caracterizar os diversos grupos quanto aos seus aspectos morfológicos, fisiológicos e ecológicos;
- reconhecer os diferentes grupos e suas características principais.

Seções de estudo

1- Introdução e características gerais da classe Reptilia
2- Características principais dos grupos: Testudines, Squamata, Crocodylia

1- Introdução e características gerais da classe Reptilia

A classe parafilética Reptilia (L. *repto*, rastejar) inclui quase 9.500 espécies, ocupando uma grande variedade de *habitats* aquáticos e terrestres, em muitos dos quais são diversas e abundantes. Os répteis são vertebrados muito ativos e ágeis, com adaptações que permitem uma exploração mais completa da terra.

Os répteis surgiram a, aproximadamente, 330 milhões de anos atrás e são considerados descendentes de um grande grupo de vertebrados, que predominaram durante a era Mesozóica, considerada a era dos répteis, que durou mais de 165 milhões de anos, viu a diversificação de linhagens reptilianas em uma impressionante variedade de formas aquáticas e terrestres. Entre essas, estavam os dinossauros herbívoros e carnívoros, muitos de estatura imensa e aparência incrível, que dominaram a vida animal terrestre. Então, durante uma extinção maciça no fim da Era Mesozoica, muitas linhagens reptilianas se extinguiram. Entre as que sobreviveram àquela extinção estão os répteis atuais.

Atualmente, são conhecidas cerca de 6.000 espécies viventes desses animais, e o sucesso do grupo tem sido atribuído a vários fatores, como, por exemplo, o desenvolvimento de rins metanéfricos, o tegumento coberto por escamas, que dificultam dessecação e possibilitam maior proteção mecânica e, principalmente, o desenvolvimento de um ovo amniótico, que proporcionou maior proteção contra danos e dessecação aos embriões. As glândulas mucosas não estão presentes na pele e a epiderme é seca e cornificada. Uma quantidade considerável de queratina, uma proteína insolúvel na água, é depositada nas células da epiderme, formando escamas córneas ou placas na superfície.

Ao contrário da opinião popular, as cobras não são viscosas. As únicas glândulas tegumentares dos répteis são poucas glândulas odoríferas, cujas secreções são utilizadas para atrair um eventual parceiro sexual. Em algumas lagartixas e crocodilos, placas ósseas pequenas desenvolvem-se na derme, abaixo das escamas dérmicas.

São animais ectotérmicos, ou seja, absorvem o calor externo como sua principal fonte de calor corporal. Embora os répteis sejam ectotérmicos, pois não conseguem manter a temperatura corporal acima da ambiental, pequenos répteis mantêm uma temperatura constante alta em um ambiente quente e ensolarado, principalmente através de mudanças no seu comportamento. Além da regulação comportamental, os répteis também podem dissipar ou reduzir a perda de calor corporal necessária através do controle da quantidade de sangue que flui através da pele.

A maior parte da sua diversidade adaptativa envolveu diferentes métodos de locomoção e alimentação. Diferentes padrões alimentares impuseram, entre outras coisas, uma modificação nos músculos da mandíbula, e isto, por sua vez, afetou a estrutura da região temporal do crânio. A morfologia do crânio, portanto, é uma forma conveniente de selecionar as diversas linhagens evolutivas dos répteis.

Características dos répteis:

- Dois membros duplicados, geralmente com cinco dedos em cada; membros vestigiais ou ausentes em muitos; ectotérmicos.
- Corpo recoberto por escamas epidérmicas queratinizadas e, às vezes, placas dérmicas ósseas; tegumento com poucas glândulas.
- Crânio com um côndilo occipital (relevo ósseo que se conecta à primeira vértebra); mandíbula de vários ossos; atlas distinto e eixo normalmente com duas vértebras sacrais.
- Dentes polifiodontes (substituídos muitas vezes) ou ausentes (tartarugas); quando presentes, dentes normalmente homodontes (todos semelhantes em função e forma) com um único ponto; moela nos crocodilianos.
- Cérebro moderadamente bem desenvolvido com cerebelo expandido; 12 pares de nervos cranianos.
- Olhos com visão de cores em alguns; serpentes e alguns lagartos com quimiorrecepção altamente desenvolvida usando epitélios olfatórios e o órgão de Jacobson; algumas serpentes com órgãos com fossetas sensíveis ao calor; orelha média com um único osso.
- Sexos normalmente separados; mas alguns lagartos se reproduzem assexuadamente por partenogênese; fertilização interna; o órgão copulatório pode ser um pênis, hemipênis ou (raramente) estar ausente; sexo determinado pelos cromossomos ou pelo ambiente.
- Membranas fetais do âmnio, cório e alantoide; ovíparos ou vivíparos; ovos com conchas coriáceas ou calcárias; embriões das espécies vivíparas nutridos pela placenta ou saco vitelínico (ovoviviparidade); cuidado parental ausente, exceto em crocodilianos; nenhum estágio larval.
- Sistema excretório dos rins metanéfricos e ureteres que se abrem em uma cloaca; o ácido úrico é normalmente o principal resíduo nitrogenado.
- Pulmões preenchidos por aspiração (ventilação negativa); sem brânquias; algumas trocas de gás complementadas com cloaca, faringe ou pele.
- Coração com um seio venoso, dois átrios e um ventrículo dividido de forma incompleta em três câmaras; coração crocodiliano com um seio venoso, dois átrios e dois ventrículos; circuitos pulmonar e sistêmico separados de forma incompleta; células vermelhas do sangue nucleadas (HICKMAN *et al.*,2013).

Os **amniotas** são um grupo de tetrápodes cujos membros atuais são os répteis (incluindo as aves e os mamíferos). Os amniotas levam esse nome pelo principal caráter do clado, pois desenvolveram **ovo amniótico**, uma novidade evolutiva, que permitiu esses animais a explorarem habitats mais secos.

O ovo que contém quatro membranas especializadas: o âmnio, o córion, o saco vitelínico e o alantoide. Chamadas de *membranas extraembrionárias*, uma vez que elas não são parte do corpo do embrião propriamente dito, essas membranas se desenvolvem de camadas de tecidos que crescem a partir do embrião. O ovo amniótico recebe esse nome devido ao âmnio, que envolve um compartimento de líquido que banha o embrião e atua como um amortecedor hidráulico de choque (Figura 1) (REECE *et al.*, 2015).

As outras membranas no ovo atuam na troca gasosa, na transferência de nutrientes armazenados para o embrião e no armazenamento de resíduos. O ovo amniótico foi uma inovação evolutiva importante para a vida no ambiente terrestre: ele permitiu ao embrião se desenvolver na terra em sua própria "lagoa" privada, portanto, reduzindo a dependência dos tetrápodes de um ambiente aquoso para a reprodução. Ao contrário dos ovos sem casca dos anfíbios, o ovo amniótico da maioria dos répteis e alguns mamíferos têm casca. A casca retarda a desidratação do ovo no ar, adaptação que auxilia os amniotas a ocupar uma gama mais ampla de *habitat* terrestres do que os anfíbios, seus parentes presentes mais próximos. Além dessa novidade evolutiva, veio muitas outras adaptações morfológicas (internas e externas) e fisiológicas nos diferentes grupos, como pele, respiração, modificações mandibulares, dentre outras (verificar em: HICKIMAN *et al.*, 2004).

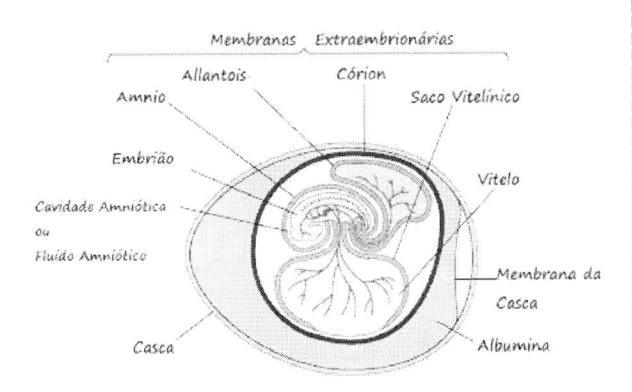

Figura 1. Ovo Amniótico. Fonte: http://cfb-7.blogspot.com/2011/09/ovo-amniotico.html. Acesso em: 15/05/20.

2- Características principais dos grupos: Testudines, Squamata, Crocodylia

2.1. Testudines

Os Testudines (tartarugas, os cágados e os jabutis) podem ser encontrados em ambientes de água doce, terrestre e marinho, possuindo especializações morfológicas associadas a estes ambientes. A maioria dos representantes desta ordem apresenta tempo de vida longo e um crescimento populacional lento, e alguns realizam longas migrações.

A principal característica morfológica desses répteis é a presença do casco, característica chave do sucesso do grupo, mas também um fator limitante em relação à diversidade. O casco é constituído de uma carapaça na porção superior e de um plastrão na parte inferior, e sua morfologia está relacionada com aspectos da ecologia da espécie.

As tartarugas são um dos grupos mais distintivos de répteis vivos atualmente. A maioria das 307 espécies conhecidas de tartarugas tem uma dura carapaça, proporcionando excelente defesa contra os predadores. Um estudo de 2008 relatou a descoberta do mais antigo fóssil conhecido da linhagem das tartarugas, remontando há 220 milhões de anos (CAMPBELL *et al.*, 2015). Esse fóssil tinha uma carapaça inferior completa, mas uma carapaça superior incompleta, sugerindo que as tartarugas podem ter adquirido carapaças completas em estágios. Os cientistas continuam a procurar fósseis capazes de lançar luz sobre a origem da carapaça das tartarugas.

Algumas tartarugas se adaptaram a desertos e outras vivem quase inteiramente em lagoas e rios. Outras ainda vivem no mar.

As tartarugas marinhas têm carapaça reduzida e membros anteriores avantajados que funcionam como barbatanas. Elas incluem as maiores tartarugas atuais; as tartarugas de couro que mergulham a grandes profundidades podem ter mais de 1.500 kg e se alimentam de águas-vivas. As tartarugas de couro e outras tartarugas marinhas estão ameaçadas por serem capturadas em redes de pesca, bem como por empreendimentos residenciais e comerciais nas praias em que elas depositam seus ovos.

Figura 2. Exemplos das diferentes espécies. Fonte: https://pontobiologia.com.br/diferenca-entre-jabuti-cagado-tartaruga/. Acesso em: 15/05/20.

A carapaça é composta de ossos dérmicos que tipicamente crescem a partir de 59 centros de ossificação distintos. Oito placas, ao longo da linha dorsal mediana, formam a série neural e se fundem aos arcos neurais das vértebras. Os ossos da carapaça são recobertos por escudos córneos de origem epidérmica que não coincidem, em número e posição, com os ossos subjacentes. Os Testudines atuais possuem apenas 18 vértebras presacrals, 10 no tronco e 8 no pescoço.

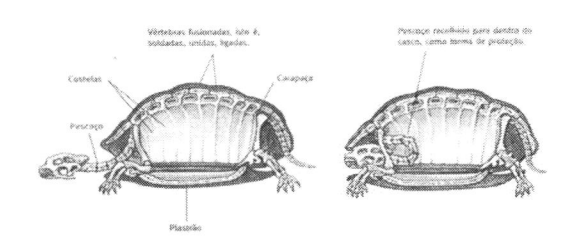

Figura 3. Esquema do esqueleto, carapaça e plastrão de uma tartaruga. Fonte: http://4anopurissimo.blogspot.com/2013/10/esqueleto-de-tartaruga.html Acesso em: 15/20/20.

O sistema circulatório dos tetrápodes pode ser visto como dois circuitos: o circuito sistêmico, transporta sangue oxigenado do coração para a cabeça, o tronco e os apêndices; e o circuito pulmonar, transporta sangue desoxigenado do coração para os pulmões. A pressão sanguínea é maior no circuito sistêmico do que no circuito pulmonar, e os dois circuitos operam em série — ou seja, o sangue flui do coração através dos pulmões, volta ao coração e depois vai para o resto do corpo.

A respiração provavelmente envolvem movimentos da caixa torácica para introduzir o ar nos pulmões e forçá-lo para fora. Nos Testudines, a fusão das costelas com o casco rígido torna impossível esse método de respiração. Normalmente, respiram de modo intermitente, sendo que períodos de ventilação dos pulmões alternam-se com períodos de **apneia** (suspensão da respiração). Como suas costelas são fundidas à estrutura da carapaça, uma tartaruga não pode expandir a caixa torácica para respirar, como fazem os outros amniotas. Alternativamente, as tartarugas empregam determinados músculos abdominais e peitorais como um "diafragma".

São animais de vida longa, são carnívoras, alimentando-se de carniça, anfíbios, peixes, crustáceos, ou tudo mais que se aproxime de suas poderosas mandíbulas. Conseguem atingir um grau considerável de estabilidade da temperatura corporal por meio da regulação da troca de energia térmica com o ambiente.

Todos os Testudines são ovíparos e a fecundação é interna, empregando um pênis como órgão de cópula. Todas as tartarugas, inclusive as marinhas, enterram seus ovos no solo. As fêmeas utilizam as patas traseiras para escavar um ninho na areia ou no solo, onde depositam uma postura que varia de 4-5 ovos nas espécies pequenas até mais de 100 ovos, nas grandes tartarugas marinhas.

O comportamento social dos Testudines inclui sinais visuais, táteis e olfativos utilizados na corte. Em algumas grandes espécies de jabutis, hierarquias de dominância modelam os comportamentos de alimentação, repouso e acasalamento. Todas as espécies de Testudines depositam ovos e nenhuma fornece cuidados parentais aos jovens. A atividade coordenada das tartarugas marinhas recém-eclodidas é necessária para que elas consigam cavar e sair do ninho; a saída simultânea do ninho dos filhotes dessas tartarugas os ajuda a evitar predadores quando atravessam a praia em direção ao oceano

2.2. Squamata

Os Squamatas (Lagartos e cobras) atuais mais diversos, compreendendo aproximadamente 95% das espécies de répteis conhecidas. Os lagartos surgiram no registro fóssil durante o período Jurássico, mas não se diversificaram até o período Cretáceo da Era Mesozoica.

Uma característica distinta dos lagartos é a redução da região temporal do assoalho do crânio. Perderam a parte inferior do osso que se estendia, no crânio diapsídeo, a partir da região inferior do olho até o osso quadrado. Em outros aspectos, os lagartos mantêm muitas características primitivas. A maioria das espécies apresenta patas, pálpebras móveis e uma membrana timpânica situada na base do canal do ouvido externo. São encontrados em vários tipos de habitats, como, por exemplo, praias, pântanos, desertos, montanhas, subterrâneos, sendo comum a redução apendicular. Os lagartos têm sido muito bem-sucedidos e passaram por uma enorme diversidade adaptativa.

Aproximadamente 3.000 espécies ocorrem na região tropical e na maior parte das regiões temperadas do mundo. A maioria dos lagartos é quadrúpede terrestre e alimenta-se de insetos e de outros animais pequenos durante as horas do dia, mas as lagartixas tropicais caçam à noite. Muitas espécies de iguana são arborícolas ou vivem em praias onde realizam mergulhos para forragear e se alimentarem de algas.

Muitas das especializações alimentares dos Squamata relacionam-se a mudanças na estrutura do crânio e das maxilas. Os métodos que as serpentes e os lagartos utilizam para encontrar, capturar, subjugar e engolir as presas são diversificados e importantes na determinação das interações entre as espécies de uma comunidade.

Os Squamata apresentam uma variedade de modos reprodutivos, desde a oviparidade (o desenvolvimento ocorre fora do corpo da fêmea e é sustentado inteiramente pelo vitelo - lecitotrofia) até a viviparidade (os ovos são retidos nos ovidutos e o desenvolvimento é sustentado pela transferência de nutrientes da mãe para os embriões - matrotrofia). Condições intermediárias incluem a retenção dos ovos por um período após terem sido fertilizados e a produção de filhotes precociais nutridos primariamente pelo material vitelínico.

As serpentes surgiram durante o período Jurássico superior, são caracterizadas por duas especializações em particular: extremo alongamento do corpo, acompanhado pelo deslocamento e reorganização dos órgãos internos; e especializações do crânio voltadas para engolir presas grandes (HICKMAN et al., 2004).

Apesar de sua falta de patas, as serpentes são bastante eficientes ao se movimentarem sobre o terreno, muitas vezes produzindo movimentos de ondulação lateral que passam da cabeça à cauda. A força exercida pela ondulação contra objetos sólidos empurra a serpente para frente. As serpentes também podem ser mover mediante fixação ao solo com suas escamas ventrais, em vários pontos ao longo do corpo enquanto as escamas em pontos intermediários são levemente levantadas do solo e puxadas para a frente. As serpentes são carnívoras, e várias adaptações as auxiliam a caçar e comer suas presas. Elas têm sensores químicos aguçados e, embora lhes faltem tímpanos, são sensíveis às vibrações do solo, que ajudam-nas a detectarem os movimentos da presa.

Órgãos detectores de calor entre os olhos e as narinas das víboras, incluindo as cascavéis, são sensíveis a variações mínimas na temperatura, permitindo a esses caçadores noturnos localizarem animais de sangue quente. Serpentes peçonhentas injetam sua toxina com um par de dentes pontiagudos que podem ser ocos ou sulcados. A língua balouçante não é venenosa, mas auxilia a levar odores em direção aos órgãos olfatórios (odor) no céu da boca. Os ossos da mandíbula frouxamente articulados e a pele elástica permitem às serpentes, em sua maioria, engolirem presas maiores do que o diâmetro da sua cabeça (Figura 4).

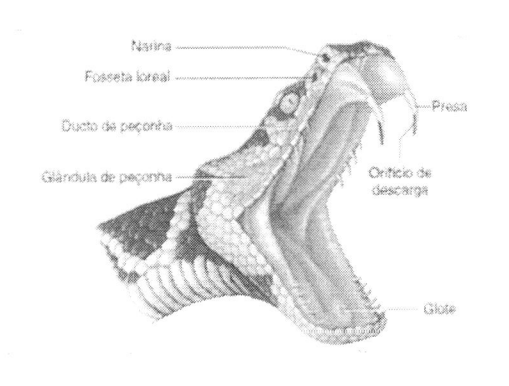

Figura 4. Cabeça de uma cascavel mostrando o aparato venenífero. A glândula de veneno, uma glândula salivar modificada, conecta-se à presa oca através de um ducto. Fonte: HICKEMAN et al., 2004.

Tradicionalmente, a ordem Squamata era subdividida em três subordens: Sauria (ou Lacertilia) (lagartos), Serpentes (serpentes) e Amphisbaenia (anfisbenas ou cobras-de-duas-cabeças). As anfisbenas são hoje consideradas lagartos modificados. As serpentes formam um grupo monofilético, mas evoluíram dentro de um subgrupo, o que resulta no parafiletismo de Sauria.

2.3. Crocodylia

Os representantes atuais desta ordem correspondem a cerca de 21 espécies de animais semiaquáticos, que apresentam membros bastante desenvolvidos, e que, normalmente, são encontrados em regiões tropicais e subtropicais, em habitats de água doce, estuarinos e marinhos. Encontram-se subdivididos nas famílias: Alligatoridae (jacarés), Crocodylidae (crocodilos) e Gavialidae (gaviais)

Os crocodilos que têm uma ampla distribuição é um dos maiores répteis atuais; e os gaviais, representados por uma única espécie encontrada na Índia e em Burma. Os aligátores e jacarés são formas de água doce, enquanto que os Crocodylidae incluem espécies como o crocodilo de água salgada, que habita estuários, manguezais, pântanos e regiões baixas de grandes rios.

Todos os crocodilianos têm um crânio alongado, robusto e bem reforçado, além de uma musculatura potente associada às mandíbulas no sentido de permitir uma grande abertura e um fechamento rápido e poderoso. Os dentes são inseridos em alvéolos, caracterizando um tipo de dentição denominado de **tecodonte** (tipo de implantação dentária na qual os dentes estão inseridos em alvéolos dentários localizados nos ossos das maxilas).

Outra adaptação é a presença de um palato secundário completo. Essa inovação empurrou as narinas internas para a parte posterior, permitindo aos crocodilianos respirar quando sua boca está preenchida com água ou alimento (ou ambos).

Os crocodilos e os jacarés se diferenciam com base na morfologia da cabeça. Os crocodilos têm um focinho relativamente estreito e, quando a boca está fechada, o quarto dente da mandíbula é visível quando ele se encaixa em uma reentrância da maxila (Figura 5).

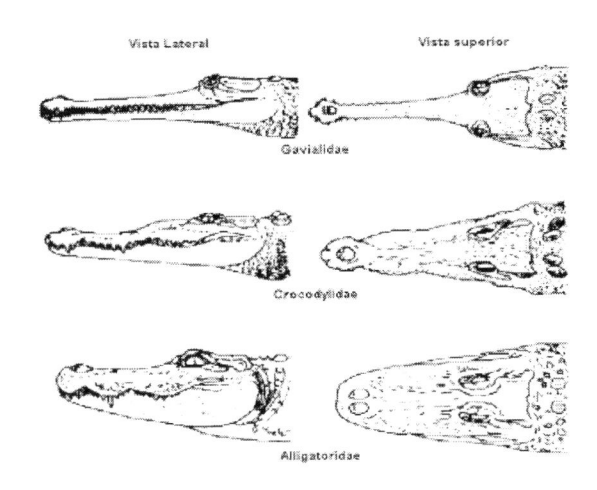

Figura 5. Diferenças morfológicas externas entre Alligatoridae (jacarés), Crocodylidae (crocodilos) e Gavialidae (gaviais). Fonte: http://cienciasparaescola.blogspot.com/2010/10/vertebrados-turma-c13.html. Acesso em: 15/20/2020.

Os répteis apresentam um sistema circulatório fechado, com uma circulação dupla que pode ser completa, no caso dos crocodilianos, ou incompleta, nos demais répteis. Os crocodilianos possuem eritrócitos biconvexos e nucleados, e o coração, dividido em quatro câmaras (Figura 6).

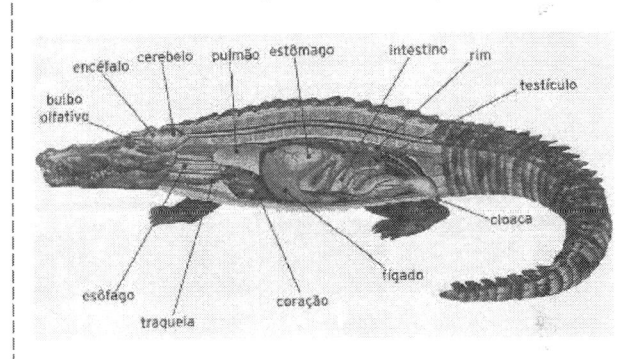

Figura 6. Morfologia interna do crocodilo. Fonte: https://www.todamateria.com.br/repteis/. Acesso em: 10/05/2020.

Os crocodilianos são ovíparos, exibem cuidado parental, e a comunicação vocal com os filhotes parece ser bastante desenvolvida. Enterram seus ovos em montes de solo e vegetação em depressões que escavam no substrato, liberando seus filhotes no final da incubação. Os filhotes se dispersam assim que emergem do ninho.

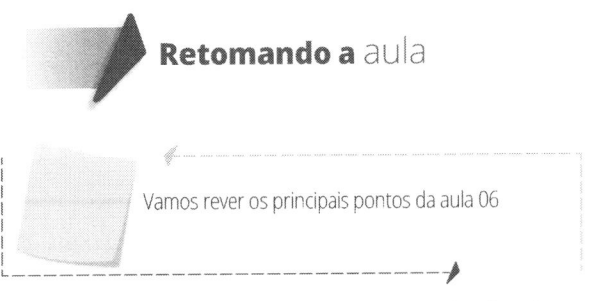

Retomando a aula

Vamos rever os principais pontos da aula 06

1- Introdução e características gerais da classe Reptilia

Sucesso do grupo tem sido atribuído a vários fatores: o desenvolvimento de rins metanéfricos, o tegumento coberto por escamas, que dificultam dessecação e possibilitam maior proteção mecânica e, principalmente, o desenvolvimento de um ovo amniótico.

- **2- Características principais dos grupos: Testudines, Squamata, Crocodylia**

Testudines
- Tartarugas, os cágados e os jabutis; podem ser encontrados em ambientes de água doce, terrestre e marinho, possuindo especializações morfológicas associadas a estes ambientes;
- O casco é formado dorsalmente pela carapaça e ventralmente pelo plastrão;
- Não possuem dentes, mas tanto a mandíbula quanto a maxila são recobertas por lâmina córnea, formando um "bico" córneo;
- São animais ovíparos e não apresentam cuidado parental.

Squamatas
- Lagartos e cobras; caracterizam-se por serem tetrápodes e de pele grossa, apresentam pulmões (respiração pulmonar) e ovíparo, ovo com casca resistente;
- Os répteis possuem sistema digestório completo e seus representantes, na sua maioria, são carnívoros;
- Excretam ácido úrico.

Crocodylia
- Encontram-se subdivididos nas famílias: Alligatoridae (jacarés), Crocodylidae (crocodilos) e Gavialidae (gaviais);
- Os crocodilos e os jacarés se diferenciam com base na morfologia da cabeça;
- Possuem o corpo coberto por escamas; placas ósseas dérmicas;
- São animais ovíparos;
- São semiaquáticos, vivendo em locais com presença de água doce (rios, lagos, lagoas) e salgada (mangues principalmente);
- Os crocodilianos são carnívoros. Alimentam-se principalmente de peixes, caranguejos, mamíferos pequenos e aves.

Vale a pena

Vale a pena ler,

Zoologia dos Vertebrados / Universidade Castelo Branco. – Rio de Janeiro: UCB, 2008. - 44 p.: il
https://www.icmbio.gov.br/portal/images/stories/biodiversidade/fauna-brasileira/livro-vermelho/volumeII/Repteis.pdf.
https://www.researchgate.net/publication/265249940_Repteis.
http://www.conhecer.org.br/download/repteis/Anatomia%20dos%20repteis.pdf.

Vale a pena acessar,

Veja a classificação taxonômica em:
http://www.itis.gov.
http://www.ucmp.berkeley.edu/help/taxaform.html.
Disponível em: https://vinniejassana.wixsite.com/mundoanimal/cobra).

Vale a pena assistir,

Documentário cobras: https://www.youtube.com/watch?v=j7SOdbc7ZDw.
Repteis: https://www.youtube.com/watch?v=bzRBgphF0eg.

Minhas anotações

Aula 7º

Aves

Dos vertebrados, as Aves (Classe, L. pl. de avis, aves) são as mais notáveis, as mais melodiosas e, segundo alguns, as mais belas. Com mais de 10.400 espécies, coletivamente distribuídas por quase toda a Terra, as aves superam em número qualquer outro grupo de vertebrados exceto os peixes.

Elas habitam florestas e desertos, montanhas e pradarias e todos os oceanos. É sabido que quatro espécies visitam o Polo Norte e uma, um mandrião, foi vista no Polo Sul. A única característica específica que distingue as aves dos outros animais vivos são suas penas.

Assim, nesta penúltima aula, veremos a diversidade biológica desses animais, a compreensão das relações entre os animais, e a importância desses animais para o meio ambiente e sua respectiva conservação.

Bons estudos!

Objetivos de aprendizagem

Ao término desta aula, vocês serão capazes de:

- reconhecer a importância do conhecimento das características gerais destes animais em todos os aspectos;
- conhecer as principais características das aves.

Seções de estudo

1- Introdução e características gerais
2- Características anatômicas, morfo-fisiológicas, comportamentais e ecológicas das Aves

1- Introdução e características gerais

As aves estão distribuídas nas subclasses Archaeornithes, cujos representantes, como o *Archaeopteryx*, estão extintos. As aves atuais (Neornithes) são divididas em dois grupos: Paleognathae (Gr. *palaios*, antigo, + *gnathos*, maxila), as grandes aves não voadoras (avestruz, ema, casuar, emu), frequentemente chamadas de aves **ratitas**, que têm o esterno achatado com músculos peitorais pouco desenvolvidos, e os tinamídeos. Os Neognathae (Gr. *neos*, novo, + *gnathos*, maxila), todas as outras aves, quase todas voadoras que têm um esterno com quilha, ao qual se fixam poderosos músculos de voo. Existem várias aves neognatas não voadoras, algumas das quais sem quilha no esterno

A classificação e o número de espécies atuais, pode ser encontrada atualizada em: The IOC World Bird Lis https://www.worldbirdnames.org/classification/orders-of-birds-draft/.

Em muitos aspectos as aves são variáveis: os bicos e os pés são especializados para diferentes modos de alimentação e locomoção, a morfologia do trato digestório está relacionada com os hábitos alimentares, e a forma da asa reflete características do voo. Entretanto, apesar desta variação, a morfologia das aves é mais uniforme que a dos mamíferos. Muito desta uniformidade é o resultado da especialização das aves para o voo.

Muitos detalhes da morfologia das aves parecem que foram moldados por forças aerodinâmicas. As penas, por exemplo, garantem a força de ascensão e o contorno aerodinâmico durante o voo. As penas são leves, não obstante elas sejam fortes e elásticas para o seu peso. É claro que voar não é a única função das penas - elas também são responsáveis pelo isolamento térmico necessário à endotermia, e suas cores e formas funcionam na camuflagem e na exibição.

As aves são os únicos vertebrados que se deslocam rapidamente no ar, a tal ponto que a resistência ao vento e a forma aerodinâmica tomam-se fatores importantes nas suas vidas. Provavelmente, muitos pássaros são capazes de voar 50 quilômetros por hora até 200 hm/h como por exemplo o falcão.

Diferentemente da maioria dos tetrápodes as aves, normalmente, são especializadas em duas ou mais formas diferentes de locomoção: marcha bípede ou natação com os membros traseiros e voo com os membros dianteiros.

Com a especialização dos membros peitorais (dianteiros) como asas, as quais são um grande impedimento para que tenham qualquer participação na captura da presa, os mecanismos predatórios das aves concentram-se em seus bicos e pés. As modificações do bico, da língua e intestino estão, frequentemente, associadas a especializações alimentares.

Características gerais:
- Pescoço alongado em forma de S; membros anteriores modificados em asas; endotérmicos;
- Epiderme recoberta de penas e escamas nas pernas; glândulas sudoríparas delgadas da epiderme e derme; glândula de óleo na base da cauda;
- Crânio fusionado com um côndilo occipital; muitos ossos com cavidades aéreas; costelas com processos uncinados reforçados; cauda curta, parte das vértebras caudais reduzidas ao pigóstilo; cintura pélvica, sinsacro; esterno, em geral, bem desenvolvido com quilha;
- Sem dentes; cada maxila coberta por uma camada córnea formando o bico; moela presente;
- Encéfalo bem desenvolvido com cerebelo e lobos ópticos grandes; 12 pares de nervos cranianos;
- Olhos grandes, com pectina; apenas um osso na orelha média;
- Sexos separados; fertilização interna; órgão copulador (falo) em patos, gansos, paleognatas e em algumas outras aves; fêmeas apenas com ovário e oviduto esquerdo funcionais; determinação sexual por cromossomos (fêmeas heterogaméticas);
- Membranas fetais do âmnio, cório e alantoide; ovíparos; ovos amnióticos com cascas calcárias duras e muito vitelo; cuidado parental extensivo dos filhotes;
- Sistema excretor com rim metanéfrico e ureteres abrem-se na cloaca; ácido úrico é a principal excreta nitrogenada;
- Pulmões de parabrônquios com fluxo de ar contínuo; siringe (caixa vocal) presente; sacos aéreos entre os órgãos viscerais e o esqueleto;
- Coração com dois átrios e dois ventrículos; circuitos pulmonares e sistêmico separados; persistência do arco aórtico direito; eritrócitos nucleados.

2- Características anatômicas, morfo-fisiológicas, comportamentais e ecológicas das Aves

O voo é a característica principal das aves. Ao nível estrutural, os requisitos mecânicos do voo moldam muitos aspectos da anatomia das aves. Sob os aspectos do comportamento e da ecologia o voo prove opções para as aves que os animais terrestres não têm. A habilidade das aves realizarem deslocamentos a grandes distâncias é observada de modo mais contundente nas migrações. Até pequenas espécies como beija-flores viajam milhares de quilômetros entre seus territórios de verão e inverno. As aves utilizam uma variedade de métodos de navegação em seus deslocamentos, incluindo orientação pelo Sol e estrelas e provavelmente utilizando uma percepção magnética

As penas são muito leves e ainda possuem uma extraordinária dureza e resistência à tensão. As mais típicas das penas das aves são as **penas de contorno**, penas com vexilos que recobrem e dão forma ao corpo da ave. Uma pena de contorno consiste em um **eixo oco**, ou **cálamo**, emergindo de um folículo da pele, e uma **haste**, ou **raque**, que é continuação do cálamo e sustenta numerosas **barbas**. As barbas são arranjadas de maneira paralela e próximas, dispostas diagonalmente para ambos os lados da haste central, formando uma superfície plana, expandida e entrelaçada, o **vexilo**. Diferentes tipos de penas das aves cumprem funções distintas (Figura 1).

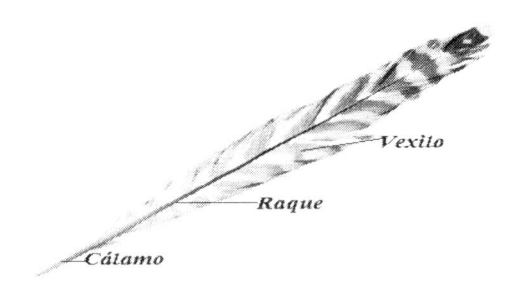

Figura 1. Estrutura da pena das aves. Fonte: https://escolakids.uol.com.br/ciencias/penas.htm. Acesso em: 15/05/2020.

Um requisito estrutural importante para o voo é um **esqueleto** leve; porém, firme, mesmo sendo ele robusto. Comparados com as primeiras aves conhecidas, *Archaeopteryx*, os ossos das aves modernas são extraordinariamente leves, delicados e entremeados por cavidades ocas (Figura 2). Esses ossos **pneumáticos** são contudo fortes. O esqueleto de uma fragata com 2,1 m de envergadura pesa apenas 114 g, menos do que o peso de todas as suas penas juntas.

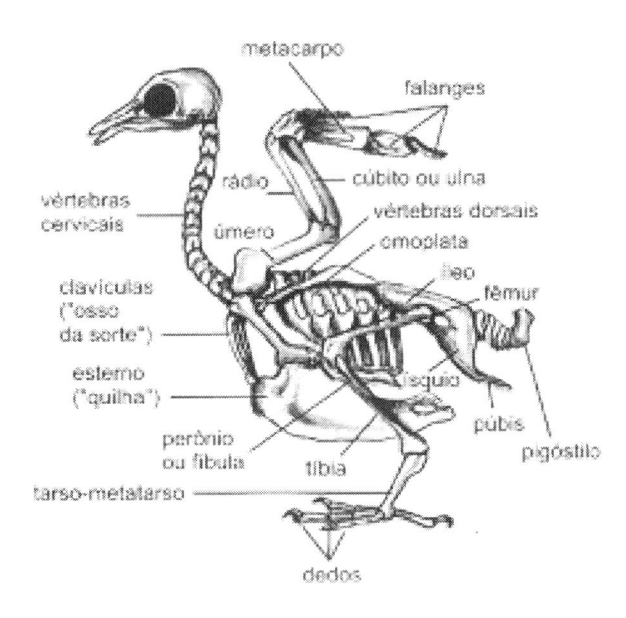

Figura 2. Morfologia externa, esqueleto ave voadora. Fonte: https://dynamicon.com.br/wp-content/uploads/2016/11/Aves.pdf. Acesso em: 20/05/20.

Os músculos locomotores das asas são relativamente maciços para suprir as demandas do voo. O maior desses é o peitoral, que abaixa as asas em voo. Seu antagonista é o músculo supracoracóideo, que eleva a asa

A presença de um **bico** córneo no lugar dos dentes não é exclusiva das aves - notamos o mesmo fenômeno nos Testudines, Rhynchosauria, dinossauros, pterossauros e Dicynodontia. Mas, a diversidade de bicos entre as aves é notável. Os **bicos** das aves são fortemente adaptados para hábitos alimentares específicos e captura de presas – desde tipos generalizados, como o forte e pontiagudo bico do corvo, para os altamente especializados dos flamingos, pelicanos e alfaiates.

Podendo ser **insetívora**, e caçar quase cada tipo de inseto; elas investigam o solo, pesquisam as cascas das árvores, inspecionam cada folha ou ramo e perfuram galerias de insetos escondidos nos troncos das árvores.; **carnívoras**, tais como as gaivotas, corvos e gaviões; **piscívoras**, tais como biguás e pelicanos, têm bicos com a ponta em forma de gancho afiado, que é usado para apanhar peixes.

Muitas aves aquáticas coletam pequenos crustáceos ou plâncton, da água ou da lama, com bicos que incorporam algum tipo de aparelho filtrador. **As aves especializadas em comer sementes,** que são de extrema importância, agem como agentes dispersores. As cores vivas de muitos frutos anunciam a sua presença ou estado de maturação e atraem as aves para comê-los. As aves **limícolas** de bicos longos para localizar vermes e crustáceos investigam na lama e na areia, dentro outros, como exemplificados na Figura 3.

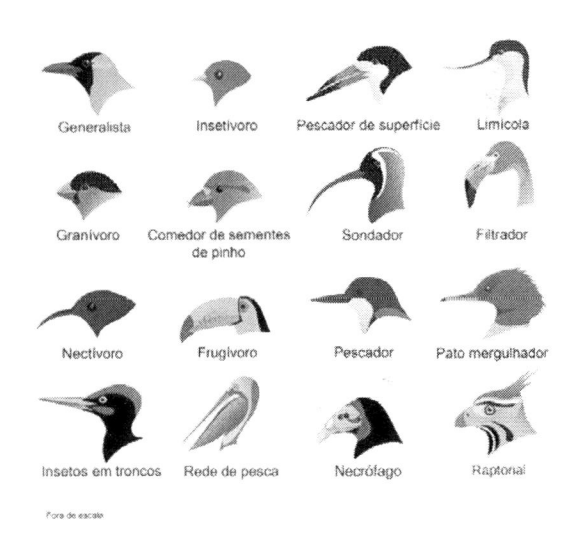

Figura 3. Diferentes tipos de bico e adaptações das aves. Fonte: https://pt.wikipedia.org/wiki/Ficheiro:Bicos_de_aves_horizontal.jpg. Acesso em: 15/05/2020.

O aparelho digestório das aves mostra algumas diferenças em relação aos outros vertebrados. A ausência de dentes impede as aves de realizarem o processamento do alimento na boca e o aparato gástrico assume essa tarefa. As aves muitas vezes coletam mais alimento do que elas podem processar em um período curto e o excesso é mantido no esôfago. A morfologia do estômago está relacionada com a dieta alimentar. Normalmente, o estômago é dividido em dois compartimentos distintos, o estômago glandular, denominado proventrículo, e o estômago muscular caudal, denominado moela (Figura 4). No proventrículo, inicia-se a digestão química, enquanto a moela é responsável peloprocessamento mecânico do alimento. Aves granívoras, por exemplo, apresentam uma moela mais desenvolvida do que o proventrículo. Em aves piscívoras, cujo alimento é mais facilmente digerido, o proventrículo é mais desenvolvido do que a moela.

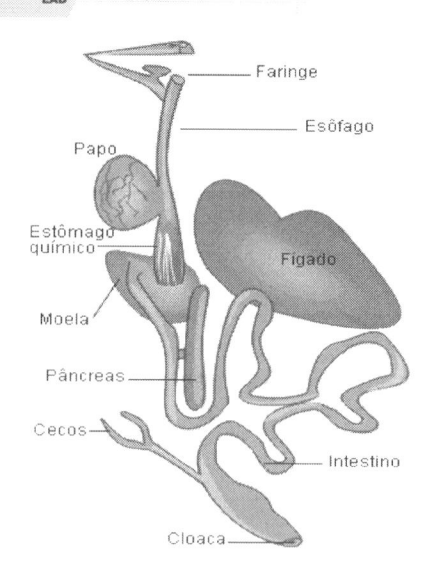

Figura 4. Sistema digestório de aves. Fonte: https://www.sobiologia.com.br/conteudos/Reinos3/bioaves.php. Acesso em: 16/05/2020.

A organização geral da **circulação** das aves não é muito diferente daquela dos mamíferos, embora tenha evoluído independentemente. O coração com quatro câmaras é grande, com uma parede ventricular robusta; assim, as aves compartilham com os mamíferos a completa separação das circulações sistêmica e respiratória, com o batimento cardíaco extremamente rápido.

O **sistema respiratório** das aves difere, radicalmente, dos pulmões dos demais répteis e mamíferos e é adaptado maravilhosamente para satisfazer as altas demandas metabólicas do voo. A presença dos sacos aéreos, estendendo-se até os espaços pneumáticos em muitos ossos, fornece um sistema em que o fluxo de ar pelos pulmões é unidirecional, ao contrário do sistema de fluxo e refluxo encontrado nos mamíferos (Figura 5).

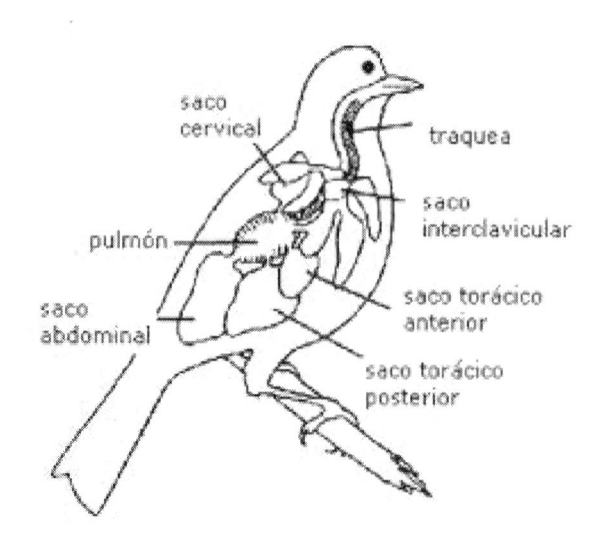

Figura 5. Sistema respiratório das Aves. Fonte: https://evolucionandoem321.wordpress.com/2014/08/28/6/. Acesso em: 20/05/2020.

A urina é formada em rins metanéfricos pares relativamente grandes, por filtração glomerular, seguida por modificação seletiva do filtrado no túbulo. A urina passa pelos **ureteres** até a **cloaca**. Não há bexiga urinária. As aves, como os demais répteis, excretam seus resíduos nitrogenados na forma de ácido úrico.

O projeto dos sistemas nervoso e sensorial das aves reflete os complexos problemas do voo e uma existência altamente visível, na qual ela deve obter alimento, acasalar, defender o território, incubar e criar os filhotes, além de distinguir corretamente um amigo de um inimigo. O encéfalo de uma ave tem **hemisférios cerebrais, cerebelo** e **teto do mesencéfalo (lobos ópticos)** bem desenvolvidos.

Os olhos das aves assemelham-se àqueles de outros vertebrados quanto à estrutura geral, mas eles são relativamente maiores, menos esféricos e quase imóveis; para varrer o campo visual, as aves, em vez de girar os olhos, giram a cabeça com seu pescoço longo e flexível. A **retina** fotossensível é equipada generosamente com bastonetes (para visão com pouca luz) e cones (para boa acuidade visual e visão em cores).

A audição e a visão são os sentidos mais desenvolvidos em aves. Os lobos ópticos são grandes, e o *tectum* é uma área importante para o processamento das informações visuais e auditivas. Os lobos olfativo e gustativo, com exceção das aves ratitas, patos e abutres, são pequenos. O sentido do olfato é desenvolvido em algumas aves que nidificam no chão e em colônias; nas que estão associadas com a água; e, nas que são carnívoras ou piscívoras. Outras também utilizam o olfato para detectar presas, como os urubus.

O **sistema reprodutor** feminino, na maioria das aves, é formado por um sistema genital esquerdo funcional, pois o direito torna-se vestigial para reduzir o peso da ave durante o vôo. O sistema é constituído de um ovário e de um oviduto, que desemboca na cloaca (Figura 6).

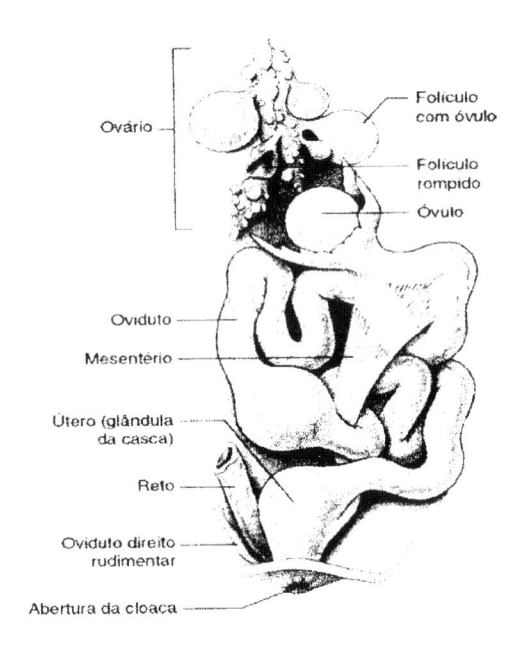

Figura 6. Sistema reprodutor feminino da Ave. Fonte: HICKMAN et al., 2013.

O sistema reprodutor masculino é composto por dois testículos, conectados a um par de epidídimos e canais deferentes, que conduzem os espermatozoides e as secreções espermáticas à cloaca. Algumas aves apresentam uma estrutura única parecida com um pênis, por onde o esperma escorre para o interior da cloaca e para o oviduto da fêmea.

A fecundação é sempre interna com a cópula, resultando, apenas, do encontro da abertura das cloacas femininas e masculinas.

Todas as aves são ovíparas, talvez porque a retenção dos ovos é o primeiro estágio na evolução da viviparidade e as especializações do modo de vida das aves fazem com que não haja nenhuma vantagem na retenção dos ovos. As fêmeas das aves podem exercer algum controle sobre o número de ovos que põe e sobre o sexo dos filhotes. Muitas aves têm períodos longos de cuidado à prole durante o qual as aves jovens aprendem comportamentos específicos, como o canto. Nas aves, os sistemas de acasalamento refletem a distribuição de alimento, de locais de reprodução e a presença de parceiros potenciais

Comportamentos elaborados e diversos estão associados com a postura dos ovos e o cuidado parental. A construção do ninho vai desde quase nada mais do que o trabalho de simples seleção de um galho, o qual apenas equilibra o ovo, aos ninhos comunitários de múltiplas câmaras usados por várias gerações. A incubação fornece calor para o desenvolvimento dos ovos e a presença dos pais afugenta muitos predadores.

No entanto, algumas aves deixam seus ovos por períodos de dias, enquanto forrageiam. Aves parasitas depositam seus ovos nos ninhos de outras espécies de aves, sem ter nenhuma participação na incubação ou na proteção de seus filhotes.

Muitos dos complexos comportamentos sociais das aves são associados à reprodução, e as aves têm contribuído enormemente para nossa compreensão da relação entre os fatores ecológicos e os sistemas de acasalamento dos vertebrados.

Monogamia social, com os dois pais cuidando do jovem, é o sistema de reprodução mais comum para as aves, mas copulação extra-par é um fato comum e promove oportunidades tanto para os machos como para as fêmeas de aumentar sua performance reprodutiva.

A migração é um fenômeno espalhado amplamente entre as aves. Cerca de 40 por cento das espécies de aves da Região Paleártica são migratórias, e estima-se que cerca de 5 bilhões de aves migram a partir desta região, todos os anos. A migração é a manifestação mais expressiva da mobilidade das aves, e algumas espécies viajam dezenas de milhares de quilômetros em um ano. As aves migratórias utilizam uma variedade de recursos de navegação incluindo a posição do Sol, a luz polarizada, o campo magnético da Terra e o infrassom.

Retomando a aula

Estamos na nossa penúltima, vamos retomar alguns pontos importantes dessa aula:

Seção 1 e 2: Principais características

- As aves são encontradas em quase todas as partes do planeta.
- A alimentação das aves é bem variada. Algumas espécies são carnívoras (urubu, gavião, águia), porém a maioria das aves se alimenta de frutos, grãos e sementes. Já os pinguins, por exemplo, possuem alimentação baseada no consumo de peixes;
- Presença de quilha, expansão do osso esterno, na qual se prendem os músculos que movimentam as asas;
- Desenvolvimento de ossos pneumáticos;
- Perda, atrofia ou fusão de ossos e órgãos -dentes, bexiga, ovário direito;
- Desenvolvimento de um sistema de sacos aéreos;
- São bípedes (se movimentam na posição vertical, usando as extremidades inferiores para assentar no solo);
- São ovíparos (embrião se desenvolve dentro de um ovo, em ambiente externo e sem ligação com a mãe);
- São homeotérmicos (a temperatura corporal é mantida constante, mesmo com variação da temperatura do meio ambiente);
- Possuem o corpo coberto por penas; Possuem asas;
- Possuem bico (usado para pegar alimentos, quebrar, furar e até transportar);
- As aves não possuem a capacidade de urinar, pois não possuem bexiga para armazenar a urina. Quando consomem líquidos, principalmente água, estes vão para o intestino (local da absorção). As impurezas se transformam em urato, que saem junto com as fezes;
- Comportamento de cópula de acordo com a espécie, apresentam monogamia.

Vale a pena

Vale a pena acessar

Disponível em: https://www.fcav.unesp.br/Home/departamentos/biologia/mariaceliaportella/14a-aula--aves.pdf.

Disponível em: https://www.euquerobiologia.com.br/site/wp-content/uploads/2016/01/6-Aves.pdf.

Vale a pena assistir

Documentário: Nosso planeta/Floresta – Netflix
https://www.youtube.com/watch?v=JkaxUblCGz0.

Minhas anotações

Aula 8º

Mamíferos
Classe Mammalia

Olá, pessoal! Chegamos a nossa última aula. Nesta aula, vamos estudar os mamíferos (do latim mamma = mama; feros = portador), que é o grupo mais conhecido por apresentarem as características principais como: o corpo recoberto por pelos, possuírem glândulas mamarias e alimentarem seus filhotes com leite. Os mamíferos atuais apresentam uma grande variedade de forma, e possuem características adaptativas com capacidade de se desenvolverem em diferentes tipos de ambientes e habitats como: aquáticos, aéreos e terrestres.

Assim, esse conteúdo, tem como objetivo apresentar ao estudante do curso de Ciências Biológicas, a caracterização dos aspectos morfológicos, fisiológicos, filogenéticos, sistemáticos, ecológicos e evolutivos dos animais representantes ao grupo do mamíferos.

Bons estudos!

Objetivos de aprendizagem

Ao término desta aula, vocês serão capazes de:

- compreender, de forma simplificada, a história evolutiva dos mamíferos;
- estudar as características gerais dos mamíferos atuais;
- analisar as principais especializações dos mamíferos;
- estudar a diversidade de espécies dos mamíferos.

Seções de estudo

1- Introdução e características gerais classe Mammalia
2- Características principais dos grupos: monotremados, marsupiais e eutérios

1- Introdução e características gerais classe Mammalia

A classe Mammalia (L. *mamma*, seio) está entre os grupos biologicamente mais diferenciados no reino animal. Os mamíferos são extraordinariamente diversos quanto ao tamanho, forma e função. Seu tamanho pode variar de apenas 2 g, peso do pequeno morcego *Craseonycteris thonglongyai* da Tailândia, a mais de 170 toneladas, nas baleias-azuis (HICKMAN *et al.*,2013).

As características anatômicas e fisiológicas dos mamíferos - respiração por diafragma, pelos que provêm isolamento, altas taxas metabólicas, dentes com superfícies complexas que processam eficientemente o alimento - conferem seu sucesso nessa ampla variedade de habitats. O aparecimento progressivo dessas características pode ser claramente rastreado através dos grupos basais na linhagem mamaliana.

Os mamíferos pertencem a um grupo de amniotas conhecido como **sinapsídeos**. Os primeiros sinapsídeos não mamíferos não tinham pelos, tinham um modo de andar amplo e botavam ovos. Uma característica distintiva dos sinapsídeos é a *fenestra* temporal única, abertura atrás das órbitas oculares em cada lado do crânio.

Os três grupos de mamíferos viventes - monotremados, marsupiais e eutérios, evoluíram no final da Era Mesozóica, sendo acompanhados por diversos grupos de mamíferos atualmente extintos. As evidências fósseis indicam que todos os três grupos de mamíferos atuais – **monotremados** (mamíferos que põem ovos), **marsupiais** (mamíferos com uma bolsa) e **eutérios** (mamíferos placentários), derivaram da mesma linhagem cinodonte. A grande diversificação das ordens atuais de mamíferos placentários ocorreu durante os períodos Cretáceo e Terciário.

Cladograma simplificado dos sinápsidos, apresentado por Hickman *et al.* (2013), enfatiza as origens de características importantes dos mamíferos. Os crânios mostram aumento progressivo do tamanho do osso dentário em relação a outros ossos do maxilar e maior heterodontia (Figura 1).

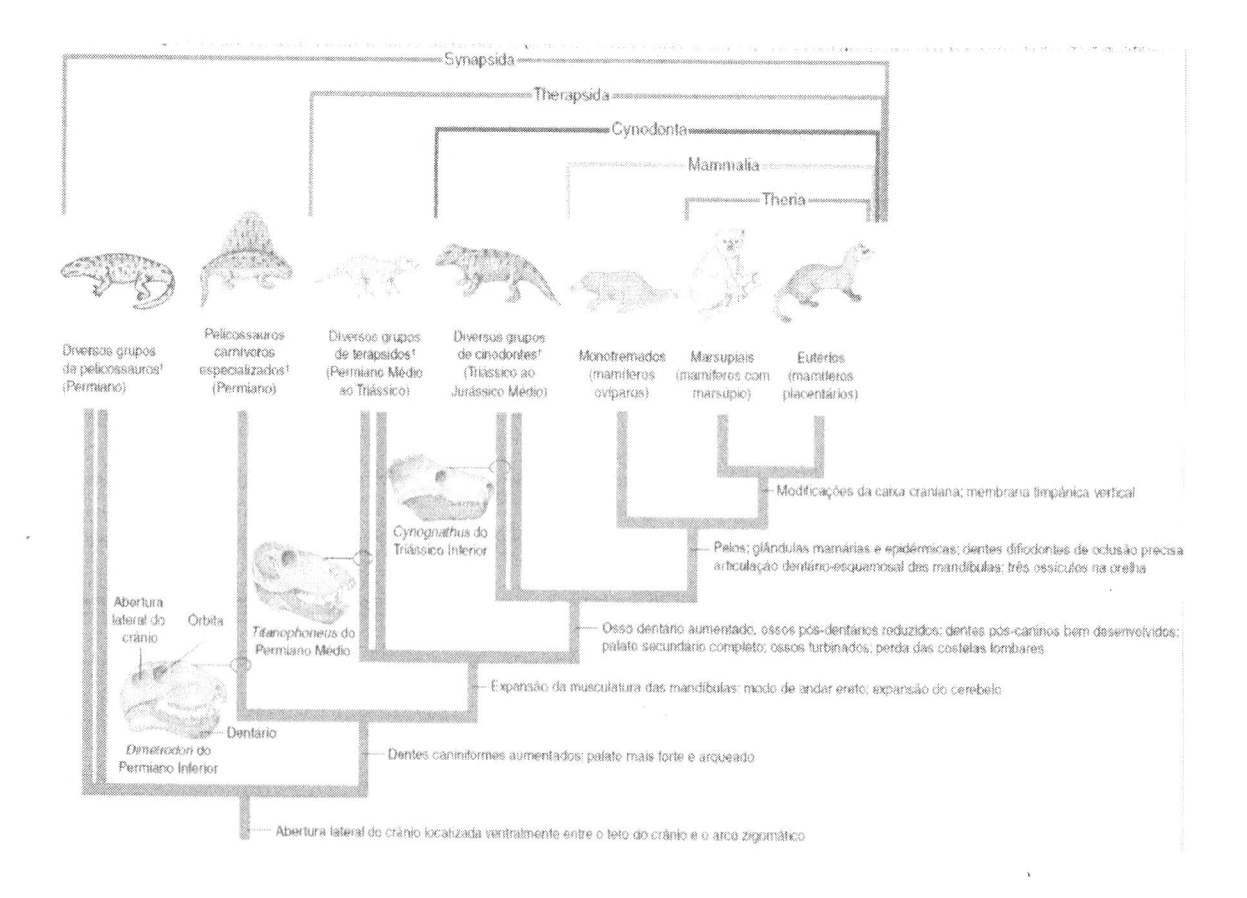

Figura 1. Cladograma simplificado dos sinápsidos (HICKMAN et al., 2013).

A pele dos mamíferos e, particularmente, suas modificações os distinguem como um grupo. A pele é fortemente moldada pelo modo de vida do animal, como a interface entre o animal e seu ambiente. De modo geral, a pele é mais grossa nos mamíferos do que em outras classes de vertebrados, apesar de ser composta por **epiderme** e **derme** como em todos os vertebrados. Principalmente, a especializações do tegumento, como a presença de glândulas cutâneas (sudoríparas, sebáceas e odoríferas) (Figura 2).

Os pelos são particularmente característicos dos mamíferos, embora os seres humanos não sejam criaturas com muitos pelos e os pelos nas baleias estejam restritos a poucas cerdas sensoriais no focinho.

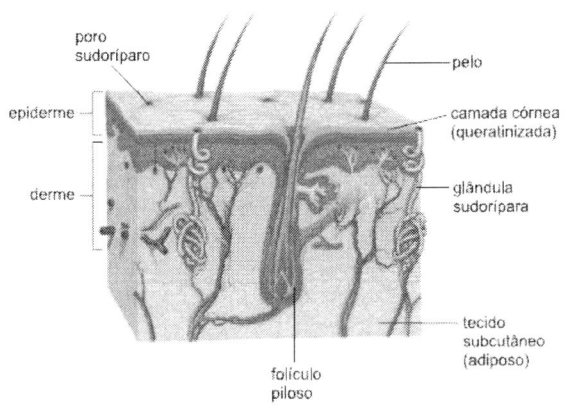

Figura 2. Estrutura da pele, tegumento dos mamíferos. Fonte: https://www.blogdovestibular.com/questoes/questao-discursiva-tegumento-famerp.html. Acesso em: 21/05/20.

As fêmeas de todas as espécies de mamíferos têm lactação, alimentando seus filhotes por meio da produção de leite. As glândulas mamárias que produzem e fornecem o leite que alimenta os filhotes, no entanto, apenas nas fêmeas essas glândulas são desenvolvidas e funcionais. O leite é um alimento muito rico em nutrientes, como proteínas, gorduras e carboidratos. Amamentar os filhotes leva a um cuidado intenso com a prole, e este é um dos motivos que pode ser apontado como uma das diferenças evolutivas que garantiram o sucesso desse grupo. Cuidar da prole aumenta as chances de sobrevivência dos filhotes, principalmente dos recém-nascidos mesmo em períodos em que há poucos recursos no ambiente.

Os mamíferos exploram uma enorme variedade de fontes de alimentos; alguns requerem dietas altamente especializadas, ao passo que outros são oportunistas e prosperam com dietas diversificadas. As adaptações fisiológicas e anatômicas de um mamífero para encontrar, capturar, mastigar, engolir e digerir alimento estão intimamente ligadas a sua dieta.

A dentição dos mamíferos é dividida em diversos tipos de dentes (condição chamada heterodontia): incisivos, caninos, pré-molares e molares. A maioria dos mamíferos possui dois conjuntos de dentições em suas vidas (difiodontia). O primeiro conjunto - os dentes de leite - consiste somente de incisivos, caninos e de pré-molares, embora a forma destes pré-molares seja bem parecida com a dos molares no adulto. A dentição adulta permanente consiste do segundo conjunto de dentes originais, com a adição de molares, com erupção posterior (nossos últimos molares são conhecidos como dentes do siso, assim chamados porque aparecem na idade - final da adolescência - na qual supostamente, atingimos a maturidade). Os mamíferos são os únicos animais que mastigam e engolem um discreto bolo de alimento (Figura 3).

O sistema digestório dos mamíferos é constituído de um tubo digestivo completo. O aparelho alimentar, ou trófico, de um mamífero – dentes e mandíbulas, língua e trato digestivo – é adaptado a seus hábitos alimentares específicos. Os mamíferos são em geral divididos em quatro categorias tróficas básicas – insetívoros, carnívoros, onívoros e herbívoros.

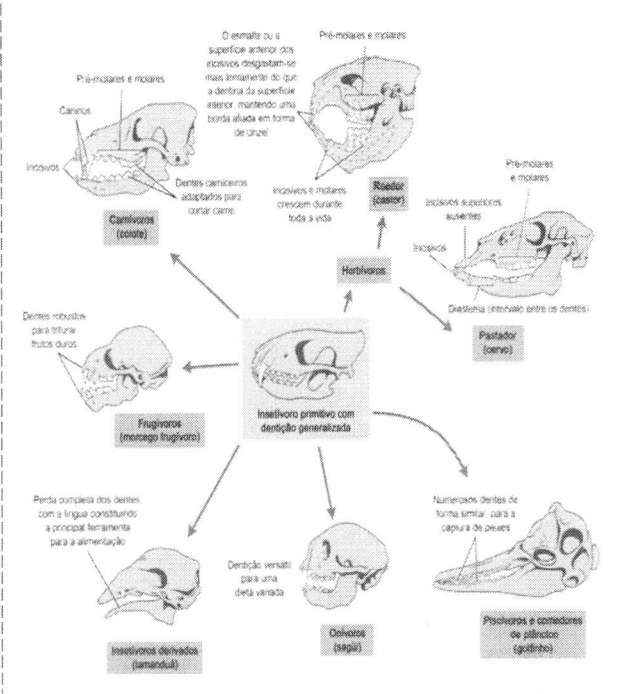

Figura 3. Especialização dos crânios e dentes (HICKMAN et al., 2013).

O sistema esquelético dos mamíferos apresenta algumas características peculiares. Nesses animais, é possível observar uma maior ossificação e um aumento relativo do crânio, sendo que este se encontra articulado com a primeira vértebra cervical por meio de dois côndilos occipitais. As vértebras, de um modo geral, possuem as extremidades do centro achatadas, e podem ser encontrados cinco tipos de vértebras (cervicais, torácicas, lombares, sacrais e caudais), cujo número pode variar entre as espécies.

O sistema muscular é bastante desenvolvido nos mamíferos, com a presença dos músculos responsáveis pela expressão facial. A locomoção ocorre através da utilização dos membros, de modo que a musculatura extrínseca associada a estas regiões locomotoras é bem desenvolvida.

Os sistemas sensoriais dos mamíferos diferem dos demais tetrápodes de diversas formas. Os mamíferos possuem encéfalos excepcionalmente grandes entre os vertebrados, os quais evoluíram em caminhos, de certa forma independentes dos demais amniotas. Em seus sistemas sensoriais, os mamíferos são mais dependentes da audição e da olfação do que a maioria dos tetrápodes, e são menos dependentes da visão.

No **sistema respiratório**, o ar entra pelas narinas externas, que são estruturas amplamente vascularizadas e revestidas de pelos e cílios, possibilitando a manutenção da temperatura e a purificação do ar inalado. Em seguida, o ar que passa pela glote entra na laringe, que é um órgão que contém as cordas vocais e proporciona a produção do som, e é direcionado a traqueia.

Os mamíferos possuem uma **circulação** do tipo fechada, dupla e completa. Apresentam um coração divido em quatro câmaras, sendo dois átrios e dois ventrículos. Quanto ao fluxo sanguíneo, pelo corpo dos mamíferos, o sangue venoso, oriundo do corpo, desemboca no átrio direito e flui para o ventrículo direito, sendo, então, direcionado para os pulmões onde ocorrerá a troca gasosa.

O **sistema excretor** dos mamíferos é formado pelos rins, ureteres, bexiga urinária e uretra. Os rins dos mamíferos são do tipo metanéfrico e são constituídos de milhares de unidades funcionais, os néfrons. Os mamíferos eliminam seus compostos nitrogenados sob a forma de ureia.

O **sistema reprodutor feminino** é constituído, na grande maioria, de dois ovários funcionais, duas tubas uterinas, um útero e uma vagina. O útero e a vagina podem ser duplos em alguns mamíferos. Em grande parte das fêmeas, a uretra e a vagina estão fundidas num sinourogenital que chega ao exterior. A morfologia do sistema reprodutor feminino e os modos de reprodução são diferentes em vários grupos de mamíferos.

O **sistema reprodutor masculino** é formado por dois testículos, ductos deferentes e um órgão copulador, o pênis, que permite a passagem da urina e do esperma. Alguns eutérios possuem um osso no pênis, denominado osso peniano ou *bacculum*, e alguns marsupiais possuem um pênis bifurcado. O sistema também possui as glândulas acessórias próstata, vesícula seminal e glândula bulbouretral. Os mamíferos são animais dioicos, que apresentam fecundação interna, exibem cuidado parental, e seus filhotes são alimentados por meio do leite secretado pelas glândulas mamárias presentes nas fêmeas.

Os ciclos reprodutivos de muitos mamíferos obedecem a estações de acasalamento bem definidas, geralmente no inverno ou na primavera, de modo que o nascimento e criação dos filhotes ocorram no período do ano mais favorável. Muitos machos de mamíferos são férteis em qualquer época, enquanto a fertilidade das fêmeas restringe-se a uma época específica durante um ciclo periódico, chamado **ciclo estral**. As fêmeas copulam com os machos somente durante um período relativamente breve desse ciclo, conhecido como cio ou **estro**.

Características da Classe Mammalia:
- Orelhas externas carnudas (pinna); endotérmico;
- Corpo em grande parte recoberto por pelos, embora em quantidade reduzida em alguns casos; glândulas sudoríparas, odoríferas, sebáceas e mamárias presentes; pele sobre uma espessa camada de gordura;
- Crânio com dois côndilos occipitais; maxilar formado por um único osso (dentário); articulação das mandíbulas entre os ossos esquamosal e dentário; sete vértebras cervicais (exceto em preguiças [desdentadas] e peixes-boi); ossos pélvicos fusionados;
- Dentição difiodonte; dentição heterodonte na maioria dos casos;
- Encéfalo altamente desenvolvido, especialmente o córtex cerebral (camada superficial do cérebro); 12 pares de nervos cranianos;
- Olfato muito desenvolvido; orelha média com três ossículos (martelo, bigorna, estribo);
- Sexos separados; fertilização interna; órgãos reprodutivos constituídos por pênis, testículos em um escroto; determinação sexual por cromossomos (macho é heterogamético);
- Membranas fetais de âmnio, córion e alantoide; a maioria dos vivíparos possuem embriões que se desenvolvem no útero através de ligação placentária, exceto nos monotremados, que são ovíparos; filhotes alimentados através do leite produzido pelas glândulas mamárias;
- Sistema excretor com rins metanéfricos e ureteres que, em geral, se abrem em uma bexiga; ureia é o principal resíduo nitrogenado;
- Pulmões com área de superfície elevada dos alvéolos e ventilados por aspiração; laringe presente; palato secundário separa a passagem do ar e doalimento; **diafragma** muscular ventila os pulmões; ossos turbinados convolutos na cavidade nasal para aquecer e umidificar o ar inspirado.

Coração com dois átrios e dois ventrículos; circuitos sistêmico e pulmonar separados; arco aórtico esquerdo persistente; e eritrócitos anucleados bicôncavos (HICKMAN et al.,2013).

Alguns mamíferos marinhos, terrestres e aéreos realizam migrações, e algumas delas, como as das focas-de-pelo (*furseal*) e caribus, são bastante longas. As migrações geralmente ocorrem em direção a condições climáticas favoráveis, seja para obtenção de alimento, acasalamento ou criação de filhotes.

Os mamíferos aptos ao voo verdadeiro, os morcegos, são essencialmente noturnos e, assim, evitam a competição direta com as aves. A maioria usa ecolocalização ultrassônica para navegar e alimentar-se no escuro.

2- Características principais dos grupos: monotremados, marsupiais e eutérios

2.1. Monotremados

Monotremados são agrupados na infra-ordem Ornithodelphia (Grego *ornitho* = ave e *delphy* = útero, se referindo ao único oviduto funcional nos ornitorrincos e em muitas aves; contraste com os gambás *didelfídeos*) e na ordem Monotremata. A Ornithorhynchidae (Grego *rhyncus* = bico) contém o ornitorrinco, um animal semi-aquático que se alimenta de invertebrados aquáticos nos rios, apenas na Austrália e na Nova Guiné, e são representados por uma espécie de ornitorrinco e quatro espécies de equidnas (comedores de formigas espinhentos).

Os monotremados também apresentam suas especializações únicas. Tanto os ornitorrincos quanto os equidnas (Figura 4), não possuem dentes quando adultos e possuem um bico coriáceo (em vez de córneo). Este bico contém receptores que percebem sinais eletromagnéticos oriundos dos músculos de outros animais, sendo utilizados para o reconhecimento de presas, sob a água ou em um ninho de cupins.

Os monotremados põem ovos, um caráter que é ancestral para amniotas e retido na maioria dos répteis. Assim como todos os mamíferos, os monotremados têm pelos e produzem leite, mas eles carecem de mamilos. O leite é secretado por glândulas no ventre da mãe. Após a eclosão, os filhotes sugam o leite da pele da mãe.

Figura 4. Mamíferos monotremados: ornitorrinco (A) e equidna (B). Fonte: https://www.coladaweb.com/biologia/reinos/mamiferos. Acesso em: 22/05/20.

O trato reprodutivo dos monotremados retém a condição amniota primitiva. Os dois ovidutos permanecem separados, não se fundindo no desenvolvimento, exceto na base, onde se ligam à uretra, da bexiga, formando o **sino urogenital**. Os ovidutos expandem, formando o útero, o qual retém o ovo fertilizado (somente o oviduto esquerdo é funcional no ornitorrinco). Em todos os mamíferos, os ovos são fertilizados na porção cranial do oviduto, na **tuba uterina (= trompa de Falópio),** antes de entrarem no útero.

2.2. Marsupiais

Marsupiais, tradicionalmente, foram considerados em uma única ordem, **Marsupialia**. Estudos mais recentes sugerem que eles podem ser divididos em, ao menos, quatro linhagens, equivalentes, quanto à diversidade.

Gambás, cangurus e coalas são exemplos do grupo chamado **marsupiais**. Tanto os marsupiais como os eutérios compartilham caracteres derivados não encontrados entre monotremados.

Eles têm taxas metabólicas mais altas, mamilos que fornecem leite e parem filhotes. O embrião se desenvolve dentro do útero do trato reprodutivo da fêmea. O revestimento do útero e as membranas extraembrionárias que surgem a partir do embrião formam a **placenta**, uma estrutura na qual os nutrientes se difundem para o embrião a partir do sangue da mãe. Um marsupial nasce muito cedo e completa seu desenvolvimento embrionário durante a amamentação.

A maioria dos marsupiais, mas não todos, apresentam os mamilos dentro de bolsas (= marsúpio). O marsúpio não está presente em alguns dasiurídeos (camundongo marsupial etc.) e em alguns didelfídeos (cuícas). Um marsupial ao nascer, sai da vagina para se fixar a um mamilo para completar o seu desenvolvimento.

Os marsupiais existiam em todo o mundo durante a era Mesozoica, mas hoje são encontrados apenas na região da Austrália e nas América do Norte e do Sul.

2.3 Eutérios (Mamíferos Placentários)

Os **eutérios** são comumente chamados mamíferos placentários porque suas placentas são mais complexas do que as dos marsupiais. Os eutérios têm gestação mais longa do que a dos marsupiais. Os eutérios jovens completam seu desenvolvimento embrionário dentro do útero, unidos à sua mãe pela placenta (Figura 5).

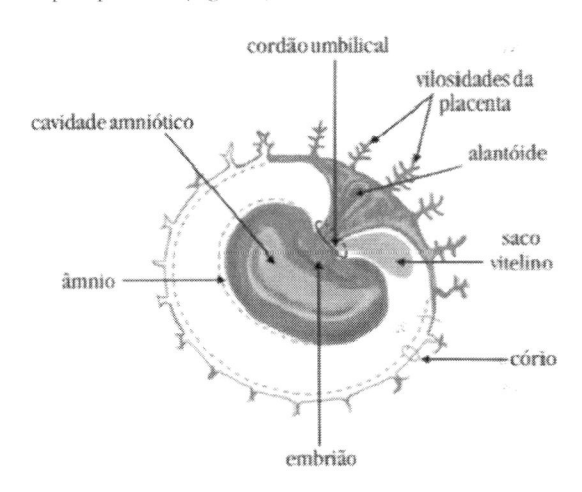

Figura 5. Estruturas embrionárias dos animais placentários. Fonte: https://www.todamateria.com.br/anexos-embrionarios/. Acesso em: 25/05/20.

A placenta dos eutérios proporciona uma associação íntima e de longa duração entre a mãe e seu filhote em desenvolvimento. Acredita-se que os principais grupos de eutérios atuais divergiram uns dos outros em uma explosão de mudança evolutiva. A época dessa explosão é incerta: dados moleculares sugerem que ela ocorreu há cerca de 100 milhões de anos, enquanto dados morfológicos sugerem que ela ocorreu há cerca de 60 milhões de anos.

Principais ordens de Placentários (Eutéria):
- Lagomorpha (lagomorfos) – Exemplos: Lebre e coelho.
- Rodentia (roedores) – Exemplo: Rato, porco-espinho, capivara, utia e esquilo.
- Proboscídea (probocídeos) – Exemplo: elefante.
- Xenarthra (edentados) – Exemplo: Tamanduá, preguiça e tatu.

- Insetívora (insetívoros) – Exemplo: Ouriço – cacheiro.
- Carnívora (carnívoros) – Exemplo: Cão, gato leão, morsa, hiena, .
- Artiodactyla (artiodactilos) – Exemplo: Zebu, boi, camelo e carneiro.
- Quiróptera (quirópteros) – Exemplo: Morcegos. único mamíferos voadores.
- Perissodactyla (perissodáctilos) – Exemplo: Zebra, cavalo, porco, e rinoceronte.
- Cetácea (cetáceos) – Exemplo: Baleia e golfinho.
- Sirenia (sirênios) – Exemplo: peixe-boi.
- Primates (primatas) – Exemplo: Gorila chipanzé, mico e o homem.

Disponível em: (https://pt.wikipedia.org/wiki/Lista_de_ordens_de_mam%C3%ADferos. Acesso em: 25/05/20.

Primatas

A ordem Primates dos mamíferos inclui os lêmures, tarsiídeos, macacos pequenos e grandes. Os seres humanos são membros do grupo dos grandes macacos. A maioria dos primatas tem mãos e pés adaptados para agarrar, e seus dedos têm unhas achatadas, em vez das garras estreitas como outros mamíferos. Há outros aspectos característicos de mãos e pés, também, como os sulcos na pele dos dedos (que formam as impressões digitais humanas). Em relação aos outros mamíferos, os primatas têm cérebro grande e mandíbula curta, o que lhes confere a face achatada. Seus olhos voltados para frente estão próximos entre si na parte frontal da face. Os primatas também exibem cuidados parentais bem desenvolvidos e comportamento social complexo (REECE *et al.*, 2015).

Os primeiros primatas conhecidos eram arborícolas e muitas das características dos primatas são adaptações para as demandas da vida nas árvores.

Outro grupo de antropoides consiste em primatas informalmente chamados de grandes macacos. O grupo dos grandes macacos inclui os gêneros *Hylobates* (gibões), *Pongo* (orangotangos), *Gorilla* (gorilas), *Pan* (chimpanzés e bonobos) e *Homo* (seres humanos). Os grandes macacos divergiram dos macacos do Velho Mundo há cerca de 25 a 30 milhões de anos.

Prezados(as) alunos(as), em nosso passeio pela diversidade da Terra, chegamos enfim a nossa própria espécie, *Homo sapiens*, que tem cerca de 200.000 anos de idade. Quando se considera que a vida na Terra existe há pelo menos 3,5 bilhões de anos, claramente somos recém-chegados.

Reece *et al.* 2015, define que os seres humanos são mamíferos com cérebro grande e locomoção bípede com:

- Caracteres derivados dos seres humanos incluem o bipedalismo, um cérebro grande e mandíbulas reduzidas em comparação a outros grandes macacos.
- Os hominíneos – seres humanos e espécies que são mais estreitamente relacionadas aos seres humanos do que aos chimpanzés – se originaram na África há cerca de 6 milhões de anos. Os primeiros hominíneos tinham um cérebro pequeno, mas provavelmente andavam eretos.
- A evidência mais antiga de uso de ferramentas tem 2,5 milhões de anos.
- O *Homo ergaster* foi o primeiro hominíneo completamente bípede com cérebro grande. O *Homo erectus* foi o primeiro hominíneo a deixar a África.
- Os neandertais viveram na Europa e no Oriente Próximo de aproximadamente 350.000 a 28.000 anos.
- O *Homo sapiens* se originou na África há cerca de 195.000 anos e começou a se espalhar para outros continentes há cerca de 115.000 anos.

Para estudar os caracteres derivados dos seres humanos, os primeiros hominíneos e homos, com mais detalhes e aprofundamento consultar Reece *et al.* (2015) e Harari (2017). Descrição em sugestões de leituras.

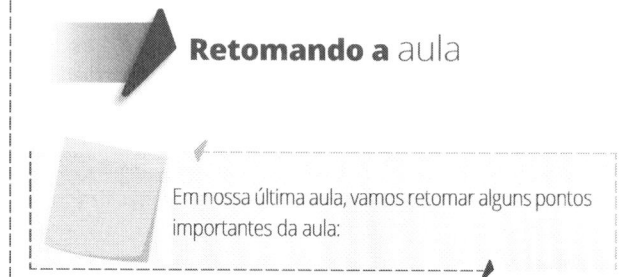

Retomando a aula

Em nossa última aula, vamos retomar alguns pontos importantes da aula:

1- Introdução e características gerais classe Mammalia

- corpo total ou parcialmente coberto por pelos, um importante fator de proteção térmica;
- glândulas mamárias, que secretam leite, líquido nutritivo com o qual alimentam seus filhotes;
- presença do diafragma, músculo plano que separa o tórax do abdome e é fundamental no processo de respiração;
- dentes diferenciados (incisivos, caninos, pré-molares e molares) com funções específicas, tais como prender, cortar e triturar;
- tegumento rico em várias glândulas;
- derivações integumentárias específicas (garras, unhas, cascos, cornos, chifres, escamas, espinhos, placas dérmicas);
- posição e função dos membros são modificados para suportar modos locomotores específicos;
- diferenciação regional da coluna vertebral;
- cérebro proporcionalmente maior que dos outros animais;
- maior atividade e alta versatilidade na função locomotora;
- diversidade de vida social;

2- Características principais dos grupos: monotremados, marsupiais e eutérios

Monotremados: ornitorrinco, equidna. Eles se assemelham aos demais mamíferos por possuírem pelos e produzirem leite, mas apresentam algumas características

específicas, como:
- Presença de bico córneo nos adultos;
- Presença de dentes apenas nos filhotes;
- Ausência de pavilhões nos ouvidos;
- Ausência de mamilos;
- Fêmeas ovíparas.

Marsupiais: os cangurus, coalas e gambás.
- Embora essa ordem apresente as características comuns aos demais mamíferos, como a presença de pelos, glândulas sudoríparas e homeotermia, eles apresentam algumas peculiaridades que acabam por caracterizar a ordem, como o trato urogenital e a presença de **marsúpio**.

Eutérios:
- animais com desenvolvimento embrionário essencialmente na cavidade abdominal, alojados no interior do útero materno, com suporte aos anexos: placenta, saco vitelínico, âmnio, cavidade amniótica e cordão umbilical.

Vale a pena

Vale a pena ler

REECE, J. B.; URRY, L. A.; CAIN, M. L.; WASSERMAN, S. A.; MINORSKY, P. V.; JACKSON, R. B. *Biologia de Campbell*. 10 Edição, Editora Artmed, Porto Alegre, 1488 p., 2015.

HARARI, Y. N. SAPIENS - *Uma breve história da humanidade*. 24 Edição. Editora L&PM, Porto Alegre, 464p., 2017.

https://www.bbc.com/portuguese/noticias/2013/02/130208_mamiferos_placentarios_pesquisa_jp.shtml.

https://www.icmbio.gov.br/portal/images/stories/biodiversidade/fauna-brasileira/livro-vermelho/volumeII/Mamiferos.pdf.

https://www.euquerobiologia.com.br/site/wp-content/uploads/2016/01/7-Mammalia.pdf.

https://www.studocu.com/pt-br/document/universidade-do-vale-do-paraiba/zoologia-de-vertebrados/resumos/resumo-de-mamiferos/5148460/view.

Vale a pena assistir

Mamíferos: https://www.youtube.com/watch?v=To6rMw-6NxY.

Vida no Ventre: https://www.youtube.com/watch?v=Qlf4jBv6KkY.

Referências

BARNES, R. D. *Zoologia de Invertebrados*. 5ª Edição, Editora Roca, São Paulo, 1211 p., 1998.

BRUSCA, R. C.; Moore, W.; Shuster, S. M. *Invertebrados*. 3ª. Edição, Editora Guanabara Koogan, Rio de Janeiro. 1252 p., 2018.

FRANSOZO, A.; NEGREIROS-FRANSOZO, M. A. *Zoologia dos Invertebrados*. 1ª Edição, Editora Roca, São Paulo, 716 p., 2016.

GULLAN, P.J. & P.S. CRANSTON. Os *insetos* - um resumo de Entomologia. Editora Roca, São Paulo, 440p., 2008.

RUPPERT, F. & BARNES, R. D. *Zoologia de Invertebrados*. 7ª ed. Livraria Roca. São Paulo, 1168 p., 2005.

HICKMAN, C. [et al.]. *Princípios integrados de zoologia;* Rio de Janeiro: Guanabara Koogan, 2013.

POUGH, F.; JANIS, C.; HAISER, J. *A vida dos vertebrados*. São Paulo: Atheneu, 2008.

REECE, J. B.; URRY, L. A.; CAIN, M. L.; WASSERMAN, S. A.; MINORSKY, P. V.; JACKSON, R. B. *Biologia de Campbell*. 10ª Edição, Editora Artmed, Porto Alegre, 1488 p., 2015.

ORR, R.T.. *Biologia dos vertebrados*. 5 ed. Editora Roca Ltda., São Paulo, 1986.

Minhas anotações

Minhas anotações

Printed in Great Britain
by Amazon